西南财经大学"211工程"三期建设项目资助

西南财经大学马克思主义经济学研究院
西南财经大学经济学院

编

陈豹隐全集

第一卷

政治学和方法论

④

西南财经大学出版社

20世纪30年代初陈豹隐（左）、白鹏飞（右）合影

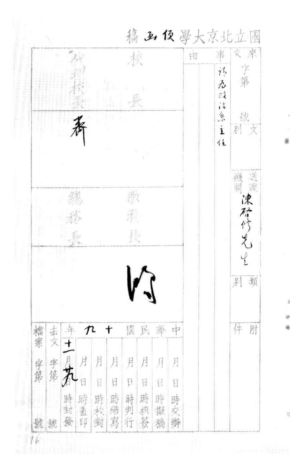

北京大学聘请陈豹隐为政治系主任的便函封面
（1930年11月29日封发，北京大学档案馆藏）

编者按

一、《新政治学》

《新政治学》，署名陈豹隐，1929 年 6 月 20 日付排，1929 年 8 月 30 日由上海乐群书店出版发行，1930 年 2 月再版，本次所选底本为初版。

该书为《经济现象的体系》[①] 的姊妹篇。据《乐群月刊》广告称："中国读书界对一本又有统系，又合北伐成功后的中国时局，又能包含新旧一切主要学派的新政治学的要求，已经提出很久了。这个要求现在被陈豹隐先生这本新著《新政治学》满足了！这本书——陈先生倾他的全力写成的书，具有（一）统系化，（二）合时宜，（三）兼新旧，（四）政治现象的因果关系的解剖，四种特色……加以文笔流畅，解说简明，不但可以供高中或大学预科与公民学的教本之用，并且还可以初学者的独习之用，凡研究社会科学者不可不读！"[②]

该书冯玉祥曾深研之，在冯玉祥 1931 年 1 月 17 日的日记中首次出现"看《新政治学》"，5 月 18 日"又看《新政治学》"，直到 6 月 12 日"将《新政治学》下册读完"，7 月 5 日又出现"昨晚将

① 收入全集第一卷第二册。
② 《乐群月刊》1929 年 9 月 1 日第 2 卷第 9 期，书后广告页。

《新政治学》读完"，12 月 1 日开始又陆续有"读《新政治学》"。[①]
即是说一年之内他至少读了两遍（这是在假设下册读完而全书未读
完的情况下）。

　　1932 年冯玉祥蛰居泰山普照寺，从 8 月 29 日至 9 月 11 日天天都
听陈豹隐讲政治学，他自叹："我未读政治学时，不知道人说话如何无
中生有、小题大做的那样厉害。读了政治学以后，知道凡事都有战术
的，都有战略的"[②]。而冯玉祥所著《现代政治斗争原理笔记》（三户图
书社，1937 年）即是"隐居泰山时由陈豹隐讲授社会科学时的笔记"。[③]

　　相关介评，可参看吴汉全《中国马克思主义学术史概论 1919
－1949》（中册）第二编第二章第三节《陈启修的〈新政治学〉
(1929 年)》，长春：吉林人民出版社，2010 年。

　　二、《社会科学研究方法论》

　　《社会科学研究方法论》，陈豹隐讲，徐万钧、雷季尚记，1932
年 10 月由北平好望书店出版发行，1932 年 11 月再版（为本次所选

---

　　① 中国第二历史档案馆编：《冯玉祥日记》第三册，南京：江苏古籍出
版社，1992 年，第 361、420、433、444、536 页。
　　② 中国第二历史档案馆编：《冯玉祥日记》第三册，第 687 页。
　　③ 曹鹤龙、李雪映编：《生活·读书·新知三联书店图书总目：1932－
1994》，北京：生活·读书·新知 三联书店，1995 年，第 69 页。

底本），1932 年 12 月三版。该书书名为余棨昌①所题。

当时北平大学法学院的"社会科学研究方法论"和"社会科学方法论"，由陈豹隐和李达分别讲授②。据同时代的郭湛波称：陈豹隐先生的《社会科学研究方法论》，"也是辩证法在中国有数的著作。"③

三、《现代国际政治讲话》

《现代国际政治讲话》，署名陈豹隐，1935 年 3 月由北平好望书店出版发行，本次所选底本为初版。

该书是由 1933—1934 年度的讲义修订而成，陈豹隐所讲授的"现代国际政治"，在当时是作为北平大学法学院政治系学生第四学年必修课和经济系学生第三学年选修课。此外，他在该院还开设有"政治政策"（政治系学生第三学年必修课和经济系学生第三学年选修课）、"政治学"（经济系学生第一学年选修课）等政治学课程。④

----

① 余棨昌为陈豹隐东京帝国大学法科校友、北平大学法学院同事。

② 国立北平大学校长办公处编：《国立北平大学一览》，1934 年，第 133、138 页。

③ 郭湛波：《近五十年中国思想史》，上海：上海古籍出版社，2005 年，第191 页。此书 1935 年初版。

④ 国立北平大学校长办公处编：《国立北平大学一览》，1934 年，第 128—129、133、136、139 页。

目录

新政治学

序

　　这本书和我的前著《经济现象的体系》① 是姊妹篇，所以这本书的组织，程度，体裁等等方面，在大体上都和那本书相似。就是关于书的用途，著者也和关于那本书一样，用了十二分的考虑，努力想把这本书弄成一本又可以供初学者独学之用，又可以供高中或大学预科的公民学的教本之用的入门书。

　　实在，中国出版界，关于政治学的书籍未免太寂寞了：纵然有几本篇幅并不很小的书，只可惜不是太过于陈腐，就是竞尚新奇的断片思想而顾不到全体的系统，都难供北伐成功以后的中国青年们的求学的实用！读书界对于一本"有系统的，能够和现今面目一新的中国的局面适合的，可以网罗新旧一切主要理论的"新政治学的要求，已经提出很久了。我自信我这本书可以满足这个要求。

　　除了系统化，合时宜，兼新旧几个特色之外，本书在解剖政治现象的因果关系，使政治学由从前的静态的学问变为动态的学问一层上面，也含着一个大大的特色。著者自信，关于这一层，恐怕不但是在中国，就是在世界各国，也是从所未有呢。这话仿佛近于自夸太过，但是如果把各国的名著拿来比照看看，一定就可以知道这

---

　　① 收入全集第一卷第二册。——编者

话是从实际上观察得来的结果。

因为组织出自心裁，内容又极复杂，并且写稿的时间也很不充足的缘故，所以书中的许多关于经济学和社会学的学理的地方，我都述得比较简略。这不是偷懒，实在有两个不能不从简的理由：第一，这些东西本不属于政治学的范围——在普通政治学上关于这些学理，照例是一点也不说到的——如果太述多了，就恐怕难免有喧宾夺主的弊害；第二，我已经著有《经济现象的体系》和《科学的社会观》^① 两书，把上述的学理说得很详细周到，如果在这本书上又重复絮述，也未免有过于劳叨^②之嫌。好在那两本书都是初习社会科学的人们必须读读的书，谅来读这本书的人没有看不见的，所以纵然在这本书上稍稍说得简略一点，想来也是不妨事的。

著者识

---

① 该书待查证，详情参看全集《凡例》之《附录：第一、二卷待查证书目》。——编者
② 原文如此，同"唠叨"。——编者

上篇　政治现象的体系

第一章　序　说

一　什么是政治？

1. 生活，行为和现象

人类这种生物和其他各种生物是一样的：他时时刻刻都得继续不断的从外界向体内吸收可供营养的物质，从体内向外界排泄用不着的成分。换句话说，就是他时时刻刻都得行着体内物质的新陈代谢的活动。他继续不断的行着这种活动，他才算得是活着的生物；他一旦停止了这种活动时，他就变成死了的生物。人类的这种继续不断的活动的进程，普通叫做人类的生活。因为这种生活是和物质的吸收和排泄有关系的，所以又叫做物质生活或经济生活（物质生活和经济生活之间也还有相当的差别，不过那是经济学上的问题，这里用不着管它）。

物质生活的目的，在维持人类个体的生命。但是，因为人类个体的各部分都会随着时间的进行，变成衰朽老废不堪使用的缘故，人类个体的生命却是有限的人。人类每一个体的生命虽然是有限的，然而两个性属不同的个体的生殖细胞结合起来的时候，却可以产生新的个体出来。换别的话说，男性和女性的生殖细胞结合起来时，就可以行着细胞个体的整个的新陈代谢，使个体繁殖下去。这种两性的结合和新个体的产生，叫做生殖。关于这种生殖的活动的进程，叫做生殖生活或两性生活。

物质生活和两性生活是一切动物的基本生活。行着物质生活，动物的个体才能活着；行着两性生活，动物的个体才能整个的新陈代谢，即是说才能传种。关于这一层，人类和一般动物之间并没有区别。不过，从两种生活的内容上说，人类和一般动物之间，却有范围广狭，程度高低，并活动的目的意识的有无等等的不同。因为人类在进化到人类的时代，已经具有比一般动物还更复杂的脑髓和神经系统，所以人类的感情要比一般动物生得特别浓厚复杂，人类的理智也比一般动物特别高旷深远，所以人类的种种基本的活动要比一般动物特别多量的具有明确的目的意识。这种具有明确的目的意识的活动，叫做行为。这种行为的有无就是人类和一般动物之间的最大区别。人类的物质生活和两性生活的内容，所以和一般动物的物质生活和两性生活不同，根本原因也就在这里：人类的生活是各种行为的不断的进程，一般动物的生活却只是各种不断的活动的进程。

人类的种种生活，从人类的主观说来，虽然是人类的不断的行为的进程，但是若站在客观的地位，把它当作一种在无限的时间上的经过看来，人类的种种生活，又可以说是种种现象。因此，人类的经济生活又可以叫做经济生活现象或经济现象，人类的两性生活也可以叫做人类两性生活现象或两性现象。

2. 政治是人类关于强制权力的生活

因为人类具有浓厚复杂的感情，高旷深远的理性和明确的目的意识，所以人类生活的种类也比一般动物特别加多：人类于经济生活和两性生活之外，还有政治生活和精神生活等等。

政治生活是什么样的生活呢？政治生活就是人类关于强制权力的生活，简单说就是人类关于政治权力的活动的进程。要明白政治生活的意义，先要知道权力的性质。

权力这东西，很容易和（一）武力，（二）权利，（三）心理力等等东西相混。（一）武力是指实际的物理力说的，如像个人的气力或军队的战斗力，都是武力。这种武力有时又称为实力或暴力。（二）权利是现行法律（不管它是国内法或国际法）上所承认的一种可以要求别人做什么事或不做什么事（法律学上叫做"要求别人作为或不作为"）的能力，如像所谓债权就是一种可以在法律上要求别人行某种给付的能力，所谓物权就是一种可以在法律上主张自己对于某种物件做某种行为，同时要求别人不做某种行为的能力，都是明例。（三）心理力又称为社会心理力或社会力，是指一种社会上的无形的力量说的，如像所谓"舆论力"，所谓"社会制裁力"，所谓"千夫所指，无病而死"的时候的道德力，所谓"民心"，所谓"人心"等等东西，都是明例。心理力和武力的区别是很明白的。心理力和权利的区别，只在后面有不有一种"权力"做它的后盾：权利的后面是有"权力"做后盾的，如果被法律公认的权利被侵犯了，那个保有权利的人，就可以向另一个保有"权力"的第三者申诉，请这个"权力者"替有权人用实力维持权利；心理力却不是这样，它的后面并没有"权力"做后盾，它只不过是一种无形的空空洞洞的想像上的力量罢了。

权力不是武力，因为权力的里面虽然包含着武力，但是，它除了武力的成分之外，包含一种社会的承认，换句话说，就是还包含一种社会上的通用效力。举例说，一个武力革命团体纵然有很大的实力，如果在内还没有得着多数被统治人的默认（这就是说，还有不断的积极的和消极的人民反抗），对外还没有得着别的原有的政治权力团体（普通是国家）的明白的或暗示的承认，它就只是一个武力团体，它的武力也就只算得是武力，还算不得是权力。它只有在有了这种内外的承认，使它的武力得着一种社会上的通用效力之后，它的武力才能够变成权力，它自己也才变为政治权力团体。

权力自然更不是权利：权利的后面，有第三者的权力做后盾，权力却不然，它自己本身用本己的武力做自己的后盾；权利纯然是根据现行法而来的东西，权力却是根据武力而来的东西——纵然有时在形式上仿佛权力也会被规定在某种法律如像宪法上似的。

权力和心理力也是有区别的：权力是以武力为它的构成要素的，心理力却是和武力相反的；权力当中所包含的社会承认即社会通用效力，虽然也可以说是一种心理力，但是，因为这种心理力和武力结合在一起的缘故，已经变成一种和普通心理力绝不相同的东西了。

总而言之，权力这东西，从科学上说来，是由两种要素构成的：（一）积极的要素，即可以供强制别人之用的武力；（二）消极的要素，即被社会承认的那种可以当作权力通用的效力。不过，在一般通俗的用语上，权力二字却往往被人拿去和权利二字滥用。举例说，如像所谓"父亲有管教子女的权力"或"学校校长有命令学生的权力"之类，都把权力二字误用了，因为在这种时候，所谓权力实则都是现行法上所规定的权利。因为有这种通俗误用的缘故，所以在学问上又特特的把权力叫做"强制权力"，以示区别。

人类关于这种强制权力的生活，叫做政治生活。政治就是政治生活或政治生活现象的缩短语。

以上关于政治的意义的说明，从科学上看来，是最确切明显的。这件事只要拿来和普通的学说对照看看就可以懂得。普通政治学上的解释，大概有两种：（一）国家活动说，主张政治是国家的活动或国家的主要活动。这种说法自然是不妥的：第一，国家这东西本是一种政治生活上的产物，政治在前，国家在后，现在以国家释政治，明明是本末颠倒，即使这种定义的内容是不错的，也只有在明白国家的意义之后，才能够懂得什么是政治；第二，这种定义的内容也并不确切，因为在事实上，所谓政治现象并不限于国家的活动或国家的主要活动（政治是国家的主要的活动，那种主张的用意，在区别政治和司法，立法等等东西；其实那种区别是另一问题，不应该混在一起。看7节），如像政党的活动，地方自治团体的活动，甚至于一个私人（一个政治上的独裁的英雄）的活动，也都属于政治现象，若采用国家活动说，就无从包含这些东西了。（二）实力关系说，主张政治是一种实力上的管辖关系。这种说法也不妥当。因为：第一，照上面所述，政治是人类所行的一种动的"生活"，并不单是一种静的"关系"；第二，政治上的权力并不限于实力，它除了实力之外，还有社会的通用效力，如果只说实力上的管辖关系就是政治，那就未免会发生误会，说一切实力都是权力，一切政治都只靠实力关系了。

3. 强制权力的目的

人类关于强制权力的生活，就是政治生活，所以强制权力又可以叫做政治权力，缩短起来就是政权。政治生活这句话，结局，用最简单的话解释出来，就是关于权力或政权的生活。

这样的说法，从人类历史的现在阶段看来，即是说，从人类行着政治生活的时代看来，是一点也不错的。因为，在历史的现在阶段上，只有一种权力（即政治权力）存于社会之上，把其他一切实力都用法律规定着：把它所不许可的实力加以禁止，把它所许可的实力变为权利；所以单说"人类关于强制权力的生活，就是政治生活"是没有什么不可的。但是，如果从人类历史的全体观察，把人类还没有行政治生活以前的阶段也加入观察范围之内，那末，我们就得把强制权力的目的也标明出来，才能够认清楚政治生活的真相。为什么呢？因为在人类还没有行政治生活以前，已经有种种权力，举例说，如果家长或族长对于家属或族属曾具有一种管辖的权力，或部落的酋长对于部属具有一种生杀与夺的权力，就是明例。因此，如果不把权力的目的标明出来，就难免会使政治权力和这些非政治权力混淆不明。

现在要问：权力的目的是什么呢？这个问题本来只应从事实上去找答解，但是，从来的学问家往往从理想方面或政策方面加以说明，所以弄出许多错误的学说。这些错误的学说当中，最主要的有四：（一）有人说，强制权力的目的在谋自由幸福或一般利益。这种说法只图鼓吹国家至上主义，却忘记了在政治的下面常常有大多数人的牺牲和不自由。（二）有人说，强制权力可以增加人类的文化价值，因为自从人类行了政治生活之后，人类文化的确有了空前的进步。这种说法所根据的事实是对的，不过它的结论却是错的。为什么呢？因为一般保有强制权力的人们并没有把人类文化放在眼里，所谓人类文化在事实上的进步只不过是他们意料所不及的结果罢了。并且，人类文化是否长久可以在强制权力的下面向前发展也还是一个问题，只看最近的世界大战的破坏文化及世界社会革命潮流的潜滋暗涨就可以明白了。所以，这种说法只不过是那些想在观念上镇压社会革命的人们的一种手段罢了。（三）有人说，权力是为要处理团体的共同事务而存在的。这种说法只不过是那些抱着所谓"多元的国家说"（Pluralistic Theory of State）的人们的乐观的空想罢了。实则权力这东西的实际状态，真达到了所谓"无恶不能作，无善不能做"的地位；它往往侵入个人生活，并不限于处理团体的共同事务。并且，如果从反面看看，更可以明白这种说法的错误，因为在事实上，许多处置着共同事务的团体，举例说，如像一个公司，就只有权利，并无权力。（四）更有人说，权力是为维持法律的实行而存在的。这种说法在理论上是不错的，但是，可惜它只是一个形式的说明，不能把权力的终局的目的解释出来。固然因为法律原是权力的表现形式，所以权力的发动通常都具有法律的形式，然而，如要只说权力是为法律而存在的，却决不能令人懂得，到底权力的最终的实际目的在什么地方；如果追问下去，问一问法律的目的在什么地方，必定会弄成一个循环问答，说法律是为权力的行使而存在的东西。

权力的真正目的，只能够从事实当中去寻找。如果专从事实去观察，我们就可以看出有权力的人们和没有权力的人们的差异，只有前者可以不管后者愿意不愿意，强制后者听他的命令，对他供给经济上的利益，如像财货和劳力之类；至于后者，他不单是没有向前者实行强制的可能，并且他不能不受前者的那种强制。这是现代凡是有权力存在的地方所共有的事实，同时也是现代一切无权力存在的地方所绝无的事实。所以，权力的真正目的就应该存在这个特殊事实上面，换别句话说，权力的目的就在经济利益的有秩序的取得。这种经济利益的取得的形式，虽然有种种的不同，如像古代的奴役，封建时代的户役供纳，近代的租税和兵役义务等等东西的区别，但是其中却有一个共通的特色：都是一种有秩序的取得。没有权力的人们所以肯忍受这种取得，默认权力的存在，也就因为这种取得是有秩序的，比起纯然的暴力劫夺要较好一点，所以只好忍受着，去谋有秩序的生活。（关于这一层，后面23，64各节还有详细说明）政治权力的这种目的，和人类未行政治生活以前时代的种种权力的目的，是不相同的。举例说，前面说的古代家长族长的权力的目的，只在维持一家一族的经济的生存，部落会长的权力的目的，只在统率部属，一面谋全部落的经济生存，一面防其他部落的侵掠。那些权力决没有含着"经济利益的有秩序的取得"的目的，所以它们只等得是族长权力，家长权力或酋长权力，而算不得是政治权力。

所以，总起来说，也可以说，政治生活就是人类关于那些为经济利益的有秩序的取得而存在的强制权力的生活。

4. 强制团体，共同团体，社会三种东西的区别

握着权力的人们，要想行使权力去作有秩序的经济利益的取得，就得制定一种秩序，实行一定的组织，并且，为要和别的一群保有权力的人们划分界限起见，也同样有制定秩序和实行组织的必

要。他们所制定的秩序，从学问上说来，就是所谓法律制度（关于这些法制后面还要细说，这里且不赘述）。他们所施行的组织就是所谓强制团体。强制团体是具有强制权力的团体，而强制权力在法律学上又叫做统治权力或公权力，所以强制团体又常常被人叫做统治团体，公团体或公共团体。强制团体当中的最主要的就是国家，但是要知道并不单只国家才是强制团体；除了国家之外，也还有地方公共团体及国际的联合团体等等东西，同是强制团体。

和强制团体正相反对的团体，叫做共同团体。共同团体虽然也和强制团体一样，在它的内部定有特种的秩序和特定的组织，并且团体里面也有一部分人充当着团体的机关，对另一部分团员施行命令和禁止，但是，它对里面那部分施行命令和禁止的人们并没有强制权力，倒只有视法律承认着的权利。这就是说，万一团员不服从它们的命令的时候，它们只有按照法律的规定，请求强制团体的机关替他们履行强制，并不能够自己用实力去行强制；更用别的话说，就是，这种团体里面的下命令的人们和接受命令的人们，从法律的观点看来，都是共同的平等的受着法律上的规定的人们，因此这种团体才叫做共同团体。并且，这种团体的团员可以自由的照自己的意志退出团体，谁也不能够强制他继续充当团员，所以这种团体又叫做自由团体或私团体。除强制团体以外的一切团体，都可以说是共同团体——固然在事实上也有半强制半共同的团体。

所谓社会，从表面看起来，仿佛也是一种团体，并且有许多不彻底的学问家也常常说社会是一种共同团体，有时甚至把社会看成和强制团体当中的国家相同。但是，认真说来，社会却不算得是无论什么样的团体。为什么呢？因为凡是团体都应有一种有意识的制定了的秩序和有意识的施行了的组织，而社会这东西却并没有这种秩序和组织，它只不过是特定范围内的人类的聚集体（人群）在经济生产关系上自然发生出来一种相互作用的关系的时候的名称罢了。这种经济上的相互作用（自然，随着经济的相互作用，还可以生出别种相互作用）无论是在原始共产经济时代也好，在奴隶经济时代也好，或是在资本经济时代也好（关于各种经济时代的详细说明，请看拙著《经济现象的体系》第二章），当然都是有一定的地域上和人口上的范围的，所以，乍看起来，行着这种交互作用的聚集体（人群）也好像是种团体似的，但是这种经济上的相互作用（如像协力和交换）的关系，在实际上都是自然发生的，并没有一种人为的秩序和组织，和通常所谓团体是不相同的。如果一定要注重这种聚集体，给它一个名称，就应该特别声明这是一种非常特别的团体，是一种聚集体（人群），才免得发生概念的混淆（普通用语上对于个人说的所谓"社会"，是当作"世人"或"社会上的人"使用的，当然和学术上所谓社会的意义大不相同）。

强制团体，共同团体，社会三种东西的区别，从政治现象的解剖上说来是一种很重要的区别，不可轻视。

5. 强制团体的外面的统一和内部的矛盾

一切团体在外表上都应该是统一的，因为如果外表上不统一，它就不能够成为一体，去维持团体内的秩序，施行团体内的组织，并对外做种种活动。同时，一切团体在内部都应该含着若干矛盾，因为团体内团员的意思的完全一致，除了非常特别的时候之外，几乎是绝对不可能的，所以通常只好用多数决定的办法，把团体内的比较多数团员的意思当作团员全体的意思，即当作团体的意思，由充当着团体的机关的人们执行起来。这种内部的矛盾，虽然是一切团体所共有的，但是在强制团体里面却特别大得厉害。为什么呢？因为照上面（3节）所述，在强制团体里面，那部分没有权力的人们的利益和另一部分保有权力的人们的利益，两种东西，在根本上就是相冲突的：前者的经济利益被后者用一种有秩序的办法强制的取得一部分去，并且，前者常常立于被后者强制的地位，后者常常立于强制前者的地位。因为这个缘故，所以前者才叫做被治阶级，后者才叫做治者阶级（或简称被治者和治者）。被治阶级所以肯受治者阶级的强制，只不过因为自己方面的实力太小，不能和治者阶级抵抗，并且觉得他们的经济利益的一部分，在被人行着有秩序的取得的时候，总比完全被人行着无秩序的掠夺的时候，要比较容易忍受些的缘故罢了。所以，在实际上，被治阶级常常总是站在和治者阶级互相斗争的地位；在他们自己实力增加的时候，或是他们在所受的有秩序的经济利益的取得，程度太高，使他们不能聊生的时候，他们往往抛弃普通的斗争方法，实行武力暴动和革命战争。

具有强制权力的强制团体的内部，既然常常含着矛盾，行着斗争，所以人类关于权力的生活结局就是一种斗争生活：站在被治阶级上的人们，常常为想脱离或减轻强制而行斗争，站在治者阶级上的人们，常常为要继续强制别人而行斗争。

6. 政治行为的种类

政治行为是人类关于强制权力的行为，这句话一点也不错误。不过，详细观察起来，一般政治行为又可以依照种种标准，更分为几个种类。现在举两个最重要的分类标准说说：

第一，从外面统一的强制团体的立场说来，强制团体的政治行为（团体的行为，是靠团体的机关即充当机关的人类去做的），必定按照特定的秩序即特定的法律进行，才能够保持统一（看4节），所以强制团体的行为的分类，可以拿法律为中心，分为四种：（一）立法行为。这是强制团体用明示的或暗示的方法，制定一切法律的行为。所谓一切法律，自然包含公的法和私的法（普通叫做公法和私法，我觉得"私法"二字念起来得有点和"司法"相混，所以特特照外国文字上一般通例，称为公的法和私的法）两种东西。公的法是关于强制团体和所属团员或强制团体和所属的其他的强制团体并共同团体之间的秩序的法律，如像所谓宪法，行政法，刑法等等法律就是例子。私的法是关于强制团体里面的各团员间并各共同团体相互间的秩序的法律，如像所谓民法等等东西，就是明例。（二）行政行为。这是强制团体实行运用法律的行为，更详细说，就是强制团体按照公的法和私的法规定，实行设置种种机关，去统治（即说是用强制权力去行强制）所属团员并其他团体，并经管种种设备（如像学校，公共事业等等）的时候的行为。（三）司法行为。这是强制团体维持法律的行为，换别句话说，就是强制团体解释它的一切法律的意义，确定一切法律规定对于事实的适用范围，纠正一切违法的行动，以期保持法律的威严的时候的行为。（四）事实行为。这是强制团体离开自己所定的法律秩序而行出来的行为，即是说是一种和合法行为相对待的行为，如像强制团体在革命时期的行为（即是说在强制团体还未被社会一般承认它的权力的时候的行为），国庆的行为（即一个国家消灭另一个国家或被另一个国家消灭时的行为），为政变时的行为（这是指 Coup d'Etat，即一个国家的政府的变更，出于非法手段时的行为）等等行为，就是明例。事实行为又称为非常行为。以上四种政治行为虽然是一般强制团体所共有的，不过这些行为的程度却会随强制团体的种类而有变更。如像事实行为差不多只有国家这种强制团体才会常常去做，就是明例。

第二，从强制团体内部的互相斗争的阶级的立场说来，治者阶级并治者阶级内的个人和被治阶级并被治阶级内的个人（在事实上，人类的政治行为大抵都是用团体的协力行动的方法实行着，个人的行动倒反是少数）两方面的政治行为，可以随着他们对于权力的关系的变动可分四种：（一）命令行为或强制行为（都是从治者阶级方面说）和服从行为或反抗行为（都是从被治阶级方面说）。治者阶级的命令行为照例应该接着一个被治阶级方面的服从行为，如果被治阶级不行服从行为，倒行反抗行为，那末，治者阶级就一定会对他行一个强制行为。（二）权力夺取行为。不但治者阶级和被治阶级之间常常用种种形式实行着权力的夺取，并且就是治者阶级的内部也常常发生夺取权力的活剧，如像国会议员的选举竞争，政党的竞争等等东西，就是顶明显的例子。（三）宣传行为。这是一种用来在斗争时暴露敌人的过恶，鼓吹自己的正当，以便摇乱敌人人心，巩固自己方面的精神，并获得第三者的同情的行为。（四）组织训练的行为。这是一种在斗争以前，准备自己方面的组织力并战斗力的行为，如像组织团体，设立机关，养成人材等等行为，就是例子。

7. "政治"二字的通俗意义

"政治"二字，从学问上说来，就是"政治生活现象"的缩短语。政治生活就是人类关于权力的生活。人类关于权力的生活就是人类关于权力的种种行为的继续不断的进程，详细说，就是

（一）从统一的强制团体者来的立法行为，行政行为，司法行为，事实行为等等行为的进程。（二）从斗争的阶级方面看来的命令行为或强制行为并服从行为或反抗行为，权力夺取行为，宣传行为，组织训练行为等等行为的进程。这种种的道理，经上面各节的叙述，已经是很明白的了。但是，要知道"政治"二字在一般通俗用语上却另有三种意义，从学问上说来都是很不正确的：（一）世人常把"政治"二字当成官府或政府的意义使用，如像平常应酬上所谓"在政治界做事"那句话里面的"政治"，就是例子。这种用法自然太狭小了，因为照上面所述，政治现象原是应该包含政府和被治阶级两方面的。（二）有人把"政治"二字看成和行政二字相同，使它脱离立法和司法行为，甚至有时把政治看成一种超乎立法，行政，司法以外的东西，却又指不出政治和这三种东西之间的明白的区别。如像普通说"司法界和行政界互相勾结舞弊，恐怕要发生政治问题"的时候所谓"政治"，就是一个例子。这种说法比第一种说法更加狭小，当然是错误的。（三）有人把"政治"二字看成和"共同事务的管理"相同，拿来和学术或技术相对待，如像学校教员们常说的"我只愿教书，不愿管学校的政治"那句话里面的"政治"，就是一个例子。这种说法当然更不对了，因为它太过于宽泛，陷进所谓多元国家论者的错误当中了（看 3 节）。

总而言之，"政治"二字的解释纷歧得很，不但在学术上有国家活动说和实力关系说两种谬说（看 2 节），并且，在通俗用语上又有刚才列举的三种错误的用法，所以，认清"政治"二字的意义这件事是研究政治学的人们第一应该努力的事。

二　什么是政治学？

8. 政治学是研究人类在政治生活上的相互关系的学问

政治学这个名称虽然发生得很早，但是发达得却很迟，关于它的内容如何，即在今日也仍然还没有定论。这也不足怪，因为有两种理由足以阻碍它的发达：第一，所谓"学"的意义，到底只含着"科学"的意义吗，或是包含"哲学"和"科学"在一起？这件事，本是到现代还未十分解决的问题，而从来所谓"政治学"又多半是哲学的议论，缺乏科学的基础，和别的社会科学比较起来差得很远，所以政治学的研究也就因此不能十分发达。第二，照上段所述，政治的意义原本是很复杂的，又加以强制团体的内容，本来存着矛盾和斗争，治者阶级为要保持他们的利益的缘故，常常不愿意政治上的真事实和真道理被人研究，发见，说破出来，所以政治学这东西的发达机会就格外被压抑了。

目前一般"政治学"的著书上面，关于政治学的定义是极不一致的，我们在这里当然没有把这些定义一一罗列出来，凑一凑热闹的必要。如果现在单把我们认为适当的定义说，我们就可以说：政治学就是研究人类在政治生活上的相互关系的学问。在我们已经懂得什么是政治生活之后，这个定义是很明显的，用不着许多说明。这里应当特别注意的，只有两层：第一，这种定义下面的政治学，是所谓"广义政治学"，换别句话说，是一种包含着政治科学和政治哲学的学问。第二，这种定义下面的政治学，只研究人类在政治生活上的相互关系，并不研究人类在政治生活上的物质问题，如像斗争目的武器，军队组织等等东西；关于后者的研究，是应该属于技术学的范围的。

在上面说的定义下面的政治学里面，又可以依照它的观点的差异分为四种：（一）帝王学，即古来所谓"治术"，一种专门从君主的立场上去研究人类政治生活关系的学问。（二）革命学，即一种专门从被治阶级的观点去研究人类政治生活关系的学问。（三）国家政治学，即一种专门从国家的立场（在事实上即是专门从治者阶级的立场）去研究人类政治生活关系的学问。（四）国际政治学，即一种专门从国际政治团体的立场（即从当做对外团体看的国家的立场）去研究人类政治生活关系的学问。以上四种东西，只有第三种比较发达些。第一种现在已经无人过问，第二种当然在被治者阶级禁止研究之列，第四种刚在开始。

9. 国家政治学的内容

上节所说的国家政治学，照理论上说来应该有下表所示的构成：

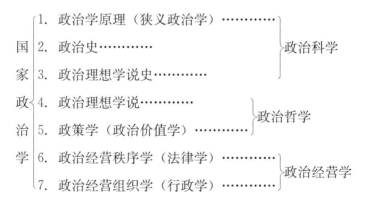

上表当中的（一）政治学原理应该研究（甲）政治现象的体系，（乙）政治现象的来历，（丙）各种政治现象的关系，（丁）政

治现象的将来的预测等等问题的大要。乙，丙，丁三者合起来，就成为政治现象的解剖。（二）政治史是研究人类政治生活的历史的。（三）政治理想学说史是研究各种政治学说的。普通所谓政治学说，都是具有一种高远的理想，带着兴利除弊的色彩的，所以从学问上的分类说来，都应该属于哲学的范围，而不应该属于科学的范围。因为这个缘故，所以（四）政治理想学说和（五）政策学（即政治价值学，因为所谓政策从这方面说来，结局都不过是一种特定计划。对于特定的理想的实现上所具有的价值批判，看 47，86 节）两种东西都应该属于政治哲学。不过，政治理想学说史却只是一种历史的研究，所以还是应该归入政治科学的当中。（六）政治经营秩序学，即通常所谓法律学，是一种专门研究强制团体学各种秩序的本身并相互关系的，换句话说，即是一种专门解释各种法律的本身和它们相互之间的关系的学问。（七）政治经营组织学，即普通所谓行政学，是一种专门研究行政方面的事件的处理并人员组织的方法的学问，换句话说，就是一种行政官吏学。法律学和行政学两种东西，在事实上，向来都由法律学家去研究，不为政治学家所过问，但是从理论上说来却不能不说它们是广义的政治学当中的一种。

10. 资本主义政治学和社会主义政治学

因为宣传是一种政治行为，并且政治学上的学理本身，往往难免带有替实际斗争上的某一阶级做宣传的性质，所以古来的政治学说常常随着政治上的统治阶级的变动而变更它的内容。如像在奴隶主人占着统治地位的时候，便有承认奴隶国家的政治学（古代希腊的政治学），在中世教会专权的时代，便有尊重神权的政治学，到后来，专制君主权势力涨大的时代，又发生君权万能的政治学等等事情，就是明例。目前的世界，正处于资本主义的势力盛极将衰，社会主义的势力逐渐扩大的时候，所以现代的政治学从大体说来，自然会分为资本主义政治和社会主义政治学两派。因为资本主义的势力还占着多数国家的统治权力，社会主义的势力还处于被压迫被强制的地位，所以，这两派政治学的主要的不同之点就在：（一）资本主义政治学只说外部统一的强制团体，社会主义的政治学却兼说强制团体的内部矛盾即治者阶级和被治阶级的斗争。（二）前者只宣传政治理想的学说，不肯说明一切理想学说的来历，即学说的社会背景，后者却兼用唯物的历史观点，去解剖政治学说和社会事实之间的关系，换句话说，就是兼行政治现象的解剖。（三）资本主义的政治学，在目前因为要想维持资本主义势力所把持着的政权的缘故，不肯研究革命的真理（在从前他们还未抓住政权的时候，虽然也提倡过革命），社会主义的政治学却恰恰相反，它不但不隐蔽革命的真理，并且还用全力鼓吹革命。（四）总起来说，资本主义的政治学多带神秘的政治哲学的性质，常常站在唯心论的观点上；社会主义的政治学却不然，它多带确实的政治科学的性质，常常站在唯物论的观点上（关于现代的政治学说的概要，请看下篇第二章 92 节）。

11. 政治学和人生

在人类历史的现在阶段上，世界上一切土地，都在政治权力的统治之下，世界上的人，无论是谁，也不能片刻脱离政治的关系。不但不能脱离政治关系，并且，如果想继续生存，还不能不在相当的程度内实行某种政治斗争。所以，政治学上的知识对于现在阶段的人生是有重要关系的东西，无论是谁，都应该知道它的大要；理由是很明显的，因为盲目的斗争到底比不上有觉悟的斗争，要想在斗争上没有大失败，总得大概知道斗争的意义，来历和方法等等东西才行。世上那些现在糊里糊涂过着生活，不知道自己也是和政治有关系的人们，固然可怜得很，就是那些自命清高，宣言不过问政治的人们，也实在未能了解人生的真相，太过于自欺了。

第二章　政治现象的基础

一　土地

12. "基础"二字的意义

从来的政治学家惯把政治学看成关系国家活动的学问，所以他们的政治学的研究也往往都从国家的构成要素入手，首先提出所谓国家三要素的问题，把领土，臣民，权力三种要素逐一详加说明。先从领土，臣民，权力的解说入手研究，这件事，从学术的眼光看来虽然未尝不可，然而所谓国家三要素说却是无意义的。为什么说无意义呢？因为：一则土地和人口本是一切团体所必不可少的基础，决不能特别把它们看成国家的要素；二则国家这种强制团体和别的共同团体的区别，只在权力的有无（看4节），如果要主张国家要素说，也只有认权力为要素；至于土地和人口两种东西，那只不过是国家存立的基础或条件罢了。有些学者为拥护国家三要素说起见，还往往引一些奇怪的例证，如像说"罗马法皇形成着的团体只有权力和人民（指法皇所辖教徒）两要素，后有土地，又古代游牧民族也只有权力和部民而没有特定的土地，所以都算不得国家"之类。其实这些说法都是错的：（一）他们说前一例时，忘记了法皇所有的权力只是一种被特定国家的法律上所承认的权利；他们说第二例证时，又忘记了未成国家的游牧部落内的权力和国家的权力，两种东西的目的是不相同的（看 2，3 节）；（二）他们在前后两例中，都忘记了无论什么人都得住在特定的土地上面，法皇所形成的团体和游牧民族，也同样是在土地上生活，并不是悬在空中的。

从纯粹的科学的立场说来，土地和人民两种东西不应该视看成国家的要素，只应该被看成政治现象的基础（或条件）的一部分。

"基础"二字既没有含着"要素"即"必要的成分"的意思，也没有含着"原因"或"因子"的意思。所谓政治现象的基础，不过指一种条件——即政治现象所依以发生变化的那种条件——罢了。这种基础（或条件）的性质如何和数量多寡，虽然可以使政治现象随着发生变化，但是政治现象的特别构成分子并不存在这种基础当中（这种基础是许多关于人类社会的现象的共通基础，是人类生活上的当然条件，所以不能专认它为政治现象的要素），同时政治现象的发生原因也并不直接的就是这种基础。

从这种意义说来，政治现象的基础大体可分为三种：（一）土地，（二）人民，（三）财富。

13. 土地和政治

政治现象的基础的第一类就是土地。在国家政治学上，普通都把土地叫做领土（疆土，领域，属土）。从政治的立场看来，关于领土，应该注意的有四层：第一是土地的广狭。土地广大的强制团体里面所发生的政治现象，必定会和土地狭小的强制团体里面的政治现象不同，这是很明显的，用不着说明。第二是土地的位置。处在大洋中的孤岛上的强制团体和处在大陆的中央的强制团体比较起来，在经济上和政治上利便和障害都大不相同，这件事，只看近世欧洲的英国和德国的经济史和政治史就立刻可以明白的：英德二国人虽然都是条顿人，但是，四围皆海的英国不大畏惧敌国的侵略，所以能够首先自由的向经济方面图进步发展，而在十余国的环处之中的德国却必定要先谈政治的统一，再用政治上的统一力量去行保护政策，才能使资本主义的经济有长足的进步。第三是土地上的气候和土地的肥瘦。气候和土地的肥瘦是有不可离的关系的，而土地的肥瘦和以经济利益的取得为目的的强制团体结有不可离的关系，却又甚不待多言的，所以土地上的气候和土地的肥瘦也是在观察政治现象的基础时应该注意的。第四是土地的形态。土地周围是平地，是高山，是湖海，土地的里面是平原，是高原，是浸地，是水泽，土地各部分的单位（地形上的单位，如像中国的山西和江西两省所形成着的天然单位之类）是多是少，是长形，是方形，是联结在一起，是分散在各处（如像大英帝国的领土分散在五大洲之类），这种种土地的形状，不消说都可以使建在这种地形上的强制团体在政治现象上发生不同的结果。

土地和政治的关系，不消说是会随着科学的进步而有变动的：如像交通机关的发达可以变更地形的影响，农学的进步可以左右土地的肥瘦，就是明例。

14. 天然富源和政治

土地上所生的或内部所藏的天然富源，在种类和数量上都是可以依照地方的不同而有变化的。举例说，如像森林，渔场，天然牧场，铁矿，煤矿，金银铜铅等矿，煤油井，可以供水电之用的水力，可以供灌溉之用的水利（如像埃及的尼罗河）等等东西，都是天然富源。它们的种类和数量的多少，直接的足以影响一个地方的经济的发展，间接的足以影响到那个地方的政治现象，这件事，只看近代的战争的发生多由于富有煤铁煤油的地方的争夺一件事就明白了。

天然富源和政治的关系也和土地一样，随着科学的进步渐渐发生变动了。举例说，如像在水力电气的利用方法尚未发明的时代，意大利因为缺乏煤炭的缘故，不能大大的发展工业，所以它的政治发展也有迟迟难进之势，但是，到了意大利知道利用白煤（水力）之后，意大利的资本主义也就勃兴起来，跟着诸先进国，对内对外，在实际上施行金融资本主义及帝国主义的政治了。此外，像这样的例还多得很：煤铁工业的进步使英国在世界称霸，化学染料打击了无数生产天然蓝的国民，养蚕法的进步并人造丝的出现，间接压迫着中国和日本的蚕丝地方等等（天然蓝及蚕丝虽非纯粹的天然富源，但是，因为它们在从前是特定地方的特产物，从物质上和天然富源相类似，所以我们不妨引它为例）。

15. 领土政策

土地和土地上或土地内的天然富源，照上面所述，本是政治现象的一种基础，是一种可以使政治现象发生影响的条件，又加以从来许多政治学者大半都有一种偏向的主张，以为国民的体质，智力，性情，技能等等东西，都完全被动的受着土地环境的支配（不消说这种学说是错误的，只看古代文明发源地的埃及，巴比伦等等地方的现代住民几乎变成野人一件事，以及近代的中国人和希腊人还不及从前的中国人和希腊人之富于思想，学问，艺术等等的才能一件事，就可以明白他们的错误了。谁能够说，这等等地方的土地的现今状况，在人类历史的一千多年的短短时期当中，会有什么根本的变动呢？）所以从古以来，一切强制团体都努力实行着一种领土政策，努力去开拓疆土。到了最近，因为资本主义的发达到了帝国主义时代的缘故，各强制团体的治者阶级，为独占原料场，贩卖场，投资场等等区域起见，越发争着行领土政策。现今的土地政策可以分为两种：（一）积极的领土政策。即积极的增加领土或保护区域，用交通机关连结领土和领土之间或领土和势力范围之间的地形和位置等等政策。如像帝国主义各国瓜分弱小民族的土地为殖民地，压迫弱小民族为半殖地，欧战前英国的（Cape Town－Cairo－Calcutta 间铁路计划（三 C 计划），德国的 Elbe－Euphrat 间铁路计划（双 E 计划）或 Berlin－Bagdad 间的铁路计划（双 B 计划）等等东西，都是极明显的实例。（二）消极的领土政策。即消极的防止别国领土的扩张，阻碍别国领土和己国领土直接接界的政策，如像欧战前德法两国之间设置比利时，卢森堡等永久中立国，欧战后法国极力阻碍德奥二国的合并，并竭力设法在德国的国境周围设置无数小国，以为德法间并德俄间的缓冲地带等等的政策，就是明显的例子。因此，消极的领土政策又可以称为小国分立政策或缓冲国政策。

二　人民

16. 人民的多寡疏密和政治

强制团体是多数人类组织而成的团体，并且是一种为经济利益的取得而组织成立的团体，所以人口这东西，当然可以成为政治现象的基础，政治现象当然会受人口现象的影响。人口这东西，在国家政治学上，从国家的立场说来，普通都叫做人民。

人民和政治的关系可以从三种观点加以观察：（一）人民的多寡疏密，（二）人民的性癖技能，（三）人民当中的民族的单纯和复杂。

人民的多寡是指人民的绝对数（即数目的本身）说的。人民的疏密是指人民和领土的比率（比例数，即平均每一方英里约有人口若干之类）说的。严格说来，人民多寡的问题当中还应该包含着人口的构成（即全人口当中的男女数及壮年和老弱的比例数等等）、人口的变动（即人口当中的出生和死亡的比较数并由这种比较得来的人口增减盛衰的倾向）两个问题，同样，人民疏密的问题当中也应该包含人口的分布（即全国中的人口疏密分布在各处的情形）和人口的移动（即人口由一个地方移转到另一个地方的情形）两个问题。

人民的多寡，人口的构成，人口的变动，人民的疏密，人口的分布，人口的移动等等情形和政治的关系是很明显的。这些情形，从积极方面说，在（一）供给经济上的劳动力，（二）供给军事上的战斗力两层关系上；从消极方面说，在（一）粮食问题（即一国所产的粮食能在供全国人民之用的问题）的发生，（二）移民问题（外国人口向国内的移入或本国人口向外国的移出）等等，（三）殖民问题（即设定殖民地于弱小民族所在地方，使本国的一部分人民剥削殖民地人民的劳动结果的时候，所生的种种问题）三层关系上，都可以使政治上发生重大的影响。

17.　人民的性癖技能和政治

在人民的多寡，人口的构成，人口的变动，人民的疏密，人口的分布，人口的移动等等情形完全相同的时候，人民的性癖技能就会成为一种可以使政治现象发生变化的东西。如像普通所谓"罗马人和条顿人有政治的天才"，"色密特人（Semites）虽然富于创造宗教（如像犹太教，耶稣基督教，回教）的天才，却非常缺乏政治组织的能力"，"希腊人和斯拉夫人只有组织小小的国家的能力"，等等的话，就是在这种意义上说的。所以，除了人民的多寡疏密之外，人民的性癖技能也可以成为政治现象的基础。

18.　人民当中的民族的单纯和复杂

什么是民族？这个问题是政治学上至今还没有定论的问题。这问题所以难于解决，有两种缘故：第一，在欧洲各国语中，普通用来表示"民族"的意义的字是 Nation（固然近来也有人主张用 Nationality 表示"民族"的意义），而 Nation 这个字的日常用法却有三样：（一）指生活在一国家的组织下面的国民全体，简单说即指"国民"；（二）指国家（State）本身，有时含糊的兼指国家本身和生活在国家组织下的国民全体；（三）指"民族"，即是说指一种从社会的，历史的并经济的观点上看起来的人类组织。因为 Nation 这个字的用法这样的不统一，所以"民族"的意义解释上也就免不了发生困难。第二，Nation 这个字的第三意义的内容即是说"民族"的内容，随着社会的进步，发生了无数变更：在从前，所谓民族大抵都是指血统相同或相近，言语系统相同，宗教相同的人们的团结而言的；后来，因为异族征服和异族同化一天一天的加多的缘故，血统的相同或相近并宗教的相同两件事渐渐失去了意义，用来替代它们的却是传统（思想，习惯，历史等等）的相同和性质的类似；最后，因为经济发达，所谓国民经济（即资本经济）已经成立，一民族的经济上的运命，往往悬在别一民族对他的经济的剥削或被剥削上面，所以到这时，对外的经济上的利害关系的相同，倒成了"民族"的意义构成上的主要分子。民族的意义既然经了许多变迁，并且，现今时代的实际上的各民族的结合也因各地方的经济发展的程度的不同而有差异（如像亚细亚的弱小民族，多半还以血统的相同相近，宗教的相同等等为主要的意义，"美国民族"的意义里面，却一点也没有包含着这两种东西，就是明例），所以民族的定义就越弄越困难了。

如果据现今多数学者的主张和实际的普通情形下一判断，我以为可以这样说：民族就是一些（一）具有同一的言语系统，（二）保有同一的历史传统，（三）抱有同一或相近的一般性质（如感情，性格，嗜好等等），（四）享有共通的对外经济利害的人类所组织的团体。不消说，这种组织虽然是有意识的，却并不常常是很明白很具体的；它倒反常常是在表面上不大明显，没有固定的具体的机关的。为什么会这样呢？因为一个民族并不限于生活在一个国家之下（如像德意志民族分处在德，奥，法，俄，瑞士，丹麦几国下面），一个国家也不一定只包含一个民族（如像中国的五族共和，日本国内包含着日本民族，高丽民族，中国民族——台湾的——之类①），所以国家这种强制团体，除开特别于它有利的时候，都一面禁止民族自己的具体组织，一面用国家自己去代表民族的组织（如像帝国

---

① 根据《马关条约》，当时台湾为日本殖民地。——编者

主义国家在举行对外侵略的战争时，都常常以民族利益的代表者并扩张者自任，就是明显的例子)！

从上述的意义说来，人民当中的民族的单纯和复杂，对于政治，自然会发生不同的影响：在民族复杂的国家里面，一定会于阶级的政治斗争之外发生很难解决的，民族的政治斗争；民族越复杂，这种政治斗争越多。在对外方面，国内的被压迫的异民族的外向运动和国外的被压迫的同民族的内向运动两种运动，往往足以引起国际政治的纠纷和国际战争，更是历史所明示的事实（欧洲大战的导火线就是奥国和塞尔维亚国间的民族斗争！），不用多说的。

19. 人民政策

照上面所述，人民和政治现象之间存有种种的密切关系，所以现今的国家都行着种种人民政策：（一）人口政策，即奖励人口增加的政策。如像法国，德国，日本等国为图兵士的加多而行着的人口政策，就是例子。（二）移民政策，即关于一国人口的移入或移出并国内移动的政策（看16节）。（三）殖民政策，即关于殖民地的政策（看16节）。（四）同化政策，即强大民族对于弱小的异民族分子所施的同化的政策。（五）民族纯化政策及民族自决政策。前者是强大的民族拒绝弱小民族的同化的政策，如像美国拒绝东方民族及所谓东欧劣等民族的入国和同化，就是顶好的例子；后者是弱小民族抵抗强大民族的同化政策并压迫剥削时所行的政策，如像爱尔兰的独立运动政策，就是好例。（六）民族统一联合政策，即相同的民族或比较相近的民族（如像英国民族和英国民族之类①，

---

① 原文如此。——编者

他们现今虽然各自成一民族，但是，如果对斯拉夫民族或德意志民族说来，却算得是比较相近的民族。要知道，民族也和其他社会现象一样，是一种缺乏绝对的区分标准的）联合统一起来，用造成民族国家时的政策，如像从前意大利民族统一运动时代的政策，以及欧战后德奥二国想合并起来，造成一个纯德意志民族的统一国家时的政策，都是很好的例。不消说，这种政策是常常可以和民族自决政策相关联的。这种政策发露出来，就成种种的"大什么主义"（Pan……ism），如像什么"大斯拉夫主义"（Pan Slavism），"大日尔曼主义"（Pan Germanism），"大拉丁主义"（Pan Latinism），"大美国主义"（Pan Americanism）等等的东西就是明例。这些主义都是一种以联合一个民族的全体成一个大的统一的联盟或统一的国家为理想的主义。（七）民族霸权政策，即想用一个自认为最优秀的民族去握全世界的霸权，去领导其他民族，支配其他民族的政策。这种政策比民族统一联合政策还要更进一步：它不但想把同一的民族或比较相近的民族联合起来，成为一个统一的联盟或统一的国家，并且还想拿这个统一的力量更去统一世界！所谓"德意志高过一切！"（Deutschland ueberalles!）的口号并"条顿民族的优越！"（The Prééminence of the Teutons!）的口号，就是顶明显的例。

三　财富

20. 财富的多寡和政治

人类离开财富就不能维持经济生活（财富是有价值的财货的总

名称），而政治现象却又是关于那种认经济利益的取得为目的权力的现象，所以财富的多寡，当然会和政治现象发生密切的关系：经济发达，财富充实的地方，可以发生较高度的进步的形式的政治（如像民治政治，详见下章），而经济不十分发达，财富穷乏的地方却只能有比较低级的形式的政治（如像封建政治）。从另一个观点看来，哪怕是在同一政治形式的下面，财富的多寡也可以大大的影响到政治现象：在财富充裕的时候，政治上的斗争虽然比较可以缓和，而在财富缺乏的时候，政治上的斗争却会变成激烈的，残刻的并不能暂时调解的斗争。从来的革命战争必定发生在民穷财尽的时候，就是这种道理的顶明白的证据。

21. 财富的分布状况和政治

财富的多寡固然可以对政治上发生莫大的影响，但是，财富的分布状况如何，也是很可以影响到政治上面去的：不单是在财富多寡相同的时候可以随着分布的不同而发生不同的影响，并且就是在财富多寡不同的时候，也可以靠着分布不同，损益相补的关系发生相同的影响。财富的分布状况可以细分为五类：（一）财富的集中和分散。哪怕是同一数目的财富，它在政治上的影响也会看它是被分布在几个少数人手里或被分布在多数人手里的情形如何而发生变动，这件事是很明白的。（二）财富被分布着的方面。农业，工业，商业等等产业的发达程度的差异，通常可以使政治形式上发生区别，所以哪怕是同一数量的财富，也会随着它被分布在农业，工业，商业等等方面的哪一方面而发生不同的影响。（三）财富的所属者的性质。财富的所有者，可以是一个私人或一群私人，也可以是一个公共团体。举例说，如像铁路，就可以或是私有铁路，或是公有铁路。私有铁路以营利为主要的目的，公有铁路却不尽然，所以财富的私有和公有的状况，在政治上可以发生种种不同的影响。（四）财富和所得的关系。财富是就现有财货的总数（即是说总财货的价值）说的，所得是就年年循序产生的新财货（即是说新财货的价值）说的，所以财富的多寡不必就是所得的多寡，所以，如果要想确切的知道财富和政治的关系，就得知道财富全体当中的所得的成分的多寡。（五）财富的形态的种类。财富的形态有种种不同，从大体说来，可以分为消费资料及生产手段两种东西：前者是拿来直接的供人类的享受之用的，后者是拿来直接的供别种财货的生产之用的。这两种财货的分量的多寡，在经济上可以表示特定社会内的经济发展的倾向，即是说，可以表示那社会内的生产和消费的平衡关系的倾向。但是，因为这种平衡关系的倾向当然又可以影响到政治现象上面去，所以财富的形态的种类，也是和政治有密切的关系的。

22. 财富政策

财富的多寡，财富的集中和分散，财富被分布着的方面，财富的所属者的性质，财富和所得的关系，财富的形态的种类等等情形，都是足以影响到政治上面去的东西，所以，从普通状况说来，一切强制团体都行着种种财富政策，其中最主要的如下：（一）增加国富政策，即希图增加一国所有的金币，或希图全国的国际收入超过全国的国际支出的政策。（二）集中或调节财富政策，即设立中央银行，施行租税纲，以便集中财富，调剂金融，平均分配和负担的政策。（三）保护产业政策，即有意识的用人力扶助种种未发达的产业的政策。（四）生产手段公有政策，如像铁路国有，矿业国有，土地公有等等政策之类。（五）增加国民所得政策，如像所谓经济的合理化政策之类。（六）国民储蓄政策，即力图消费资料的减少和生产手段的增加的政策。

第三章　民治政治的来历和意义

一　民治政治以前的政治形式

23. 由无政治时代到有政治时代

从人类历史看来，政治现象这种东西，是从什么时候开始存在的呢？是（一）有人类就有政治吗？还是（二）人类先过着无政治时代的生活，后来才慢慢的进化，再过现今差不多世界人类都同样过着的政治生活呢？在从前，曾经有一些所谓先圣先贤主张第一说，以为政治是随着人类的发生同时发生的。如像希腊的阿里士多特主张"人类是天生成的政治的动物"，把当时的奴隶政治（奴隶主人当治者阶级，奴隶当被治阶级的政治）认为天性的当然；又如中国的孔子说"天生蒸民，作之君，作之师"①；此外如多数所谓耶教的圣徒主张"国家神造说"或"君权神授说"的人们——这些人都是主张有人类就有政治的。但是，因为这些主张一则举不出一点稍微可以使人相信的实证，去证明有人类就有政治，二则在人类历史上的确留下一些反证，证明一部分人类在野蛮时代并没有过着政

① 《尚书·泰誓上》作"天佑下民，作之君，作之师。"——编者

治生活，所以到了近代科学昌明的时候，自然不会长久被人盲从。近代的文明人，谁也不相信"有人类就有政治"了。他们相信的只是第二说（虽然现代的罗威 Robert H. Lowie 还勉强的主张着第一说）。

如果依照第二说，相信人类的政治生活不是随人类的出现就出现的，倒是在人类的进化历史的特定阶段上才发生的，那末，人类的政治生活在最初是怎样发生出来的呢？这个问题自然是一个极难解决的问题，因为近代的人类差不多全部过着政治生活，不能供给现实的研究材料，而古的历史事迹又因年代远久，遗存太少，不能供充分的考证之用。

关于这个困难的问题，有种种不同的学说。其中除开少数错认题目，把最初的原始的政治现象如何发生的问题，认为特定国家如何发生的问题（政治是关于强制权力的生活现象，而国家却是具有强制权力的团体，所以，把政治的原始的发生的问题，当作国家的原始的发生的问题或强制权力的原始发生的问题去行研究，这件事，本是没有什么不可以的，但是如果因为研究国家如何发生的问题的缘故，就把一般国家的原始的发生的问题和某个特定国家的发生问题混在一起，那却是一个大错，因为某个特定的国家的发生也许是发生在别个国家的废墟之上的东西，不见得一定是原始的发生呢），弄得文不对题的学说之外，比较重要的大概有六种：

（一）契约说。这是英国的虎克尔（Hichard Huker），霍伯思（Thomas Hobbes），洛克（John Locke），德国的浦芬多夫（Samuel von Pufendorf），法国的卢梭（Jean Jacques Rousseau）等等的

人所特别唱导①的学说（虽然这种思想在希腊及罗马时代已经有过），其间复有一些小异，不过从大体上看来，大意是说：人类为避免"自然状态"的不利和维持长远的平和起见，特特把各人自己的自由和权利（天然的权利）抛弃了一部分，用大家互结契约的办法，让给特定的人（指充当主权者的君主），相约服从这个特定的主权者的命令；这样的主权者根据大家的契约出来发号施令，实行命令强制的时候，就发生了强制权力，形成了国家，同时政治现象也就开始了。

从大体说来，这种契约说在认定人民的权利先于君主的权利，君主的权利只是人民所给的东西一层上面，可以对君主的专制给一个很大的打击，同时对人民的反抗和革命给一个理论上的大援助，所以它在近代政治史上曾经发生了巨大的影响。不过从科学上说来，这学说的本身却完全是错的，因为：第一，这学说找不出一点历史的根据；第二，它说的什么权利，什么契约种种的话，完全是政治现象成立以后的观念，如果拿这种话来解释政治的发生，那在理论上就未免不通了。

（二）族父权或族长权说（Patriarchal theory）。这种说法发生得也很早，从希腊时代起，经过中世，直到近代，都有人主张，但是其中说得较有历史并科学的根据的，还算梅因（Sir Henry Jamer Summer Maine）。他根据古代法律的研究，主张：最早的人类社会组织是父权制家族（Patriarchal family）；这种家族是一种由血统关系组织而成的东西，男性的族长在族里面具有强制族人的权力。这

---

① 原文如此，同"倡导"，下同。——编者

种家族集合起来，就成为氏族，氏族集合起来，更成为部落，种种部落更固定在特定地域，靠地域关系结合起来，就成为国家；到这时，原来的族长权也就变为政治权力，一般的政治现象就开始了。

族父权说虽然不是完全错误的学说，但是仍只是一个空洞的，漠然的学说：它不能说明为什么父权制家庭会集合而成氏族和部落，更由部落变而为国家。并且认父权制家族是最初的社会组织，以及认为这种家族的成立先于氏族种种主张，从现代社会学说来也还是错误的。

（三）财产说。这是近代的重农主义者（Physiocrats）所主张的。他们以为：最初的人类社会是一种无组织的人群，只行着一种采取天然食物的经济；其次到了渔猎时代，才发生了权力的组织；其次进到游牧时代，更发生了财产制度；更次到农业时代，人类定住在一定的土地上之后，才发生了土地的私有，同时也就形成了国家，发生了政治。因为原来那些保有权力的人们此时有了土地，就把权力和土地所有权结合起来，形成了治者阶级，原来那些无权力的人们，没有什么在土地形态上的财产，所以就变成了被治阶级。

财产说只是一种替封建时代的君主们的"普天之下，莫非王土；率土之滨，莫非王臣"的理想曲加辩护的学说，并没有很充足的历史的和科学的根据，不过，它在努力说明私有财产的成立和阶级的发生两种东西的关系一层上面，却比族父权说高明一点。

（四）公职分化说。它主张：在最初的氏族社会里面，范围狭小，公的事务非常简单，所以用不着什么专门办理公的职务的人们。但是到了社会发达，范围扩大，公的事务变得非常复杂，需用特殊能力去行处理的时候，自然会发生一种专门处理公的职务的人们，并且这些人到后来事务更复杂的时候，还会由选举变为世袭。那时候的公的职务当中，最重要的自然是关于公共防御外敌的职务，即是说，关于武力战争的职务。这种战争的职务变为专门世袭之后，渐渐就会发生实力上的不平等，到后来就会形成两种社会阶级：有武力的阶级和没有武力的阶级。这样一来，以阶级组织为核心的国家就成立了，政治现象也就发生了。

这种学说也是从早就有过的学说，它的最近的代表者却是马其物（Mac Iver），这种学说的唯一得当之处只有一层：它指出公的职务的分化是阶级成立的一个助因。除这一层以外，可以说是毫无是处。

（五）武力征服说。这是甘卜罗维基（Ludwig Gumplowicz），拉衬贺获（Gustav Ratzenhofer），渥彭海麦（Franz Oppenheimer）几个人所主张的学说。它的大意是这样：国家和政治现象的发生，常常是由于战斗的种族对于平和的种族的侵略和征服。征服者独占了土地，奴属了战败者，变成了享有经济特权并政治特权的贵族阶级即治者阶级，被征服者的土地被剥夺不算外，连自己本身也变成了奴隶，变成了不能享受经济特权并政治特权的被治阶级。这种阶级关系长久继续时，国家和政治现象就随着发生了。不消说，这种征服关系并国家的成立是要以经济发达状况为前提的：只有在生产力发展，可以由耕种获得剩余的时候，这种成立才有可能。征服关系并国家的成立的进程，大抵可以分为六段：在第一段上面，只有种族和种族在边境上的掠夺和杀戮，所以这时代完全是所谓占有的时代并破坏财富的时代。在第二段上面，游牧的战胜种族不随随便便的杀戮农耕的种族了，他掠夺了之后，还为将来的第二次掠夺起见，留下一些工具粮食给战败者，好使他们活到第二次收获之期。所以这时代是已经认识财富的价值，知道对于财货的经济的获得方法的时代。在第三段上面，农耕的种族自己向游牧的种族献纳剩余了，这时，在农耕和游牧两种族之间已经成立了一些特定的规则。在第四段上面，农耕种族和游牧种族已经统一的，共同的住在特定地域之上，构成一种统一的地域团体，两个种族的团体间的关系渐渐成团体内的关系了。在第五段上面，才发生所谓朝廷制度，在各地设置裁判官，税吏，行政官等等东西起来，造成了权力统治的组织。在第六段上面，那些居住在同一地域上的两种族渐渐由混合统一的状态，变而为融化合一的状态，渐渐的便由种族的对立，变而为一种治者阶级和被治阶级的对立了。到这时，原始国家的形态和内容都完全成立，政治现象也就完成了。

武力征服说，从十九世纪后半起，到今天止，实在是一种最被多数者赞同的学说。这并不是因为这学说最有历史的根据，最近乎科学的真理，倒只因为这学说对于武力的征服给了一种肯定的理论的基础，恰恰助长了由十九世纪后半起到今日止的帝国主义对弱小民族的侵略和征服！契约说建设了许多共和国，武力征服说灭亡了无数弱小民族，两种学说的影响的伟大，差不多是相同的啊！不过，从科学的眼光看来，武力征服说并不是完全对的：第一，它不能说明何以战胜的种族在实行征服以前不能有政治的组织，而必定要等到征服了别的种族之后；第二，它不能说明何以只有征服才能成为阶级发生的原因。

（六）阶级分化说。这是恩格斯（Engels）所主张的学说，他的大意是这样：政治现象是人类社会进化发展的阶级上的必然发生的现象。社会进化到父权制社会的时候，因为生产力发展的缘故，随着私有财产制的确立，财产的世袭，财富的积蓄，公职的专门化，奴隶的使用，对别的种族的武力征服等等现象的发生，就形成了奴隶和奴隶主人两种不同的阶级。奴隶阶级的劳动结果，除了最低限的生活资料之外，完全为主人阶级所取得。这种阶级关系行得稍稍长久的时候，生产力越向前发展，生产技术也越向前进步，结果必定会把分业的程度弄得越高：一面发生农业工业的完全分化，一面又发生一种以交换为目的的商业。这样一来，随着财富集中和兼并的关系，阶级的分化也就越发明显深刻了。这时，在主人阶级方面，固然希望继续实行取得奴隶的劳动结果，并且在实际上也具有继续实行这种取得的能力，同时在奴隶阶级方面，也因为自己没有反抗的实力的缘故，也只得承认主人阶级的实力，勉强求在主人的实力组织下面，过一种较有秩序的被剥削的生活。这样一来，原来的实力关系就变成了权力关系；这个权力关系固定起来的时候，更变成了固定的权力组织。到这里，国家就形成了，政治现象就完全开始了。

从现今的社会科学的程度看来，阶级分化说是一种比较最有历史的根据，最近科学的真理的学说：它一方面采用着人类学，社会学等等科学的研究结果，一方面又采取着族父权说，财产权说，公职分化说，武力征服说等等学说的长处，以阶级的分化为枢纽，形成着一个理论一贯的学说。

不过，在事实上，反对阶级分化说的人们却不在少数。他们反对的理由从大体考察起来可分为两种：第一种反对理由，不在阶级分化说的本身，而在它的结论，因为主张阶级分化说的人往往特别高叫着"政治现象在从前既然随着阶级而发生，当然在将来也就可以随着阶级而消灭"的理论，惹起了治者阶级的忌讳，所以一些为治者阶级辩护的学者，就不能不出来用种种文不对题的理由勉强反对。第二种反对大抵都是从那些主张武力征服说的人来的。他们说一切阶级现象，国家现象，政治现象等等东西的发生，都是由一个种族对别个种族的武力征服而来的，没有征服，就没有国家的发生，所以恩格斯所主张的种族内部阶级发生说是错误的。至于恩格斯一面主张内部阶级发生说，一面承认由外部征服而来的阶级发生说，尤为自相矛盾，缺乏一贯的理论性。这种反对，自然是不对的，因为：一则阶级分化说正足以补足武力征服说的漏缝〔见上述（五）武力征服说项下〕；二则阶级分化说所主张的"生产力的发展，可以直接的发生私有财产制，公职的专门化，奴隶的使用，对别的种族的武力征服，分业程度的深化等等现象，间接的发生了阶级的对立"那种理论，并无一点自相矛盾的地方；三则在历史上可以找着事实去证明，充当奴隶阶级的人们当中，除了整个的被征服种族之外，还有个个的俘虏及种族内部的不幸者，所以"阶级现象，都是由武力征服而来的"那种主张，实在没有充分的历史的根据。

总之，从目前的社会科学的研究材料公平的判断起来，只有阶级分化说可以比较满足的说明政治现象的发生进程。

24. 政治形态的变动

一切社会现象都必然的会随着时代的进行，时时变更形态。政治现象是社会现象的一种，所以政治现象的形态，当然也应该是有变动的。

现在要问，从政治现象发生以来，到今日为止，政治形态经了一些什么样的变化呢？要答复这个问题，先得决定另一个问题：政治形态的区别的标准是什么？

照普通的政治学看来，关于这个先决问题，被一般通用的标准，共有三种：（一）用政治主体（即所谓团体）为标准。照这种标准说来，可以把政治形态分为君主政治，贵族政治，民主政治三种。一个君主为主权者（即政治的主体）的时候，那个政治就叫做君主政治，那个国就叫做君主国；少数贵族为主权者的时候，就叫做贵族政治，贵族国；多数民众为主权者的时候，就叫做民主政治或共和政治，民主国或共和国（民主政治的原语 Democracy 和共和政治的原语 Republic 两个字，在欧洲各国语上，用来指团体的时候，意义本是完全相同的）。（二）用政治权力所及的范围为标准。照这个标准分起来，可以把政治分为都市国政治（即政治的中心在一个都市时的政治），民族国政治（即政治的范围普及于全民族时的政治），世界国政治（即政治的范围延到全世界的政治）三种。（三）用政治上的统治形式（即所谓政体）为标准。照这个标准，可以把政治形态分为专制政治（即任凭治者阶级随意统治，不受宪法上的无论什么制限的政治）和立宪政治或民治政治（即治者阶级承认按照宪法的规定去行统治的政治）。民治政治的原语，虽然同是 Democracy，但是它的意义，却和上面说的民主政治的意义大不相同）。

以上标准都是不适当的标准。第三种标准太粗疏了，不能说明政治形态的变动的真相。第二种标准完全是一种形式上的标准，更无用处。第一种标准虽然为多数学者所使用，实则仍然非常不妥：

第一，它绝对不能把政治形态进化的真相弄明白。为什么呢？因为一则同名称的未必同内容，如像奴隶制度时代的共和政治和今日的共和政治内容就大不相同；二则名称不同的往往有约莫相同的内容，如像今日的君主立宪国和民主立宪国的内容就是一例。第二，君主政治和贵族政治的区别从科学的眼光看来完全是无意义的，因为无论在什么时代和什么地方，实际的主权者都是特定的阶级，所以主权者只有少数人与多数人之分，决不会是一个单独的君主。

从科学的眼光看来，政治形态的区分只应该以经济形态为标准。为什么呢？因为政治的目的既然在经济利益的有秩序的取得（看 3 节），政治的发生又是靠着经济关系的发展而来的（看 23 节），所以经济的形态的变动当然可以使政治的内容发生变动，同时，不消说，政治的形态也就会随着经济的形态而发生变动了。

如果拿经济形态为标准去区分政治形态，我们就可把政治形态在大体上分为奴隶政治，封建政治，资本政治或民治政治三种。

25. 奴隶政治

奴隶政治是最初的政治形态。奴隶政治的发生是由生产力的发展，剩余的增加和①有财产制的确立，奴隶势力的利用，分业程度的加高，阶级的分化等等情形而来的，这件事已详见上节。在奴隶政治下面，治者是主人阶级，被治者是奴隶阶级。治者阶级不但可以取得被治阶级的劳动的结果，并且还可以自由处分被治阶级的身体。被治阶级在治者阶级的眼里，并不是一个人格者，倒只是一种

---

① "和"或为"私"之误，断句则变为"剩余的增加，私有财产制的确立……"。——编者

活着的工具。所以，在这时候，治者阶级的态度是毫不客气的：他们所谓团体，只是治者阶级的团体，所谓国家，只是治者阶级的国家，被治阶级是无从干预的。被治阶级不但不能够积极参加政治，并且也没有丝毫的生活的自由，在法律上完全是一种和治者阶绝对不同的东西。被治阶级的政治生活完全是被动的，他们只受治者阶级的命令和强制，他们只有在默默的接受着这种命令强制的时候，换句话说，只有在默认治者阶级的权力的时候，才和政治发生直接有关系。

26. 封建政治

奴隶政治下面的治者阶级，过着骄奢淫逸的生活，渐渐离开了生产关系，失掉了生产能力，成为社会的寄生虫，所以往往不能不自己渐就衰亡，或被别的国家所覆灭。奴隶政治下面的被治阶级却不然，他们虽然过着劳苦的生活，受着无限的痛苦，但是他们的经济生产力却反因此增进，他们的生产力法却反因此改良，他们在事实上却反因此抓住了经济的实权，扩大了他们的生活能力，所以到后来，他们的反抗能力一经发露的时候，治者阶级就不能不对他们让步。他们的一部分随着革命的成功变成了治者阶级，另一部分虽不能变成治者阶级，至少也脱离了奴隶的境遇，或变为自由民（在政治关系上虽是被治者，而在社会关系上却是独立人格者的人们，如像独立的手工业者，独立的农民及独立的商人等等），或变为农奴即半自由，半奴隶的农民，或变为贱奴即半自由，半奴隶的劳动者。在这时，农奴和贱奴形成着主要的被治阶级，他们虽然也是和在奴隶政治时代一样，完全没有积极参加政治的可能，但是他们在法律上已经成为一个半独立的人格者：他们可以保有自己的财产，享受相当的生活自由。这时的治者阶级的人数随着商品经济的发展也增加起来了，政治的范围也随着扩大起来了。所以，结果，就不得不弄成分裂情形：政治权力分散在各地方大小封建诸侯手里，政治的内容也纷纷然不能一致，并且常常发生相互间的战争。在这种分裂和斗争情形下面，治者阶级的势力越变越薄弱，被治阶级却在这个时期当中，着实的增进了经济能力，特别是被治阶级当中的自由的商人和手工业者，趁着商品经济的发展，利用治者阶级的弱点，慢慢的抓住了经济的实权，把货币集中到自己手里，靠着货币的力量，去左右经济交通。这样一来，治者阶级的死命，就渐渐被制在这些有资产的自由人手里了。这些有资产的自由人，因此就渐渐形成了所谓市民阶级或资产阶级，提起经济势力，隐然和封建诸侯的政治势力对峙。到这时，封建诸侯也不能不在政治上尊重新的资产阶级的意见了：他们让这个新的阶级形成所谓第三等级会议了，他们关于租税和其他财政上的事项，不能不求第三等级会议的同意了。最后，到了资产阶级的经济实力越发雄厚，他们的经济发展需要着统一政治的时候，他们便和一二大的封建诸侯并其他被治阶级联合起来，推翻了封建政治的制度，形成一种新的政治形态：资本政治或民治政治。

二　民治政治的意义和种类

27. 民治政治就是资本政治

封建政治被资产阶级领导各种势力，起来推翻之后，继它而起的政治形式就是资本政治。为什么叫做资本政治呢？因为，一则这种政治的经济背景本是所谓资本经济（请看拙著《经济现象的体系》）；二则在这种政治形态下面，在实际上大抵只是一些拿着资本去剥削别人的劳动结果的人们（即资产阶级），握着政治上的统治实权（在形式上虽然也许是一个君主或多数人民充当主权者）。即不然，也必定只是一些运用着国家资本去剥削别人的劳动结果的人们（即夺取了政权的无产阶级），握着政治上的统治实权。

不过，因为资本经济的运行，必定需要（一）营业竞争的自由，（二）法律上的一律平等，（三）国内政治上的统一平和三种条件的存在，所以资产阶级在领导别的阶级推翻了封建政治的时候，不能不建设一种以（一）自由，（二）平等，（三）统一平和三者为目标的新政治形态。他们为避免别的阶级的嫉视起见，对于这种新的政治形态特特给与一个好听的名称，他们不把它叫做"资本政治"，倒把它叫做"民权政治"或"民治政治"或"立宪政治"。这三种东西名称虽然不同，意义是相差不远的：它们都是以（一）自由，（二）平等，（三）统一平和为目标的政治，它们在理论上都是反对治者阶级的肆意专政，赞成被治阶级依据宪法参政的政治。在这三种名称当中，用得最普通的还是"民治政治"。所以我们现在也就用这个名称来代替"资本政治"的称呼。

28. 民治政治的内容

现在要问，民治政治的详细内容到底是什么呢？民治政治的原语是 Democracy。这个字的使用范围，并不限于政治现象。它用在一般社会现象的时候，普通是指"一个组织当中的各构成分子，为各分子的利益，由各分子自己运行的，为各分子所有的组织"而言的。它用在政治现象时，用最简单的话表示出来，就是指"为人民而行的，由人民自己统治的，为人民自己所有的政治"而言的。这种说法虽然是美国有名的林肯说过的，然而从科学的眼光判断起来，实在是一种错误的解释：它明明受了契约说（即国民主权说，看 23 节）的影响，把全民政治（即治者全体同时都是被治者，被治者全体同时也都是治者的政治）看成理想的政治，却不知道政治这东西，永远是带着阶级的矛盾性的，如果治者阶级在实际上完全就是被治阶级，那就已经没有政治而只有理想的社会了。

因为那种说法从科学的立场看来是不对的，所以，从来的政治学家在解释民治政治的时候，都不采用那种又空漠又不合理的理想，而另采一种踏实的，合理的，具体的目标。他们主张：（一）民治政治的实质在被治阶级能够用选举代议员组织国会的办法，间接的参预政治；（二）民治政治的目的在确立被治阶级的自由权；（三）民治政治的方法在实行立法权，行政权，司法权三权的分立。这种解释从初期的民治政治看来，原本是很适切的，不过，从今天看来，民治政治的内容已经随着经济形态的变动大有变更，已经不能只靠这种解释去说明了。举例说罢，今日的民治政治的实质，已经不单单是被治阶级的间接的参政，而兼是被治阶级的间接的参政和直接的参政（如像关于复决，发议，任免等等的公民直接投票）了；今日的民治政治的目的，也不单在确立被治阶级的自由权，而兼在确立被治阶级的自由权和生活权（如像所谓社会民主主义家的主张）了。因为这个缘故，所以，如果在今天想根据各种政派的现实的主张，去对于民治主义加一个确切的解释，我以为应该这样主张：（一）民治政治的实质，在被治阶级能够间接的用选举代议员的方法，直接的用公民直接投票的方法，参预政治；（二）民治政治的目的，在保障被治阶级的自由权及生活权；（三）民治政治的方法，在实行统一的，平等的，依据宪法的政治（因为三权分立的主张早已被多数国民抛弃了）。

29. 现实的民治政治的种类

上节所说的民治政治的内容，只是民治政治的目标，换句话说，只是一些主张民治政治的人们的理想，所以，它和现实的政治情形不必完全相同。为什么呢？因为理想和现实本来是常常不符的，加以政治现象又是常常随着经济情形的进展而有变动的东西，所以结果就不能不在现实的民治政治的现象上，发生种种和理想不符合的事实。这种和理想不符合的事实，从大体说来，又可以分为两类：第一是名实不符的事实，如像在理想上以普选（即一切被治阶级的成年者都能参加选举）为目标，而事实上却往往行着财产上，年龄上，性别上等等的限制，在理想上以保障被治阶级的自由和生活为目标，而在事实上却只是治者阶级能享自由和生活的保障，在理想上以统一的平等的宪法政治为目标，而在事实上却往往只是治者阶级的专政等等情形，就是明显的例子。第二是根据治者阶级中的领导阶级所抱的主义倾向的差异而来的事实，如像同是一个国会政治，而产业资本阶级得势时要利用它去保障自由竞争，金融资本阶级得势时倒要利用它扩张经济的独占，到了无产阶级得势时却又想利用它实行国家资本主义等等情形，就是明白的例子。

现在，如果站在这两点上去考察现实的民治政治的种类（奴隶经济的时代的共和政治当然除开），我以为可以把现实的民治政治照下面这样分类：

$$
\text{现实的民治政治}
\begin{cases}
\text{甲．资产阶级的}
\begin{cases}
\text{（一）产业资本阶级的} \\
\text{（二）金融资本阶级的}
\end{cases} \\
\text{乙．无产阶级的}
\begin{cases}
\text{（三）渐进的} \\
\text{（四）急进的}
\end{cases}
\end{cases}
$$

这个分类上的各种民治政治在实际上的发生顺序，大致也是照着（一）（三）（三）（四）的顺序的。现在且略加解释：（一）产业资本阶级的民治政治在实际上是以制限选举，资本家的自由竞争，财产权的保护，三权分立等等为内容的。它所带着的资本主义的色彩，在事实上极为浓厚。（二）金融资本阶级的民治政治在实际上是以资本家的独占，金融的统制，经济的合理化，形式的普选（如像在法律上给与普通选举权而在事实上设法使多数被治阶级不能实行选举权之类），议会的专制万能等等为内容的。它所带的资本主义的色彩，更由浓厚而到鲜明，差不多完全脱开假面了。（三）渐进的无产阶级的民治政治在实际上是以实际的普通选举，财产权的社会化，大企业的公有化，大资本的节制，地域选举和职业选举的并存等等为内容的。它虽带着资本主义的色彩，然而已经不是普通的资本主义的色彩，而是国家资本主义的色彩了。（四）急进的无产阶级的民治政治在实际上是以特别的限制选举（如像苏维埃俄国限制资产阶级的选举之类），资本的国有化，产业的社会化，企业的国家统制，职业中心代表制的国会等等为内容的。它虽带有极浓厚的国家资本主义的色彩，然而从反面说，也可以说是带有国家社会主义的色彩，因为这种国家资本主义或国家社会主义原是一种由资本主义社会过渡到社会主义社会时必须经过的桥梁，是一头带着资本主义的色彩，一头带着社会主义的色彩的东西。

　　说到这里，一定有人要问："你在 27 节里面说过，民治政治就是资本政治，现在你又说，无产阶级拿到了政权的政治也是民治政治，你不是自相冲突吗？如像苏维埃俄国，不是自称为社会主义的国家，实行着社会主义的政治吗？"对于这个质问，我刚所说的"必须经过的桥梁"的比喻，已经可以答复一半。怀抱这种疑问的人，大概都因为他不明白三宗事情：第一，他不知道国家资本主义的政治和国家社会主义的政治，原是一个长物件的两头，在实质上只是一件东西。第二，他不知道，俄国的政治领袖们曾经屡次公开的宣言，现今俄国所行的只是国家资本主义或国家社会主义，并不是真正的社会主义（真正行着社会主义，就不会有政治现象了）。第三，他不知道社会主义的社会的真正的意义，他以为在那种社会里面依然还有"资本"，还有政治！

　　30.　什么叫做完全的 Democracy？

　　据以上各节的叙述，我们可以知道，什么"全民政治"，什么"完全的民治政治"一类的话，都是一些无意义的话，都是没有真正理解着"政治"并"民治政治"的意义的人的瞎说了。不过，要知道，"完全的民治政治"这句话虽然不通，而"完全的 Democracy"这句话却是通的。为什么呢？因为前面已经说过，在欧洲各国语里面，Democracy 这个字，并不仅用来说明政治现象，除此之外，它还常常被人用来说明其他社会现象，所以在说明政治现象的时候，"完全的 Democracy"这句话虽然毫无意义（政治现象根本就是阶级强制的现象啊！），而在说明其他不用强制权力的社会现象的时候，却是一句有重大的意义的话，它表示一种现象的状况：为团体内各分子的自己的利益，由各分子自己做着的，为各分子自己所有的某种类事情的完全美满的状况。

第四章　民治政治^①下的统治主体，统治样式并统治机关

一　民治政治下的统治主体

31. 统治团体和统治主体

我们在第 4 节^②里已经说过，握着强制权力的人们想要实行他们的权力，就得有一种组织，这种组织就是强制团体；并且同时还说过，强制权力又叫做统治权力，强制团体又叫做统治团体。这种统治团体和本段所说的统治主体有密切的关系，所以还应该更进一步把统治团体的内容，详加解释。

具有强制权力的统治团体的内容，可以用下面的式子表示出来：

---

　① 原文为"民政政治"，据目录和上下文改。——编者
　② 文中"4 节"和"第 4 节"两种表达法常混用（以前者居多），不作强行统一。下同。——编者

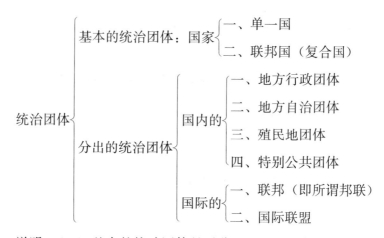

说明：（一）基本的统治团体是对分出的统治团体而言的；后者是由别的统治团体分出来的团体，换句话说，就是一种从别个统治团体获得统治权力，并且可以随时被同一的别个统治团体收回所给的统治权力的团体；前者却不然，它的统治权力，从普通情形说来，并不是别个统治团体给他的，纵然在特殊的时候，也许是别个统治团体所给的（如像几个单一国合组一个新的联邦国的时候），然而无论如何却决不能够再被原来给它权力的那个统治团体从新收了回去（苏俄联邦国内的各邦可以自由的退出中央联邦国，在表面上似乎是一个例外，实则并不悖乎上述的原则，因为中央联邦国当中的各邦纵然退出了一两个，并无损于中央联邦国的存在，所以，那样的退出只不过和普通国家内的一地方的独立自主相同罢了）。（二）单一国和联邦国的主要区别在它们的历史和名称，因为联邦国在历史上保有联邦国的名称，并且，构成联邦国原有的各邦，也仍然保持着国家的名称。其实联邦国内的各邦和单一国内的各地方自治团体，两种东西的差别，是很微小的：从大体说来，只不过前者的权力范围通常都较后者稍大一点，并且，通常都由联邦国宪法规定着，不像后者的权力范围可以由联邦国的普通法律随时加以变更罢了（宪法和普通法律的效力的区别见后第 67 节）。（三）地方行政团体和地方自治团体的差别也是很细微的：从表面说来，前者纯然当作国家的行政区域的一个单位，直接的以国家的名义奉行着国家的意旨，后者当作一个独立的，关于特定地方（如像省，县，乡，村等等）的自治单位，在国家的监督之下，具有纯由本地方人构成的自治的政府。其实两者的内容并无多大区别，一个地方在没有设立自治政府以前和已经设立以后，所有的政务，约莫都是相同的，只不过在设立自治政府以后，特特把原有的政务的一部分划了出来，把它们叫做地方自治政务罢了。（四）殖民地团体就是由一国的殖民地构成的特别区行政区域的单位（即中央直辖殖民地）或特别自治团体（即自治殖民地）。（五）特别公共团体是一种关于特定事项的强制团体，如像德国的水利公会，就是一种由国家特特获得关于某地方区域的水利的强制权力，可以向该地方的农民，关于水利事项施行强制权力的团体。（六）联邦是由几个独立国家联合起来组织而成的团体，这种团体虽然在约定的范围内具有统治权力，然而组织这个团体的各国，还依然保持着它的独立，并且还可以随时取消契约，退出团体。这是和前面说的联邦国大不相同的，并且，在事实上，这种联邦往往只是联邦国的组织的一个过渡的形态，换句话说，只是联邦国的组织的一个准备。如像北美合众国的成立前及旧德意志联邦国的成立前，就曾经有过这种过渡形态的团体。（七）现今的国际联盟，具有常设的机关，可以施行仲裁裁判及司法裁判，所以也可以说是一种分出的统治团体，不过，因为成立时期还不甚久的缘故，它所具有的权力比起别种强制权力程度还低得很。（八）此外，还有所谓"人合的联合"（Personal Union），即由一个君主偶然因血统的关系，当了两个国家的元首而发生的联合；"物合的联合"（Real Union），即两个国家相约各戴同一的个人为君主而实际上两个国家依然分立着的时候的联合；国际的行政联合，如系关于邮政，红十字事务，度量衡制度，财政金融，劳动保护等等特殊事务的联合；保护国及被保护国间的联合；攻守同盟的联合；等等的联合，虽然在普通政治学上，大抵也都各被看成一种分出的统治团体，但是，依我看来，那种办法是不对的：因为这些联合并不能够以联合的名义对无论什么人或无论什么团体，施行强制权力。

现在我们应该回到统治团体和统治主体的关系那个原来的问题上面去了。一切统治团体对于权力的关系都是一样：都是在表面上用团体的名义施行强制权力，在实行的内部只有一部分把持着政权的人们行使这种权力（看5节）。因此，所谓统治主体当然就不能不有两重意义：在理想的意义上，所谓统治主体就是统治团体的本身，因为统治团体在施行统治权力的时候，常常都是抱着"国民全体的政权"的理想，用统治团体的名义去做的。在现实的意义上，所谓统治主体只是指统治团体内部在实际上能够行使统治权力（只是说能够行使，不是说一定实在行使着）的一部分人即治者阶级说的。因为在实际上只有他们才算得是统治权力的所有人，才算得是统治团体的主体或主人。

32. 主权和统治主体

这种统治权力的所有人或统治团体，在从来的法律学和政治学上又叫做主权者。为什么叫做主权者呢？因为这些所有人或主体所有的统治权力，从被动的观点看来，通常又叫做主权的缘故。前面已经说过（2，3 节），所谓强制权力或统治权力，就是一种被社会一般承认了的，可以拿去供"强制别人"（这就是说，"不管别人愿意不愿意同，都要他服从忍受"）之用的武力。但是，要知道这种说法是只从主动的观点看来的说法。换句话说，这种说法只顾到这个权力怎样对别人发生强制作用的方面，并没顾到这个权力怎样不受别人的强制作用的方面。如果从被动的观点看来，如果顾到这种权力受不受别人的强制作用一层，我们当然应该断定，强制权力在论理上还具有（一）在强制团体的内部的统一性，即一种不受在该团体内部的无论什么样的权力的强制，不容无论什么样的强制权力的竞争的性质（普通政治学上又叫做权力的唯一不可分性）；（二）对团体的自主性，即一种不受该强制团体以无论什么样的命令、指挥并强制等等作用的性质（在普通政治学上又叫做权力的绝对无限性）。为什么可以那样断定呢？因为如果强制权力没有内部的统一性，它的权力的行使就不能统一起来，就不能变成一个实际有效的强制权力；又如果没有对外的自主性，它也就会受着外部的牵制，不能变成一个实际有效的强制权力。这两种特性——团体内部的统一性和对外的自主性——合起来，就形成了一种被人叫做"主权"的东西。所以，"主权"这东西在这种意义说起来，只不过是统治权力从被动方面被观察着的时候的名称，统治权力和主权，只不过是一件东西的两方面的观察结果罢了。所以统治权力的所有人又可以叫做主权者。

上面所述的主权说，本是当资本经济刚刚开始，社会上需要国权的统一的时候，被时势的需要造出来的学说，所以一旦到了这种需要已经不是社会上的最紧要的时候，当然就不能不发生变动。最初的变动就是：整个的主权说变成了对内主权和对外主权二分说。主张主权二分说的人们，把（一）团体内部的统一性叫做对内主权（也有人把主动观点上的统治权力和被动观点上的内部统一性合拢起来，叫做对内主权），把对外的自主性叫做对外主权。他们主张：对内主权虽是一切统治团体所必不可少的，而对外主权却不对于一切统治团体都是绝对无限的。举例说，如像一国内的地方自治团体或各独立国所合组的联邦（即普通所谓邦联），就是一些只享着完全的对内主权，而在对外主权方面却受着限制——被一国宪法或联邦规约所规定的限制——的统治团体。不消说，这种主权二分说的目的，只不过要想一面维持主权说的尊严，一面对于地方自治团体和联邦的存在事实，给一个理论的说明罢了。

关于主权说的第二的变动，就是所谓主权否认说和多元主权说。这些学说都是因为主权说发生了种种弊病，如像议会专政一类的弊病，已经变成了社会发展的障碍的缘故，才被学者唱导出来的学说（关于多元主权说，请看第 92 节）。

从纯粹科学的眼光看来，有谓主权——即强制团体内部的统一性和对外的自主性——原是统治权力的观念上必然应该有的东西，实在没有于统治权力之外，更作叠床架屋的麻烦的必要。不过"主权"和"主权者"这两种话已经通用甚久，成为通俗的语言，似乎也可以不必勉强主张废除不用，所以我现在为说明的便利起见，仍然沿用下去。

33. 理想上的统治主体和现实上的统治主体

理想上的统治主体，无论在什么时代，都只是特定统治团体的本身（在国家这种统治团体的时候，常常是国家本身），因为统治主体的统治行为都是用统一的统治团体或国民全体的名义去做的，他们的理想，常常是"全民主权说"（看 31 节）。纵然在有时，某种特殊的统治团体的主权者，也会争着自己的名义去做种种行为（最明显的例，就是最近日本的一部分老古董贵族们，拼命争着要用"以日本天皇的名义"，极力反对"以日本国民全体的名义"去签押各国所结的不战条约那件奇妙的事），但是，那总不过是封建政治时代传下来的遗孽，只算是民治时代的一个例外。

从现实的意义上说来，所谓统治主体还包含着两层意义：（甲）法律上的意义，（乙）事实上的意义。

甲．法律上的统治主体

民治政治是一种根据法律的规定而行的政治，所以关于统治主体的说明，也应该从法律上去找根据。从法律的眼光看来，政治行为是根据法律而行的，普通法律又是根据宪法而来的，并且立法机关和制宪机关又是根据所谓公民团或选举人团体（即大体上那些具有所谓公民权即参政权的人们的团体）的选举投票而构成的，所以，所谓统治主体，就应该是这些在法理上操着制定宪法，立定普通法律的权利的公民团或选举人团体。这个道理，不但从一般共和国（民主国）的法律说来是一点不错的，就是从通俗人所谓君民共主的君主立宪国的法律说来也是对的。因为在君主立宪国里面，举例说，如像在英国里面，君主所有的一切权力（例如拒否权），已经完全被不成文宪法推翻吞蚀，只剩得一些白骨，只算是一种社会的仪式，并无法律上的意义了。不消说，这所说的只是民治政治下的理论，至于那些存留到今日还不消灭的封建政治情形，当然应该是这种理论的一个例外。

关于这种充当着法律上的统治主体的选举人团体，应该注意的有两件事：第一，选举人团体的范围大小如何问题；第二，他们表示自己的意思的方法如何问题。

第一，选举人团体的范围，在民治政治刚开始的时候，是很狭窄的：它受着（一）年龄，（二）性别，（三）居住特定选举区内的年限，（四）财产的多寡，（五）精神状况的健全不健全等等的限制。后来随着时代的进展，这些限制才慢慢减轻：年龄的限制渐渐减低了，财产的资格也慢慢减低，到今日，在多数国家里差不多完全被撤去了；从前只有男子可以有充当选举人的资格，现在差不多一切先进国的女子都和男子同样有参政权了。目前还没有大变动的，从大体说来，只有居住年限和精神状况两种限制。因为这个缘故，所以选举人团体的范围，现在比从前大加扩张，目前的时代也特别称为普通选举时代。

第二，选举人团体的意思表示的方法，也随着它的意义的变动（从公民参政的历史说来，选举议员这件事的本意，原是要叫所选的议员代表选举人的利益，但是，到了资产阶级完全推翻了封建政治，握着了政权的时候，一般奉承治者阶级意旨的学者，却把选举议员这一件事，解为替国民全体选良，说议员这东西，不是代表特定选举人的利益的，倒是代表国民全体即国家的利益的。这样一来，自然会使议员放纵腐败，不顾选举人的意思，结党营私起来；结局就会把议会变成又专制又腐败的机关。因此，所以社会一般人随着他们对于议员的不信任和对于议会的反感两种东西的增加，发出许多反对议会政治的言论，想出许多控制议员的方法，如像所谓召回权之类；结果，选举议员这件事的意义，在多数人心理上，又变为"代表选举人"的意义了），在种种的观点上经了许多变迁，如像：

（一）由纯然的代议制变为代议制兼直接制，即一面行选举代表的代议制，一面又兼行种种直接的公民票决制。选举议员替选举人代表利益，这件事，本是因为公民（有选举权的人）人数太多，不能聚会于一堂来讨论表决的缘故，不得已而行的一种办法，并不是神圣的东西。现在既然发生议员腐败，议会专制的弊病，自然不妨把原来的不得已的办法，更不得已而加以修改，添上一个直接的公民投票决制。这种公民票决制当中的公民票，决大致可分三种：第一，公民发议（Enitiative）。这是由特定人数的公民自己制成特定的法案，依照法律的规定，请求交一般公民票决该法案的成否的制度。第二，公民复决（Referendum）。这是把机会通过了法案①，或由议会自己发动，或依照法律的规定，由特定人数的公民署名要求，交一般公民票决该法案的成否的制度。第三，公民召回（Recall）。这是依照法律的规定，由特定人数的公民署名要求，把他们从前选举出去的议员或官吏召回来，请交一般公民票决召回的可否的制度。

（二）由代表多数的代议制变为代表少数的代议制。当代议制度初行的时期，无论在哪一国，所采用的都是多数决主义（以比较多数的意思，代表全体的意思的主义），一方面用"得票比较多数者当选为议员"的方法，一方面又同时采用大选举区制（即一选举区当中选出几个议员的制度）和连记名投票制，所以弄得一切当选

---

① 原文如此，此句句子略显不顺，疑为"把议会通过了的法案"。——编者

的议员，都是得着较多数的投票的候选人，其余较少的投票的候选人，哪怕在实际上比当选人所得的票数相差极小，也没有当选的希望。对于每个候选人是这样，对于各政党的全体的候选人，当然也是一样的。所以，结果就会弄得在同一选举区内，只有比较得着多数投票的政党，即代表着比较多数的人的政党，可以在实际上垄断着公民选举权，其余代表着比较少数的人的政党，永远没有当选一两个议员，去表示自己的意思的希望。像这样的制度，在政治学上，叫做代表多数的代议制（或多数代表制）。为要免除比较多数党的专横，减少比较少数党的的公愤，并维持公道起见，先进各国内的学者和实际政治家随着时代的要求，慢慢想出了许多可以使比较少数的政党也能够获得相当人数的当选议员的方法，实行所谓代表少数的代议制。更正确的说来，就是实行所谓比例代表制，使一个政党的当选议员的数目能够和那政党所得的投票的全国总数相比例。这种少数代表制或比例代表制的实际办法，照各国所行的看来，有好几十种，其中大同小异，复杂得很，我们在这里自然没有把它详细列举说明的必要。不过，从原则上看来，所用以配合实际制度的原则，大抵不出：（A）小选举区制和单记名制并用法；（B）大选举区制和单记名制并用法；（C）大选举区累积连记投票法（即连记名票上的几个被选人名可以是同一的人的方法）；（D）得票通算转让法，即在票上发明，如果这个候选人所得票数已经超过应有的法定票数的时候，可以将这一票算为另外某一个候选人的得票的办法；（E）全国票数合算法，即把各政党所得的全国的票数，通盘合算起来，按照比例决定各党当选的议员数，由各政党内部自由决定当选的个人的办法；等等。

（三）由代表着笼统的个人人格的，横断的地域代表制变为这种地域代表制和代表着具体的团体利益的纵断的职业代表制两种东西的并行制。在代议制确立了的时候，除了少数国家在形式上还存留着无意义的过渡制度，即代表阶级的贵族院之外，一般民治国里面，都采用着横断的地域代表制，详细说，都采用着一种以地域为基础，以地域内的个个人格或个个意思的代表为目的的代表制。这种制度的结果是很明显的：只要随便看看近代实行这种代议制的国家的议会，充满了买收，操纵，议员私利的争夺，议员对于原来选举人的欺骗，决议的无聊，无能，腐败怠惰等等情状就够了。推其原因，最根本的大概有三种：（A）这种制度只注重一地域内的公民的表面的人格的平等，却忘记了他们在实际生活上的利益往往是相反的（如像工业资本家和农业资本家关于保护关税制度的利益，或资本家和无产的劳动者关于资本税，所得税，消费税等等的利益，就是明例）；（B）这种制度只顾到一个笼统的人格代表或意思代表，却不懂得所谓"代表"的真意义；从学理上说来，一个人只能在特别指定的目的或利益的范围内，才能代表别人，决不能笼统的代表别人的意思或人格；（丙）这种制度只是一种形式，并无实际上的意义，因为在这种制度上，被代表的人们（即选举人团体）并没有什么实际的具体方法去控制代表者（即议员）。因为现代人对于从来的地域的人格代表的变化，看出了三个根本原因，所以到了最近，就想出了种种救治的方法。关于第三个原因，他们用的方法是上面说的公民直接投票制。关于第一第二的原因，他们想出的方法就是这里说的职业的团体利益代表制。照这种制度的理想说来，如果能够完全废去地域代表制，只用职业代表制，那才算是最好不过的真实的代表制度。为什么呢？因为无论什么人，至少都有职业，他当然可以用他的职业团体代表他的利益，决不会有不能被代表着的危险，同时，纵然他有几个职业，他也可以由他所属的几个职业团体代表出来，决不会有不能充分的被代表着的危险，所以，这样一来，就一方面不会有只具代表的空名的毛病，一方面又可以充分的把一切人的具体利益都代表着了。不过，在事实上，这种制度却还未完全的被实行着。现今只有德国共和国及波兰共和国于普通的议会之外，所设置的一种以职业代表为基础的全国经济会议，新俄国的以职业及产业为基础的苏维埃制度，并意大利的 1927 年 5 月 21 日的国会新选举法——一种以职业团体所推行选的候补人为基础，以法西党大会行审查，以全国国民的直接投票行最后决定的选举法——种种制度，算是兼行着地域代表制和职业代表制。〔在这里，特别要注意的就是俄国和意国也是行着一种公民代表制即一种特别的议会制的国家一件事。在现今的世界上，俄意两国的政治制度的说明，往往被他们两国自己的宣传或别的国家对他们的反宣传，弄得真相不明，仿佛使人觉得这两国完全是两个无法无天的专制魔国似的。其实何曾是那样，在这两国当中，除了他们的唯一的政党之外，还有正式的国民代表的机关，即国会等等东西呢；所不同的，只不过这种国会的组织法和普通国家国会的组织法有点不同，有一些普通国会组织法所无的限制罢了；并且，这种不同，程度也是很小的，并不会大过现今普通的国会组织法和产业资本阶级的民治时代（看 29 节），的国会组织法之间的不同。所以，一口咬定说，俄意两国完全行着专政，那种说法，虽然是中国一般人的普通说法，其实是最错不过的。中国现今有许多青年听见一个人说代议制几个字，就立刻开口骂那人是顽固派或反动派，其实他们忘记了他们所信奉的三民主义的最后理想，还是宪政，即立宪政治，同时他们又睁眼看不出世界的大势，看不见号称一党专政的俄意两国也还是行着一种代议制呢〕

以上说的，只是关于所谓统治主体的法律上的意义的说话。现在再从事实上的意义说说。

乙．事实上的统治主体

从各国的实际情形看来，法律上的统治主体只不过有一种能够行使统治权力罢了，却未必真正尽都行使着统治权力。为什么呢？因为一则各公民的经济地位各不相同，未必都有行使权力的余暇和机会（如像穷人不能牺牲做工，牺牲一天的工资去投票之类），二则各公民也未必都有行使权力的知识和能力，三则阶级间的选举竞争往往会被金钱势力，社会地位，暴力等等东西所左右，所以，结局，在事实上，只是法律上的公民当中的一些有钱有暇有势的阶级，垄断着统治权。并且，更进一步说，就是这些有钱有暇有势的阶级，也并不是尽都行使统治权：他们随着嗜好，便否，兴致，必要等等的不同，也有行使统治权的，也有不行使的。在实际上，往往不行使统治权的占着大大多数，所以，结果就弄成，不是这些有钱有暇有势的阶级行使统治权，充当事实上的统治主权，倒是代表着这些阶级的政党（关于政党的说明，请看次章）行使着统治权并充当着事实上的统治主体。不但这样，如果再进一步说，也可以说，行使着统治主权充当着统治主体的，还不是这些政党，倒是一些或是拿金钱，或是拿势力，或是用口辩和奔走，始终操纵这些政党的人们，详细说，就是一些金融资本家和替他们供奔走的高等政治流氓！

这样看来，统治主体这句话，意义是很复杂的：不但理想上的统治主体和现实上的统治主体决不是一致符合的东西，并且，同是现实上的统治主体，也还有法律上的统治主体和事实上的统治主体两种决难一致的东西的区别。这是政治现象里面含着治者阶级和被治阶级两种互相矛盾的东西那件事的必然的结果，无论在什么时候和什么地方，都是免不了的。所以，普通所谓君主国和民主国的区别，换句话说，所谓国体的区别，往往是一种表面的，几乎毫无意义的区别，并不足以说明统治主体的实际的真相。

二　民治政治下的统治样式

34. 统治样式和实际政治的真相

如果一个人要想知道实际政治的真相，那末，他就应该于上节所述的统治主体的情形之外，更去研究统治的样式，即普通所谓政体。只有在他明白了一个特定统治团体的统治样式之后，他才可以真正懂得那个统治团体的真相。为什么呢？理由是这样：统治权力的目的，本来是在经济利益的有秩序的取得，而经济现象和各阶级间的经济关系，却又是随着生产权力的发展随时变动的，所以，哪怕统治主体没有实际上的变动，这些统治主体也得随时应付经济环境，变更他们的统治形式，才可以维持他们的统治权力（举例说，如像在封建经济刚刚崩坏，国民经济还很幼稚散漫，全国产业的分化尚不显著的时候，虽不能不行中央集权的政治，然而到国民经济发达到相当程度，全国各地已经在统一的经济组织的当中，发生了特殊的产业上的分化——如像工业地，商业地和农业地的分化——

的时候，却不能不把中央集权制变为地方分权制，就是明例），达到他们的统治的目的。何况，照前节所述，法律上和事实上的统治主体又是常常移动变转的，如果不研究统治样式，怎么可以在复杂的变动的当中，认识那个统治团体的真相呢？这个道理是很明显的，只看同是同时代的君主国，而英国和日本和意大利三者之间的统治情形的差异，却还大过君主国的英国和共和国法国之间的统治现象的差异，又同是共和国，而俄国共和国和美国共和国之间的统治情形的差别，却远甚于君主国的日本和共和国的美国之间的统治情形的差别，就可以恍然大悟了。

35. 主要的统治样式的种类

在民治政治下面的统治样式，如果详细说来，实在多得不可胜数，不过如果提纲挈领的说，其中最主要的，却只不过四个大类别：

（一）民治制和专政制（或立宪制和专制制） 民治制或立宪制的意义和内容，已详于第27，28节，这里可以不必赘说；专政制或专制制恰恰是和民治制或立宪制相反对的东西，是不顾被治阶级的要求，由治者阶级肆意统治的制度，所以，在已经说明白了什么是民治制或立宪制时候，自然也没有赘说的必要了。这里应该特别说明的，只有一件事：在民治政治时代，也免不了有时施行专政制。为什么在民治政治时代还有专政制的统治样式呢？民治政治下面的专政！这不是明白的自相矛盾吗？但是，如果仔细想想，我们就可以知道，民治政治下面的专政，这句话，不但没有什么矛盾，并且还是必然的道理。为什么呢？是这样：第一，政治现象原是一种阶级的实力斗争的现象，所以，在治者阶级和被治阶级两方面的实力关系没有多大变动的时候，虽然两方都可以依照旧有的法律秩序去行斗争，但是，一旦到了治者阶级和被治阶级的实力关系大有变动的时候，在治者方面就难免发生"事实行为"，在被治者方面，也难免发生"权力夺取行为"（看6节），换句话说，两方都难免暂时发生一阶级专政的行为。第二，在种种特殊情形突然发生的时候，如像在对外国交战的时候，财政经济界上发生大恐慌的时候，发生天灾地变的时候，社会上突然发生极大的危机的时候，在这种种的时候，为临机应变，救急脱险起见，往往不能不采用一种异常的，违背宪法和法律的临时紧急处置，因这种种的时候的到来又是在无论什么国家里面都免不了的事情，所以，这种临时的专政制的发生，也就是一种无论在什么国家都免不了的事情。因为上面两种原因，所以，哪怕在民治政治的时代，一时的专政也总是实际上免不了的。所以"民治政治下面的专政"是一句可以成立的话！如若不相信，就请看欧洲大战中和大战后的欧洲各民治国家的一时专政的许多事实！

（二）中央集权制和地方分权制　在国民经济上需要经济统一的时候，治者阶级就会施行中央集权的政治，好把封建经济的遗物铲除干净。到了国民经济已经发达到相当程度，各地方的产业状况上已经起来分化的时候，充当着治者阶级的资产阶级，就会把中央制集权制改为地方分权制，设立各级的地方自治团体，使各地方实行广大的各级的自治行政。这是各先进国的政治史及经济史上面明白摆着的事实，用不着多说。

（三）三权分立制（大总统民选制），国会内阁制（立法行政二权合一制）和三权合一制　在三权分立制的下面，立法，行政，司法三种统治行为（看6节）的实行，由三个独立的不同的机关负担，不集中在一个机关一个人的手里。这种制度本来在希腊古代奴隶共和下面，就有人主张过，但是未能见诸实行，到后来，随着奴隶政治和封建政治的发展，竟完全无人过问了。三权分立说的兴盛，始于民治政治刚要开始的时候：它一方面因受了国家契约说（看23节）的影响，一方面又因为恰恰适合当时新兴的资产阶级那种力求抑制封建君主的权力即行政权的需要，所以被举世的人所欢迎，被无数学者所提唱。那些学者当中，最著名，最极力主张三权分立说的，要数法国的孟德斯鸠（Montesquieu）。据孟德斯鸠等的理论说来，三权分立制的根据有二：（A）用抑制和平衡（Checks and Balances）的作用，使立法，行政，司法各权力机关互相牵制，不能大权独揽，以便借此去保障人民的自由和权利；（B）英国实行了三权的分立制度，所以英国国王行政权常常受着国会的掣肘，无法侵渔人民的自由和权利，同时，司法官在任期上（终身任期）和职务上受着一种完全和行政权和立法权独立开了的保障，又能严厉的监视宪法和法律的遵行和违背，所以行政权和立法权也无从舞文弄法，去作侵害人民的自由和权利的勾当，因为这两种缘故，所以英国人民的自由和权利，比起别的国家，特别被保全得安稳周到。孟德斯鸠这两种根据，当然都是错误的：因为他既不能了解政治现象的真正性质 ——政治现象的内部的阶级斗争性和外部的统一性——妄想要用统治机关间的抑制和平衡，去保障被治阶级的自由和民权，又未明白的认清英国政治的真相，把国会内阁制即立法行政合一，司法独立制看成立法，行政，司法三权分立制。

用科学的态度，公平的批评起来，三权分立说实在没有多大价值：第一，所谓立法，行政，司法三权的严格的实际的分立，原是不可能的，因为所谓立法机关在批准对外条约一件事上面，完全行使着实质的行政权，在审查议员资格，举行弹劾裁判的时候，完全行使着实质的司法权；所谓行政机关也在发布行政规则的时候，实行着实质的立法权，在解决行政机关内部的权限争议的时候，实行着实质的司法权；同时，所谓司法机关，也在解释新事实或法文所未说到事件，决定新判例的时候，实行着实质的立法权，在关于裁判进行的范围内，实行着实质的行政权。第二，即令退一步说，把这种严格分立的不可能置于不问，所谓三权分立说的利益，也赶不上它的弊病之大：它在分部进行立法，行政，司法各种事务一层上面，似乎可以增加政务的能率，然而散漫和不统一的弊病也就大得很；至于所谓各权相互间的抑制和平衡的利益，在实际上，也往往只足以招致政务的停滞推诿。

因为上述的种种缘故，所以三权分立制，在事实上，只有美国和瑞士在相当的程度内被实行着，因为在这两国里面，行政部的最高机关地是公民选举的，只对公民负最高责任（不对立法部负最高责任），可以算是不为立法权所左右的行政机关。除美国和瑞士以外，其他先进各国，大概都仿照英国，实行着国会内阁制，换句话说，就是实行着一种由国会内占着人数议员的多数党组织行政内阁，直接对国会负最高责任的制度，所以，可以说是三权分立制被立法行政二权合一制代替着地位了。但是，到了最近几十年，因为金融资本家的势力已经在经济上并政治上造成了独占的地位，在事实上支配了全国的一切势力，自由操纵着立法机关和司法机关的缘故，实在已经失去了立法和司法二权分立之实，所以，最近发生的几个新国家的宪法，索性公然的否认三权分立制和国会内阁制，而宣言采取立法一权制即三权合一制，如像俄国和土尔其共和国的宪法，就是两个著名的例子。

（四）官僚式的统治样式和民众式的统治样式　那同是怕实行民治政治，如果详细考察起来，更可以发现官僚的样式和民众的样式的区别。在官僚的统治样式下面，官吏地位特别较一般公民为高，一切充当官吏的，都要具特别的资格，并且官吏动不动就奴视或敌视被治阶级，完全存留着封建时代的警察政治的遗习，如像欧战前的德国俄国，现今的日本等国的统治样式就是这种样式。官僚的统治样式，最适于实行军国主义的国家，往往和军国主义的样式并存，所以官僚的统治样式，也可以说是军阀的统治样式。民众的统治样式，恰恰和官僚的统治样式相反：在这种样式下面，充当官吏的人们不必需要特别高深的资格，官民之间并未存留旧时的主奴观念。像现今的美国和俄国的统治样式，就是这种统治样式的顶好的例子。

三　民治政治下的统治机关

36. 统治机关的意义和种类

什么叫做机关？机关就是一个生物主体拿来达它的特定的目的之用的工具，最明显浅近的例，就是人类身体上的眼，耳，口，鼻，手，脚等等机关。人类身上所有的这种机关，都是人类的特定目的的工具，如像眼，就是看外物的工具，如像耳，就是听音波的工具。这些工具不是为工具的本身而存在的，倒只是为人类而存在的；它们一旦离开了人类的身体，它们就失掉了存在的意义；它们只是在供人类的某种目的之用的时候，才是一种工具，一个机关。

　　从这种意义说来，统治机关就应该是统治主体的工具，为达某种目的之用而存在的工具，在人类身体和统治主体之间，所不同的，只不过在前者的时候，充当工具或机关的，只是一些由细胞组成的物体（如像眼，耳，口之类），而在后者的时候，充当工具或机关的，却是个个的人类（虽然统治机关也得有特定的物质的设备，如像办公的公署之类，但是这种物质设备只是附属的东西，最主要的还是个个的人类）罢了。不过，照前面所述（看 33 节），统治主体这句话意义是很复杂的，所以，在实际的应用上，到底什么才是统治机关，这个问题，还是各政治学者争论未决的问题。举例说，（甲）如果照现实上的统治主体说，就是国家本身，也应该是一个机关，因为社会主义者指责得不错，国家这东西，的确是治者阶级为达经济利益的有秩序的取得的目的而设立的一种工具。但是，（乙）如果照理想上的统治主体说来，国家这种统治团体本身，却应该是一个统治主体，而不是一个工具，所以国家并不是什么统治机关；只有国家内的国会，行政部，法院，军队等等东西，才算是统治机关，因为它们都是为达国家的统治目的而存在的东西。这两种说法，到底哪一种对呢？据我看来，在纯粹科学的立场上，虽然应该认甲为较好的说法，不过，从一般的用话语习上说来，似乎还是不必拘泥科学的严格意义，只采用乙说也就行了。

　　现在要问：从乙说讲来，所谓机关，应该有若干种类呢？这个问题的答复，可以随着分类的标准的不同而分成下列种种：

　　（一）中央机关和地方机关　　这是一种以统治权力的中心为标准的分类：中央机关是统治权力的集中地点的统治机关，地方机关是离统治权力的中心较远地方的统治机关。

（二）上级机关和下级机关 这是一种拿机关的上下统属为标准的分类：上级机关是发号施令的机关，下级是奉令承教的机关。上级机关的种种决定，在效力上，应该胜过下级机关的种种决定，因为如不这样，就不能够确立各级机关的统属，使统治权力归于一致。最高的上级机关又叫做最高机关，最高机关大抵都同时就是中央机关。

（三）直接机关和间接机关 这是一种以各机关对于被治阶级的关系为标准的分类：直接机关是直接向被治阶级施行统治权力的机关，如像普通行政机关及审判厅，就是例子；间接机关不能直接向被治阶级施行统治权力，只能间接的施行统治的权力，如像国会，就是最明显的例子。

（四）单独制机关和合议制机关（委员制机关） 这是一种以机关的构成状况为标准的分类。前面已经说过，充当统治机关的，常常都是个个的人类，如果某机关内，没有人类，只有物质的设备，那就会等于没有那个机关。不过，同时要知道，在充当着某种机关的人类当中，却又有主要的人和附属的人之别：主要的人是负着那个机关的全体责任的人，附属的人却只是在主要的人的下面，受他的指挥命令，负着一部分的责任的人。这种主要的人，如果在某种特定机关中，只有一个人，那机关就是单独制，如像一县的县知事，就是例子。如果在一个特定机关中，有许多主要的人，共同负那机关的全责，那个机关就叫做合议制，如像国会，就是明例。合议机关在现今政治上的最常用的形式，就是所谓委员会，所以合议制机关又称为委员制机关。

（五）立法机关，行政机关，司法机关及作战机关 这是一种以一个机关所做的主要行为（职务）的性质为标准的分类：立法机关是一种以立法行为的施行为为主要职务的机关，行政机关是一种以行政行为为主要职务的机关，司法机关是一种以司法行为为主要职务的机关，作战机关是一种以事实行为为主要职务的机关。作战机关在表面上很类似行政机关，并且在普通政治学上也都把它归入行政机关项下合并研究，但是，依我看来，如像军队一类的作战机关实在和普通的行政机关大不相同，一则它所注重的种种职务，如像训练，战斗，杀人，破坏等等事情，都是普通行政机关所绝无的，二则它在平时并不和被治阶级常常接触，这一层也是和普通行政机关差得很远的。所以我以为，还是把它当作另一种和行政机关不同的机关看待较为合理。

37. 立法机关

立法机关的研究，应该属于宪法学，所以我们在这里没有详细研究的必要。立法机关是一种以立法行为的施行为主要职务的机关，同时还是统治主体表示他的意思的机关（看 31，32，33 节）。它的组织和详细职务是随着经济的情形而有变动的，从各国的事情看来很不一律，所以很难做一种有统系的叙述。不过，如果用取大同舍小异的办法，说一个大概，我们就可以分为下面几层说说：

甲．一院制及两院制　立法机关，可以由一个单独立法院组织而成，也可以由上议院和下议院（贵族院和众议院，或元老院和众议院，或参议院和众议院）两院合组而成，前者叫做一院制，后者叫做两院制。一院制和两院制的优劣，是一个在政治学上争论最烈的问题，至今还没有定论。不过，从现今世界上的实际情形看来，却是两院制占着胜利，因为在实际上实行一院制的国家，只有尤哥斯拉夫，芬兰，拉特维亚及其他几个小国，而两院制却为大多数国家采用。在这些采用两院制的国家当中，上院和下院在组织上和权力上的差异，也是国国不同的。从大体说来，这些差异，往往是由历史的沿袭和实际的需要而来的，并没有什么理论上的根据。其中只有实行着联邦国制度的国家，如像美国，德国，瑞士，俄国等国的上院，在代表联邦国内的各邦一层上面，还算有一点存在的理由。在一般的两院制下面，下院大抵都具有一种上院所不能有的特权：关于国家预算的修改权及否决权。

乙．内部组织　立法机关虽然是一种合议制机关，然而为议决进行的便利起见，却也不能不采用分股办事的原则，所以在立法机关里面，除了正式的全体会议之外，还有种种的特别委员会，如像预算委员会，审查委员会等等。

丙．职权的种类　立法机关的职权，从大体说来，普通可以归纳于下面几种：（一）立定法律，（二）监督财政，（三）批准对外条约，（四）弹劾官吏，（五）同意高级官吏的使命。

丁．议事方法　立法机关是一种合议制机关，并且它的人数大抵都在数百人以上，所以，为要便于议事的圆满进行，就不能不有特殊的议事规则，如像关于开会期间，开会的法定出席人数，表决有效的人数，读会，议事日程，动议等等事情的规则，就是例子。这些议事规则当中的重要部分，有时甚至于被规定在宪法上。

38．行政机关

关于行政机关的组织的研究，也应该是属于宪法学及行政法学的，这里只能略说几个要点：

甲．中央行政机关　行政的中央机关（看36节）更可以为分两种：（一）行政首长，（二）内阁。关于行政首长和内阁的制度，在各国现行法上也是极其纷歧的，差不多没有法子可以行简单的记述。如果也用取大同舍小异的办法，大致可以这样说：关于行政首长各国大抵都采用单独制；行政首长的权限，大抵有这几种：（A）充当国家的对外总代表，（B）统率全国军队，（C）任免官吏，（D）公布法律或否拒法律，（E）施行特赦。行政首长下面的内阁，大抵都是由一个内阁总理和许多阁员合组而成的。阁员大抵都管着一种特定的行政部分，充当那一部分的部长，具有（A）任免属于那一部的官吏，（B）指挥并监督那一部的政务两种权限。这些行政部的数目，虽然在各国现行法上各有不同，不过，从大体上说来，都是按照行政事务性质上应有的分类，分为内务，外交，军政（海军和陆军），财政，司法，交通，教育，农工商等等行政部的。

乙．地方行政机关　从大体说，在一般的单一国（看 31 节）里面，地方行政机关都是采用二级制（如像省和县的居多），采用三级制，如像省，道，县三级的较少；在联邦国里面，还有在表面上采用一级制的（自然因为联邦国里的各邦，虽名为邦，实则等于最上级地方团体的缘故）。

丙．行政的咨询机关　除了普通的行政机关之外，无论是在中央，在地方，都可以更有一种咨询的行政机关——一种间接机关——专为备普通的行政机关的咨询或顾问而被设立的。如像在各国现行法上所设的在中央的枢密院，各种行政府委员会①，在地方的

---

① 原文如此，疑为"各种政府委员会"或"各种行政委员会"。——编者

各种参事会，等等东西，就是明例。

39．司法机关

关于司法机关的组织的研究，也不是政治学上应该注意的，所以这里也不必详说，我们只要知道（一）司法官的特别保障，（二）法院的种类两件事就够了。

从大体看来，各民治国现行法上，对于司法官的任期和调任免职，都特特定着一种和普通官吏法不同的规定：司法官大抵是终身官；不但不能违反着他的意思，去免他的官，并且也不能够反着他的意思，去调动他。这种法规的用意，不消说，是想保障司法官的独立，以达所谓三权分立或司法权独立的目的。不过，前面已经说过（35节），自从金融资本家独占了一国内的经济上和政治上的支配权之后，不但国会内阁制失了意义，就是所谓司法独立，也都变成了有名无实，所以最近成立的几个国家，倒不注重这种关于司法官的保障了。

司法机关，从大体说来，可以分为（甲）普通司法机关和（乙）特别司法机关两种。普通司法机关是关于普通人民的民事和刑事的司法机关，在各国，通常分为地方法院，高等法院，最高法院三级。特别司法机关是关于特别的诉讼者或犯罪者的事件的司法机关，如像掌管行政机关或官吏的诉讼事件的行政裁判所，掌管军人的犯罪或诉讼事件的军法裁判所等等，就是很好的例子。

40．作战机关

施行事实行为的机关，叫做作战机关。在各国的现状上，作战机关是什么呢？不是别的，就是参谋部和军队！普通政治学者，大概都别有隐衷，不肯说出军队的性质，只把军事行政机关的说明，归入行政机关的项下。但是，如果从纯粹的科学眼光看来，那种办法自然是不充足的。为什么呢？因为关于军队的造成的事项，如像征兵，募兵，军需的制造，军事的制成，军事人才的养成等等事项，虽然应该属于军事行政部，然而，关于军队本身的动作的事项，如像军队本身的训练，动员，布防，作战等等事项，却不能算是行政事项，这种作战事项和普通军事行政事项的关系，恰恰同司法事项和司法行政事项（即司法部所做的种种事项）的关系非常类似。所以，我们既然可以分出司法事项和司法行政事项的区别，当然也就可以同样分出作战事项和军事行政事项的区别罢。

充当着作战机关的军队，从种类上说来，一般都分为陆军，海军，空军三种，从组织的原则说来，大体可分为募兵制的军队和征兵制的军队两种。

充当着作战机关的参谋部，在各国，大概都被事实上的统治主体把持着。

第五章　民治政治下的政治团体和国内政治斗争

一　政治团体的意义和种类

41. 政治团体和统治团体的区别

上面在第 4 节，我们已经说明了统治团体和共同团体二种东西的差别，所以在目前要说明的这个问题，即政治团体和统治团体的区别的问题，是很容易解决的。为什么呢？因为政治团体原是共同团体当中的一种，原是一种关于政治现象的共同团体，所以它和统治团体的区别，在我们已经懂得了共同团体和统治团体的区别的时候，是极易说明白的：只消在共同团体和统治团体的区别上面，添加一个条件——关于政治现象的共同团体的条件——就行了。换句话说，如果我照第 4 节所说，把共同团体的定义，定为"一种没有强制权力的，可以任由团体员依照自己的意思退出团体去的团体"，那末，我们在下政治团体的定义的时候，只消说"政治团体是一种没有强制权力的，可以任由团体员依照自己的意思退出团体去的，关于政治现象的团体"就行了。从这种意义说来，政治团体自然是一种恰恰和统治团体正相反对的东西，决不可因为在字面上仿佛有点类似的缘故，就把两者混而为一。这是我们在研究政治学的时候，应该特别认清的事。学者当中，也有把统治团体和政治团体两种东西叫做政治团体的人，那自然是不妥的，我们不可盲从。

42. 政党的意义和种类

政治团体当中，更可以分为两大种类：（一）政党，即一种以争夺政权为目的的政治团体；（二）非政党的政治团体，即一种以帮助特定政党或特定阶级为直接的目的的政治团体。

在普通政治学上，关于政党的解释，还不能一致，并且大抵都说得不十分恰当。从大体说来，那些解释约有两种：第一种解释，把政党看成一种由许多政见相合的人们，为要用合法的手段实行他们的政见的缘故，组织而成的团体；第二种解释，把政党看成一种由许多政治上的利害相同的人们，为拥护他们的利益的缘故，组织而成的团体。这两种解释都不充足，未能把"政党"的真正意义抓住。第一种解释有两个短处：第一，它只重政见的相合，不管政治上的利害的一致不一致，未免有点和现实的政党情形不合；第二，它只注重合法的手段，而忘记了革命的，和现行法相冲突的，非法的手段，也未免和事实不符，要知道，世界上所谓革命的政党，在数目上未见得会比合法的政党少呢。第二种解释的短处更多了：第一，它也有第一种解释的第二短处；第二，它只说拥护利益，没有注重争夺政权，也未免不合实际；第三，它在不注重政见的相同一层上面，也有把政党误看成封建时代的朋党，私阀，族派等等东西的嫌疑。

从纯粹科学的立场看来，政党的意义只应该从实际的情形当中去找寻。如果从实际情形当中寻找，我们一定可以找出政党这个东西所包含的三种要素：（一）无论什么政党，都想用合法的或革命的手段去争夺或保持政权；（二）无论什么政党，都有一种共通的观念形态（即思想体系）和一种共通的政治纲领即政纲；（三）无论什么政党的政纲，都一定在表面上说它代表着国利民福，而在事实上却只代表着国民当中的某一个或几个阶级的利益。现在，如果我们更进一步，把这三个要素综合起来，我们可以说：政党就是一种由许多具有约莫相同的思想和政见的人们，代表着某一个或几个阶级的利益，为要想用合法的或革命的手段，去争夺或保持政权的缘故，组织而成的团体。

在这种意义上的政党，可以依种种不同的标准，分为许多种类：（甲）以它所代表的主要阶级利益为标准，可以分为资产阶级的政党和无产党（即社会党）。在资产阶级的政党当中，更可以分为地主党（大抵是保守党），工商党（大抵是自由党），小资产阶级的党（大抵是自由民主党）等等。在无产党里面，也可以从极右的代表工人贵族的社会民主党起，到极左的代表流氓无产阶级的无政府党止，分为无数的派别（关于阶级的分类，请参看拙著《经济现象的体系》）。（乙）以政党的斗争手段为标准，可以分为普通政党和革命党。前者是使用合法的手段的政党，后者是除了合法手段之外，还兼用着革命的手段的政党。革命党当中，更有先锋党和大众党的区别：先锋党是一种以某一个阶级的先锋队自命的党，所以只在那些有斗志的，肯牺牲一切去为党工作的人们，才能够充当党员；大众党是容纳一般大众入党充当党员的政党，它的组织比较松懈些，但是它的活动范围却比较宽些。（丙）以政党的社会地位为标准，可以分为公开的政党和秘密的政党两种。公开的政党是那些把工作，组织，党员和政纲等等东西，都对社会一般公开出来的政党。上面说的普通的政党，大抵都同时是公开的政党。秘密的政党更可依它秘密的方法，分为几种：也有把工作，组织，党员，政纲等等东西都绝对的秘密起来的党（这自然只是一时的变态，因为如果长久的守着绝对秘密，那政党也就会失去政党的意义了），也有只把工作和政纲公开出来的党，也有只把党员的姓名秘密起来的党。从大体说来，革命党大半都是秘密的政党。

43. 非政党的政治团体

政治团体当中的第二种是"非政党的政治团体"，换句话说，就是一种以从旁边帮助特定政党或特定阶级为直接的目的的政治团体。更详细说，这种团体不是某一个特定政党的别动队，就是某一种阶级的拥护者，所以，这种团体到后来往往会：或是明白的归并到它所帮助的特定政党的组织当中去，或是发展起来，把自己也变成一个代表某一个或几个阶级的利益的政党。

非政党的政治团体更可以分为两种：（甲）政治运动团体，（乙）政治教育团体。政治运动团体是一种以特殊的政治运动为目的的团体，如像妇女参政运动的团体，普通选举运动的团体，全国禁酒法运动的团体，社会运动的团体，被压迫民族解放运动的团体，劳工运动的团体等等东西，就是明白的例子。政治教育运动是一种以政治教育的普及并政治思想研究或鼓吹为目的的政治团体，如像政治教育联盟，公民教育协会，社会科学研究会，国际联盟研究协会，什么什么主义研究会等等，就是明例。此外也还有明为非政治团体，其实是政治团体的种种体，如像革命的青年团体，革命的工农团体之类。

44．政治团体和民治政治的关系

民治政治本是一种在相当程度内使被治阶级依据宪法的规定，实行形式上的参政的政治（看 27，28 节），换句话说，本是一种以妥协，调和，形式的阶级协调等等东西为特色的政治，所以在民治政治下面，必然的会发生政治团体，特别是发生政党。因为如果没有政党的存在，去统一治者阶级和被治者阶级间的斗争，谋各阶级间的形式的调解，那末，所谓民治政治就一定不能圆满进行。如果民治政治不能圆满进行，就难免酿成激烈的一阶级专政和不断的残忍的革命悲剧，结果，必定会使全国经济只有长久的破坏和退步，并无建设和发展，到最后，就难免有国敝民穷，治者阶级和被治阶级同归于尽的危险。因为这个缘故，所以那些看见政党的腐败或专横的情形，就痛恨政党的存在的人们，以及在那些表面上主张多数政党的存在，而在实际上却只赞成一党专政（如像俄国的政治），不准多党并有的人们，实在都是"能察秋毫而不能见舆薪"的人们，都是应得有被提醒被纠正的必要的。总之，民治政治是经济发展的必然的结果，政党和其他政治团体的存在又是民治政治下面必有的条件。所以，如果我们不否认民治政治的必然性，我们就得承认政党和其他政治团体的存在意义。如其不然，那就等于逆着科学的真理而行事了。

二 政治斗争的种类和方法

45. 阶级内的政治斗争和阶级间的政治斗争

统治权力的目的本在经济利益的有秩序的取得，而一切政治团体又都是以争夺政权为直接的或间接的目的的团体，所以，归结起来，就可以说，一切政治团体的目的，都在使用政治斗争的手段，去达经济利益的目的一件事上面。换句话说，就是一切政治斗争的目的都在经济利益，同时，一切关于经济利益的斗争，归根结底，必定会变为政治斗争。

但是，从经济斗争的方面说来，因为各人的经济情形各有不同，各人所关系的职业，各人所属的民族的经济地位，各人所属的国家的经济地位等等情形也各各相异的缘故，不但各人在阶级的经济利害间，民族的经济利害间及国家的经济利害间，行着种种斗争，并且就在同一阶级内的各个人的经济利害之间，如像在地主的资本阶级和工业的资本阶级之间，或是在大产业的无产阶级和手工业的无产阶级之间，也常常发生经济利害上的冲突，行着种种斗争（只消看看资产阶级间的商品贩卖的竞争和无产阶级间的劳力贩卖的竞争，就可以知道这种斗争的如何猛烈了）。既然经济斗争的范围有这样的宽泛，那末，照刚才说的道理说来，政治斗争的范围也就不能不随着经济利害的冲突范围的大小，变得非常宽泛了。不但从理论上说来，该是这样，并且，从实际上考察起来，我们也明明白白的看见许多种类的政治斗争，　（一）阶级内的政治斗争，（二）阶级间的政治斗争，（三）民族间的政治斗争，（四）国际间的政治斗争种种东西。关于民族间的政治斗争和国际间的政治斗争，且留到后面再说，这里且讨论阶级内的政治斗争和阶级间的政治斗争。

　　阶级内的政治斗争，是同一阶级内的各小层之间的政治斗争，如像资产阶级内的工业资本家和地主间之争，大资产家和小资产家间之争，重工业家与轻工业家间之争，熟练的工场工人和刚由农村来的不熟练的工人间之争，社会主党和极端派社会党间之争种种政治的斗争，都是很好的例子。阶级间的政治斗争的意义是极明白的，用不着解说，它的实例比阶级内的政治斗争的例子还格外显明，如像劳资间的争执，社会运动，社会革命运动等等东西，就是例证。不消说，阶级内的政治斗争和阶级间的政治斗争的界限，自然不是十分明显的。为什么呢？因为一则阶级本身的区分的理论，还不十分统一（请看拙著《经济现象的体系》），所谓阶级的区分，在理论上原无一定的界限，二则从实际上说来，无论阶级区分如何决定，总难免有许多介在两个阶级的中间，也不属于甲阶级，也不属于乙阶级的社会小层，因为有这两种原因，所以，阶级内的政治斗争和阶级斗争的政治斗争两种东西，在实际上，就变得没有很明确的限界了。

　　从大体上说，阶级间的经济利害的差异和阶级内的经济利害的差异比较起来，要格外深刻巨大些，所以阶级间的政治斗争和阶级内的政治斗争比较起来，也格外难于调和些，格外激烈些，格外多有扩大范围的倾向些。不过，同时还要知道，无论是阶级内的政治斗争或阶级间的政治斗争，都不是具有绝对的性质的东西：它在必要的时候，往往可以变为妥协，把斗争状态为妥协联合状态。这种妥协和联合，不单是在事实上是我们常常看见的（如像革命时或平时的各党联合作战），并且也是理论上不得不那样的。为什么呢？因为如果我们承认政治斗争的目的是经济的利益，那么，在一旦经济的利害有了变动，或是妥协联合的利益变得比斗争还格外大些，或是妥协联合的害处变得比斗争还格外小些的时候，斗争自然应该变为妥协和联合，如果固执不变，那倒成为不合事理了。

46. *政治斗争的方法*

在民治政治下面，事实上的统治主体，只是一些代表着有钱有势有暇的阶级的政党（看 33 节），所以，民治政治时代的政治斗争在事实上也只变成了这些政党或政治团体和其他政党或政治团体之间的斗争——一种在一方面是掌握政权的政党并帮助这些政党的政治团体，在他方面是许多没有握着政权的政党并帮助它们的政治团体，在这两方面之间的斗争。

在这种斗争里面，它们所用的方法，自然是应有尽有，非常之多的。不过，如果用科学的方法，把这些斗争方法整理起来，我们却可以把他们分为下面几种：

（一）组织训练方法　这虽然只是一种准备斗争的方法（看 6 节），但是，在实际上这种方法却是其他一切斗争方法的基础，别的方法的效力如何，都要看这种准备方法的好坏才能决定，并且，那些斗争着的政治团体也非常重视这种方法，常常想设法增加自己方面的组织训练，妨害或破坏对手方面的组织训练，所以，这种方法仍然不能不算入斗争方法的当中。普通所谓组织团体，设立机关，养成人材，训练民众（自己所代表着的阶级的民众）种种方法，都应该属于这种组织训练的方法之中。

（二）宣传的方法　这种方法的目的，在鼓吹自己方面的政纲，政见，组织，人才，势力等等东西的正大优良，暴露对手方面的这些东西的错误恶劣，以便摇乱对手方面的人心，提高自己方面的斗争精神，增加第三者对于自己方面的同情和援助，同时并减少第三者对于对手方面的同情和援助。在目前交通机关非常发达，一般人类的知识的水准比较加高，行动比较富于自觉性的时代，这种宣传方法，在政治斗争上面，是一种极其重要的方法，差不多是一种在斗争的无论什么阶级上都不可一刻间断的方法，所以，在实际上，一些政治团体也都注重人才和力量于这种方法。普通所谓演说，报纸，杂志，传单，标语，小册子，书籍，图画，音乐，戏剧等等东西，从行着政治斗争的政治团体看来，都是可以拿去当作宣传用品使用的东西。普通所谓舆论，就是在宣传上占着胜利的议论。

（三）法律的并政治的方法　这是一种利用现行法制的规定，去实行斗争的方法，其中更可以分为：（A）利用立法机关的方法，如像对于国会议员的选举的竞争，在国会议事上对于敌党的罪恶的暴露，在国会里面的联合作战等等方法，就是例子；（B）利用司法机关的方法，如像根据法律告发敌党的罪恶，表白自己方面的洁白无私，就是一例；（C）利用行政机关的方法，如像政府党（即握着政权的政党，这句话是拿来和"在野党"，"反对党"对待的，所以有时又叫做在朝党或与党）利用行政机关，国家的交通设备（举例说，如像无线电话），国家的财产等等东西，或是用来压迫反对党，或是用来便利自己方面的行动，这种事，是我们常常看见的。（D）利用作战机关的方法，如像在非常紧急的时候，利用军队去扑灭在野党，或利用军队去推翻在朝党，就是明例。

（四）经济的方法　这是一种利用经济的势力，去帮助自己方面的运动，压迫并阻碍对手方面的进行的方法，如像买收对手方面的内部活动分子，对于对手方面的经济机关的不卖或不买的同盟，对于对手方面的银行的挤兑，对于对手方面所办的经济事业的股票的收买或投卖（抛盘贱卖），以及其他种种经济上的竞争或破坏方法的使用等等东西，都是政治斗争上的经济的方法。

（五）直接行动的方法　这是一种利用民众的力量，去压迫对手方的方法。这种方法都是带有非常激烈的性质的，逸出普通的法律秩序之外的，不照间接的法律秩序，倒靠直接的民众实力的方法，所以才叫做直接行动的方法。这种方法，详细说来，更可以分为下面几种：（A）同盟罢工罢市的方法。在现今的社会里面，一般行着的生产制度都是商品生产的制度，在这种制度下面，各个人所生产的财货不是拿来供自己之用的，倒是拿去贩卖给别人的，同时各个人自己所消费的财货，也大抵是别人所生产的；因为这个缘故，所以如果一旦从事生产的工人的多数同盟起来停止做工，或是从事卖买商品的商人多数同盟起来停止商品的交易，全社会上就会发生一种极大的经济上的恐慌，在这种恐慌当中，罢工罢市的人们固然也得受苦，然而他们是有心罢工罢市的，事前总有相当的经济上的准备，所以论起道理，总应该比没有这种准备的人们，较能够多忍受一些时间，所以他们就利用这一些长处——一种苦肉计——去直接的给一般社会以一种恐慌，同时就是间接的给反对党以一种打击（因为在罢工罢市时照例必定对反对党提出一种要求）。这种方法普通都是在野党用来压迫在朝党的方法，不过，有时也有在朝党利用这方法去压迫在野党（特别是革命的在野党）的事。（B）反抗纳捐纳税。这当然只是一种反对并压迫在朝党的办法，它在带有消极的性质一层上面，仿佛和上面说的罢工罢市的方法是相同的，但是，在实际上，它的效果比起罢工罢市的方法的效果差得非常之远，因为这种办法只能使在朝党受着财政上的困难和政治上的威胁，而对于一般公众生活，却并不能发生直接的重大影响。（C）示威运动和无武装的骚扰运动。这也可以说是一种变相的宣传，因为这种运动的目的，一方面固在表示人心的激昂，借以威胁反对党（自然不限于在朝的反对党），一方面却更注重在借此煽动那些态度未决的民众，鼓舞自己方面的斗志，从作用上说来，它和普通的宣传方法是差不多的。（D）武装暴动或武力镇压。这种方法和上面说的法律的并政治的方法当中的 D 法即利用作战机关的方法有点相似，但是内容却不相同，因为在那里是拿着合法的口实，利用着合法的军队，而在这里却只是利用不合法的武力去行实力的冲突，并且也不必需要什么合法的口实。（E）革命战争。这完全是正正堂堂的，"以炮火相见"的，正式的武力斗争了；这种方法和上述的 D 法比较起来，不但使用武力的程度更加高深，实行斗争的范围和规模更加宏大，并且，在社会一般人的眼里，所占的地位，也是更加高固：在一个政治团体只具有使用 D 法的实力的时候，它常常被社会一般人看成背叛，看成违法，而到了它具有使用 E 法的实力的时候，它却会被看成一种超过了现行法的，事实上的交战团体。因为这个缘故，所以 E 法和 D 法在表面上虽然有点类似，然而在分类上却须各成一个种类。

47．政治斗争的方法和策略

我们在 45 节末尾已经说过，凡是行着政治斗争的团体，都可以在必要的时候，把斗争状态变为妥协联合状态。那个道理，也可以应用在政治斗争的方法的使用上面，换句话说，就是：政治斗争的各种方法，是应该看各时候的需要如何，随时应用，随时变动的。政治斗争状态的停止和政治斗争方法的变动两种事情合拢起来，在政治学上，有一个总名称，叫做"策略"（Taktik）。

在政治斗争里面，常常用着的术语，除了策略以外，还有"政策"（Politik）和"战术"（Strategie）。这三种东西在表面很相似，但是，在实际上却有区别，所以应该把它们的意义特别认清楚。要说明这三种东西的区别，最好是按照一般政党的实际常例，用（一）理论，（二）政策，（三）策略，（四）战术四种东西的顺序加以解释。

无论什么政党，都有一种共通的思想体系和一种共通的政治纲领（看 42 节），这两种东西的合计，就是那一个政党的"理论"。无论是什么政党，都得有它的理论，如果没有理论，它就只算得是朋党，私阀，族派，哪怕它挂着政党的名称，从学问上说来，却算不得是政党。

但是，这种理论从它的性质上说来，本来只是一种比较空漠的，抽象的，概括的东西，当然在它的内容上面，只能说到一个政党的行动的大方针，大目的，大手段等等要点，决不能有很具体很详明的计划和方案。如果真想实行自己的大方针、大目的、大手段，当然就不能不另外根据实际情形，按照它自己的理论，造出一种很具体，很详明的，可以令读者首肯，可以拿到实际上去施行的计划和方案。这种计划和方案就叫做"政策"。所以，总起来说，政策就是种种根据实际情形，按照特定的理论，被造出来的特定的详明计划。

特定的政策，固然是一种可以令人首肯，可以拿到实际上去施行的东西，但是，怎样拿去施行这件事却是另一个问题。照通常的政治情形说来，一个政党的对手是很多的，各政党之间的斗争，又往往是很激烈的，并且，政治界的情形又是随着经济社会的情形，像走马灯一样，随时变动的。所以，一个政党要想实行一个特定的政策，无论它是处于在朝党的地位或处于在野党的地位，它都得随时随地，斟酌特定的情形，和别的政党进退周旋，或是和它们联合作战，或是和它们短兵相接的抗争奋斗，以期于种种曲折之后，达到自己的本来目的，即实行自己的政策的目的。像这样的进退周旋的事，在政治斗争的术语上，就叫做"策略"。所以，策略这两个字，用最简单的话说来，就是一种为实行特定政策的缘故，所采用的随时随地的进退步骤和态度。

如果一个政党的策略，已经决定是对某方面使用斗争方法，那末，它为获得斗争的胜利起见，自然不能不像军队作战一样，使用一些什么"各个击破法"（即把敌军的势力分为数个，一个一个的顺次把它击破的战术）啊，"内线作战法"（即把自己方面的军队集中在一处，可以随时向四面调遣救应的战术）啊，"败一胜二法"（即所谓以我下士当彼上士，以我上士彼当中士，以我中士当彼下士的战术）啊，以及其他种种的斗争方法。这种方法叫做"战术"。所以，从范围的大小说来，战术的范围小于策略的范围：策略当中不仅包含对敌作战的办法，并且还包含着对友联合的办法。总之，政治学上所谓战术就是普通军事学上所谓战术，就是一种作战的技术；不过，军事学上的战术是专门研究的一种用军队去作战的技术，而政治学上所谓战术却是专门一种用民众和党员去作战的技术，二者之间的作战基础有一点不同罢了。

我们认清了政策，策略，战术三种东西的区别之后，就可以进一步研究研究政治斗争的方法和策略的关系。政治斗争方法的取舍如何，自然是随策略的决定为转移的。在特定的时候，策略上需要哪一种斗争方法，这个问题，是一个须得按照实际情形去决定的问题，这里当然不作笼统的叙述，不过当采用斗争方法的时候，在策略上应该顾到的一般原则却有几个，都是实行政治斗争的人们必须知道的：（一）集中原则，这就是说，应该集中势力于特定方法，不可同时并用几个方法，因为这些方法之间存在着许多矛盾和冲突。（二）慎选时机的原则，这就是说，无论用哪一种方法，都得非常注意的选择时机，不可轻于尝试，因为一个方法如果不合时机，就会失掉作用，并且往往招很大的损失。（三）看稳目标的原则，这就是说，每个斗争方法都有它的特定目标，所以在决定方法的时候，一定要看稳这个目标，如果目标有了变动，所用的斗争方法也就跟着变动，否则就会变成无意义的斗争，或变成一种可以发生反对的效果的斗争。（四）适可而止的原则，这就是说，在决定某种斗争方法的时候，应该知道这种方法的最大的适用限度，到了这个限度的时候，就得翻然改变方法，否则难免发生一种恰恰和斗争的目的相反的结果。最明显的例，就是同盟罢工罢市的斗法，这种方法的适用，如果过了相当的程度，往往会把一个政党的自己方面的民众，驱到对手的政党方面去。

三　民治政治下的民族运动

48. 民族主义的意义和民族运动的种类

民族间的政治斗争，在民治政治时代，比起在以前时代特别激烈些。理由是这样：（一）从先进民族说来，他们在民治政治的下面得着了比较长久的安定期间，行了比较多有效果的休养生息，在经济实力上和人口数目上，都增加了一些用经济方法侵略别的民族的实力和需要；（二）从后进的被压迫的民族说来，他们和先进民族接触了之后，哪怕是处在被压迫的状态之下，却也改良了许多生产方法，发展了相当的生产能力，所以他们的抵抗的力量也随着有了增加，特别是他们的斗争意识，更会在经济发展和交通进程的进步当中苏醒伸长起来，所以他们的解放运动，即反抗先进民族的压迫的运动，当然也就会变得更加激烈起来。

在民治政治时代，这种民族间的政治斗争，普通都是用两种方式表示出来：第一，在理论斗争的形式上，成为民族主义的宣传；第二，在实际斗争的形式上，它成为种种民族运动。

"民族主义"几个字的原语是 Nationalism。但是，因为 Nationalism 这个字的意义，也和 Nation 这个字的用法的纷歧一样，非常的纷乱不定，有时被人拿去指国家主义（即国家至上主义），有时被拿去指国民主义（即国民一致对外主义），有时被人拿去指我们目前说的民族主义，所以民族主义这句话的内容，也随民族两个字的意义的复杂，非常不能一定（看 18，19 节）。如果用取大同舍小异的办法，综合各种说法加以分类，我们至少可以得着四种民族主义：（一）以民族自决为内容的民族主义。这是一般被压迫民族常常高唱着的民族主义，也是民族主义的最初的意义。这种民族主义，在理论上本来根据于人类平等和社会连带互助的原理，又加以民权自由的学说的帮助，更加以恰恰适合资本社会刚刚开始的时候的需要——一种希望在打破了国内政治对于经济上所加的种种限制和阻挠之后，更趁势冲破国际政治对于经济上所加的种种压迫，以便经济上的更进一步的发展的需要——所以这种民族主义在初起的时候，是和 Democracy 并称为二大政治原则，在当时得着一世的信仰的。（二）以全民族的联合统一为目的的民族主义。这是几个相同的民族或相近的民族，想把他们的全体，都从旧有的政治羁绊之下解放出来（这就是说，或是从别的民族的政治势力下面脱离出来，或是把本民族原有的小国家取消了去），联合成为一个新的统一的民族国家的时候的主义（看 19，24 节）。这种民族主义，在表面上虽然还是称为民族主义，其实它的内容和目的，都和初期的民族主义大不相同了：它的目的不但在不受别的民族的压迫，并且还在联合起来，成为一个统一的势力，好去压迫别的民族；它的实际上的内容，往往不真是许多相同的或相近的民族希望联合统一起来，倒只是相同或相近的民族当中的某一个先进国家，想借口于民族主义的美名，去达它那种想扩充经济势力范围，发展资本经济的欲望。（三）以树立民族霸权（看 19 节）为目的的民族主义。这是帝国主义时代的民族主义，也是帝国主义者想拿去供征服世界之用的民族主义，它已经完全变为最初时代的民族主义的反对物，它已经由一种消极的不受别的民族的政治支配的民族主义，变为一种积极的用政治的支配去领导别的民族主义了！（四）以民族自由联合和民族自由脱离为目的的民族主义。这是社会主义者所主张的民族主义主，大概是一种在帝国主义崩坏时代必然的会由被压迫的实行起来的民族主义，在目前的俄国，已经看见这种主义的实行的端绪了。

民族运动原是一种为要实行民族主义的缘故，被政治团体实行着的实际运动，换句话说，就是一种被政治团体根据民族主义的理论，参酌特定的实际情形，实行出来的民族的政治斗争，所以民族运动的种类当然会对照着民族主义的种类分为四个：（一）以民族的政治独立为目的的民族运动，它的方法是革命，所以又叫做民族革命运动，这是和第一种民族主义相对照的。（二）以建设统一的全民族的民族国家为目的的民族运动，它的方法是对外战争和并吞同民族的外国或外国的一部分——一个居住着和本国民族相同的民族的特别部分——所以这种民族运动，也可以叫做扩张版图的民族运动。这是和第二种民族主义相对照的。（三）以树立一民族的世界领导权为目的的民族运动，它的方法在武力的征服和文化的同化。这种民族运动是一种征服的民族运动，是和第三种民族主义相对照的。（四）以被压迫的各民族的自由联合，共同奋斗，共同解放为目的的民族运动，它的方法在相互的理解和信赖，所以这种民族运动也可以说是种完全的，自由的，真正的民族运动。

民族主义和民族运动两种东西结合起来的时候，从政党的立场看来，就可以形成种种关于民族的政策。关于这些政策，已见前面

19节，这里不赘说了（从政党的立场看来的政策和从国家的立场看来的政策，两种东西的区别，详见后面86节）。

49. 民族运动的方法和阶级斗争

民族运动上即民族间政治斗争上所用的方法，和阶级内并阶级间的政治斗争上所用的方法，差不多完全是相同的：组织训练的方法，宣传的方法，法律的并实事的方法，经济的方法，直接行动的方法五种方法（看46节），都可以共通的应用在阶级内阶级间的政治斗争和民族的政治斗争两种东西上面。此外在二者之间关于方法，只有两个差别：第一，在民族运动上面可以兼用后面第51节所述的国际间斗争方法，而在阶级内或阶级间的政治斗争上面，却不能够这样；第二，在民族运动上面，关于斗争方法上的策略的决定要比较更加困难些，因为在阶级内或阶级间的政治斗争上面，主要的争点只在政治团体所代表的阶级的利益，而在民族的斗争上面，主要的争点却有两个：（A）政治团体所代表的阶级利益和（B）政治团体所代表的民族利益。关于第一个差别，道理是很明白的：因为民族运动的内容当中包含着有对外的扩张版图和吞并征服，所以它的斗争方法，自然也得兼用国际斗争的方法。第二个差别是一个较大的差别，更值得我们注意。

在资本经济时代，即是说，在民治政治时代，所谓专靠资本而行的剥削，不但存于阶级和阶级之间，并且也存于民族和民族之间：经济落后的民族会当作整个的民族，被经济进步，资本发展的民族所剥削，如像印度民族在一百多年之间，整个的被英国民族所剥削，就是一个很好的例子。在这种民族间的经济剥削里面，所谓阶级间的剥削，往往会被整个民族的利益和整个民族的感情掩蔽起来，所以在表面上常常弄出一种各阶级间的欺瞒的调和：在先进民族方面，治者阶级往往用一个经济发展，利益均沾，举国对外的口号，要求被治阶级和他联合对外，以保持并增进全民族的利益；在后进民族方面，资产阶级也同样用一个全民族共同解放，大家利害一致的口号，要求无产阶级牺牲奋斗，去和他同作民族解放运动。不消说，这种表面上的阶级调和的学说，也具有几分事实上的根据，并且又很能切中民族间的尊己轻人的心理，很易挑起民族间的互相歧视的感情，所以往往在短时间中可以奏很大的效果。但是，时间稍稍长久的时候，这种民族内的阶级调和仍然会变成阶级斗争。为什么呢？因为一则在先进民族方面，所谓利益的均沾，往往是有名无实，或是被治阶级仅沾余沥，或是最初得沾余沥，最后倒反多加负担（如像因军备增加或战争频发而来的负担）；二则在落后民族方面，所谓资产阶级领导着的解放运动，又往往会半途转变方面，或是资产阶级因为受了先进民族的大大的武力压迫而灰心丧胆，乐与敌人妥协，想在妥协当中，获得些少利益，或是因为小得成功，便想为保持既得的一部分的胜利的缘故而从事妥协，所以结果徒使无产阶级的牺牲变成资产阶级的小利小益的桥梁。因为这两种缘故，所以到后还是会各在两种民族方面，发生更激烈的阶级斗争。所以，从长时间看来，在先进民族和落后民族之间，总是民族利益和阶级利益两种东西互为起伏，换句话说，就是民族斗争和阶级斗争两种东西的潮流在社会上轮流的互为消长。如果从实际上加以考察，我们可以看见这种互为消长的两种斗争的潮流，随着被压迫的落后民族所处的地位的差异，具有三种不同的形式：

（甲）在落后民族为同化政策所支配，和先进民族同处在同一的统治样式的下面的时候，即是说，在落后民族不受特别的殖民地政治的支配，倒只在普通政治形态下面，形成着一个所谓少数民族的时候，阶级利益的斗争，常常会掩盖了民族利益的斗争。理由是这样：平等的政治形态，先进民族和落后民族的杂处，同化政策的实行等等情形，都可以减少民族间的隔阂，使先进民族和落后民族两种民族里面的相同的阶级（如像资产阶级和资产阶级）互相联合起来，实行阶级斗争，结果自然会把民族的斗争，放在脑后了。不过，遇着特殊的事变发生，如像发生对外战争的时候，落后民族的独立自主的感情，仍然难免一时勃发起来，在民族自决的主义旗帜之下，企图民族革命运动。

（乙）在落后民族形成着一个先进民族国的殖民地，受着特殊样式的统治的时候，情形恰恰和上述的情形相反：在平常，倒是民族利益掩盖着阶级利益，只看见民族斗争，很难有阶级斗争（理由自然是因为民族的政治上的不平等，两种民族的不杂居，民族消灭政策等等事情，在一方面足以增加两民族间的隔阂，挑拨他们的民族反感，同时在他方面又恰恰如先进民族的统治阶级所预期，足以压抑阶级斗争的发生）。但是，到了先进民族当中的无产阶级势力长大，起来联合后进民族当中的最苦的，受着二重剥削的无产阶级共同作战的时候，阶级斗争的潮流却也可以在一时间掩盖了民族斗争。

（丙）在落后民族形成着一个半殖民地的时候，换句话说，在落后民族尚未变成某一个先进国的殖民地，倒只是一个供许多先进国的共通剥削的竞争场的时候，民族关系最为复杂，民族间的经济剥削最为酷烈，所以民族的感情也最为恶劣，民族的斗争也最易爆发；同时，在这种时候，落后民族内的资产阶级的势力也往往特别微小薄弱，所以不能不暂时压抑着阶级的斗争，先用阶级调和的办法，联合本民族内的各阶级，起来实行民族革命（即普通所谓国民革命）。因为这种缘故，所以，在半殖民地上面，始终是民族斗争的潮流高过阶级斗争的潮流；除非这个半殖民地的地位有了变动（或是靠着民族革命的成功脱离了半殖民地的地位，或是因民族革命的失败变成了纯粹的殖民地），否则这个潮流的倾向是不会有变动的。

第六章　民治政治时代的国际政治组织和国际政治斗争

50. 密切的国际经济关系和松散的国际政治组织

在民治政治时代，国际间的斗争比起以前的时代，在数量上格外加多了，在规模上也格外加大了。在平时，一切国家都时时刻刻在武的平和竞争即经济的竞争之中，一到了战时，更是倾国作战，只拿到前线去作战的人数说来，少者也有数十万数百万，多者竟多到数千万（如像欧洲大战时）。这种斗争情形比起封建时代的小规模的连年作战，在实际上，还更加猛烈可怕，因为这种斗争情形是带有全国性的，是带有继续性的，是必然的和资本经济制度相伴而来的。

资本经济制度有两个大特色：无组织的商品生产（即为贩卖的缘故而行着的，各不相为谋的生产）和无限制的自由竞争（即关于生产方法和数目，原料，销场等等东西的无限制的随意竞争）。这两个特色虽然到了金融资本独占时代，生了若干的变化，但是从大体说来，还是始终伴随着资本经济制度的。因为有这两个特色的缘故，所以资本经济才能一方面在范围上有惊人的发展，由地方经济变为全国经济，更由全国经济变为全世界经济，另一方面在规模上行巨大的集中，有时甚至于可以使某一个企业支配全世界的特种市场（如像电机托拉斯，煤油托拉斯等等）。所以，从经济的立场看来，全世界的经济关系，是随着资本经济的进展，越往前进越变密切的：在事实上，所谓世界经济（请看拙著《经济现象的体系》），的确已有了相当的基础，眼看得它一天一天的越发变稳固坚实了。

但是，如果看一看国际政治关系，我们一定会发见国际政治关系和国际经济关系之间所存在的一个大矛盾：国际经济关系只管变得一天一天的越发密切，而国际政治关系却反一天一天的变得越发不能相容，在外交上，国防上，关税制度上，殖民地争夺上，军缩问题上，太平洋问题上，中国问题上，都发生着不断的竞争和冲突。这个矛盾是从哪里来的呢？如果我们相信一切政治情形，都会随着经济情形而有变动，为什么国际政治情形不跟着国际经济关系变动起来，倒和经济关系矛盾起来呢？不过，我们如果再详细考察考察，我们一定可以发见：（一）这种矛盾是政治现象这种东西的性质的当然结果，并且（二）这种矛盾已经渐渐的向着它的反对物（调和）方面变动。

我们在前面，已经屡次说过（看 3 节），政治权力的目的是在行经济利益的有秩序的取得。现在我们要说，这种经济利益的取得并不限于用直接征收租税的形式。它除了直接的征收租税之外，也可以有征用劳务（当兵服役），抽收入口货关税，征服外国，共同剥削落后民族等等间接的形式。从大体上说来，这两种形式，虽然是一般国家所通用的，然而在民治政治下面用得最多，用得最便的，还是第二种间接的形式。这种间接的形式在国际上的表现，就是外交上，国防上，关税制度上，殖民地争夺上的不断的竞争和冲突。所以，我们可以说，国际政治关税上的冲突只是个个的民族资本主义（即各个国家所代表的资本主义）的商品生产和自由竞争两个特性的表现，而国际经济关系上的密切关联，却是一切民族资本主义在接触冲突，分了胜负之后必然会发生的应有的结果，所以这种矛盾，只是表面上的矛盾其实两种现象不是相矛盾的，倒是相成的：因为经济关系密切的缘故，所以才想到那里关于经济利益行更大的剥削；因为大家都想到那里行更大的剥削的缘故，所以弄得国际的关系越发密切，所以这个表面的矛盾只是事理的当然，毫不足怪。并且，如果我们更进一步，观察最近国际政治的趋势，我们一定可以看出，就是这种表面的矛盾，也渐渐有变为表面的调和——变为一种恰恰和经济上的表面的密切关系（因为目前国际间的经济关系，虽然密切，却只是一种无政府，无组织的密切，所以只可以称为表面的密切关系）互相对照的假调和——的倾向了。试看，所谓伪善的国际联盟，所谓发空喊的第三国际两种东西，在最近十年当中各各为世界上性质不同的各国所欢迎一件事，不是明白的证明吗？

总而言之，密切的国际经济关系和松散的国际政治组织两种情形互相作用起来，就必然的会成为现今一切国际斗争的总原因，这两种情形，一天不消灭变动，国际斗争也会一天不消灭或变动的。

51. 国际斗争的方法

关于国际间的政治组织，有国际法学专门研究，我们在这里没有叙说的必要，所以略去不说，只说这种组织的性质。国际间的政治组织是很简单松散的：它只靠着所谓"国际法"的规则，形成着一种所谓"国际法团体"（The Family of Nations）。认真说来，所谓国际法，当然不是普通国家里面所谓法律，因为一则国际间并无执法的机关，纵然违背所谓国际法，也无一定的判裁，二则也并无立法的主体去行统一的规定和解释，纵然到了现代，所谓"国际法的原则"，在强国之间也还有种种不同的利己的主张，和普通所谓法律的统一性是大相矛盾的。固然，从国际法学家说来，好像国际法并不是一种单纯的国际习惯或国际仪礼，而是一种具有特别性的不完全的法律，所谓平时法，战时法，中立法等等东西，在实际上也相当的被各国尊重遵守，但是，从政治学家的眼光看来，国际法那种东西，叫做特别的法律也好，叫做不完全的法律也好，总之，在事实上，它不能用严密的规定，用强制的权力使国际政治关系处于严密的组织之下，这件事，却是很明显的事。政治学上所要求的，只是这件事情的存在不存在，至于它的名称如何，却是一点也不关紧要的。

因为国际间的政治组织是一种很简单松散的组织，并且这种松散的组织和密切的经济关系之间的表面矛盾，又是一切国际斗争的总原因，所以，国际斗争上的方法，当然也就不能不和国内斗争的方法相异：第一，因为国际斗争的主体在表面上都是享有所谓主权（看 32 节）的统治团体，都是具有很大的实力——比无论什么个人的力量也要大些的实力——的团体，所以斗争的时候，它们所采用的方法都是以直接行动的方法为主，所谓宣战，报复，复仇，平时封锁等法都常常用着；第二，因为国际政治关系上并无具体的严密的组织的缘故，所谓法律的并政治的斗争方法，当然无从应用；第三，因为国际政治组织不完备的缘故，在国际政治斗争上发生一种叫做"外交的方法"的特殊斗争方法，即是说，一种利用权谋数术，去行秘密的合纵连横，阴柔巧诈无所不至的欺骗方法。除了这三种不同的地方之外，关于其他各种方法的使用，大概是相同的。不过，要知道，只靠这三种特殊的方法，已经足以使国际的斗争带有一种惨酷阴险的特性了。

52. 国际斗争和国际联盟并第三国际

因为国际斗争带有一种惨酷阴险的特性，所以在最近十几年前，便发生两个在表面上以国际的平和或国际战争的废止为目的的国际组织：这就是说国际联盟和第三国际。为什么说这两个国际组织是两种在表面上以国际的平和或国际战争的废止为目的的东西呢？因为从表面上看来，这两个组织虽然都标榜国际的平和，反对国际的战争，然而在事实上，不但国际联盟只成为英法在欧洲扩张势力的工具，第三国际只是俄国在企图世界革命的进程上所用的一种方便，它们的目的，都和平和二字离得很远，并且，这两种组织本身，也始终不断的行着相互间的大大的斗争——一种比别的什么国际斗争的规模都要大些的斗争——因此所以只能说它们是一种表面的平和组织。

不过，一方面我们固然应该知道，这两种国际组织只是一个表面的平和组织，在另一方面，我们却也不要看掉了这两种国际组织在历史上的两个意义：（一）它们已经替国际的将来的严密组织，开了一条道路，它们至少总可以算得是国际平和组织的一个准备、未来的国际平和的一线曙光；（二）它们在实际上的魔力——一种引导多数国家或政治团体向它们的组织里面走的魔力——是非常之大的：国际联盟自 1920 年 10 月成立以来，事业蒸蒸日上，在 1927 年，已经有 55 个国家加入国际联盟，世界上的大国家当中还未加入国际联盟的，只有美国和俄国两国；第三国际虽然不是一个以国为组织单位的组织，而是以政党为单位的组织，但是自 1919 年成立以后，也非常投合各国无产阶级并各被压迫民族的希望自由解放的心理，在世界各国内，到处实行着秘密运动。

在目前的状态下面，这两种国际组织的势力，实在是世界政治的两根支柱，靠着这两根柱子的支撑，世界的平和才暂时维持着。如果将来这两根柱子当中的一根忽然倒塌下去，恐怕世界政治的平衡一破，又要发生一种和 1914—1918 年的大战相类似的变动呢。

53. 国际斗争和民族斗争并阶级斗争

从实际政治上看来，阶级斗争，民族斗争，国际斗争三种东西原是同时并在的东西，在事实上，也常常互相交错混淆，很难发见某种斗争的纯粹的形态，因此在运用斗争策略的时候，自然也常常发生困难。关于民族斗争和阶级斗争的关系，前面在 49 节里面已经说过了。国际斗争这种东西，通常在表面上，大抵是和民族斗争没有区别的：因为一则许多民族运动都是某一个政党利用着现实的或理想中的国家的名义去干，二则所谓爱国心和爱民族心，在通常的用语上，都归纳在"爱祖国的心"的里面，差不多没有区别。因为这个缘故，所以前面关于民族斗争和阶级斗争的关系所说的话，大部分可以移来说明国际斗争和阶级斗争的关系。

总之，人类的经济上的利益是一种非常复杂的东西，它的周围受着重重的利害关系的包裹，所以它对于周围的关系只是相对的，不是绝对的：甲对乙的关系，在（A）只有甲和乙存在一处的时候，和在（B）除了甲和乙之外，还有丙的存在的时候，是不相同的，在 A 的时候的甲和乙的冲突，到 B 的时候，也许会因对付丙的缘故，变成甲和乙之间的协和，同样也许原先的协和会变成冲突。中国古来说的"兄弟阋于墙，外御其侮"那句话的意思，也就是这个意思。甲和乙，和丙的关系是这样，就再加几层关系，如像把它变成甲和乙，和丙，和丁，和戊，和己的关系，道理也还是一样的。现在如果把这个道理应用到政治现象上面去，就可以理解爱己心，爱民族心，爱国心等等心理的关系，同时也就可以理解阶级斗争，民族斗争，国际斗争种种东西的关系。在大敌当前，全个民族的利益都有被敌人抢去的危险的时候，怎么还能够说到阶级斗争上的小小利害呢？"覆巢之下无完卵"，怎么能够在整个民族利益被抢夺的时候，一个人独独能够保全自己的利益呢？那些主张阶级斗争到底，主张斗争生活到底的妄人，不但忘记这种普通的道理，并且，也忘记他们自己所组织的斗争团体和他们自己所代表的阶级本身两种东西的组织原则，还是站在协力对外的原则上呢！不过，同时也要知道，随便要求个人为国家或民族的利益的缘故，牺牲一己的利益和阶级的利益，那种事，也同样是不对的：这种要求往往是假公济私，损人利己！

　　一句话说完，国际斗争和民族斗争并阶级斗争的关系是相对的，是复杂的，是容易使观察人发生错觉的，所以关于这些斗争的策略和方法，必须特别注意，才免得发生错误的判断。

下篇　政治现象的解剖

第一章　序　说

54. 政治现象的解剖的内容

上篇各节所说，在大体上都是关于各种政治现象的叙述铺陈的话，差不多已经把政治现象上所有的一切方面都说到了。我们读了上篇之后当然应该得到政治现象这种东西的一个大体的轮廓，懂得政治现象这种东西到底具着一个什么体系。不过，在上篇各节里面，所有的说话，大抵都只是泛然陈说某种政治现象，并没有充分指摘那种现象的来历，它和别种政治现象的关联，它的去路等等东西，所以，如果只靠那种说话，不再作进一步的说明，就恐怕我们所懂得的，还只是各种政治现象的表面皮相，而不是各种政治现象的内部关联的深切的认识，就恐怕我们所看见的，结局还只是政治现象的一时一地的一鳞片爪，而不是政治现象在过去，现在，未来各种时候里所具有的全体全部。因为这个缘故，所以，真正的政治学原理，除了叙述政治现象的体系之外，还得说到政治现象的解剖（看 9，10 节），换句话说，还得用一贯的明彻的理论，去说明

（一）各种政治现象的来历，（二）各政治现象的内部关联，（三）各种政治现象的将来的推定等等东西。这种说明就是政治现象的解剖的内容。

55. 政治现象的解剖上面应有的根本原则

照上节所说看来，所谓政治现象的解剖，结局，就是关于政治现象的因果关系的科学的说明。但是，所谓因果关系的说明，在从来的社会科学上，却是有种种的区别：有主张"目的论"的，也有主张"非目的论"的，有主张"一般的合律性"的，也有主张"特殊的偶然性"的，有主张"机械的必然论"的，也有主张"辩证的必然论"的（这些问题，原是社会学上的问题，并且它们的性质又非常复杂，决不是几句话可以说明白的，所以我认为在这里可以不必作一种说不透彻的说明，请读者参看拙著《科学的社会观》罢）。所以，如果不先揭出一些关于政治现象的解剖上面的应有的根本原则，我们的解剖工作，就难免有因为方法不定的缘故而得不着真相的忧虑。因此，我们在这里，应该把我们的解剖上所用的根本原则的要略揭了出来。我们所有用的这种根本的原则，可以约为下面五个要点：

（一）所有一切社会现象，都是有发生，发展，消灭等等变动的，而不是一成不变的（所以，决不能承认什么天经地义，永久不变的东西）。

（二）一切社会现象的变动，都是有特定的原因的，并不是偶然的（所以，决不能承认什么"事出偶然""适逢其会""五百年而偶一遇之"一类的话），并且，同一的原因，当然是会发生同一的的结果的（所以，决不承认什么"事出例外"，因为那些表面上的例外，在事实上，都具着不同的原因）。

（三）一切社会现象的变动原因，都是已经被含在这个现象的本身当中的，并不是纯然从外面加来的东西（所以，决不承认什么"上帝的主宰""造物主的深意"一类的话）。

（四）存在一切社会现象本身当中的变动原因，就是这现象当中所含的矛盾，这种矛盾互相冲突的时候，那现象就会慢慢运动发展起来，到最后，使矛盾变成它的反对物即统一，并且，因为社会是人类构成的，社会现象都是人类做出来的东西的缘故，所以，人类的创造力量，也是社会变动发展的一个因子，而且这种力量的本身，也依然是由人类本身所含的矛盾而来的（所以，决不承认什么"天定胜人""人类万能"一类的空想，也不承认什么"人定胜天""万事莫非前定"一类的机械的说话）。

（五）一切社会现象的统一，都包含着的新矛盾，这种新的矛盾发展的时候，又会发生新的变动，变为新统一；这样一直下去，形成种种新陈代谢的发展或消灭——从一个社会现象的前因后果方面说，是发展，从那个现象的一时的形态本身方面说，是消灭——就构成川流不息，时时变动的社会现象的洪流（所以，决不承认什么"今之社会犹古之社会""今犹古也"一类的话）。

56. 政治现象的解剖的说明方法

照上面两节所说的看来，政治现象的解剖，这件事，实在是一种极其深奥复杂，难于着手的事：它一方面需要一种关于社会现象的宽泛普遍的认识，一方面又得有一种关于社会历史的哲学的见解。政治现象的解剖既然是这样一种困难的事，所以关于政治现象的解剖的说明，当然也应该是一种格外困难的事：它不能平铺直述，也不能专用论辩的形式。如果用平铺直叙的方法，就恐怕不能钻进政治现象的内部，去剔爬其间的奥妙关系。但是，如果专用论辩的形式，又恐怕过于空漠，难着实际。据我想，如果想要折衷至善，一来免除肤浅和空漠的弊病，二来免得和上篇政治现象的体系上所述相重复，最好是使用问答体的形式，去说明政治现象的解剖。问答体的说明方法，从普通一般说来，长处是能够深入一个现象的内部，得到一种透辟精确的理解，它的短处却在使读者只集中注意于个个的特殊现象，容易忘记各种特殊现象所构成的全般的体系。不过，在我们这里，情形却和普通一般不同，我们可以只得它的长处而不受它的短处的影响。为什么能够这样呢？因为我们的"政治现象解剖"是跟在"政治现象的体系"之后而说的，我们早已把各种特殊的政治现象所构成的整个的体系，了然的放在脑筋里面，所以我们纵然使用问答体的说明方法，我们也决不怕看不清全体的政治现象的体系。因为这个缘故，所以我们从下一节起，都纯然用问答体的说明方法。

第二章　政治权力的形成

一　权力的发生

57. 政治现象的解剖应该从什么问题入手？

答　要想彻底的解剖政治现象，去求正确精深的理解，就应该从生活问题的研究入手，更详细说，就是，应该从（一）"人类何以不能不有生活？"（二）"生活的原则是什么？"两个问题的研究入手。为什么呢？因为我们在第 2 节里面已经说过，人类的政治现象，原是人类的生活的一种，原是人类关于强制权力的生活，所以，如果我们懂得一般人类生活的意义，我们也就会同时懂得政治这种生活的意义；如果我们懂得一般生活的原则，我们同时也就会懂得政治生活的原则，至少也可以懂得一般生活和政治生活所共有的一部分的原则。反过来说，如果不从一般生活问题的研究入手，而只从政治这种生活的本身入手，就恐怕我们只能看见部分而不能看见全体，只能理解枝叶而不能理解根本，只能发见特性而不能发见通性。如果那样，当然就和政治现象的解剖这件事的本意相违背了。

58. 人类何以不能不有生活？

答　生活两个字，从一般动物说来，是指一个动物的各种不断的活动的进程说的，从人类说来，是指人类的各种不断的行为说的。（看第1节）人类何以不能不有生活，这个问题，和动物何以不能不有生活，那个问题，差不多是相同的。现在姑且专就前一个问题说罢。人类何以不能不有生活，这个问题，可以从两方面答复：（一）从客观方面说来，人类所以不能不有生活，只因为人类的肉体构造上面，和一般动物的肉体一样，含着有一个大大的矛盾：人类的肉体一方面不断的向体外排泄使用过的营养成分，一方面又不断的向体内吸收体外的新的营养成分，不断的行着新陈代谢。因为有这个大矛盾，所以人类如果想要活着，就始终不能不继续的活动着；如果他不行这种继续的活动，他的肉体便会死去。所以，从这一层说来，人类无论如何，都不能不有动物式的生活。（二）从主观方面说来，人类所以不能不有生活，只因为人类在主观上具有（甲）动物共有的自己保存的本能和（乙）人类特有的目的意识（看1节），特别是关于两种经济根本原则——即（A）无论什么人都想以最小的劳费，获最大的效果的原则（占便宜的原则）及（B）无论什么人，都会在满足了一种欲望之后，另求满别种欲望，顺次无限的推下去的原则（欲望平等原则），两种原则——的目的意识。因为有自己保存的本能的缘故，所以人类才不能不汲汲的不断的活动着，生怕饿死；因为有目的意识，特别因为有关于经济的根本原则的目的意识的缘故，所以人类才不断的营谋计划，行着种种有意义的行为，过着比一般动物的生活还格外复杂的生活。这里所说的一种客观的原因和两种主观的原因结合起来，便成为人类所以不能不有生活这件事的根本原因，同时当然也就是人类所以不能不有许多种类的生活那件事的总原因。关于这一层，一切研究社会科学的人们，都应该切实懂得，牢牢记住才行。

59. 人类生活的原则是什么？

答　要答复这个问题，先要决定生活原则这句话的意义。生活原则这句话本来可以有两种意思：第一是指人类对于生活所抱的主观的原则，换句话说就是指在主观上所认为最好最适当的生活的规则，更拿别的话说，就是人类对于生活所抱的伦理的理想。第二是指一种在一般人类生活上实际行着的客观的原则，换句话说，就是一种从人类生活的实际当中，用客观的方法找出来的，被一般人通用着的原理。我们现在要答复的，自然只是第二种意义的生活原则，而不是第一种意义的生活原则，因为那种主观的原则应该是伦理学上的问题，并且，纵然在这里加以详细的研究，所得结果也和我们现在所研究的政治现象的解剖这个问题，不发生什么关系。

从第二种意义的客观的生活原则看来，无论在什么时候，无论在什么地方，所有人类的生活的中间，都存着两个互相矛盾的原则：斗争和互助。这两个原则的存在是很明显的：只看无论什么人类，一方面为获得生活资料的缘故不能不和天然，其他动物，其他人类等等对手相斗争，相竞夺，在另一方面，却又不能不为获得这种斗争的胜利的缘故，在相当的程度内，和其他人类结成原始人群，氏族，种族，家族，部落，民族，阶级，国家以及其他种种的团体互相帮助，只看无论什么人类都在实际上不能行着这两方面的事实就明白了。这两个原则——斗争和互助的原则——在表面上虽然是互相矛盾的，而在内部的关联上，却是相辅相成的：人类因为实行斗争的原则的缘故，才实行互助的原则，以便厚集势力，在斗争上获得胜利；同时，人类又因为实行着互助的原则，大大的增加了实力的缘故，才越发抱着"联合势力，互相帮助，就可以保障斗争的胜利"那种目的意识，越发去行斗争。

说到这里，我们自然会想到另一个问题：人类为什么会行着两个在表面互相矛盾，而在实际上却互相辅成的生活原则？但是，只要我们牢记着前节所述的，人类所以不能不有生活那件事的三个原因，这个问题倒是很容易解决的。为什么呢？因为那三个原因当中的第一个（即人体构造上的原因）和第二个（即自己保存的本能）自然会叫人类实行斗争的原则，同时第三个原因（即关于经济及其他现象的种种目的意识）也自然会叫人类实行互助的原则。理由是很显的：只要熟记着上节所说的道理，不忘记那三种原因可以驱使人类不能不有生活，那末，当然因为在继续的生活当中自然会发生特定的原则的缘故，所以那三种同一的原因也就不能不驱使人类实行生活上的原则——斗争和互助的原则——了。

上面已经说过，斗争和互助的原则在表面上虽是相矛盾的，其实倒是相辅相成的。但是，学者当中，也有只认斗争是人类生活的原则的，也有只认互助是人类生活的原则的（自然还有于斗争和互助之外另主张一种原则的人，不过，那种主张和这里的研究没有关系，所以可以置而不论），议论纷纷，很不一致。据我看来，那些主张单一原则的人们，都未免偏执一方，未能理解人类生活原则上的辩证的关系，所以他们的主张都是不完全的：只主张斗争原则的人们，根本就等于否认人类社会的历史和人类文化的成在；至于那些单主张互助原则的人们的荒唐偏颇，那就更大了：他们不但抹杀人类的历史，简直还睁眼看不见他们天天行着的事实；他们忘记了，他们成天在衣，食，住，行种种的关系上，不断的和天然斗争着，和动物斗争着，并且和其他人类斗争着。他们所以不承认斗争的原则，大概因为他们抱着一种"民胞物与"的思想，恐怕承认了斗争原则，就会"有伤天和"；他们哪里想到，斗争的原则原本是一种由人体构造和人类的自己保存的本能而来的必然的原则！他们哪里知道，在事实上人类的斗争，自然会由人和物的斗争，扩张到人和人的斗争！

60. 为什么人类的斗争会由人和物的斗争扩张到人和人的斗争？

答　在最初的时候，人类的目的意识还不十分发达，经济生产方法还很幼稚，哪怕终日合群努力，也难免常常受着天然律的限制和天然物如像天灾地变，猛兽惊鸟等等东西的侵害，所以在那时，人类的努力，只注意在怎样合起群策群力，去设法利用天然律，并对付天然物，所以那时人类所行的生活方式，是一种共产的方式。至于人类对人类之间，纵然有时免不了斗争，然而因为在那种终日受着天然物压迫的时代，人类相互间的继续斗争，明明是等于自绝生路，当然是人类的目的意识所不许可的，所以那种斗争也只算是一时的例外的情形。但是到后来，因为人类渐渐靠着大家的目的意识的进步和共同的努力和经验，多知道一些利用天然的方法，打胜了许多有害的天然物，所以人类的生活，就渐渐变得比较容易，比较安稳起来，同时，当然他的繁殖力也就比从前增加起来。到这时，人类面前又摆着一个新的生活问题———一个和前时代的生活问题，内容不同的问题，在前时代，人类因为受天然律的限制和天然物侵害而发生食物不足，生活困难的情形；到这时代，他们倒因他们在比较平和期间的人口繁殖增加，比起食物的增加还更快些的缘故，弄得人口过多，食物比较不足，发生出新的生活困难了。因此，所以前时代的生活问题是关于人类的存在的问题，这时代的生活问题却只是关于人类的繁殖的问题，问题的性质既然不同，所以人类所使用的解决方法，也就不得不有区别：人类对于头一个问题，只用人类合力去和天然并动物斗争的办法；对于后一个问题，却于合力和天然并动物斗争之外，兼用一个氏族和别个氏族或一个种族和别的种族互相斗争的办法，即人和人的斗争的办法。这样一来，原来那种人和物的斗争就扩张为人和人的斗争，同时，人和人之间的关系，除了彼此在经济上相互帮助的关系之外，也就添加一种一部分人在经济上剥削另一部分人的劳动结果的关系了。

61. 为什么人类会于互相帮助的关系之外，发生经济剥削的关系呢？

答　这个问题的答复是和刚才说的那个问题有密切的关系的，所以最好的办法，就是继续上面那个问题一直说下去。刚才已经说过，人和人的斗争那件事，原不比人和物的斗争，它并不是为人类的生存问题而发生的，倒只是为人类的繁殖问题而发生的，所以，在斗争的效果上，也就发生相异的结果：在人和物的斗争以后，所生的结果不是人类的灭亡，就是人类的生存；在人和人的斗争以后，所生的结果除了那些因斗争而来的直接死灭的人以外，却有两种：（一）那些打败仗的人们，因为打了败仗，不但得不着预期的掠夺物，并且还被别人掠夺了去，所以他们为自己起见，只好一面过较苦的经济生活，一面在对物斗争的方面，作进一步的奋斗，努力去改良生产方法，结果，就发生了生产上的分业，使生产结果较前加多，除了养活自己和老弱之外还有剩余，因此更发生了私有财产制的根子。（二）那些打了胜仗的人们，因为夺获许多掠夺物的缘故，在人口繁殖方面和武力方面自然占了便宜，所以，结果，他们的斗争实力也就更加增大，同时，他们听着他们的自己保存的本能和目的意识两种东西的驱使，自然会越发会利用他们的实力，继续的去和别的氏族或种族斗争，去掠夺别人，或走对于打败仗的弱小的种族氏族行整个的掠夺，或是在打胜仗之后，把所获的一些俘虏当作私有财产（这里也发生了私有财产）带回自己的族里，强制个个的俘虏劳动，用个个的方法，去掠夺他们劳动的结果。这两种又矛盾又相成的结果——即一方面发展发生产力，一方面又增大了掠夺，结局，弄得努力去工作的人们反受了经济的剥削，不谋生产力的发展的人们，倒得了经济的利益，那种结果——合拢起来，就变成了经济剥削的关系，或是由一个氏族或利族整个的剥削另一个氏族或种族，或由一个氏族或种族里面的个人，用个个的方法，剥削捕获得来的别个氏族或种族内的个人。这种经济剥削关系继续成立到稍稍长久的期间之后，就形成了两个固定的阶级：剥削着别人的剩余劳动结果的阶级和被别人剥削着自己的剩余劳动结果的阶级，换句话说，就是奴隶主人阶级和奴隶阶级（请看 23 节）。到后来，更进一步，就会于经济剥削的关系之外发生权力关系。

62. 何以在经济剥削的关系之外更发生权力关系？

答 关于这个问题，前面第 23 节，已经很详细的说过一次，这里用不着更作重复累赘的说明。如果只举要领作一个继续上一节的理论的说明，我们就可以这样说：因为人类当中发生了私有财产制度和阶级两种东西，所以随着各人所有的财产的种类的不同和各人所属的阶级的差异，就发生了更详细专一的生产分业的组织。但是，依照经济学上的道理说来，分业越多，生产就应该越进步，所以这种更详细专一的分业组织下面，社会的生产力就当然会有了大大的进步。生产力一进步，一般社会的生活，无论从哪一个阶级说，总应该比从前生产力尚未有十分进步时代较为安稳一点，所以当时那种新发生的特殊的生产关系——即是说，以"生产手段归一部分人私有，而各人的生活资料，却因为实行着分业的缘故，不能不靠着别人的生产结果"那件事为内容的生产关系。换句话说，就是以生产手段私有，生产结果共享为内容的生产关系——就于默默之中被各阶级的人们认为可以代替从前那种以生产手段公有，生产结果共享为内容的，原始共产时代的生产关系而慢慢确立起来。既然承认了这种以生产手段私有，生产结果共享为内容的生产关系，当然就不能不公认这种生产关系的必然的结果，换句话说，就不能不公认经济上的剥削阶级和被剥削阶级的存在。为什么呢？因为在这种生产关系下面，如果不公认这两个阶级的存在，那些保有生产手段的人们，就会因为自己不能完全使用这些生产手段的缘故，等于放弃利益，同时，那些没有生产手段的人们，也就会因为无从使用生产手段的缘故，等于束手待毙；如果那样，那就变成人类不根据自己保存的本能和关于经济原则的目的意识（看 58 节）两种东西行动了。那自然是不会有的事。因为这个缘故，所以我们可以说，如果承认了那种生产关系，当然也就得公认经济上的阶级的存在。到了经济上的阶级被公认了的时候，那些保有生产手段的剥削阶级，自然会一天一天的利用他们剥削所得的结果，把他们的实力——武力上和财力上的实力——增加起来，同时，那些没有生产手段的被剥削阶级也自然会在生活的压迫之下，把他们的实力，比较减了下去。在这时候，如果剥削阶级把他们的实力组织起来，使他化成一种有秩序的力量，去维持他们所定的关于经济剥削的秩序，那时，被剥削阶级怎么对付剥削阶级的这种办法呢？无力行积极的抵抗，自然是不消说的。消极的抵抗虽不是可能，然而同时也等于自杀，毫无什么益处。所以，他们在这时，唯一可走的路，只是承认剥削阶级所定的秩序，努力在这个秩序当中去谋生存。这样一来，原来的的经济剥削的实力关系就变为权力关系（看 2，23 节）了，原来的被剥削阶级就变为被治阶级，原来的剥削阶级就为治者阶级了。这种权力关系成立以后，自然会把治者阶级的实力弄得越更加大加固，再进一步，这种权力就会化为固定的东西，形成像国家那样的统治团体。

二　权力的固定化（制度化）

63. 何以权力会固定化起来呢？

答　权力这东西是由两种要素构成的：（一）积极的要素，即可以供强制别人之用的武力；（二）消极的要素，即被社会承认的那种可以当作权力通用的效力（看2节）。权力的这两种互相矛盾成就的性质，换句话说，它这种不彻底的性质，逼得它不能不化为固定的东西：第一，为要使被治阶级便于遵从权力组织，好叫社会的通用效用容易确立起见；第二，为要使一个权力组织和另一个权力组织在地域范围上（这时人类已经行着一种定化在特定地域上的生活了）容易区别，好叫社会的通用效用越发强大起见；第三，为要使治者阶级的内部——在这时已经在权力行使上并生产关系上分化得很厉害的治者阶级的内部——容易确立一种秩序，好叫权力组织不至于因治者阶级的内讧而发生破绽起见。为这三层理由起见，那些保有权力的治者阶级，都有把已经发生了的权力关系，用法律制度的形式，固定化起来的必要。理由是很明白的：如果这种权力关系不固定化，制度化起来，那末，一则因为被治阶级无一定的服从标准，就难免存着侥幸可以不必服从之心；二则因为对于其他权力组织无一定的确实的界限，就难免被其他权力组织所无视；三则因为治者阶级内部无确立了的条理，就难免发生内部不统一的毛病。到那时，权力关系的本来目的，也就难免濒于危殆，这自然是治者阶级的目的意识上所不许可的。因为这个缘故，所以权力关系一旦成立之后，治者阶级为拥护他的既得的权力起见，就势不得不利用他的强大的实力，把那种权力关系制成法律，化为制度。这样一来，所谓统治团体，所谓国家，所谓政治现象就同时都出现了。像这样的权力固定化或权力制度化，不消说是治者阶级所愿意极了的，同时，就是从被治阶级说来，他们也未尝没有乐于承认的理由。

64. 为什么被治阶级也乐于承认权力的固定化呢？

答 被治阶级所以也愿意承认权力关系的固定化，制度化，只因为他们在那种势穷力蹙的局面之下，从他们的利害打算起来，如果承认时就有三种利益，反过来说，如果不承认时又有三种害处。第一，从利益方面说，他们如果承认这种权利的固定化，那末，（一）他们原先的那种毫无秩序的被剥削，当然就会变为较有秩序的被剥削，结果，他们在经济生产工作上也当然就可以靠着这一点秩序，去做比较有计划的行为，去获得一种比较的安稳；（二）他们在这时，本来就因为他们的实力和治者阶级的实力大相悬殊的缘故，才成立了权力的关系，所以他们这时如果承认权力的固定化，他们倒可以保存他们的实力，免得徒受损失；（三）他们承认了这种权力的固定化之后，在事理上，当然就应该少受其他的权力组织或实力组织——除开自己所属的这个权力阶级以外的其他的组织——的压迫和掠夺。第二，从反面的害处说，他们如果不承认这种权力的固定化，而继续去实行抵抗到底，那末，很明显的，他们就得受（一）毫无秩序的经济剥削；（二）毫无意义的实力损失；（三）残刻无比的，不定期的，由外面来的新的压迫和掠夺。把以上说的三种利益和三种害处对照一看时，利害是非常鲜明的，所以，被治阶级依照他们所具有的，关于对经济根本原则的目的意识，就不得不在比较的关系上，乐于承认权力的制度化了。

治者阶级方面既不得不使权力关系化为固定的制度，被治阶级方面又不得不在比较关系上乐于承认权力的制度化，所以权力的制度化便自自然然的成功起来，使人类社会组织上发生一大变转——由无政治的社会组织，变为有政治的社会组织的一大变转，使人类的全体文化因此得了长足的进步。

65. 难道权力固定化这件事对于人类全体文化还是有益的事吗？

答　要答复这个问题应该先决定了判断人的立场如何。如果不先决定判断人的立场，这个问题就会得不着什么确定的答复。为什么呢？因为这个问题是一个关于价值批判的问题，而一切关于价值批判的问题，都必须先有一种论证方法和一种一贯的思想体系存在那里，作为判断的手段和标准，才能够根据这种手段和标准，站在特定的立场上去下断定。

前面已经说过，我们对于政治现象的解剖，是具有几个根本原则的（看55节）。现在我们如果根据那种根本原则，对于目前这个问题，先决定一个应有的立场，我们就可以说，我们的立场是这样：（一）我们把权力关系的发生和权力的制度化，都认为是人类从他身体构造，他的固有的本能，他的固有的目的意识（看58节），他的经济生活关系等等东西上面，必然发生出来的结果，所以对于权力的发生和固定化，一点也没有什么赞美或惋惜的感情；（二）我们在这里只把权力的固定化，当成一种科学上的历史进化材料，用科学的态度去行严格的客观的科学研究，所以我们对于权力的固定化，并没有丝毫什么关于一个人或一阶级的政策上利害上的打算观念（如像因为自己没有拿着权力的缘故就痛诋权力，或是因为自己享有权力，生怕失掉了去的缘故，就拼命恭维权力一类的打算观念）；（三）我们对于权力的固定化，只把它当成历史进化阶级上的一件事情，从人类文化的进步向上一层关系上去下判断，并不是把它当成一件永远存在的不变的东西，贸贸然的去下判断。换句话说，我们对这个现象，只下相对的价值判断，不下绝对的价值判断。

如果站在上述的立场上说起来，我们对于目前提出的这个问题，就可以这样说：（甲）权力的固定化，这件事，从固定化的当时说来，换句话说，就是从人类进化的全历史上的那个阶段说来，是有益的并进步的事。为什么呢？因为权力的固定化这宗事把当时的无秩序的经济掠夺和剥削，变成相当的有秩序的经济剥削，一方面节省了因无秩序的缘故而来的劳力的丧失，一方面又添加了因生活比较安稳的缘故而来的生产物的增进。所以，结果，才会把财富更加蓄积起来，把分业程度更加弄高起来，把实力更加统一集中起来，所以因此才会更进一步建设比较更高度的文明，发展比较更进步的文化，建设一种从前所未有的，比较有统治性的，用制定了的法律去行统治的社会，即是说，建设一种以国家和政治为中心，去统治其他一切现象的社会。反过来说，如果没有权力的固定化，分业就一定很难作更进一步的发展，财富也一定很难积蓄起来，实力也一定不能容易的统一集中起来，结果，所谓更高度的文明，更进步的文化，更有统治性的社会等等东西，也就一定不会很快的发见出来了。所以，从这一层看来——从社会生产力的增进，财富的蓄积，文化的进步等等东西，都受了权力固定化的推进力一层看来——权力的固定化这件事，的确算得是进步的有益的事。（乙）从人类进化历史的全阶段看来，权力的固定化这件事，如果一天一天的往前进展，变成社会生产力增进的阻碍，成为人类文化停滞的原因，那末，它就会变更它的价值，成为一种退步的有害的东西。至于在人类历史的哪一个阶段上它才会变为这种东西？现今的最先进的国家权力是否已经达到了这个阶段？种种问题，虽然也是一些很重要的问题，不过，因为它们和我们现在说着的论旨无关，所以现在可以不必赘说。

总而言之，权力的固定化这件事，在它能够对人类给与一个法律秩序，靠它去增加全人类的经济生产力一层上面，的确是有益于人类全体文化的。不过，一旦到了它靠着法律秩序的关系，反去阻碍人类全体的经济生产力的时候，它却又会变为有害于人类全体文化的东西。

66. 难道在没有权力的固定化，没有国家和政治以前，就没有法律秩序吗？

答 这个问题本来是许多法律学家和政治学家争论未决的问题。不过，详细研究起来，他们对于这个问题的争点，结局都可以归纳在法律二字的意义如何上面。如果把法律二字的意义先决定了的时候，这问题的本身，倒不是一个难于解答的东西。

法律二字从中国字的字面说来，仿佛意义是很明白的。其实，如果从学问上研究起来，它的意义却极其复杂。要明白这件事，只消把法律二字的原来的形态——就是说，原来用来指现今法律二字所含的意思的字——那个"法"字或"律"字的意义研究研究就行了。这个"法"或"律"字，恰恰和西欧语系上那个 law 相当，意义很不一定，从大体说来，有四种意义：（一）拿来指天然界的法则的时候的意义，如像所谓物理定律，所谓万有引力的法则（重力的法则），所谓数学上的定律，所谓遗传法，所谓自然法等等东西，就是用在这种意义上面。在这种时候，所谓"律"或"法"是指一种存在天然现象当中的，在无论什么时候和无论什么地方都可以一样符合不变的，普遍一致的法则。（二）拿来指社会现象当中的原理的时候的意义，如像经济学上所谓"收益递减法"，"需要供给法"，社会学上所谓"社会进化律"，统计学上所谓"大数法"，等等东西的"法"或"律"，就是这种意义的例。在这时候，它的意义是指一种存在社会现象当中的，虽不会在无论什么时候和无论什么地方都全然一样符合不变，然而在大体的倾向上总能大致相符合的，表示着大同小异的倾向的法则。（三）拿来指人类行为的善恶上的规范时的意义，如像所谓道德律，宗教律，戒律，礼法，圣贤的大经大法等等东西，就是用在这种意义上面。在这种意义上的"法"或"律"，只是指一种伦理上的，道德上的人类应该遵从的规则，这种规则的违背并不伴随着什么由国家规定的强制处罚。（四）拿来指一种伴随着强制的处罚的人类行为规则时的意义，换句话说，就是拿来指一种被国家用权力强行着的规则的时候的意义。如像所谓民法，刑法或"民律""刑律"之类，就是例子。

　　"法"或"律"或"法律"的四种意义，本来是绝对不同的，但是，一些法律学家或政治家却硬要把它们混同起来：有的主张国家的法完全和天然界的法一样，都是自然法；有的主张国家的法的内容应该和所谓社会现象当中的法则或社会法，完全一致；有的主张道德律和国家的法律，都是一种限制人类行为的规则，其间并无差异。因为这种混淆不清的主张，所以在没有国家以前，有不有法律这个问题就成为纷纠的问题，那些痛恨恶法，想限制现行法律和国家的横暴的人们就主张没有国家以前已经有法，所以国家也应受自然法或社会法的限制；另外一些尊崇法律万能，信奉国家至上主义的人们，却大抵都主张国家先于法律，在国家成立以前虽然有也一种道德律，但是还不完全，到了国家成立的时候，才由国家把这些道德律定为法律，使它成一个完全的东西，所以道德律和法律内容上原是同一的东西。

从严格的科学的立场说来，法律这东西，自然只能指上面说的第四种意义的规则，即一种在犯法时必定伴随着国家的强制处罚的规则，用最简单的话说来，就是指一种用国家的权力强行着的规则。这种规则，在国家未成立以前，当然是没有的：没有一种行使着政治权力的人们，怎么会发生用权力强行着的规则呢？在国家未成立以前，虽然也曾有过一种特别的权力，一种叫做家长权力或酋长权力的东西（看3节），但是，那种特别权力的行使目的，并不在剥削别人劳动所得的经济的利益，所以当然算不得是政治权力，所以当时由那种特别权力强行着规则，也只算得是一种魔法的戒律（Taboo）或一种宗法，并算不得是法律。

总之，"法律秩序"这句话，和"社会秩序"的意义在科学上说来是不同：前者是用法律维持着的秩序，后者是不用法律，倒用别种和法律的目的——以维持经济利益的剥削为目的的法律的目的——不同的东西去维持着的秩序。在法律秩序下面，法律的势力可以压迫其他一切行为规则，统制其他一切的行为规则；法律的本来的目的——那种维持经济的利益的剥削的目的——总是常常超出于别的附带的，后来加上的种种的目的之上。简单说，一切法律，都是于维持治者阶级和被治阶级之间的权力关系而存在的。

67. 一切法律都是拿来维持治者阶级和被治阶级之间的权力关系的东西吗？

答　从严格的科学的观点看来，实在一切法律，不管它在表面上是直接的规定着治者阶级和被治阶级之间的关系也好，或是直接的规定着治者阶级相互间或被治阶级相互间的关系也好，总之，归根结底，都是拿来维持治者阶级和被治者阶级之间的权力关系的。举例说罢：第一，法律当中的公法，如像民治政治下的宪法（宪法是规定一国的各种机关的组织大纲及统治样式的纲领的法律，它的效力在民治国中，通常都比一般法律强大，一般法律的规定，违背了宪法的时候，可以作为无效或被取消了去），就是以直接的规定统治阶级对被治阶级的统治关系为主要的目的。如像行政法（行政法是规定行政机关的组织并行政方式的法律），虽然在表面上多半只说各行政机关的组织和关系，其实，它的目的完全在统治被治者阶级。如像刑法（刑法是规定国家即统治阶级所认为犯罪的行为种类和对于这种犯罪的处罚的种类并程度的法律）和诉讼法（诉讼法是规定如何向国家的司法机关提起诉讼的法律），在表面上好像超出了阶级间的权力关系，其实仍是维持统治阶级所决定的秩序的。第二，如像法律当中的私法，如像民法（民法是规定普通人民相互间关于经济财货的授受移转的方法的法律），商法（商法是规定商人间的卖买的形式和关系的法律），其他种种特别的法律（如像寺院法，劳动立法等等），尽都是直接的规定着被治阶级间的关系，间接的却仍然规定着治者阶级所希望，所决定的秩序的，换句话说，就是间接的规定着治者阶级和被治阶级间的权力关系的。所以，"一切法律是维持统治阶级和被治阶级之间的权力关系的东西"，这句话，是一点不错的，只不过因为其间有直接规定和间接规定的区别，所以在表面上不十分显露罢了。并且，在实际上，这种间接直接的区别，还是会随着时代的进行，遵照一切法律都常常变动的原则慢慢消失了去，换句话说，就是一切法律都有变为"直接的规定着被治阶级和统治阶级之间的权力关系的法律"的倾向。如像新近发生的宪法（例如德国宪法）往往把民法中的重则原则也规定进去；又，如像各国最近的各种产业社会化的立法（例如铁路国有法，土地国有法，矿山国家管理法等等），显然用公法的形式规定着从前所谓私法范围内的事项，种种事情，都是明显的例子。

68. 为什么一切法律都常常变动呢？

答　这问题是很简单的，只要记得上面两节的道理，即刻就可以明白的答复出来。一切法律既然是规定着统治阶级和被统治阶级之间的权力关系的东西，所以一切法律自然会随着这种权力关系的变动而有变动。但是，因为关于这种权力的生活，被我们叫做政治，所以，我们可以说一切法律所以都常常变动，只因为政治这东西常常变动的缘故。

69. 何以政治会常常变动呢？

答　政治的目的在经济利益的有秩序的取得，所以，从实质上说来，就可以说，政治现象的重要基础就是经济关系。但是，人类的经济关系却是必然的会随着生产力的增进，生产方法的进步，生产关系的变化等等东西而有变化的（看 23，24，29，61，62 各节），哪怕是在权力已经固定化了之后，仍然是随时变动的。因此，所以从普通一般说来，哪怕统治阶级握着权力，他也抵抗不了社会进化的公例（原则）的进行：他在握着权力的期间，因为可以靠着剥削别人的劳动结果而行安隐的生活的缘故，渐渐脱离了实际的生产关系，而被治阶级却反因为被剥削劳动结果的缘故，不得不努力和生产接近，努力改良生产方法，努力增进劳动的生产力，结局，倒被他握住了经济上的生产实权。同时，在这样的经济关系行着变动的期间，所谓阶级的实力也就于不知不觉之间，有了消长，到了被治阶级的实力长大的时候，他便会起来用实力和统治阶级抗争，设法去改变政治的关系。这种政治斗争的结果，无论是哪一方面的胜利（照通例说，自然是实力充足的方面得着最后的胜利），也无论胜利的程度如何，总而言之，必定会依照"二力相争结局归于均衡状态"的原理，从新得着一种均衡的状态，换句话说，就是必定从新获得一种权力关系，从新出现一种政治形式。一切政治的变化，都是依照这种道理而发生出来的。所谓政治权力的神圣化，政治权力的人格化等等东西，没有一个不是因为经济关系有了变动的缘故，才发生出来的。

三　权力的神圣化

70. 什么叫做"权力的神圣化"呢？

答　前面在64节里面已经说过，被治阶级所以承认权力的固定化，原是把它看做是一种处在势穷力蹙的局面之下的时候的不得已的办法——一种从利害打算上想出来的办法，才那样做的。但是，照上节所述，经济关系的变动是一时也不停止的，并且，从大体的倾向说来，还一定是被治阶级变成握着生产上的实力，所以到了特定期间之后，离开了生产的统治阶级的实力和被治阶级的实力之间，便渐渐会由实力悬绝的状态，变为相去不远的状态，更由相差不远的状态，变为被治阶级的实力超过统治阶级的实力的状态。到了他们相互间的实力变得相差不远的时候，统治阶级如果专靠从前的旧办法——用实力维持权力关系的办法——就难免有被他的对手即被治阶级打败的忧虑，换句话说，就难免有维持不住的忧虑，所以统治阶级到这时就想出一种不专靠实力而兼靠信仰力的办法，去维持他的政权。他利用被治阶级对于天然的恐怖心理和迷信心理，造出一种神权说：（一）把自己所有的政权，解释成为由神（或天或上帝）授与的权利；（二）把统治阶级的代表者即帝王，解释成为神的代表者（或天子）；（三）把被治阶级，解释成为一种被神（或上帝或天）特特选出来给帝王统治的东西。这样一来，那些智识蒙冒，迷信鬼神的被治阶级自然就会拿尊崇神圣帝天的心理，去尊崇神圣帝天的代表者即帝王君主，不敢存什么反抗冒渎的心，而统治阶级的政权，自然也就可以因此延长较长久的时间了。总之，权力的神圣化，就是政教合一化，换句话说，就是祭政合一化（政治上的首长者就是宗教上的首领），就是所谓神道设教，就是那些主张神权说的人们所认为理想的政治。这是从奴隶政治以来，直到封建政治的末期在各国政治史都发现过的事实，并且是一种很重大很普遍的事实，只消看各国所发生的帝王神权说的势力如何伟大一件事也就可以明白的。

71．为什么会发生神权说呢？

答　关于这个问题的答复，上一节已经说到了。因为经济变动的缘故，统治阶级的实力变得和被治阶级的实力相差不远，所以统治阶级不能专靠实力，只得另想实力以外的补助方法。他想出的方法就是利用被治阶级的愚蒙，借助神圣帝天的力量，去征服被治阶级的心理的办法。固然，人类生活的根本是依靠物质，并不是依靠心理，但是要知道，人类的自己保存的本能，这种东西，在目的意识还不十分发达的时候，却可以构成一种迷信的心理，去左右物质生活：他们固然感觉着穿衣吃饭的必要，但是同时又因为生活资料的来源要靠一种不可知的天然力量的缘故，总觉得一种精神上的不安，生怕生活资料一旦断绝的时候他们就会饿死。所谓帝王神权说，就恰恰是利用着被治阶级的这种迷信的心理而被创造出来的东西：被治阶级害怕不可知的自然力量，即是说，害怕神圣帝天，治者阶级就造出一个神圣帝天去威吓他；被治阶级希望自然力量即神圣帝天的保佑，统治阶级就替他造出一种保护人。这样一来，一切实力关系和权力关系，在表面就变为神圣关系，一切压迫倒变为保护，一切剥削倒变为恩典了。总而言之，所有一切"口惠而实不至"的名称，所有一切名实不符的美词，如像保民，爱民，深仁，厚泽，皇恩，帝德一类的话，便都发挥着它们的令人着迷的魔力，去愚弄被治阶级的心理了。

72. 难道一切"保民""爱民"的话都是愚弄被治阶级的心理的东西吗？

答　从表面看起来，仿佛所谓"保民""爱民"也有一点真正的保爱的样子，如像所谓教化事业，所谓保卫事业，所谓蠲免赋役，所谓安抚流离等等的事，仿佛也是真心为被治阶级谋利益的。但是，如果从里面看来，就可以看见，这些事业不是治者阶级用来掩饰他的失政的东西，就是等于剜被治阶级的肉，去补被治阶级的疮，再不然，就等于是山大王的恩典，何尝有什么真正的保爱意义，所以一切保民爱民的话，实在都是愚弄被治阶级的心理的东西这句话在实际上是一点也不错的。试看那些保民爱民的人们，同时又极力主张着什么"开明专制"（即贤人政治，以保民爱民为主的政治），什么"民可使由之，不可使知之"，试看他们那种以自己的阶级即统治阶级的利益为主，以被治阶级的利益为辅的毫不忌讳的主张，那岂不是明白的证据吗？

73．开明专制是不好的东西吗？

答　这个问题和 65 节的问题一样，又是一个关于价值判断的问题，所以应该参照那一节的话去作答复：这个问题只能得一个相对的答复，不能得着什么绝对的答复。如果离开历史的观察，不问历史上的意义，专就开明专制本身去说，当然开明专制是一个不好的东西。为什么呢？因为专制的反面含着人对人的经济剥削的意义，所以无论怎么开明，到底总是一种不能令人类首肯的东西。但是，如果从历史的观点去看开明专制的在历史上的意义，那末，我们就可以发见，开明专制这种历史上的必然的产物，对于人类社会的进化，却有很大的贡献。什么大贡献呢？因为开明专制对于资本经济社会的成立，打了一个稳固的基础，所以如果我们不否认资本经济是一种比较封建经济进步的，比较有益的经济，那末，我们就得同时承认开明专制的功绩。详细说来，开明专制的施行人，即是说，那些以神圣帝天的代表者自命的帝王君主，虽然把开明专制看为一种愚弄被治阶级的东西，但是，开明专制的施行的结果，却出乎这些治者阶级的意料之外：它在纯客观的方面，实现了国内的政治上的稍长期的统一平和，使经济生产力在这种统一平和的状态下面，得着更进一步的发达，使被治阶级当中的一部分人——那种抓住较多的生产关系上的实力的一部分人——越发增加经济上的势力，渐渐形成着资产阶级；同时，它在被治阶级的主观方面，又因教化事业的缘故，相当的启了他们的蒙，唤醒了他们的自觉。这两种客观的并主观的结果，就是将来替代神权的封建政治而起的那种民治政治（看 27 节）的根据。所以，总结的说起来，就可以说，只因为开明专制对于资本经济和民治政治有了一个大大的帮助的缘故，它才变成一种在历史上不失为有益的东西。换别句话说，就是开明专制这种东西，从历史上的意义说来，是一种对于那些必须建设民治政治，借此去实现"权力的人格化"的资产阶级很有益处的制度。

四　权力的人格化

74. 什么叫做"权力的人格化"？

答　在权力关系刚刚成立的时代，权力的所有人就是统治阶级，这件事，是明明白白摆在表面，一点也没有可疑的事实。到了权力被神圣化了之后，权力的真正所有人即统治阶级，才隐藏到神圣帝天的威光下面，在表面上，把权力所有人改成神圣帝天的代表者即帝王君主。但是，到了资产阶级已经在封建的开明专制政治下面，养成了充分的实力，起来推翻封建政治的时候他们才又把权力的所有人，改成国民全体。他们根据契约说的理论（看 23 节），（一）把权力解释为一种由全国人的契约而来的东西；（二）把权力的作用，看成国民全体的意思的表现；（三）把国家的组织，看成这种意思的表现形式；（四）把国家这种形式，看成一种为人民共有，为人民的利益而成立的东西。所以，结局权力的所有人，照他们的理论说来，在形式上也不是某一个阶级，也不是某一个被神选定的帝王君主，也不是个个的全体国民（因为一则国民当中的老弱和妇女无能力行使权力，二则在实际的权力行使上，始终免不了是一部分人握着实权），倒只是一个抽象的，代表全国国民的统一的人格者，换句话说，只是抽象的统一的团体即国本身。这样一来，权力这东西，便由一个神化的怪物，变成一个抽象的，和人类相近的，可以和人类同样行使权力，负担责任的，在想象上指定制出来的人格者了。关于权力的这种变化，就叫做权力的人格化。

不消说，这种权力的人格化，也和权力的神圣化一样，只是一个假设。为什么呢？因为在事实上全国国民并未真正的表示全体的意思，去组织一个人格者即一个团体，所有一切权力还是被新的治者阶级即资产阶级把持着，并且，还是由这种新的统治阶级，实行着经济利益的有秩序的剥削。不过，尽管在事实上还是一个阶级握着权力，在外观上却已经变得由多数阶级的人民行使权力，变得好像权力就是一种拿来保障人民自由和财产的东西，换句话说，就是变成民治政治：这就是权力的人格化一件事的本来目的。我们应该知道，权力人格化的学说（民权说，国民主权说）只是实际的民治政治理论解释，实际的民治政治只是权力人格化说的具体表现，所以，在资产阶级必须建设民治政治的时代，自然不能不发生权力人格化的学说了。

75. 为什么资产阶级必须建设民治政治呢？

答　因为资产阶级在当时——在他们的经济实力压倒原先的封建阶级，抓住了实际的政权的时候——的经济情况下面，如果愿意保存自己，那末，除了建设民治政治之外，就并无别的路途可走。为什么呢？理由是这样：第一，所谓民治政治，简单说来，原是以（甲）被治阶级的参加政治，（乙）被治阶级的财产和自由权的保障两种东西为目的的（看 27，28，29 各节）；第二，所谓资本经济的最大必要条件，用最简单的话说来，又在（甲）单纯的资本关系上的剥削（即是说，不利用身位，官爵等等封建式的不平等的特典，而只靠资本的运用，站有平等的交易关系上实行出来的剥削），（乙）营业上的自由竞争，（丙）私有财产的绝对尊严三种事情上面（关于资本经济的内容，请看拙著《经济现象的体系》）；第三，资产阶级的政权，原是用一种联合其他一切和封建阶级作对的被治阶级，共同作战的手段而得来的东西。因为这三种理由，互相交错起来，所以资产阶级不但在他的根本利益的发展和资本的增长上面，从利害打算的观点看来不能不和其他被治阶级虚与周旋，去实行民治政治，并且，就从既得的政治胜利的保持上面看来，他也得有和其他被治阶级妥协，把民治政治的好招牌，作为妥协的香饵的必要。因为是这样，所以在资产阶级刚刚握着政权的时候，他就抬出民治政治的招牌，大吹大擂起来，把人民参政权（即公民权，阅公民权，前面 31，32，33 各节已经有详细的说明）和人民自由权两种东西，差不多吹上天去。

76. 什么是人民自由权呢？

答　人民自由权这句话，只是一个总口号（总名称），如果详细说来，其中还可以包含四种小的区别：

（一）法律上的人格平等权　这个权利的内容，是指"无论何人都得向国家司法机关主张同样法律的平等适用，主张他不受无论什么样的特殊法律的裁判"的权利说的。这种权利，从今日看来，仿佛平常得很，但是在民治政治刚刚开始的时候，却是一种很重要的权利。为什么呢？因为在封建政治时代，那些治者阶级，如像贵族武士之类，满例都受一种和适用于被治阶级的法律大不相同的法律的支配，往往会借此任意欺压平民即被治阶级，所以这种权利正是为救这种弊病而生出来的。这种权利，在封建政治的遗孽尚在的国家里面，就是到了今日，也还有重大的意义。

（二）身体及行动自由权　这当中包含着（甲）不受非法拘禁的权利，（乙）不受非法逮捕的权利，（丙）营业自由的权利，（丁）移居自由的权利，（戊）结社集会的权利等等。这些权利，和封建政治时代的情形对照看来，自然也是非常可贵的权利：因为在封建政治下面，被治阶级关于这几项的情形，恰恰和这种权利的内容相反。

（三）关于思想，言论，信仰等等的自由权　其中从大体说来，可以分为（甲）思想自由的权利，（乙）言论自由的权利，（丙）出版自由的权利，（丁）信仰及礼拜自由的权利等等。这些权利也是在封建时代为被治阶级所绝对享不着的。

（四）私有财产的使用自由的权利　这又叫做私有财产的保障权，内容是说：无论何人都有不受国家对于他的私有财产的非法行动，如像非法没收，非法征取，非法限制使用等等行动的权利。这自然是一种和封建时代所谓"普天之下，莫非王土；率土之滨，莫非王臣"那种情形，完全相反的权利。不消说，它的意义在民治政治时代是很重大的。

77. 所谓人民自由权真算得是一种权利吗？

答　这个问题本是一个在政治学说史上争论很久的问题，并且，它还含着有两种不同意思（两种不同的质问），所以往往引起许多人的怀疑。哪两种意思呢？

第一个意思是这样一个质问："自由权是天赋的人权吗？还是国家现行法上所规定的权利？"要解决这个意义上的质问，首先决定"什么是权利？"的问题。如果把权利看成一种凡是人类都应该享有，无论何人都不能加以限制或剥夺的东西，如像所谓生存的权利之类，那末，所谓自由权当然不能够全部都算是权利，因为在现行法上，如像身体及行动自由权等等，明明是常常在事实上受着制限的东西，并且也是在事理上不能不受制限，万一不受制限，就会使社会秩序混乱的东西。如果把权利看成一种法律上可以向国家机关，按照法律的规定，主张自己的利益的能力，那末，所谓自由权的全部，都当然可以说是权利。

　　第二个意思是这样一个质问："自由权是一种和普通一般的权力，如像民法上的债权，物权等等权力一样，可以向国家以外的无论什么什么人格者对抗，可以向国家机关请求替他用强制权力去执行的权力吗？还是一种特别的，不完全的，不能向国家机关请求替他去执行的权利？"如果只有普通一般的权利才算权利，那末，所谓自由权当中，自然有一部分，最明显的如像法律平等权，思想信仰自由权，非法逮捕权等等不能算是权利。为什么呢？因为这几种东西原只是对于国家才可以适用的东西，万一国家的最高机关侵犯这种权利，被侵犯的权利人，在事实上就会无从去实现他的权利。如果不完全的权利，只要它是法律上所规定的，也都算一种权利，那末，所谓自由权的全部当然也都是权利。据我看来，所谓权利，自然应该包含法律上所规定的一切权利而言，哪怕是一种只是对于国家才可以适用的东西，也应该包含在内。为什么呢？因为在真正的民治政治下面，统治阶级哪怕有充分的实行侵犯的实力，也绝不会在表面上侵犯法律上的权利，如果他侵犯了法律上的权利，他就会违背他建设民治政治的原理，失掉了权力人格化的本意（看75节），结果就会等于自杀，那当然是不合事理的。统治阶级有时虽然也有侵犯自由权的行为，但是从大体说来，那必定不是当着特殊事变时候的行动，就是统治阶级的统治实力已经走到末路的最后办法——对于革命势力的最后抵抗——所以不能拿来论证普通平常时期的自由权的性质。总而言之，据我看来，所谓自由权不但是一种权利，并且是一种在民治政治下的很重要的权利。如果自由权不存在，什么民治政治，什么权力人格化种种东西，也就会不存在了。

第三章　政治权力的分配和均衡

一　权力的分配均衡和统治主体并统治样式

78. 权力自从人格化了之后就没有别的变化了吗？

答　政治是一种随着经济现象的变动时时变化的东西，所以在权力人格化了之后，当然还有时时不断的变化。不过这种变化恰恰和资本经济的变化一样，不但期间很长，并且内容也很复杂，变到现在，还没有变成一种完全和权力人格化相异的东西。但是如果只看大体，却已经看见这种变化的倾向了。什么倾向呢？就是权力的社会化的倾向，详细说，就是前一般说的那种抽象的，统一的，人格化了的权力，渐渐又有变为具体的，不统一的，社会上大多数从事生产事业的群众的权力的倾向了；换句话说，就是渐渐有变成无产阶级的民治政治时代的权力的倾向了（看 29 节）。在权力完全被社会化了之后，到底它的作用会怎样变化？这个问题，自然是一个事属将来，未便悬揣的问题，不过它的主要特色是在行资本的国有化，产业的社会化，选举制度的职业或产业化等等事情，这件事，却是已经很明显的：只消看英国劳动党的政纲和俄国现政府的施设，就可以得其大概了。然而，因为从全体说来，英俄两国还只不过是权力的社会化的一个极小的端绪，真正的权力社会化的时代，还不知道要到什么时候才可以到来，所以，我们在今日——在全世界还盛行着金融资本阶级的民治政治的今日——当然没有拼命去研究权力的社会化的必要。因此，我们关于权力社会化的问题，可以不去说它，我们还是研究权力人格化时代的民治政治的价值和作用罢。

79. 民治政治的价值和作用是什么呢？

答　不消说，这个问题也是一个关于价值判断的问题，所以也只能得着一种相对的答复。从民治政治的本身说来，它在事实上也还和以前的封建政治，奴隶政治等等政治一样，是一种由一部分人用武力压迫另一部分人，去剥削这另一部分人的劳动结果的现象，所以无论如何，总不能说它是一种好的现象。但是，如果从民治政治在人类进化的历史阶段上的关系看来，它在事实上都是一种使人类经济越向前发达，人类文化越向上发展的东西，所以无论如何，也不能说它无益有害的现象，无论如何，也不能不说它是一种进步的现象。

为什么民治政治能使人类经济越向前发达，使人类文化越向上发展呢？关于这一层，我们在 69 节里面已经稍微说过，现在用最简单的话来总起来说，就是因为民治政治在表面上具有一种分配权力，使它均衡起来的作用，我们在前面已经屡次说过，统治阶级和被治阶级间的实力关系，原是会随着生产关系的变动发达而随时有消长的，特别是在和平统一的期间，因为生产关系特别有很快的变动和发达的缘故，这种实力关系的消长更来得厉害。实力关系有了消长的时候，原来的势力均衡的局面，便自自然然的会被打破。在这时，两个不均的实力必定会起来斗争，直到分了相当的胜负，用一种新的形式，规定着一种新的均衡局面的时候为止。实力关系的消长越变得快，这种旧均衡的打破和新均衡的形成，当然也来得越快。但是，从事实上看来，什么时候的权力关系消长最快呢？如果拿封建政治未倒的时代和封建政治已经倒了的时代比较起来，自然在后一个时代内，因为有比较平和统一的缘故，实力关系的消长来得较快一点。所以，为对付这种发生得较快的实力关系的消长起见，就应该有一种比较可以很快的从新分配权力，很快的得着新的均衡局面的政治形态，换句话说，就是应该有一种很富于伸缩自在性的政治形态。能够具有这种伸缩性的政治形态就是所谓 Democracy，所谓民治政治（看 27，28，29 各节）。为什么民治政治会具有这种伸缩性呢？因为它在（一）所谓统治主体的关系上，（二）在所谓统治样式的关系上，并（三）在所谓政治斗争的关系上，都具有一种权力分配和权力均衡的作用。

80. 何以见得民治政治在统治主体的关系上具有权力分配和均衡的作用呢？

答　关于这个问题的答复，我们在前面 33 节里面已经说得很详细，只消细读那一节，一定可以彻底的抓住这个问题的答案的。现在姑且再提纲挈领的说说罢。第一，所谓法律上的统治主体，即公民团体的范围，在从前是受着（一）年龄，（二）性别，（三）在特定选举区内的居住年限，（四）所有财产的多寡，（五）精神状态的健全与否等等限制的，到现在那些限制却渐渐被撤去了。这种限制的撤去，一方面足以表示公民团体的范围的扩张，一方面却又可以借此分配统治权力于实力增加了的新兴阶级，所以可以说它具有均衡的作用。第二，公民团体即选举人团体的意思表示的方法，在从前往往不大完全，使许多人的真正意思不能被代表出来，到现在，因为（一）由纯然的代议制，变为代议制兼直接制；（二）由代表多数的代议制，变为代表少数的代议制；（三）由横断的地域代表制，变为地域代表制和纵断的职业代表制两种东西的混合制等等改变的缘故，已经比起从前较能够把公民团体的真正意思代表出来了。这种改良进步，不消说，是可以分配统治权力于新兴的实力阶级，使他从速走入新的均衡状态中去的，所以，从这一层说来，这种改良进步也是可以具有权力分配和权力均衡的作用的。但是，要知道，第一种的限制撤废和第二种的改良进步，两种东西都是属于民治政治的方法，所以，我们可以说，民治政治在统治主体的关系上具有权力分配和均衡的作用。

81. 何以见得民治政治在统治样式的关系上具有权力分配和均衡的作用？

答　关于这个问题的答案，我们也是已经在前面第 34，35 节两节很详细的说明过的。如像（一）由专政制变为宪制；（二）由中央集权制变为地方分权制；（三）由三权分立制变为二权分立制，最近更要变为三权合一制；（四）由官僚式的统治样式，变为民众式的的统治样式等等事实，都足以证明，民治政治在统治样式的关系上具有权力分配和权利均衡的作用。为什么呢？因为照 35 节所述，这些变更原本是为应付当时的经济变化的结果，即是说，为应付新增加了实力的被治阶级的缘故而发生的啊！

二　权力的分配均衡和政治斗争

82. 何以见得政治斗争也是一种权力分配和权力均衡的方法？

答　这里所说的斗争自然是指广义的政治斗争，包含阶级内的政治斗争，阶级间的政治斗争，民族间的政治斗争，国际间的政治斗争等等东西在内，并且还是指那种使用一切可能的方法（看 46，51 各节）而行着的斗争说的。这种意义上的政治斗争，也是权力分配和权力均衡上的一个方法，这件事，已经在前面 80，81 两节说明白了，在那两节里面，我们说过，因为实力关系有消长，所以发生斗争，又因为有了斗争，所以才使用（一）变更统治主体的范围并代表制度的办法和（二）更改统治样式的方法，去谋权力的新分配和新均衡局面的成立，所以从理论上说来，政治斗争既然能够引起这两种办法，如果这两种办法具有权力分配和均衡作用，当然它也就会随着具有权力分配均衡的作用了。总之，一切政治斗争，都是由各种政治团体实行着的，而各种政治团体又尽都是代表经济利益的（看 42 节），并且经济利益又是代表实力关系的，所以，政治斗争的发生，正足以表示实力消长的发生，所以政治斗争这东西，一定会诱导一种权力分配和均衡上的方法出来，所以政治斗争这东西，也可以说是一种具有权力分配和均衡的作用的东西。因为这个缘故，所以我们才不能否认政治团体和各种政治斗争两样东西的存在（看 44 节）。如果否认各种政治斗争的存在，结果必定会驱使那些新增加了实力的阶级专往直接行动的方面，结局必定等于奖励生产力破坏，但是，要知道，生产力的破坏从理论上说来，只是一种不得已的最后手段呢。

83. 难道政治斗争的继续和他的范围的扩大都是好现象吗？

答 上节所说的，"政治斗争也是一种权力分配和权力均衡的方法"那个道理，只是说明政治斗争的实际作用如何，毫没有含着什么价值判断在内，所以万不能因此就直接的做出结论，说政治斗争的继续和扩大是好现象或坏现象。要知道，政治斗争这东西，原是一种必然会发生的东西：关于政治斗争的必然的发生，前面 60，61，62 各节已经说得很详细，这里可以不必行许多赘说；至于政治斗争的扩大范围，自然也是"经济范围日益扩大而那种足以必然的发生经济斗争和政治斗争的根本原因，即私有财产制度，又没有变更"那件事实的当然的结果：统治阶级受着关于经济的根本原则的目的意识（看 58 节）的支配，自然会随着自己的生产力的减退，越想利用政治势力及资本势力去行剥削，而被治阶级方面却也受着自己保存的本能的支配，也会随着他们自己的生产力的增加即实力增大而起来和剥削的阶级反抗，在这里自然就不能不斗争了；治者阶级的生产力自然是一天一天的继续减退的，被治者阶级的生产力自然是一天一天的继续增加的，因此，所以两阶级之间的斗争自然就会不断的继续下去；经济越发达，这种争斗越大扩张，这种斗争的范围也越变越宽，经济范围扩到了整个的民族，这种斗争也就会由阶级内和阶级间的斗争，变而为民族间的斗争，经济范围扩大到世界经济，这种斗争也会跟着扩大成为现代的国际的斗争。总而言之，政治斗争的继续和它的范围的扩大，是一种必然的现象，这种现象具有权力分配和权力均衡的作用，也是一种俨然的事实，都是我们无从否认的东西。至于这种现象的好不好，那自然是另一个问题，一个价值问题，不能混在一起。

84. 政治斗争的价值如何？

答　这个问题的答复，也和其他许多价值判断问题的答复一样，只能是一个相对的答复。斗争这件事虽然是人类生活的一个原则（看 59 节），虽是必然的会发生，会继续，会扩大的东西，虽然也具有权力分配和权力均衡的作用，但是，如果单从它本身说来，无论如何，总只能说它是一种不得已的过恶，无论如何，也不能说它是一个最高尚最理想的东西：如果人类生活的原则上只有互助，没有斗争，如果人类社会上只有平和发展的现象，并没有斗争和和平两种东西互为起伏的，辩证式的发展现象，谁能说那种生活和那种社会不是一种理想的，比人类在过去并现在所过的生活和所形成的社会还要好些的生活的社会呢？

但是，如果从政治斗争的作用并结果看起来，换句话说，就是，如果站在人类社会进化的观点，把它当作一个可以使人类文化向上进步或往下堕落的东西看起来，政治斗争这东西的价值，自然是有好有歹，全然要看它对于特定现象的作用如何为准：如果它是为人类进化而行着的斗争，如果它是为永远废止一切人类和人类间的斗争的缘故而行着的斗争，那末，它就可以算是有价值的斗争；如其不然，它便是一种无价值的东西。

85. 革命的价值和一般政治斗争的价值没有区别吗？

答　革命原是政治斗争当中的一种，原是一种使用直接行动的方法的政治斗争（看 46 节），所以革命的价值，从一般的原则上说，应该是和一般的政治斗争的价值完全相同的。不过，革命的破坏力，比起无论什么样的别种斗争的破坏力，都要巨大猛烈些，因此，它的影响，无论是好是坏，也都要格外宏大些，所以，我们对于革命的使用，应该特殊慎重，一不慎重，就恐怕难免发生不好的结果，使革命的价值也就随着减少。要想使革命的价值不至于因为用得不适当的缘故而被减少，第一固然应该慎重的决定策略（看47节），同时，对于政策的研究也不可忽略。为什么呢？因为不但政策是策略的根本（看47节），没有好政策，一定发生不了好策略，并且一切无政策的革命——一切只图破坏旧物，没有具体的新建设的计划的革命——实在等于无意义的无益的破坏，是一点价值也没有的。

三　政策和权力分配均衡

86. 政策的意义和种类如何？

答　政策的实际的意义，简单说来，就是"种种根据实际情形，按照特定的理论，被造出来的特定的详明计划"，这是我们在47节上面详细说过的。政策这东西，无论如何，都是政治团体从政治团体的立场造出来的东西，哪怕一个政策被造出来了之后，立刻用国家的名义被实行起来，在表面上显得好像它是国家的政策，并不是政治团体的政策，然而从实际上说起来，它还是某一政治团体的政策：因为在国家这种表面统一的团体里面在，事实上常常是一个阶级或一个代表着阶级的政党充当着统治主体（看33节），所以在实际上只能有政治团体的政策，决不能够有国家的政策。所以那些把政策分为国家的政策，政党的政策，国际团体的政策等等东西的人们的见解，完全是一种皮相的误解，不可盲从。

政策的种类，只能照政策里面所含的特定的计划的性质去行分类（看 15，19，22 各节）。关于这种分类，在政治学者之间，还有许多不同的见解，据我看来，最完全的分类是下面这样的分类：

政策
- （一）统治政策
  1. 统一政策（高等政策）
  2. 统治形式政策
  3. 阶级政策
  4. 治安政策
  5. 民族政策
- （二）经济政策
  1. 工业政策
  2. 农林业政策
  3. 商业政策
  4. 交通政策
  5. 金融政策
  6. 财政政策
  7. 劳动政策
  8. 人口及食粮政策
  9. 救恤及保健政策
  10. 产业政策
- （三）文化政策
  1. 思想政策
  2. 教育政策
  3. 学术政策
  4. 宗教政策
- （四）军事政策
- （五）外交政策

　　现在且略加说明罢。（一）统治政策是关于统治的组织，形式，方针，限度等等东西的政策。其中可以分为五个小区别：（甲）统一政策（又叫做高等政策），是关于公民权的范围，公民代表的方法，选举制度等等（看 33 节）的政策；（乙）统治形式政策，是关于立宪制，专政制，中央集权制，地方分权制，官僚式政治制，民众式政治制等等东西（看 35 节）的政策；（丙）阶级政策，是关于某某阶级联合或某某阶级对抗（看 42，47 节）的政策；（丁）治安政策，是关于民权自由的尊重或限制（看 76 节）的政策；（戊）民族政策，是关于民族问题，殖民问题等等（看 19，48，49 节）的政策。（二）经济政策是关于经济施设的政策（看 22 节），其中更可以分为十个小区别：（甲）工业政策，包含各种关于原料工业（如像矿业），制造工业等等的政策在内；（乙）农林业政策，这不须说明；（丙）商业政策，包含国内商业政策和对外贸易政策；（丁）交通政策，这是很明白的；（戊）金融政策，包含关于银行，货币等等的政策在内；（己）财政政策，包含租税政策在内；（庚）劳动政策，这是关于劳动力的保护，涵养，增进等等的政策；（辛）人口及食粮政策，这也是自明的；（壬）救恤及保健政策，这是关于救贫，养老，卫生等等东西的政策，这些政策，合看起来，仿佛不是经济政策，其实一般政治团体在造成这种政策的时候，还是以经济上的间接利益为眼目；（癸）产业政策，这是关于产业的合理化：产业的国有化或公有化，产业的社会化，产业的协作社化等等的政策。（三）文化政策是关于文化的指导，开发，增进等等东西的政策，其中更可以分几个小别：（甲）思想政策，这是关于中心思想，如像社会主义，无政府主义，资本主义，自由主义，国家主义等等东西的提倡或禁抑的政策；（乙）教育政策，这是关于国民教育和社会教育的政策；（丙）学术政策，这是关于奖励学术，增高文化等等事项的政策；（丁）宗教政策，这是自明的，不待说明。（四）军事政策，这是关于军事上的设备，组织，训练，国防计划等等东西的政策。（五）外交政策，这是关于对外关系事项的政策，如像所谓帝国主义的侵略政策（看15节），国际协调主义的平和政策，联某某国政策，反某某国政策，就是明例。

87. 政策和权力的分配均衡的关系如何？

答　政策的内容虽是政治团体关于特定事项的详细计划，但是，它的作用却在被政治团体当作一种工具，拿去做政治斗争，换句话说，就是政治团体在斗争中间的要求和目的，常常都靠着它们所提出的种种政策表示出来，所以政策这种东西从这方面说，完全是政治斗争的一种工具。但是，前面我们已经说过，政治斗争是一种具有权力分配和权力均衡的作用的东西，所以，如果政策是政治斗争的一种工具，它当然也就是一种具有权力分配和权力均衡的作用的东西，至少也应该是一种辅助这种作用的东西。一般政治团体所以看重政策，把它看成一个政治团体的结合的中心点，也就是因为政策具有这种作用，对于权力的分配和均衡，可以发生大的影响的缘故。如果政策没有这种伟大的作用，那末，也一定不会发生"政策的国际化"那种事情了。

88. 什么叫做"政策国际化"？

答　政策的国际化是指一国政治团体的政策，渐渐变得和其他各国的政治团体的政策相符合或相联络那件事说的。举例说，如像各国社会党的政策，不但大致相符合，并且它们还往往是经过共同的讨论决议而来的东西，又如从前那些参加神圣同盟——反对法国革命的同盟——的各国的政治团体的政策，以及目前所谓世界及法西主义同盟里面的政治团体的政策，也是具有一致性的东西；这种种东西都是所谓国际化了的政策。政策所以会国际化，根本原因自然是因为各国经济发达，彼此生了经济上的密切关系，使各国政治团体具有共同的经济上的利害关系的缘故。但是，政策这种东西具有一种伟大的作用，可以使各国的政治权力的分配和均衡，随着政策国际化的进化容易实现出来，这件事，恐怕也未尝不是一个辅助的原因罢。总而言之，政策的国际化，的确是现今国际政治上一种非常值得注意的现象，并且，将来随着时间的前进，随着国际联盟和第三国际（看 42 节）的发达，恐怕这种政策国际化的程度，还更加高呢。

89．理想的好政策是什么样的政策？

答　这个问题虽然是普通一般人常常说着的问题，但是从政治学的眼光看来，实在是一个无意义的问题，一个不成问题的问题。理由是这样，所谓政策，原来是在两个必要条件的下面，被选出来的特定的详细的计划，它那两个必要的条件不是别的，就是：（一）根据实际情形，（二）按照特定的理论。这两个必要条件是一个都不可缺的条件：如果没有第一的条件，那计划就会变成一种无所依据的空想，成一个凭空杜撰不切无论什么样的实用的假设；如果没有第二个条件，那计划就会变成一个没有思想体系做背景的俗见，变成一个无条理，无系统，无理论，只顾到一部分而顾不到全体杂凑。因为这个缘故，所以我们但凡说到政策，都是指一种对于某种特定情形的，根据某种特定的理论体系而来的，特定的详明计划而言的，真正的政策决不会是一种和特定实际情形无关的东西，同时也决不会是一种没有什么思想体系，主义，学说等等作它的背景的东西。所以，我们只可以问："对于某种特定实际情形，如果根据某种政策学说的观点看来，最好的理想的政策是什么？"而决不能问："对于某种实际情形的理想的政策是什么？"或"某种主义上的最理想的某种政策（如像人口政策）是什么？"或"理想的好政策是什么？"因为后三种质问，从政策的科学的解释说来，都是毫无意义的质问。

四　政治学说和权力的分配均衡

90. 政治学说和权力的分配均衡有什么关系？

答　我们在 87 节已经说明，政策是一种具有权力的分配均衡的作用的东西，至少也是一种辅助这种作用的东西，我们在 89 节，又说明了，政治学说是一切政策的一个必要条件。所以政治学说这东西，从理论上说来，也是一种具有权力的分配均衡的作用的东西，这件事是极其明显的。不但在理论上如是，并且就从实际上看来，一切政治团体，当它为着某个阶级的利益想起来斗争的时候，都照例要先抬出一种学说，先作理论上的斗争，如像法国革命党在大革命时代先拿民权自由说做他们的最大武器，去煽动反对封建制度的人们一件事，以及在俄国大革命以前，俄国的革命党先拿社会主义的理论去征服国家主义等等的理论一件事，种种的事实，都是明白的证据。同时，从反面看来，一切学说，都不是凭空由几个人的脑筋在无意中想出来的，倒是为应付某一个时代的需要，为主张或拥护某一个阶级的经济利益而发生出来的。譬如刚才说的民权自由的思想，就是为应付当时新得着经济上的实力资产阶级的需要——以推翻分裂不统一的封建专制政治，另建一种统一的，平和的，依照宪法而行统治的政治，以便拥护并扩大他们的既得的经济实权（看 75 节）等等事情为内容的需要——的缘故才发生出来的。所以，无论从理论上或是从实际上说来，一切有统系的政治学说都是具有一种权力的分配均衡的作用的东西。

91. 一切政治学说都为应付实际的需要而发生出来的吗？

答 这个问题是一个常常被那些主张学术独立主义或学术至上主义的人们提出来讨论的问题，从表面上看来，仿佛很不容易解决似的。其实，如果认清论点，加以分析，倒是一个比较易于答复的问题。要答复这个问题，先应该决定"政治学说"这几个字的意义。"政治学说"这几个字，本来含有两种意义：（一）是指个个的，泛断的，关于一部分政治现象的主张说的，如像普通所谓孟德斯鸠的三权分立说，纪尔克（Gierke）的团体人格说，拉斯基的多元主权说等等东西，就是例子。（二）是指整个的，有统系的，关于政治现象的全部的思想体系说的，如像普通所谓民权自由派的政治学说，社会主义的政治学说，国家主义派的政治学说等等东西，就是例子。如果拿第一种意义的政治学说来说，当然不见得它一定是为应付实际的需要而发生出来的。为什么呢？因为那样的关于一部分的政治现象的主张，也许是出于那些主张人的偶然的领悟，或是出于纯学理上的思索，即求前人所述的某种理论的圆满贯彻时所生的思索。但是，如果拿第二种意义的政治学说来说，我们就可以说，一切有统系的政治学说，都是为应付实际的需要的缘故，为主张或拥护某种阶级的利益的缘故而发生出来的东西。理由是这样：

凡是某种整个的，有统系的，关于全体政治现象的某种思想体系，都决不是某一个人的力量所能造出来的；它们都是由某时代的某一团体的人们，为主张或拥护特定利益的缘故，把从前各时代的许许多多的断片的学说集合起来、整理起来的东西。举例说罢，如像民权自由说，就不仅不是一个卢梭造得出来的，并且不是卢梭，洛克，浦芬多夫（看 23 节）几个人造得出来的，这几个人只不过代表着当时的新兴资产阶级的利益，把那些从希腊以来所有关于民权自由思想的断片学说集合整理起来，使它成一个比较有系统的东西罢了。又如科学的社会主义的学说，也并不是马克思一个人的力量所能建设出来的，在事实上，他这个学说的内容的大部分都是在他以前的许多经济学家，哲学家，历史学家，空想的社会主义者等等的人曾经述说过的东西，他只不过代表着新兴无产阶级的需要，把前人所述的断片的，关于一部分的现象的学说综合起来，建设出一个整个的思想体系罢了。此外，如像儒教的政治学说，如像德国特有的军国主义的政治学说等等东西，也都同样不是一个孔子或一个托莱其克所造得出来的，倒是某一些人代表着某种阶级的利益和要求弄出来的东西，不过，为便利起见，特别用一个人的姓名，代表着这个整个学说的许多创造人罢了。总之，在第二种意义上的政治学说，因为本是一种集合许多人的断片学说的东西的缘故，所以当然是代表着某种阶级的利益，去应付那种阶级的需要的东西，因为，如果没有应付实际需要的必要，就一定不会有一些人去把从前的学说综合起来，使它成一个有统系的思想体系的事。谁肯违背自己所有的关于经济上的根本原则的目的的意识（看 58 节），无缘无故的去做那样的闲事呢？（有时也许在表面上仿佛发生例外，好像有一些人，如像外国许多大学教授，完全是抱着一种"为学问而做学问"的精神去建设某种政治学说似的，其实，从全体看来，从内部关联看来，他们仍然是代表着某种阶级的利益的）

92. 现代的主要的政治学说的概要是什么？

答　这个问题是一个范围极大的问题，是应该属于另一个特别的学科——政治理想学说史或政治思想史——的研究范围的东西，所以，不但不是目前这本政治学原理应该研究的问题，并且也不是可以在短短的一节里面述说明白的问题。不过，为要使初学政治学的人们知道现代的主要政治学说——上节所说的第二种意义上的政治学说——的一个轮廓起见，不妨略略说一个极粗大的概要。要达这个目的，我以为最好的方法是用下面这样一个表式：

现代政治学说变动概要表

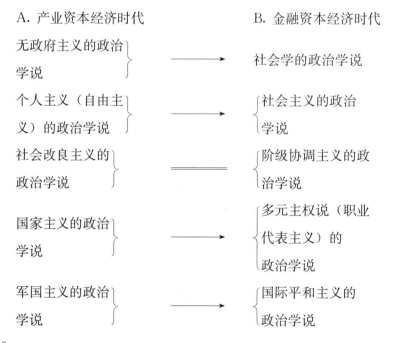

A. 产业资本经济时代　　　　B. 金融资本经济时代

无政府主义的政治
学说　　　　　　　　　　→　　社会学的政治学说

个人主义（自由主
义）的政治学说　　　　　→　　社会主义的政治
学说

社会改良主义的
政治学说　　　　　　　　＝＝　阶级协调主义的政
治学说

国家主义的政治
学说　　　　　　　　　　→　　多元主权说（职业
代表主义）的
政治学说

军国主义的政治
学说　　　　　　　　　　→　　国际平和主义的
政治学说

说明：（一）现代两个字的意义是很难确定的，并且一个学说应该说属于何时代，这件事，也是很难决定的事。因为这个缘故，所以我为便宜起见，姑且从动的观点，把产业资本经济时代（从世界历史全体说，大概这个时代是 19 世纪初头起，到 70 年代止，以后就是金融资本经济的时代了。关于这种分类，请参看拙著《经济现象的体系》）和金融资本经济时代两个时代所有的主要的政治学说都列出来。不过，还应该注意这一层：在产业资本经济时代的各种政治学说，不消说，自然到了金融资本经济时代还是当作整个的体系存在着的，而金融资本经济时代的各种政治学说，却大抵都是在产业资本经济时代尚未形成系统的东西；表中的箭头符号并无别的深意，只不过表示学说变动的两极端；当中那个等号自然属于例外，表示改良思想还始终没有根本的变动。

（二）无政府主义的政治学说：这种政治学说的背后，有一种以平和互助为主要原则的社会哲学做它的背景。它的理想是一种没有强制权力的存在，只凭正义维持着的自由协和的无政府的社会。它所代表的阶级利益，完全是流氓知识阶级——行着寄生生活的阶级——的利益。它对于政府的态度，是一种厌恶的态度。它所希望实行的政策的特性，是极端放任和极端破坏。它的著名主张者是普鲁东（Proudhon），克鲁巴德金（Kropotkin），巴枯宁（Bakunin）等人。

（三）社会学的政治学说：它背景上的社会哲学，是一种根据实证的社会学而来的，以生存竞争天然淘汰为原则的社会哲学。它所主张的政治理想，是一种富有力量的政治。它所代表的阶级，是那种对内行着独占、对外行着侵略政策的金融资本阶级。它对于政治的态度，是赞美和讴歌。它所希望实行的政策的特性，是武断强横。它的著名的代表者是甘卜罗维基，拉衬贺获，渥彭海麦等人（看 23 节）。

（四）个人主义（自由主义）的政治学说：它背景上的社会哲学，是一种以社会契约说（看 23 节）为基础的，完全以个人为本位的社会哲学。它所主张的政治理想，是一种以各人皆为治者同时又皆为被治者那件事为内容的理想。它所代表的阶级，是新兴的产业资本阶级。它对于政治的态度，是把政治看成谋自由幸福的手段。它所希望实行的政策的特性，是自由和放任。它的著名的主张者是弥勒（J. S. Mill），汲发孙（Jefferson）等人。

（五）社会主义的政治学说：它背景上的社会哲学，是一种主张辩证的历史进化说的，认斗争和互助为生活原则的唯物哲学。它的理想也是一种没有政治权力的社会，不过它这种理想却和无政府主义者的理想不同，它不是以一种完全自由的，无组织的，小规模的社会为目的，倒是以一种有组织的，大规模的，生产力非常发达的社会为目的。它所代表的阶级是新兴的无产阶级。它把政治认为是一种必然发生，又有好又有歹，要看它的内容如何才能决定好歹的东西。它所希望实行的政策和特性，是干涉和促进。它的著名的主张人是马克思，恩格斯，列宁。

（六）社会改良主义的政治学说：它的背景上的社会哲学，是一种主张唯心和唯物的二元进化说，认定物质和道德两种东西同是社会进化的原动力的社会哲学。它的政治理想，是一种站在互让互助的原则上的，以阶级协调为内容的政治。它所代表的阶级，是一般小资产阶级。它把政治看为必要的工具。它所希望实行的政策的特性，是保护，保育，助长，抑制。它的著名的主张者是华格里（Wagner），舒穆勒（Schmoller）等人。

（七）阶级协调主张（即社会民主主义）的政治学说：它的内容，可以说是差不多完全和社会改良主义的政治学说相同，不过它具着一种出现在金融资本时代下面的新形式，并且它的主张者另有一些新的著名人物，如像卫伯（S. Webb），格林（Green），麻克唐纳（Mac Donald）等人罢了。

（八）国家主义的政治学说：它的背景上的社会哲学，完全是一种唯心论的社会哲学，一种以精神即道德为社会成立并进步的唯一原因的社会哲学。它的政治理想，是一种以各个人的人格都被埋没在国家的组织之中，各个人完全为国家行绝对的牺牲那件事为内容的理想。它所代表的阶级，是遗存到现代的封建阶级。它把政治和国家认为必要的，神圣的，最高的道德。它所希望实行的政策的特性，是抚育，恩惠，慈爱。它的著名的主张者是黑格尔（Hegel），斐希特（Fichte），华德（Ward）等人。

（九）多元主权说（职业代表主义）的政治学说：它的背景上的社会哲学，是一种以唯物唯心的二元论为内容的，认定协调互让，社会连带，社会服务等等东西为生活原则的社会哲学。它的理想，是一种以职业团体代表生产方面，以国家代表消费方面，以这两种东西所合成的社会为内容的理想（看 33 节）。它所代表的阶级，是生活裕余的小资产阶级。它把国家和政治认为一种在特定范围内必须存在的东西。它所希望实行的政策的特性，是助长，干涉。它的著名的主张者是寇尔（Cole），马其物（Mac Iver），拉斯基（Laski）等人。法国的狄骥（Dugnit）虽然主张着主权否认说，但是，从大体倾向说来，似乎也可以归纳在这种学说的主张人之中。

（十）军国主义的政治学说：它的背景上的社会哲学，是一种力的哲学，是一种以弱者被强者征服那件事为社会进化原则的哲学。它的政治理想，是一种弱肉强食，建筑在弱者的牺牲上面的进步政治。它所代表的阶级，是前时代遗留下来的封建阶级和新发生的侵略的金融资本阶级。它把国家看成神圣不可侵犯的东西，把政治看成人类特有的美点。它所希望实行的政策的特色，是极端的保护，干涉，压迫。它的著名的主张人是托莱其克（Treitschke）。

（十一）国际平和主义的政治学说：它的背景上的社会哲学，是一种认定互助和协调的道德为生活原则的社会哲学。它的政治理想，是一种以建设一个平和互助的国际政治社会为内容的理想。它所代表的阶级，是小资产阶级。它认定政治这种现象是必要的，同时也是有益的东西。它所希望实行的政策的性质，是疏通，妥协，协力。它的著名的主张人还不多，如像巴恩日（D. Burns）或者可以算得上是其中一个。

93. 在各种政治学说当中，哪一种最好呢?

答　要答复这个问题，先要决定两件事：（一）确定判断者的立场，（二）认识政治现象的根本真相。如果没有确定的立场，就会找不着判断的标准；同时如果不认识政治现象的根本真相，就会找不出什么的确可以拿去供判断之用的材料，就会变成凭空论断。

在决定这个问题的时候所需要的立场，自然可以有许多种类。有种种阶级的立场，有民族的立场，有人种的立场，有人类社会的立场，在这种种立场当中，最有包括性，最能满足人类的目的意识

——特别是关于经济的根本原则（看 58 节）的目的意识——的立场，自然是人类社会的立场，即一种以人类社会的进化和人类文化的向上进步为目的的立场。

在决定这个问题的时候所需要的认识，是关于政治现象的彻底的，完全的，整个的真相的认识，换句话说，就是关于政治现象的过去，现在，未来等等方面的认识：不知道过去的来历，就不会真正懂得现在的现象的意义，同样，不知道将来的趋势，也就不会真正认识现在的现象在历史进程上的意义。

第四章　政治权力的将来

94. 政治的将来怎样可以知道呢？

答　不消说，关于将来的无论什么现象的详细情形，那是谁也无从知道的。如果有人主张他知道关于某种现象的将来的详细情形，那末，从理论上说来，不但那个人会变成一个全知全能的神圣，变成一个为常人所不能想像的怪物，并且，他那种主张的反面，又暗暗含着一个"目的论"和一个"机械的必然论"（看 55 节）在内：这都是有常识的人们和相信社会科学的纯正原则的人们所不能承认的。

但是，如果不是说知道关于某种现象的将来的详细情形，只说知道关于某种现象的将来的趋势即大体的倾向，那却不是不可能的事，倒是十分可能的事。为什么呢？因为照 55 节所说，一切社会现象都是有原因的，并不是偶然的，并且，同一的原因一定会发生同一的结果，所以，如果我们能够一方面找出了种种同一的结果，那是说如果找出事实的一致，一方面找出了这些结果的同一的原因，即是说找出了原因的一致，那末，我们当然可以根据这种关于过去现象的事实的一致和原因的一致，去判断关于同一现象的将来的大体倾向，并且，只要这种现象的实际上的主要特色没有根本的变更，所得的判断——关于将来的趋势的判断——也一定是很可以凭信的判断。

以上所说的，虽是关于一般现象的议论，但是拿来应用在政治现象上，当然也是可以的。如果我们关于过去的政治现象，能够找出事实的一致和原因的一致，我们当然就可以知道政治现象的将来的大体。为什么呢？因为照上面的理论说，如果有了这两种一致的时候，只要政治现象的主要特色没有根本的变更，一定就可以得着将来大势的正确判断，而政治现象的主要特色，如像权力关系，经济利益的取得，阶级的压迫和斗争种种情形，不但没有根本的变更，并且还加重了程度，扩大了范围。所以现在成问题的，只有事实的一致和原因的一致两层，如果有了这两层，我们就不愁不知道政治现象的将来的趋势了。

95. 关于过去的政治现象[①]，能够找得出事实的一致和原因的一致吗？

答　从事实上看来，关于过去的政治现象，有许多重要的事实的一致的存在：如像（一）无论在什么地方，都在人类社会当中发生了权力关系；（二）无论在什么地方，这些权力关系都会固定化

---

① 原文为"经济现象"，据目录和上下文改。——编者

起来，神圣化起来，人格化起来；（三）无论在什么地方，都沿着特定的顺序，发生了奴隶政治，封建政治，民治政治种种形态；（四）在无论什么地方的民治政治下面，都发生了统治主体的范围的扩张（看33节）；（五）无论在什么地方都发生了统治样式的变化；（六）无论在什么地方都发生了种种政治斗争；（七）无论在什么地方，都发生了斗争的扩大。如像这种种事实，都是极明显的，极重要的例证。

其次，关于原因的一致，我们在上下节各章里面，已经指出很不少了：如像60，61，62各节说明了"（一）"的普遍原因；在63，64，69，70，71，74，75各节说明了"（二）"的普遍原因；在23，24，25，36，69各节说明了"（三）"的原因；在80节说明了"（四）"的原因；在81节说明了"（五）"的原因；在82，83，84各节说明了"（六）"和"（七）"的原因；等等事项，就是很好的例证。

所以，总结起来说，关于过去的政治现象的事实的一致和原因的一致，关于这两种一致的存在，的确是很明显的。

96. 根据事实的一致和原因的一致去行判断时，将来的政治的趋势应该是一种什么样的趋势呢？

答　如果按照94节所说的方法，依据95节所说的材料，依过去以推将来，我们就应该下两个这样的判断：（一）政治权力在不远的将来，有实行"权力的社会化"的趋势；（二）政治权力在很远的将来，有完全被废除的倾向。为什么会有这两种倾向呢？可以分为下面几个层次加以说明：第一，我们依上面两节的说明，已经知道政治现象是一种必然的发生起来，必然的发达起来的东西，并且知道这种发生和发达都是受着经济关系和生产关系的支配的，所以我们不能不承认，政治现象的将来的变化也是随着经济生产关系的支配的。第二，从目前正进行着的金融资本经济的实际情形看来，渐渐在生产关系上发生着一种新的变动。从物的方面说，所谓生产手段慢慢的社会化起来了，如像所谓国有事业的扩张，土地的公有化，资本的公共节制，劳动力的社会保护，一般私有权的限制，全国经济事业的国家管理等等事项，就是明例；从人的方面看来，所谓毫无生产手段的劳动者也团结联合起来，或是用平和的议会斗争的方法（如像在英国），或是用激烈的革命的方法（如像在俄国）取得政权，再利用政权去节制资本并支配生产手段了，虽然这种事情目前还只在发芽的时期，从全世界上说来还不是多数，然而这种事情具有越发向各处扩张的趋势，这件事，却是谁也不能不认的。这两方面（即物的方面和人的方面）的变动，恰恰具有一种和从前权力刚刚发生时的变动正相反对的性质（看 23，61，62 各节），换句话说，就是，当时那种变动是向着权力的发生和发展方向走的，目前的这个新变动却是向着权力的社会化（即权力的非权力化，因为所谓社会化结局就是把少数人把持着的权力，变为被多数人所共享的意思，换句话说，就是减少权力关系的程度的意思）并权力消灭的方向走的。为什么呢？理由是很明白的：权力发生的根本理由既在生产手段的私有，权力发达的根本理由既在生产手段（这种生产手段到了民治政治，自然大部分就是资本）的集中于少数人之手（看 24，25，26，29 各节），那末，到现在生产手段即资本渐渐社会化了的时候，在一般没有生产手段，没有资本的人们可以利用取得政权的办法，去间接的节制资本并支配资本的时候，不消说，权力的性质当然就会随着经济变动而越发向权力的社会化的方向走，结局也就是随着经济变动而越发向权力消灭的方向走了。

因为这个缘故，所以我们可以拿科学的信念，断定着：政治权力此后会慢慢的变成社会化了的东西，到最后，就会变得消灭无余，把全社会变成没有权力没有政治的更高级的社会。换句话说，政治的发展进程，是由无政治时代走到有政治时代，更由有政治时代走到另一个无政治时代——一个经济更发达，文化更进步，更高级，更自由的人类社会的时代——去的。

97. 在政治现象尚未废止以前，究竟什么才是最好的最理想的政治呢？

答　这个问题，比起上面 93 节那个问题，问得有意义些，并且还是那个问题的合理的部分，所以对于这问题的答复当然也就是对于那个问题的间接的答复。一部分人类用强制权力压迫另一部分人类，借此去剥削这另一部分人类的经济利益，这件事，虽然是一个必然的现象，然而总不能够因为它是必然的东西就说它是好的东西，并且，如果从人类文化的向上进步看来，没有这种权力关系的时候，即一部分人剥削并压迫另一部分人的关系的时候，人类可以把他的全力都用在发展文化，丰富生活一件事上面，不至于因为斗争，破坏，停顿等等的关系，使文化的进步减了速度。所以，站在人类文化的向上进步的观点来下判断时，我们就可以说，最好的，最理想的政治，就是那种能够助成并促进权力的关系的废止的政治，更详细的具体的说来，就是在权力社会化的形态（看 78 节）下面的政治；就是能够给被治阶级以可能的最大限的自由，使他们尽量发展生产力的政治；就是使全国的产业越发向前发达，越发有严密的统制，越发有宏大周到的组织的政治。

98. 人类对于政治的最好的，最合理的，最科学的态度，是什么样的态度？

答　这个问题，虽然是一个极困难的问题，不过在目前，这就是说，在我们已经把政治现象的体系和政治现象的解剖两个题目的要点研究完毕的时候，这个问题的答复却是极容易的事：我们只消把前面几十节里面所研究的道理综合起来就行了。如果综合起来，我们就可以得着下面所述的这样一个态度——一个由七段行为合成的态度：

（一）努力认识政治的本质（不要为政治的表面现象所蒙蔽）。

（二）努力认清政治的发生，发达，衰退，消灭等等的趋势（不要只看它的一时的静止的形态）；

（三）努力认清那种现在统治着自己的政治，到底走在一般政治发展进程的哪一个阶段上面（不要盲目附和）；

（四）根据自己的现实的利益关系（不要徒为一时的感情所驱使）；

（五）确确实实的信服一种政治思想的体系（不要随时乱捡断片的政治思想）；

（六）选定一种可能的，合理的，现实的政策（不要追随不可能的，不合理的，空想的政策）；

（七）积极的去参加政治（不要消极的自欺欺人，当什么清高的旁观者）。

社会科学研究方法论

序

　　我这个讲义的主要目的，在解说关于一般社会科学的根本的研究方法。在社会科学研究上通常虽然在一方面有统计法，历史法，比较法，等等普遍的补助方法，在另一方面有各个社会科学上所固有的特殊的方法，如经济学研究法，政治学研究法，等等，但是，这些方法都不是一般社会科学研究上的根本的研究方法。为什么？因为这些方法都不是触着社会科学的对象——社会现象——的核心，而可以整个的将它把握起来，认识出来的方法。那末，什么才是它的根本的研究方法呢？当然只有唯物辩证法。只有那种能触着社会现象的核心，整个的把握它，认识它的唯物辩证法。所以我这讲义的主要目的，就在解说唯物辩证法。不消说，只是解说唯物辩证法，而不是单纯的解说唯物史观，因为照我的见解——详见本讲义的第二章——唯物史观只是唯物辩证法的一部分。

　　这个讲义的第二的目的，在说明一般科学的本质和科学的体系。关于科学的本质和科学的体系，自然是我们研究社会科学的人在认识社会科学的本质时不能不先有相当的把握的，因为，如果不先有相当的把握，我们便不能充分的达到前述第一目的，即一般社会科学研究上根本方法的解说的目的。这是很显然的：在天然现象和社会现象相互交错着，关联着的当中，在唯物辩证法本身可以一样的适用于天然科学和社会科学——固然它对天然科学和社会科学两者的关系有轻重之分——的情状下面，如果不知道天然科学和社会科学两者的相关性和区别性，我们就难免不能充分的使用唯物辩证法去把握并认识社会现象，就难免忽视唯物辩证法与社会科学间的特殊的重要关系。

所以我这个讲义可以说是一篇唯物辩证法论和一篇科学概论——虽然后者比较前者十分简略。

这个讲义虽然取材于各书——特别是唯物辩证法大半取材于最新颖，最正确，最能将辩证法具体化了的广岛定吉，直井武夫共译西罗科夫等所著的《辩证法的唯物论教程》——但是，我自己却也有许多独特的主张，读者读完本讲义之后，自知其详。我希望读者能够给我以更进一步的指导和批评。

这个讲义的上篇是徐万钧先生替我笔记的，下篇是雷季尚先生替我笔记的；我应该在这里对二位先生表示谢意。

陈豹隐

一九三二，九，一八，于北平

上篇　绪论

第一章　社会科学在科学体系上所占的地位

第一节　科学的意义

Ⅰ．科学定义的复杂性

从赫胥黎（Haxley）起，许多科学家，哲学家，如像皮尔森（Pearson），温德（Wundt），李克特（Rickert），塞里曼（Seligman），宗巴特（Sombart）……对于科学意义的解答，各自不同。概括说来，重要的答案可以分做六种。

（一）科学是精密知识的有系统的全体

这种定义包含两个要点：

第一，精密知识是和普通常识相对待的。科学所包含的，是精密知识，却不是普通常识。

第二，科学不是精密知识的片断的综合，而是精密知识的有系统的综合。

（二）科学是一种"用特殊方法"去发现，搜集并整理事实而得来的"经验的知识的体系"

这种定义比较前一种更为严密些：

第一，科学是用特殊方法来研究现象的。

第二，科学所包含的是经验的知识，非经验的知识是科学所排斥的。

第三，科学的内容是知识的体系，不只是知识的综合。

（三）科学是一种在搜集事实，理解事实，整理事实，使它普遍化，体系化并使它"得着说明时的知识"

"得着说明时的知识"含蓄有"得着说明因果关系的知识"的意义。这个定义比较以前两种更为洽当的地方，就在这里。

（四）科学是一种用特殊方法研究并发现了的诸般"说明因果法则的知识"

以为只说明现象的因果关系，还不算尽科学之能事；科学应该努力去发现因果法则。

但是，历史，生物等科学部门大都只有因果关系的说明，很少因果法则的发现。所以，这种定义也似有缺点。

（五）科学是一种能够发现"关于形式，规范，因果并结果等等的法则的知识"

这样综合的定义是资本主义科学概论上所常见的。它所说的"关于形式法则的知识"是指的论理学，数学等；"关于规范法则的知识"是指的伦理学，法律学等；"关于因果法则的知识"是指的物理学，化学等自然科学；"关于结果法则的知识"，是指的生物学，史学……

这个定义恰好弥补了上一个定义的缺点；但是，它自身也有错误的地方。如像经济学是介于"关于因果法则的知识"和"关于结果法则的知识"之间。不仅经济学是这样，好些科学部门都不能专归到上述四种的任何一种。

（六）科学是一种或能发现现象的一般法则，或能认识现象的价值，或能理解现象的全部的知识

这是宗巴特所主张的定义。它似乎正好挽救前一种定义的弊病。

"发现一般法则的知识"是指的纯粹科学。

"认识现象的价值的知识"是指的带有历史性的科学，也就是关于经过人类行为的现象的科学，如像历史学。它是要认识这一类的现象在人类文化上有什么价值。

"理解现象的全体的智识"是指的经济学，政治学等。这是宗巴特所特别提出来的一个名词。详细说来，经济学并不完全是一种法则的科学，如同正统派所说的；也不完全是一种价值的科学，如同历史哲学派所说的。它是要了解经济现象的全体的科学。一般社会科学也大都如此。

Ⅱ．为什么科学的定义有如此纷歧的种种说法？……

主要的理由有以下三种。

（一）"科学是什么？……"是和认识论有关的

认识论原是哲学上最难了解的一个部门。现在在资本主义学界中认识论没有一种定论，所以科学的定义也不会有一种定论。

（二）科学的发达是日新月异的

科学在最近四五百年间，不绝的，迅速的发展着；内部愈为严密，外部愈为广延。所以，时代不同的科学大师对于"科学"的解释便人各一词了。

（三）科学各部门的发展是不平衡的

科学的部门本来是很复杂的。关于自然现象的几个部门已经有了很悠久的历史，已经有了很坚定的基础；关于社会现象或精神现象的几个部门却仍然是很幼稚的，只不过稍稍有些脆弱的基础。所以，从科学的全体上来看，"科学是什么"一个问题，便没有完满的答案，以致惹起"议论纷纷，莫衷一是"的情形。

Ⅲ．从科学的对象上来看科学的定义

科学的定义虽然如此纷杂，而不统一，且不能令人满足，但从研究科学的人说来，到底是个总得设法作一个比较合理的解决的东西。要想建立一个比较完满的定义，必须从科学的对象，目的和观点三方面来着手。

现在，我们先从科学的对象上来说。

（一）科学的对象是现象

现象是科学的对象，这已经是天经地义了。但是，杉山荣却说科学的对象是事象；我们应该指示出这种说法的错误。

所谓"事象"是包含着"实像"和"现象"两种东西的一个总名称。实像就是"本体"。依资本主义的哲学来说，本质是不可知的；依社会主义的哲学来说，本质和现象是统一的。科学的目的，是在研究现象。本质的研究是哲学的领域。马克思说："如果一切现象和它的本体是同一的，世界上就不会有科学的存在。"杉山荣把事象看作科学的对象，也就是把现象和本质看作同一的东西来作为科学的对象，当然是荒谬的说法。

科学所研究的对象是现象，这已经是无可怀疑的结论了。现象却是什么呢？这又是哲学的认识论和本体论上最易惹起辩难的问题。我们留到第三章上再详细的解释。这里只简单的说个大概。

关于"现象是什么？"这个问题的答案可以分作："本体不可知论"，"本体可知论"和"由现象认识渐进于本体认识论"三种说法。我们是赞成末一种的。即是说：现象是本体的反映；因为人类感觉机关的进步，人类愈发可以了解现象，便渐渐的可以了解本体。

（二）现象的分类

（1）从现象的本身上来看

现象究竟包括什么东西呢？一般，从现象的本身上来看，现象是包括以下三种事态而言：物质（物体），物力（能力或运动）和关系。

物理学上的物质（有重量，有体积的东西）和哲学上的物质（物质是存在着的东西）是不同的。我们现在所论及的是科学，所以应该把物质解释做：有重量，有体积的东西。

物力，从前把它看做和物质是截然无干的两种东西。最近，一般科学家都舍弃了这种见解。我们可以说物力就是物质的作用。物质是从静的方面来看；物力是从动的方面来看。

关系是许多事态间存在着的一种状况。

这样，现象可以包括物体，物力，天然的变异，人类的实践：一般的状态……

（2）从人类方面来看

现象，从人类方面来看，可以分作两种：客观的现象和主观的现象。

客观的现象是存在于人类个体以外的现象，也就是自然现象。

主观的现象是存在于人类个体以内的现象，也就是精神现象及社会现象。

Ⅳ. 从科学的目的上来看科学的意义

依照科学的发达史，我们可以分以下四个步骤，来说明科学的目的：

（1）科学的初级的目的——观察现象，搜集现象，变更现象，使它整理化，体系化；

（2）科学的高级的目的——考求现象中的因果关系；

（3）科学的较高级的目的——寻求现象中的因果法则；

（4）科学的最高级的目的——实际上的应用。

以上四种目的，并不是各时代各部门的科学所统统具有的。好些部门，所谓幼稚的科学，才达到第一个阶段。有些部门已经脱离了第一步骤，并且已经有了长足的进展，如像生物学在达尔文时代以前只走到第二阶段；达尔文时代出现了，生物学才走进第三阶段——虽说生物学所应有的全般法则还不曾完全发明。又如，经济学到了亚当·斯密和李嘉图时代，才完成了第二步骤；有了马克思，恩格斯的努力，才走进第三阶段；直到现在，方踏到第四阶段。

现在，我们就各个阶段来作详细的说明。

对于一切现象如果不能观察清楚，搜集得法，变更适当，也就无从下手去研究。所以，这一类工作是科学的初级的目的。

只是做到上述这一步，科学的研究还不算可以满意。我们不应该有了现象整理化，体系化，就算完事；更应该考求现象中的因果关系。

因果关系就是现象间的依存关系（Relation of Dependence）。

譬如说，甲现象非依赖乙现象不可，甲就是果，乙就是因。拿实在的例子来讲，蒸汽，必须水被增高温度到一百度时，才会发生。这样，"水被增加温度到一百度"是"因"；"蒸汽"是"果"。不消说，我们说因果关系时要注意以下五点：（1）我们只说甲和乙间的依存，转变和推移，并无从无生有之意；（2）只说单一的关系，并普遍关系之意；（3）只说一时的关系，并无永久关系之意；（4）只说主要的关系并无全部关系之意；（5）只说甲对乙并无乙对甲之意。

和因果关系相类似的，有"继起关系"（Relation of Sequence）及"共存关系"（Relation ot Correlation）。

继起关系是连续的，而且是常常连续的，出现的两种现象间的关系，但是，却不是因果关系。譬如昼和夜之间存在着继起关系，春，夏，秋，冬之间存在着继起关系。它们中间却没有因果关系。为什么？因为在近代科学上显然可以证明这种继起只是因了地球对太阳的回转运动的缘故。

两种现象间有了因果关系，必然也有继起关系；有了继起关系，却不一定就有因果关系。

共存关系也和因果关系看着相似，实际上却有很大的差别。譬如正统派的经济学者，对于经济恐慌的解释，有所谓太阳黑子说者，大意是这样：那时，地球上的资本主义文明国家大约每隔十年必发生经济恐慌，这种现象的原因据说，就在于太阳表面上黑子的出现。因为太阳表面上的黑子，也是大约每隔十年必定出现一次。这种说法，从现在的科学眼光看来，当然觉得可笑。实在说来，这两种现象间也并不是毫无关系。不过它们中间的关系，不是因果关系，而是共存关系，是一种或出于偶然，或出于尚未知悉的某种共通原因的共存关系。

两种现象常常同时发生，不管它们中间有没有因果关系，单就"常常同时发生"这一点来说，它们中间可以说存在有共存关系。

科学上所要研究的是现象间的依存关系，也就是因果关系；对于共存关系和继起关系是不加研究的。如果我们不注意到这一点，我们就会把科学的目的弄错。

"科学的更高级的目的是寻求现象间的因果法则。"我们要明白这句话，须先明白因果关系和因果法则的区别。

因果关系是只可以拿来说明某一桩特殊事实所包容的几个现象间的关系。因果法则是可以拿来说明各时代，各地方的同类的许多事实所包容的几个现象间的关系。

举例来说，我们如果从历史上某个英雄失败的事实所求出的因果关系，不一定就会拿来解释一切英雄的失败。

科学并不是只把某时某地的现象间的因果关系探讨出来便可满意；还要拿这些因果关系就各个时代，各个地域的同类现象来证明，看它能不能常常妥当，常常适用。如果可以，特定现象间的因果关系便变成了一般现象间的因果法则。

一般说来，社会科学不过开始走进这个阶段而已；自然科学大都通过了这个难关。

科学的最高级的目的是要把研究的结果应用到实际事情上。我们发现了现象，认识了现象，寻得了现象间的因果关系，或甚至于探讨到现象间的因果法则之后，会把这种种努力所得的结果拿来应用，这是一种很自然的趋势，也是"理所应当，势所必至"的。但是，资产阶级的学者却惯说："为科学而科学"，"为艺术而艺术"……这一类骗人的公式。这真是"自欺欺人之谈"了。

简单说来，科学的目的是：

（1）使现象体系化；

（2）求出现象间的因果关系；

（3）求出现象间的因果法则；

（4）对于体系化了和因果化了的现象设法利用。

从科学的对象和科学的目的上来看，科学的定义应该这样的确定着：

"科学是一种以现象为研究的对象，以观察现象，搜集现象，变更现象，使它整理化，体系化，及现象间的因果关系与因果法则的考求，并其结果的实用为目的而研究着的学问。"

Ⅴ．从科学的观点上来看科学的意义

以上所述，虽然似乎很妥，但是，要知道，那还不充分，因为单从对象和目的说，是不能辨别科学和哲学及艺术的区别的。如果不能辨别三者的区别，那末，对于"科学是什么?"这个问题，也就不能获得圆满的答复。要想弥补这种缺憾，必须再从观点上来作更进一步的研究。

我们依照上一目关于科学目的的四个阶段来说明科学的观点。

（一）关于观察，搜集，变更并整理现象的观点——实证的观点

哲学以推理作它的研究工具；艺术以想像作它的研究工具。科学却不完全使用推理和想像方法；它的主要的研究工具是实证方法。

（二）关于因果关系的观点

（1）物质形态变转的观点

科学上的因果关系都是从物质形态的变转中探求出来；哲学的"无中生有"，"目的论"，"必定论"和文学的"凭空想像"都是科学所不许的。

（2）择要的观点

现象间的因果关系非常复杂。依现在社会科学发达的程度来说，对于某些现象间的全部因果关系的研究是不可能的。这个使命，现在是由哲学负担着。如果将来科学也负担起这个使命，科学和哲学便同一化了。现在的一般科学家谈到因果关系时，常常这样说：如果别的条件不变时，只依照某一些条件，便可以发生某一种结果。这句话正可以作科学的择要的观点的注脚。科学之所以叫做科学，就只因为它是分科研究的缘故。

以上是就空间方面来解释科学的择要的观点，以下再就时间方面来引申这种观点的意义。

无数年代中发生无数现象。就拿史学来说罢，它也不应该把古今一切因果关系都拿来研究。科学对于这些现象应该"权其轻重"，"以资取舍"。这是科学的择要的观点的又一种看法：科学只研究人类历史的洪流上的某一个段落。

（3）流动的，相互关系的观点

一切原因和一切结果都是流动的，有相互关系的。一个原因并不可固定的只把它当作原因看，它还会是另外一件事态的结果。一个结果也不可固定的只把它当作结果看，它还会是另外一件事态的原因。简捷说来，一切因果都是流动的，都是辗转有关系的。

（三）关于因果法则的观点

（1）变动的观点

一切因果法则，并不因为它本身是一种法则，就可以试之千古而不变，行之四海而皆通。常常一种法则在古昔认为是金科玉律的，日后却被反证所推翻。科学的发达，可以建立一个法则，也可以颠覆它从前所亲自培植的法则。所以，一切因果法则都含有变动的可能。

（2）近真性的观点

一切因果法则，并不因为它本身是一种法则，就说它是真理。我们固然反对"本体绝对不可知论"，也并不赞成"本体绝对可知论"。我们所信仰的是"现象认识渐进于本体认识论"。这一点，我在前面已经说过。所以，我们应该说一切因果法则只是比较的接近真理罢了。

（3）检证的观点

根据以上两段的说明，我们知道一切法则应该看做"假定的"东西，时时刻刻来拿许多事实去检证它。从牛顿以来，许多因果法则，经过检证之后，有的仍然是正确的，有的是需要修正的，有的反变成了谬论。

（四）关于应用方面的观点——改造的观点

科学并不是概念的游戏，它是要以创造的力量支配现象的。自然科学对于创造性还能极力发挥。资本主义的社会科学却往往丢弃了它应该具有的创造性，缺乏改造社会现象的观点。革命的社会科学当然要充分的发挥它的创造性，换言之，也就是要充分的采用改造的观点。

从科学的对象，目的和观点三方面来看，科学的定义便应该这样确定着：

"科学是一种：（1）用实证的观点，物质形态变转的观点，择要的观点，流动的相互关系的观点，变动的观点，近真性的观点，检证的观点和改造的观点为观点；（2）以现象为其研究的对象；（3）以观察现象，搜集现象，变更现象，使它整理化，体系化，及考求现象间的因果关系与因果法则，以求实用为目的的研究。"

第二节　科学的本质

VI. 科学是观念形态的一种

以上从现象形态说，已经把科学的意义弄明白，似乎无须赘述了，但是，要知道，单是现象形态的说明还算不得完全的说明，必须把本质的认识加上去，才能完全的真正的认识，所以我们要明白科学是什么，还应该从本质方面来看科学和哲学以及艺术的区别。

科学是一种现象的"研究"，这在上面已经说过。但是，到底什么是研究呢？是思想？是意识？是行为？"研究"不单是"思想"，也不单是"行为"，它是一种观念形态。要明白科学的研究是什么，还应该先明白"意识形态"是什么。

社会是人类合成的。许多个人间的行为，可以构成社会的行为；有了社会行为，当然便会于个人心理之外，发生社会心理。如像社会的感情，希望，兴味，思想的倾向，思维的方法，伦理的判断……都是社会心理。这些社会心理虽是断片的，未组织的，无体系的，彼此不相互应对照的，但是，特定社会的这些社会心理，经过长期间的斗争转变之后，却会随着阶级，集团，职业，等等经济基础的一致，形成某时代某阶级某集团某职业的一种思想感情或行为轨范的体系；这个整个的，有组织的，其内部各构分子能调合照应的社会心理的体系，就是观念形态，或意识形态或思想体系（Ideologie）。

不消说，从种类方面说，意识形态是非常复杂多种类的。各时代有各时代的意识形态。一时代的各社会阶级或集团有它的意识形态。以时代说，如像封建时代政治上的"尊君观念"，社会上的"敬长观念"，宗教上的"崇拜偶像"，哲学上的"一神论"，文学上的"古典文学"……这许多观念集结起来的总名字就是封建时代的观念形态。这些意识形态，遇了现代社会的出现，便都渐渐消失了，为另外一些意识形态所代替了。以阶级说，如像资本社会时代的资产阶级有资产阶级的可以用"损人利己"四字形容出来的观念形态，小资产阶级有它的可以用"谄上骄下，巧于趋避"八字形容出来的意识形态，无产阶级有它的可以用"集团斗争"四字形容出来的意识形态，就是例子。从内容方面说来，当然意识形态也是非常复杂的。虽然复杂，我们至少可以把意识形态横剖作：哲学，科学，艺术，宗教，伦理，语言，等等小别。

要想明白科学是什么，必须认识意识形态的复杂性和科学与意识形态内其他各小种别的区别。

Ⅶ. 科学与哲学，艺术，宗教，伦理，语言等等的区别

（一）科学与哲学

什么是哲学？这问题本是不易决定的。据我个人的见解，在现在，最有权威的哲学定义是：哲学是一种普遍的方法论。

科学的功能是在某些现象内寻出因果关系或因果法则。科学要想完成这种功能，必须凭借推理方法等。这些方法的本质却又是哲学上的问题。

我们再就科学所必须具备的几种重要的概念来说。如像质，量，关系，条件，作用，合法则性，必然性，发展……科学对于它们虽然有些表面上的解释；但是，那种解释大都是不彻底的，是有疑问的。解释这些概念，非以普遍的方法论作基础不可；换句话说，非依赖哲学不可。

哲学的另外一个比较满意的定义是：哲学是各种学问的基础的整个的观点。

科学只能研究宇宙间现象的某一方面。要想对于整个宇宙作综合的研究，求得比较彻底的了解，非从哲学上出发不可。所以，哲学是各种学问的基础的、整个的观点。

第一种定义是从方法上说的，第二种定义是从对象上说的。（这两种定义是可以综合起来的）根据这两种说法，哲学与科学虽是调和的，却也不是同一的。换句话说，哲学和科学虽然同是以理智为基础的东西，其间却大有区别。所以科学和哲学应该各是意识形态内的一个小种别。

（二）科学与艺术

艺术是以感情为基础的，是从感情方面来欣赏现象，观照现象，美化现象的。

科学是以理智为基础的，是从理智方面来研究现象的。

艺术的特色是：

（1）把个人的感情社会化；

（2）把各个的感情再建起来；

（3）把个别的感情变作一般的感情；

（4）把个人的感情感动别人。

如果失掉了这样的内容，艺术也就不成其为艺术。

从艺术的特色上来看，它和科学当然是壁垒不同的观念形态内两个小种别了。

（三）科学和宗教

宗教也是一种有社会基础的意识形态。它是以意志作中心的。历来，有许多问题是始终不曾解决了的。譬如说：人们死后究竟成了什么东西？古往今来的大多数人的脑中常常悬有这种问题。宗教便是为要解决这一类的，实际存在着的问题而发生出来的一种方便，只是一种方便，并不是真能解决这些问题。这是宗教存在的原因之一。

另外一种原因是，统治者阶级常想凭籍它来作统治的工具。"宗教即鸦片"这句名言便是指的这种意义。

对于宗敎的信奉或排斥，不是理智问题，也不是感情问题，却只是意志问题。信它就信它，不信它也就是不信它；没有什么客观的是，非，善，恶之可言。

科学既然是建筑在理智上面，它对于意志也就采取排斥的态度。从这一点来看，科学和宗教的区别当然是很显然了。虽然在最远的将来，也许宗教全然要为科学所消解。

（四）科学和伦理

伦理和宗教本来是结合一起的，后来才渐渐分开。

伦理是现实行为的规范，它的内容随着社会经济生活的变动而变动。但是，它终究是永远存在着的。

伦理的基础包含着智，情，意三方面。譬如人们对于不孝父母者的厌恶心理，有些人是由于理智的指导，有些人是由于情感的冲动，有些人是由于意志的发动。

科学既然是单只建筑在理智上面，所以它和伦理也是有区别的。

（五）科学和言语

骤然看来，言语是一种简单的东西。其实，它却是意识形态内的基础的小种别。

言语是随着社会的发生而发生的。社会上各个份子的意识非由言语传达不可。一方面，一切语言都是社会心理的集结；另一方面，各种语言都各自有它的体系。所以，语言也是一种意识形态。

言语不是拿智，情，意作它的基础，而是为谋人类间的意识的交通的便利而发生的社会心理的结晶体。

科学却是以理智为基础，以理解现象，支配现象为目的的意识形态内的小种别。

根据以上各节的说明，我们可以说：

"科学是以理智为中心的意识形态内的一个小种别，它的作用在要认识这些现象，寻求现象中的因果关系和因果法则，并求其应用。"

第三节　科学的体系

Ⅷ. 各家的学说

科学的意义既明，我们应该进一步研究神学的体系。关于这问题，我们先把各家的学说，分为四种，加以解释：

一、初期社会学者的主张

这一期的代表者有赫胥黎，孔德和斯宾塞等。我们单拿斯宾塞对于科学的分类来说罢。

（一）抽象的科学（Abstract Science）——关于一般科学通用的形式或方法而且本身缺乏特殊内容的科学。如像逻辑，数学等。

（二）具体的科学（Concrete Science）——具有特殊内容的科学。如像天文学，地质学，生物学，心理学，社会学等。

（三）具体兼抽象的科学（Concrete-Abstract Science）——虽然具有特殊内容，但它的研究结果又可以适用到一般科学上的科学。如像力学，物理学等。

二、现代自然科学家的主张

科学是由自然科学开端发展起来的。所以，已往关于科学体系的主张，大半是由自然科学家所制成的。

现代自然科学家对于科学体系的意见非常纷歧。我们只把皮耳森（Pearson）和汤姆生（Thomsons）的主张拿来作代表。

（A）皮耳森的主张

科学可以分作：

（一）抽象科学——以认识的形式的探求为研究目的的科学。

如像数学，论理学，方法学（统计学等）等。

（二）具体科学——以人类知觉所能及的东西，即知觉的内客物的探求为研究目的的科学。这也可以应用"二分法"，分作：

（1）关于无生物（物质学）的诸科学

（a）精确的科学——可以得到精确的结果的科学。如像物理学，天文学等

（b）概要的科学——只能得到概要的结果的科学。如像气象学，化学等

（2）关于生物的诸科学

（a）一般生物学

1. 关于生物的环境和分布的科学——如像动物学，植物学等

2. 关于生物发生的科学——如像进化学等

（b）人类生物学

1. 当作个人看的人类生物学——如像生理学，心理学等

2. 当作社会团员看的人类生物学，即社会诸科学：

a. 一般的学问

　一　当作人类全体看的人类历史的研究——历史学

　二　当作人类全体看的人类的空间的研究——狭义的社会学

b. 特殊的学问

　一　政治学

　二　经济学

　三　法律学

（B）汤姆生的主张

汤姆生的科学体系是这样的：

（一）抽象的，形式的，方法的诸科学——如像数学，论理学，形而上学等。

（二）具体的，描写的（或记载的）经验的诸科学——又分作：

（a）有生的科学——包含三种基本的科学

1. 广义的社会学（此项内容和皮蔼生社会诸学相当）

2. 心理学

3. 生物学

（b）纯粹的物质的科学

1. 物理学

2. 化学

依据汤姆生的意见，化学是最基础的科学，其次是物理学，再次是生物学，复次是心理学，又次是社会学。这五种科学，汤姆生总称之为基础科学。

按照皮耳森和汤姆生的科学体系，社会科学的地位真是微乎其微了。

三、近代哲学家的主张

近代哲学家的意见恰恰和现代自然科学家相反。后者把哲学放在自然科学中，以为科学愈发进步，哲学便愈发消灭。前者却把科学和哲学对立着，更把自然科学和社会科学对立着。

近代哲学家的代表者为温德（Wundt）和李克特（Rickert）。

（A）温德的主张

他把科学分作：

（一）先验科学——不以经验为基础的科学。也叫做形式科学。

如像数学，论理学等。

（二）经验科学——又分作：

（a）自然科学——经验有客观的要素（当作主体以外的一切看的客体）和主观的要素（主体对于客体的把握）。偏重前一种要素的经验科学就是自然科学。偏重后一种的经验科学却是：

（b）精神科学

1. 现象的精神科学——把精神当作现象看，以发现精神现象的因果法则为目的的科学

a. 个人心理学

b. 民族心理学

2. 组织的精神科学——把精神现象组织化并系统化的科学

a. 文献学（百科全书学）

b. 社会学

c. 经济学

d. 法理学

e. 宗教学

f. 政治学

3. 发生论的精神科学——从动的观点来看精神现象的发生或发展的科学

a. 一般的历史

b. 特殊的历史

上面所说关于精神科学的分类，是从理论上着眼的。以下的分类，却是从实际上着眼的。

1. 一般的精神科学——如像心理学，教育学等

2. 特殊的精神科学

a. 历史学

　　一　文献学

　　二　文献的历史学

　　三　历史学

b. 社会学

　　一　一般社会学

　　（1）政治学

　　（2）狭义的社会学

　　（3）人口学

　　（4）土俗学

　　二　国民经济学

　　三　法律学

所以，温德是把社会科学的地位提高了些。

（B）李克特的主张。

他把科学分作：

（一）先验科学——不凭经验，单靠人类思考力便可以建立起来的科学。如像论理学，数学等。

（二）经验科学——关于具体的现象的研究，不单靠思维力，还须靠经验来证明的科学，也就是加工组织的科学。

（a）非价值关系的科学——自然科学是客观的，普遍的，没有人类加予的评价的意义的科学。

（b）价值关系的科学——文化科学在抓着对象的时候，是带有主观性的，个别性的，评价性的，所以也叫做价值关系的科学。

[注一] 评价的意义可以分作两种：（一）人类伦理的善恶的评价；（二）离开善恶，只看某一现象对于其他现象在时间上或空间上的关系。有人说，李克特所说的评价是指的后者，也有人说，是兼指的前后二种。我们以为李克特是偏重于后者。

[注二] 李克特以为非价值关系的科学含有较多的真确性；价值关系的科学研究的结果只是大概的，所以不大含有真确性。

（以下紧接价值关系的科学一项，系价值关系的分类）

1. 个性记述学（历史学）——如像说法国第一次革命和第二次革命发生的原因，经过和结果都不相同。所以，历史是十足的典型的文化科学（价值关系的科学）。

2. 一般性记述学（中间科学）——把许多文化现象的共通部分抽出研究的科学。

    a. 政治学

    b. 经济学

    c. 法律学

    d. 社会学

    e. 特殊史学

从研究的对象上来说，政治学等也是具"个别性"的（以个别事实为研究对象的科学）；从研究的结果上来说，它们也可以获得一般倾向性的类似法则的东西，所以它们也可以叫做一般性的记述学。

一般性记述学也叫做中间科学。为什么呢？隶属于一般性记述学项目下的政治学，经济学，法律学和社会学在内容上是文化科学的，在方法上，是自然科学的。隶属于一般性记述学项目下的特殊史学（自然科学史等）在内容上是自然科学的，在方法上又是文化科学的。所以，这些科学是介在纯粹文化科学（历史学）和自然科学之间的。

四、现代社会科学家的主张

我们且把塞黎格曼（Seligman）当作现代社会科学家的代表者。他把科学分做：

（一）自然科学

（二）精神科学（文化科学）

a. 个别的个人的精神科学——如像论理学等。

b. 集团的个人的精神科学

1. 纯粹的社会科学

a. 旧有的社会科学

　　一　政治学

　　二　经济学

　　三　历史学

　　四　法理学

b. 新成立的社会科学

　　一　人类学

　　二　刑事学

　　三　社会学

2. 半社会科学性质的科学

a. 原来带有社会科学的性质，现在仍然保持着这种性质的一部分的"科学"：

　　一　伦理学

　　二　教育学

b. 原来并未带有社会科学的性质，以后却带有一部分这种性

　　质的"科学"：

　　一　哲学

　　二　心理学

3. 含有社会科学的意义的科学

a. 非以人类为研究的开端的

　　一　生物学

　　二　地理学（指今日的地理学而言。如像经济地理，政治

　　地理都含有社会科学的意义）

b. 以人类为研究的开端的

　　一　医学

　　二　言语学

　　三　艺术

Ⅸ. 从社会主义的社会科学家看来的科学体系。关于科学体系，有两大问题是我们所应该注意的：

（一）科学和哲学的关系如何？

（二）社会科学的分类如何？

　　我们承认社会主义的社会科学者对于上述问题的答案是正确的。

　　社会主义的社会科学者的科学体系不惟解决了前面两个难题，而且还有其他的特色。

　　完美的科学体系应该应合下述各种标准：

（一）把方法和对象融合起来

自然科学的对象是可以人类感官捉摸到的，它的研究方法是显微镜，实验室等；社会科学的对象和自然科学不同，所以，它的研究方法也和自然科学不同。

同样的，社会科学各部门也各自有它特殊的对象和研究方法。

对象和研究方法是有极密切的关系的，各种科学又各自具有它特殊的对象和研究方法，因此，在科学体系上，如何融合"方法"和"对象"这个问题的确是很难解决的，同时，却又是极须解决的。

（二）科学体系的本身应该一致

如像温德的科学体系忽而依照"方法"来作排列各种科学的标准，忽而依照"对象"来排列。这种缺点是应该免掉的。

（三）确立哲学和科学的各别领域

科学原来是从哲学中独立出来的。因此，科学和哲学的区域划分不是很容易的事情。然而，这件工作如果不能奏效，正确的科学体系又何从建立起来呢？

（四）确立各种科学间的关联

各种科学的发生有先后的不同，它们中间彼此的关系也有浅深的不同，怎样使关系较深的某些科学列在一起，这在科学体系的制定上也是一件重要的工作。

（五）区别各种科学对于"科学的目的"的适应的程度

各种科学的最后目的虽然是一致的（以"求其应用"为最后目的）。但是，它们适应这个目的的程度却各自不同。有些科学部门固然已经达到这种目的，有些仍然停留在"以寻求因果关系为目的"的阶段里，有些更停留在"以搜集现象及认识现象为目的"的阶段里。怎样区别各种科学对于科学的目的的适应程度，这在科学体系上，也是一件最可注意的问题。

现在，我们拿这五种标准来评价前面所说的几种科学体系。

初期社会学者的科学体系和以上五种标准都不相合。

现代自然科学家的科学体系过分注重具体科学，过分轻视哲学和社会科学。他们既把抽象科学和具体科学对立起来，却又把社会科学包容在具体科学里，这种排列不能不说是矛盾的。

近代哲学家的科学体系的缺点：（1）过分重视"方法"；（2）"经验"和"非经验"根本是有问题的；（3）首先以方法作排列标准，以后又以对象作标准；（4）他们只看到哲学和科学的一部分关系，不曾看到科学和哲学的区别。

现代社会科学家的科学体系过分轻视"方法"，不曾正确确定哲学的地位，科学各部门间的相互关系也弄错了。

以上种种科学体系，从社会主义的社会科学者看来，不消说都是错误的。

但是，适合社会主义的社会科学者观点的科学体系，以前还不曾明确的建立起来。我现在根据《反杜林论》等书的意趣，排列出一个新的科学体系。这种尝试，恐怕免不掉许多错误。但是，我们为要明白社会科学在科学体系中的地位，当然不得不努力创立一个比较满意的科学体系，如下：

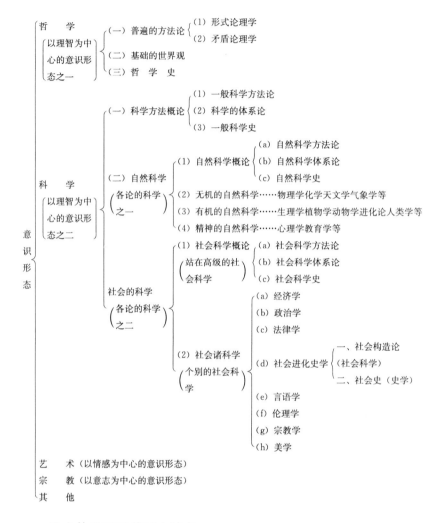

　　这个体系显示着五个特色：

　　（1）普通的分类不是单拿研究对象为标准，便是单拿研究方法为标准。上面这种分类处处兼顾这里所说的两个标准，没有"顾此失彼"的缺点。在这个体系的全体里，一切部分都是一致调和的，很少有矛盾的地方。

（2）这种分类能把科学的各部门间的关系表现出来。从原素说到无机物，然后依次说到有机物，人类，精神现象以至于社会现象：这是有一元的体系的。（详见本讲义下篇第五章）

（3）这种分类能把哲学和科学的关系说明出来。从它们，同是以理智为主的意识形态这一点上来说，是相同的；从它们各自包含着个别的内容上来说，却又是不同的。

从哲学范围内的三个区域来看，哲学和科学是有密切的关联的。谁都知道普遍的思维方法是一切学问研究的基础；研究"物""心"关系的基础的世界观又是彻底的科学研究上的必需知识。哲学史的研究直接是哲学研究的必要工作，间接的也就是科学研究上的必要工作。

（4）这种分类能把科学各部门的研究目的统一起来。有些人说科学的目的是想找出普遍的法则，有些人说它的目的是要搜罗一切精密的知识。依后一种说法，科学所包罗的东西未免太多；依前一种说法，一切应用科学都不成科学。这种矛盾的情形正是科学各部门的研究目的没有统一的反映。

我们相信，一切科学的目的是依科学的发达程度如何而有变动的（见前第一节），所以我们如果依科学的发达程度如何而把各科学排列起来，我们就可以同时把各科学的目的所在表示出来。因为科学的目的大抵有四阶段，即：

（a）叙述事实的阶段；（b）寻出因果关系的阶段；（c）寻出普遍法则的阶段；（d）能供应用的阶段。所以我们把能够四阶段都备的科学列在前面，已有三阶段的次之，只有二阶段的更次之，只有一阶段的列于最后。同时，不消说我们认为现在某一阶段的科学并不是只会永久的停留在该一阶段里，却是可以渐渐发达，渐渐走进更高一级的。因此，我们只承认各部门的目的只有程度高低的差别，并没有根本不同的地方。这样，以叙述事实为目的的科学，以研究普遍法则为目的的科学和以能供应用为目的的科学都可以统一起来。

（5）这个体系可以给予"历史"一个适当的地位。各个部门除它本身的研究以外，还有它的历史的研究。如果我们把历史独立起来，不和任何科学部门联结起来，那末，任凭我们把它放在任何地方都是不大妥当的。

以下提示关于这个体系本身上的几个要点：

（1）理智的特色是以最小的努力战取最大的效果。所以，理智的本身包容着先概论而后各论这么一个程序。哲学和科学既然都是以理智为中心的意识形态，所以，在它们的研究当中，都有概论和各论这两种步骤。

（2）单纯的，离开社会进化史的社会学，据社会主义的学者看来，是不应该存在的。一般所谓社会学只为资本主义的学者所倡导。但是，布哈林等却以为社会主义的社会学就是唯物史观。这样说法的社会学有人也叫它做"社会科学"。

第四节　社会科学的特性

XI. 社会科学史概略

要想了解社会科学的特性，必须先把社会科学发展的历史，概括的浏览一番。从动的方面来认识社会科学的特性，才会正确的把握着它。

我们应该从下列三方面来看社会科学发展的历史：

（一）对象方面

（二）方法方面

（三）历史的背景方面

这里所说的社会科学发展史是指的重要社会科学者的学说——对于社会科学的发展上曾经具有重大作用的学说。

我们此刻从事研究的范围，在时间上，可以限制在以下十一个段落里；在空间上，只以欧美所谓先进国的占在支配地位的学说为限。

（A）社会科学萌芽期

（一）伦理的社会观时代

这时代相当于历史上由纪元前四五百年起至纪元后数十年止的古希腊时代。

当时的学者兼治哲学和科学。哲学和科学不曾分离，社会科学当然不会发生。但是，那时却已经有了"社会的研究"。

这时代的代表者有德谟颉利图（Democritus），苏格拉底（Socrates），柏拉图（Plato）和亚里士多德（Aristotle）等。

德谟颉利图是诡辩学派的大师。这一学派在当时各学派中，比较的能用科学精神来探讨真理。

德谟颉利图在"社会是什么？"这个问题上，主张"原子论"。他把社会看做有机物，把个人看做原子。

苏格拉底以为人类可以用思维的方法（合理的方法）来了解社会。关于社会是什么，他却不曾详细说明过。

柏拉图以为观念（心）和对象（物）是对立着的。社会既不是观念，也不是对象，而是介乎二者之间的东西。它是人们所能理解的。

亚里士多德认为观念和对象是一致的，是相互为表里的，是不能相离的。社会是观念和对象的综合，所以人类也可以理解它。

以上诸位学者对于社会的认识虽然肤浅不堪，但是，他们都主张社会是可以理解的。他们可以说是社会科学的萌芽的培植者。

古代伦哲学的职能是去找出人类的伦理的独断的准则；科学的职能是去找出现象的客观的因果关系或法则。这两种东西本来是不该混同一起的。这时期的学者却都有这样的缺点。带有哲学色彩的"社会的研究"的惟一特色是以"善""恶"的眼光来研究社会。所以，他们在对象上是有成就的；在方法上，却毫无贡献。

希腊当时是奴隶社会。因此，在"社会的研究"上，没有把奴隶和自由人一并研究的必要。当时的一切意识形态的中心问题，只是要是认奴隶社会——解释自由人为什么可以"坐享其成"；反面看去，便是解释奴隶们为什么必须"劳苦终日"。因此，一切意识形态都带有伦理的色彩，社会的研究当然不是例外。

（二）宗教的社会观时代

这时代相当于历史上的宗教化了的罗马时代和黑暗的中世纪。

这时代从事于"社会的研究"的学者很多，但是，大半都没有特殊的贡献。我们用不着选择他们的代表者。

他们以为一切"心""物"都是上帝造成的。社会也是为达上帝某种目的而造成的。这种说法比前一时代是进步些。它能给予"社会为什么发生？怎样发展？"以某种意义的解释，虽说那种解释是荒谬的。

他们所凭借以理解社会的方法（引用宗教经典）虽说是可笑的；但是，比较前一时代，总算是"聊胜于无"了。

这时代的社会背景是怎样呢？

在奴隶社会里，奴隶的反抗力量很小，"宗教"并不大重要。因为生产力的愈发发达，奴隶在生产关系上愈发占有更为重要的地位，奴隶主对于社会的毫无贡献愈发显露，奴隶的革命要求愈发严重，因此，治者阶级不得不把一部分土地给予蠢蠢欲动的一部分奴隶，让他们变做自由的农民。这样，奴隶社会就渐渐走向封建社会。

在封建社会里，治者阶级牢记着农民的反抗力量，企图凭借宗教来作观念上的镇压。因此，当时的一切意识形态都带上了宗教的色彩；"社会的研究"同样的也不能例外。

（三）自然的社会观时代

这时代相当于十七世纪。

这时代正是倍根的实验主义盛行，自然科学有了长足的进步发展的时代，所以在中世纪的 scholastism 完全被克服了之后，社会的研究也随着变成唯物论的研究，社会这东西遂由神秘的殿堂被拉到平常的光天化日之下，而与自然居于同等的地位。所以这时的社会观，可以叫做自然的社会观。不过，还要知道，此时虽然有这种社会观，却还没形成单独的关于社会的科学。

这种自然的社会观，很显然的是资本经济逐渐成熟，新兴资产对于封建势力的打破的要求的反映。因为，只有打破宗教的社会观，才可以建设资产阶级民主革命的理论的基础。

（四）合理主义者的社会观时代

这时代相当于十八世纪上半。

这时代以前的社会观，大抵不是把社会界看成精神界，就是把社会界看成自然界，还没把社会界看成第三的世界。到了这时，才由 Leibnitz 和 Wolff 逐渐打破二元的世界观，而建立三元的世界观，把社会认为是在物心两界之外的，为实现各人最良福祉的缘故而结成的，由财产及劳动并扶助三者而成的结合。但是，只因他们的方法论是一种合理主义的方法论，所以他们关于社会的研究，当然还算不得是一种科学。这种社会观是当时抓住实际经济势力的商业资产阶级的重商主义的要求的反映，因为社会的社会观在事实上可以给中央集权论一些理论的基础，同时还因为他们所谓社会和国家并没有明白的界限的缘故，这种社会观更可以助成富国强兵的重商主义的政策。

B. 社会科学生长期

（五）实证的二元论的社会观时代

这时代相当于十八世纪下半。

这种社会观的代表者是孟德斯鸠及费古孙。他们对关于从前的一切社会契约说——不管他是洛克的个人主义的或是 Wolff 的集合主义的——都认为无稽加以排击，而主张用思维和观察两种方法，去求社会内的法则。所以他们的方法论虽是二元的，他们的对象虽然还是社会和政治两者的混合物，但是，从他们能够在哲学和自然科学之外，努力想用实证方法建设一种可以发现社会法则的科学一层看来，可以说他们的确已经把社会科学由萌芽期促进到生长期了。

实证的二元论的社会观也不是无社会的背景的：这种社会观，恰和经济学上的重农学派一样，是代表这时渐欲取商业资产阶级的地位而代之的产业资产阶级的利益的。因为社会的自然法则的存在，结果是证明重商主义的干涉政策的不合理，同时也就是拥护新兴资产阶级的自由放任论。

（六）实证的及实践的社会观时代

这时代相当于十九世纪前半。

这种社会观的代表者是圣西门及孔德。他们的社会观异于前一阶级的社会观的要点，只在他们的方法不单是一种实证的方法，并且是一种实践的方法，即是说，他们不单是想建设一个科学的社会学，并且还要建设一种实残的社会改造的理论。社会诸科学到了这时候，可以说是已经有了确实的基础，显然可与自然科学分驰和对抗了。

这种实证兼实践的社会观，不消说，有它的深切的经济背景。这背景不是别的，就是产业资本经济的成熟和随着而来的社会苦痛及社会问题，换句话说，就是随着而来的无产阶级的长成及无产阶级的贫困。不过，因为圣西门所代表的是被统治阶级，孔德所代表的是统治阶级，所以圣西门主张社会主义的运动，孔德却主张社会统制和改良的运动，其间稍有不同罢了。

（七）辩证的唯心的社会观时代

这时代也相当于十九世纪前半，但从地点上说，却只限于德意志。

这种社会观的代表者，不消说，是黑格尔及其门徒。他们所谓社会，只是所谓绝对精神的表现，在这一层上似乎和宗教的社会观相近，但是，在他们主张社会现象上也有因果法则一层上面，却不失为进步的学说。其次，他们所用的方法是辩证法——虽然是唯心的——这也是一种可以促使社会科学走到成熟期的方法，是一种很进步的方法。因此，所以我们不能不把这种社会观也看成有指导时代的力量的东西。

黑格尔的学说全体，都是代表德国那种发达得较迟，因此不能不为外面的成熟的资本主义及内面的无产阶级所威压而向封建阶级携手的新兴资产阶级的利益的，所以他的这种社会观，不消说，也是代表同种阶级的利益的。

（八）自然科学的唯物的社会观时代

这时代相当于十九世纪中叶。

这个社会观的代表者是 Frantz，Haxley，Nietsche，Haeckel 等。这种社会观在表面上似乎类于（三）的自然的社会观，其实不然：因为一则这种社会观受了达尔文主义的洗礼，能够明白的主张自然科学的法则可以适用于生物界人类界，不似（三）的无主张，二则这种社会观如下面所述，显然带有积极向外侵略的实践的意义，也是（三）所无的。

这种社会观的经济背景，是达到了成熟阶段的产业资本主义经济。因为这种以生存竞争优胜劣败为主要法则的社会学说，当然可以在内帮助资本家阶级尽量的压迫无产阶级，对外可以替资本家阶级造出一种压迫弱小民族的理由。

C. 社会科学成熟期

（九）辩证的唯物的社会观时代

这时代也相当于十九世纪中叶，与上述（八）的时代约略相同，只因这时的社会在实际上已分为资产阶级和无产阶级的对峙，所以这时的社会观也不能不有两种东西对立，而发生以两种社会观代表同一时代的情形。

这种社会观的代表者，不消说，是马克思。关于他的社会观的详细说明，我们且在后面第五章。在这里，我们只指出，一方面他在方法上克服了旧来的唯心的，唯物的，实证的，实践的，机械的，辩证的，等等不正确或不完全的方法，建设了辩证的唯物的方法——真正的唯一的社会科学的研究方法。另一方面，因为有正确的方法的缘故，他打破了一切不正确的不完全的社会观，抓住了社会现象和自然现象，生物现象，精神现象等等的区别和关联，发现了真正的社会科学的对象。因此，所以可以说，到了这时，社会科学才完全成熟。

这种社会观当然也有它的时代背景：它是十九世纪中叶的全世界无产阶级的长成与社会运动的发展的反映物，它是代表新兴的，握着实际生产上的力量而没有握着政权，因此也就富有革命的力量，更因此也就可以毫无顾忌的暴露事物特别是社会的真相的无产阶级的利益的。因此，所以它才能暴露社会的阶级的构造，并有史以来的社会上的阶级斗争的必然性，才能开始建设了社会科学。

（十）实证的一元的社会观时代

这时代当于十九世纪末叶。

这种社会观的代表者，是所谓奥国社会学家如像 Gumplowitz，Ratzenhofer 等。他们也和马克思一样，在自然现象，生物现象，精神现象三者之外，发现了社会现象这种东西，认为这是一个独立的存在，应该有它的特有的法则，所以，他们排斥了从前种种社会观和社会学，而企图建一个固有的社会学。单从这一层看来，他们也可以说是马克思的追踪者，但是，只因他们的方法（1）不是辩证的而是实证的，（2）不是唯物的一元，而是社会的一元，所以他们虽然发现了独特的社会，却不能发现社会界和自然界有机界并精神界的关联，因此，所以他们不但不是马克思的追踪者，还变成了马克思的反对者。不过，从全体看来，他们的学说虽然不完全，然而比较前的除马克思以外的社会学说，的确算进了一步，的确已经站在资产阶级的立场上，使资产阶级的社会科学，得着一种相当的科学的基础。

这种社会观，完全是代表这时代的帝国主义者的利益的：因为这种社会观一方面彻底的打破了旧来的种种和社会观相附丽的伦理观念，宗教观念，自由思想并社会连带思想，等等，另一方面又彻底的用实证方法建设了以武力为基础的社会观，所以这种社会观最便于在内压迫无产阶级，对外压迫弱小民族，换句话说，这种社会观最便于金融独占资本的独裁政治并军国主义及帝国主义的施设。这种社会观虽然发现了社会，而同时又不能不知辩证的唯物社会观对立，就只因为它所代表的阶级不同缘故。

（十一）战斗的辩证的唯物的社会观时代

这时代相当于二十世纪的现代。

这种社会观的代表者是列宁。他的社会观的基线，自然是和（九）相同的。不过，因为他所处的是没落的帝国主义时代，是全世界由资本社会过渡到社会主义的时代，换句话说，是一种社会转变最激，社会斗争最烈的时代，所以他的社会观比较多带战斗的实践的成分，即是说，关于社会解说的成分比较少，关于社会创造的成分比较多。因此，所以我们为与（九）明白区分起见，特特认定它为另一种的社会观。

这种社会观也是代表无产阶级的利益的。不过，只因为帝国主义没落期的无产阶级，在理论上和实际上必然的会和农民，被压迫的殖民地半殖民地民族站在同一战线上，所以代表无产阶级利益的社会观，同时从反帝国主义立场看来，又是代表农民并殖民地半殖民地的被压迫民族的利益的。

总结起来说，今日的社会科学不是一天就生长完成的，而是经过上述十一个阶级，才达到成熟的境地的。所以要想明白今日的社会科学的特色，只有在认清了上述社会科学发达史的概略以后，才有可能。

Ⅻ. 从今日看来的社会科学的特性

现在可以从今日的社会科学的水准，看一看社会科学的特性了。

这是比较简单的：因为我们在前面各段，已经零星的说到，现在只须把它综合起来，从对象，目的，观点三方面作一结论的总结就行了。

（一）从对象上看来，社会科学的特性有三：

（1）社会科学的对象是社会，而社会却只是一种人类和人类间的关系，不但难于从性质上去捉摸它，并且这种关系还是时时刻刻不断行着巨大的变动的，所以社会这种理象不是有齐一性的，倒只是具有大量性即从大量当中发现出来的大同小异性。

（2）社会既然是人类和人类间的关系，而人类的行为却是必须先经过人类的目的的意识的，因此，所以社会科学的对象，比起自然科学的对象，多带着实践性；即是说，社会科学的对象不像自然科学的对象那种多带客观性，而常常带着浓厚主观性，常常会随人类社会的目的意识的斗争的结果如何而有大大的转变。换句话说，就是，社会科学的对象多带有实践性，会因社会关系上的斗争者的实践的努力如何而有转变。

（3）因为社会科学的对象具有上述（1）及（2）两种特性，所以归结起，又带着一种特性，即比较多的历史性。这就是说，社会科学的对象，从历史的关系看来，比起自然科学的对象，较容易的在短期间中发生根本的变化，所以，社会科学的对象的把握必须带有历史方面的把握。

（二）从目的上看来，社会科学的目的也有一个特性——阶级性。这即是说，社会科学的目的，首先注重与阶级的利益有关的实际利用。前面第一节里面已经说过，科学的目的有四个段落，最后的段落才是供实际的利用。但是，在事实的社会科学的研究上，前述的顺序往往会被破坏，或是先注重第四的目的，再根据第四目的去造成虚伪的第二第三目的——即是说，造成虚伪的不正确的因果关系或因果法则——或是故意始终把社会科学的目的，滞留在第一段落之上，以免社会科学上的真正的因果关系和因果法则暴露出来。这种情形不是偶然的：这自然是因为社会科学的研究者，从一般说，往往脱离不了阶级的利害关系，所以或是无意中发生阶级的偏见，或是有意的弄出种种歪曲解释，结果才弄出上述的情形。不过，比较起来，还是代表被统治阶级的利益的研究者，较能少带这种阶级性。

（三）从观点上看来，社会科学的特性在它必须使用唯物辩证论的观点。什么是唯物辩证论的观点，我们在下面还有顶详细的评述，这里且不赘说。唯物辩证论的观点和前第一节所述的观点是否相同？这当然也要等到下面有了关于唯物辩证论的解释之后才能明白。我们现在只说：二者同而不同；因为唯物辩证论的观点大于第一节所述观点，所以前者可以包含后者，后者却不能等于前者。换句话说，社会科学必须于自然科学的观点之外，更具有它自己特殊的观点，即唯物辩证论的观点。社会科学所以必须具有这种特殊的观点或方法，当然是因为它在对象上及目的上具有和自然科学不同的特殊性的缘故。关于这一层，我们且留到下面一章再说。

第二章　社会科学研究方法论的意义和内容

第一节　什么是社会科学研究方法论

社会科学研究方法论这句话显然有两种意义：

（1）社会科学的研究上所必须的一切方法。

（2）社会科学的研究上特别需要的特殊方法。

从第一种意义说，这种方法论是广义的方法论，应该把（甲）社会科学和自然科学所共同必需的基础方法（如形式论理学）或辅助方法（如统计法），（乙）社会科学上某部分所特有的方法（如经济学研究法，历史研究法），（丙）一般社会科学上所特须的根本方法，即唯物辩证法，三者都包含在内。

从第二种意义说，只应该包含（乙）和（丙），因为（甲）应该属于普通的科学方法，不是社会科学上所特有的。固然，"唯物辩证法是不是也可以适用于自然科学，也必须适用于自然科学？"
这个问题，今日还在争论，但是，从历史上看来，从自然科学不用
唯物辩证法已有到今日为止的那种发达进步，而社会科学照上章所
述只有在适用了唯物辩证法之后才能成熟，那种事实看来，至少我
们可以说，唯物辩证法只有对社会科学才是必须的，对自然科学却
只是辅助的。因此，所以我们才有上述的分类。

　　从我们的主题看来，我们在原则上对于社会科学研究方法论的
意义，只能采用第二种意义的解释。

　　不过，从我们研究的方便上看来，我们在事实上却只能把
（丙）归入社会科学研究方法论之中。为什么？因为一则只有（丙）
才是一般社会科学上所特须的方法，二则（乙）应该归社会科学的
各部分科学去研究，我们不能离开那部门的特殊对象而充分加以
讨论。

第二节　社会科学研究方法论的内容如何

　　社会科学研究方法论的意义，既被我们认定为唯物辩证论，那
末，社会科学研究方法论的内容，当然就是唯物辩证论的内容。

　　从理论上说来，唯物辩证论的内容，至少应包含：

　　A. 当作认识基础看的辩证法的唯物论。

　　B. 当作认识的具体方法论看的辩证法的唯物论。

　　C. 当作宇宙观点论看的辩证法的唯物论。

　　D. 当作思索方法论看的辩证法的唯物论。

　　E. 当作实践方法论看的辩证法的唯物论。

所以社会科学研究方法论也应该包含 A，B，C，D，E 五者。

在这五者之中，B，C，D 三者都是一种研究方法，那是很明显的，当然用不着特别声明。至于 A 和 E 为什么也是一种研究方法，这自然是有人怀疑的。关于这个问题，我们在下篇说 A 和 E 的时候，当然还有详细说明，在这里，我们只消说：

因为社会科学的对象有三种特殊性，不易使用那种和那种为自然科学上所常用的方法或工具（如像显微镜），去捉摸，所以不能不从认识的根本上入手去研究它；又因为社会科学的对象上有实践性，社会科学的目的上大抵有阶级性，所以不能不从实践的方法上入手，去研究它，就行了。

下篇　唯物辩证法

（或辩证法唯物论，或科学的方法论）

导言

I．名称及来源

辩证法译自 Dialectik，与唯物论结合，而称为辩证法的唯物论，或唯物辩证法。它是科学方法中最高级的方法，所以也可称为科学的方法论。科学所以成为科学，在能分析客观事象发现其存在及运动的法则，预知事象变化的因果性，必然性。而辩证法的科学观点，即最能达到此项任务。

II．辩证法的重要性

因为辩证法是最高级的科学方法，所以我们无论行学问的研究，或社会的实践，都必须先研究辩证法。但是它最难懂，何以故？第一，因为它带有哲学的性质，种种说明常常抽象而不具体。第二，因为辩证法唯物论的发展史上，即其本身已有种种变动，有所谓古代唯物论，十八世纪唯物论，辩证法唯物论，战斗唯物论，新机械唯物论等等——在名词上乃至内容，都容易令研究者发生混惑。

Ⅲ．对于辩证法唯物论的误解

因为辩证法唯物论的难懂，从而流行着种种误解：譬如（1）把辩证法与唯物论分割而对立起来；（2）把辩证法与形式论理学对立起来，认为绝不相关；（3）把辩证法唯物论认为只是一种纯粹的方法论，而非客观的事实。……诸如此类的误解，必须要避免之。

Ⅳ．研究的方法

为要克服辩证法的难懂，及避免陷入于可能的误解，在我们研究的进程中，应用下列两个方法：（1）例示，每述一原理，必尽可能的引用事实来作说明。（2）在每一命题之下，把各种误解及不正确的学说先指摘出来，然后作出结论。

Ⅴ．研究的顺序

辩证法的唯物论或唯物辩证法，本是一个不可分割的总体，但为研究的便利，姑且把它分成下列的顺序：（1）认识基础论即普通所谓真理论。（2）认识的具体方法论。（3）宇宙的观点论。辩证法不是概念的游戏，而有其客观的宇宙性——自然观社会观及思维观。（4）思维（即推理）的方法论或矛盾论理学。（5）实践方法论，行动的准则，关于革命的伦理。

第三章　当作认识基础论看的辩证法唯物论

第一节　认识论的意义

认识论是什么？哲学上有种种不同的答案，有些人以为认识论是哲学的一部分，有些人以为认识论已脱离哲学的范围而独立，有些人以为认识论即是哲学，除认识论外无哲学了。比较妥当的说法是：认识论是哲学中最主要的部分，它的研究对象为人类的知识——哲学意义上的知识，非心理学的知识。

详细的说来，认识论的范围，第一，研究什么是知识（即意识或思维）？第二，研究什么是物质（即存在或外物）？哲学范畴的物质与物理学上的物质意义稍有不同，在物理学上把物质与能力（声光电热）对称；而哲学上的物质，乃系物理学中物质与能力的总称，与意识相对立着。第三，研究思维与存在的先后问题。到底先有物质而后有意识呢？或先有意识而后有物质呢？或两者具有之后，何者具有最后的支配力呢？第四，研究思维与存在的关系如何？二者绝不相关吗？或二者互相依赖，则物质依意识而存乎，或意识依精神而存乎？第五，研究知识的正确或错误，即真理论。许多昔人认以为真的真理（如认月蚀为天狗吞月，及以人类喜新厌旧去解释生产恐慌之类），今证为假。然则，真理是不是可以认识呢？第六，研究真理如可以认识，则其可凭信之程度如何？如不可以认识，则现存各种科学真理是什么？第七，结论。

以上七个问题，我们把一同二，三同四，五同六及七分成四项去研究。

第二节　认识论的根本论争及其阶级性

上述七个认识论的根本问题，从来流行着种种不同的结论。这种种不同的结论，应用到政治理论及经济理论上去，常常可有用或有害于某个特定阶级。反过来说，从种种不同的阶级立场，对认识论的问题，也常常发生种种不同的结论。所以我们在批判上面七个问题说，先要大体明白现代各主要学说及其相关联的阶级性。

哲学是带有阶级性或党派性的。从表面上看来，哲学与政治斗争好像没有什么关联似的。其实不然！一切政治斗争都有理论斗争，一切理论皆有方法论，方法论的基础就是哲学上的认识论。哲学是一切思想体系之集中的表现——在一切意识形态中，哲学是基础及起点。从哲学的认识论上结论一点的不同，引申出去，可以贯彻一切理论部门都是不相同。举例来说，伯伦斯泰 Bernstein 在一切方面篡改马克思主义，即先从认识论改起。他用观念论代替了马克思的唯物论，从而认心理改变为历史改变的基础，用人心说代替马克思的唯物史观；马克思说阶级斗争推动历史，而伯伦斯泰则说，阶级调和推动历史。又如朴列哈诺夫 Plehanoff 虽是唯物论者，他因忘记了人类认识的积极性，遂在革命斗争的实践上，常常判断错误，对 1905 年的革命怀疑，在 1914 年主张对德作战，在 1917 年，竟反对革命。再如托罗斯基，把现实与理论分成两橛，成了离开现实的公式主义者，遂至在历史上犯了好几次的错误，如在 1905 年即主张早熟的工人专政，在 1923 年反对新经济政策，在 1927 年反对五年计划。这不是我们偏袒干部派，历史事实证明托罗斯基几次的意见都是错误的。又如布哈林 Bucharin 他不能把握事物发展之内在矛盾性，遂由均衡论走入了机械论。又如戴季陶以孔孟哲学去篡改孙中山先生的三民主义，遂把三民主义陷入王道说的泥沟中去了。所以一切政治纲领，要先从认识论说起。

认识论根本问题乃是全哲学中的最高问题，历史上一切对此根本问题的论争，不问其名称如何，都可以归入两个营垒之中——即唯物论的营垒与观念论的营垒。这两个营垒的分立，是由于阶级的分立。在历史上，从大体上说来，观念论是代表统治阶级的意识形态，而唯物论则常站在被压迫阶级一方面。

观念论发生的来源有二，一为历史的或社会的基础，一为思维的本身。从历史上看来，观念论的发生是在精神劳动脱离肉体劳动的时候，更精确的说是在人类社会已有政治现象的时候。生产力的发展，原始剩余生产物之出现，使一部分的人类脱离了肉体劳动而从事精神劳动。这一部分人通常总是部落的酋长，或民族的族长；于是劳动性质有贵贱尊卑之分，轻视物质而重精神劳动，与统治阶级有益，而观念论于以发生了。

观念论发生史的另一方面，为思维本身的来源。普通的认识过程，由感觉到知觉到表象及判断，即一切知识都有积极的即能动的作用；但此作用有一定的限度即必须有物质基础，尚完全无视物质基础，对于思维之积极作用夸张过甚，就必然成为观念论。例如需要供给的法则，自有其适用的一定的限度，但若把它在思维上夸张起来，以之为商品价值形成的实体，以之为经济学一般的基础，那便陷入于观念论的见地了。

观念论与唯物论一样，都有其悠长的历史，而从其社会基础之夸张，观念论便成了历史上统治阶级的哲学。（只有目前的苏俄是例外，因为苏俄的统治阶级是直接从事生产的无产阶级，而历史上一切统治阶级都是脱离直接的或肉体劳动的）与观念论相反，唯物论却常是代表历史上革命阶级的意识形态。

观念论侵入了人类的一切知识部门。与观念论相关联的第一便是宗教，在欧洲史上僧侣与贵族及地主形成了统治阶级的基干，政治上的政教合一在意识上的反映，便是宗教与观念论的勾结。自然科学的发生，本能的奠其基础于唯物论之上，为观念论所不易侵入。但到十九世纪中叶，随着资本主义的向上期，自然科学中亦渐输入观念论了——随着原子之让位于电子，即物质属性之新发现或改变，而观念论者高喊物质消灭了，唯物论崩溃了。至于社会科学从其成立之日起，即带有观念论的色彩，到了十九世纪中期，才有唯物论的倾向。更如文学上的浪漫主义象征主义未来派，则为观念论侵入文学领域的事实。总之，贯彻一切自然科学，社会科学，文学艺术的理论，都对峙着观念论及唯物论两个营垒。

全部哲学史都可目为观念论与唯物论的斗争史。但两个营垒之说，只不过从其大者言之，其中尚有种种中间物。又观念论及唯物论的本身亦经历种种变迁，而内容大异。有各为唯物论而实为观念论者，有各为观念论而接近唯物论者。同是十八世纪的唯物论，而其前后阶段不同。同为黑格尔学说，其体系为保守的，而其方法为革命的，青年黑格尔学说代表当时德国负担对封建势力革命的资产阶级，而后期黑格尔学说，则完全代表封建势力与资产阶级凝结而成之普鲁士国的统治阶级。惟自历史上的大体倾向言之，则唯物论与观念论自可分别；今就近代哲学史上的各种派别，分别归入两个营垒的里面，试作一概观如次。

1. 观念论的营垒：（1）宗教的观念论或教会认识论，代表封建阶级的利益，盛行于十六世纪以前，而在今日仍有残余势力。如莫索利尼公然承认宗教在教育上的必要；战后德国社会民主党对宗教问题，第一认为系个人的私事，第二认为宗教有教化上的作用，即其证明。（2）合理主义，代表人物为法国的笛卡儿 Descates，荷兰的斯宾诺沙 Spinoza，认理性上的对的为对的，理性上不对的即是错的。此派在资本主义以前，代表当时革新势力，反对教会的腐败。（3）经验论，第一期的代表人物为洛克 Locke，巴克来 Berkley，休谟 Hume 与十八世纪的法国唯物论相对抗。第二期为马赫 Maoh，波格达诺夫 Bogdanoff，的经验批评论，代表十九世纪后期向上时代的资本家阶级。（4）康德主义（5）黑格尔主义，二者内容虽不同，而其历史上的作用相同，即都是代表十八世纪末期十九世纪初期的德国新兴资产阶级。（6）新康德主义，代表人物为 Adler，Rickert，Forlander。（7）新黑格尔主义，代表人物为英之 Bradley，意之 Geutily，二者皆代表没落期资本主义的意识；又俄之德波林 Deborin 亦可目为新黑格尔主义者，代表新经济政策后的富农阶级。

2. 唯物论的营垒：（1）法国唯物论，代表人物为霍尔巴克 D'Holbach，拉梅特里 Lamaitrie，狄德禄，代表十八世纪法国革命的市民意识。（2）辩证法的唯物论，代表人物为马克思及恩格斯，代表产业资本主义时期被压迫阶级的意识。（3）战斗的唯物论，主要代表者为列宁，他把马克思的唯物论充实而扩大了。代表金融资本主义时期中革命阶级的意识。（4）新机械唯物论，代表人物为布哈林 Buharin，斯提巴诺夫 Stepanoff，亚克西尔里德 Acceliod。产生于新经济政策中的苏联，代表富农及工商业者的意识。但如布哈林为俄共产党著名领袖之一，其书曾在俄国作为教科书十余年，后来发现其为新机械论者。

上面举出近代哲学生上观念论和唯物论两个阵营中的主派别，

其在历史上的斗争形势，略如次图：

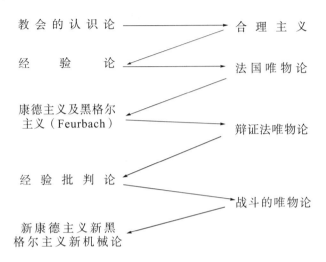

第三节　意识本质论

意识本是心理学的名词，拿来与感觉，知觉相对待的。但哲学意义上的意识，与心理学意义上的意识不相同，乃是指一切主观的心理作用的总称，与一切被感觉被意识的客体相对待的。在哲学上，意识与物质两个范畴，从来流行着种种不相同的名词，但其意义是相同的。譬如，意识＝思维＝精神＝知识＝主体＝主观＝心，物质＝存在＝实在＝外界＝客体＝客观＝物。……

关于意识和物质，有种种不同的哲学见解，有人以为两者并存而对立，有人以为有物质无意识，有人以为有意识无物质。一说到意识，马上便要关联物质；所以在本节中分两段来说：（1）意识的本质，（2）物质的意义。都要先举出观念论和唯物论各主要派别关于意识和物质的见解，加以批判，然后作出正确的结论。

1. 意识的本质

（1）宗教的观念论承认有灵魂，把灵魂与物质相对待；所谓意识即为灵魂的断片，故意识出于灵魂，有灵魂乃有意识，无灵魂即无意识。

（2）合理主义的意识说。笛卡儿认为世界有三种不同的本质；第一种本质有延长性，即所谓物质；第二种本质是能思维的，即所谓意识；第三种本质是最高的无所不具的，即与神相当的一种存在物。照笛卡儿的说法，意识便是先天的观念。合理主义的另一代表者斯宾诺沙，认世界的本质是单一的或唯一的，意识及物质即是此单一的本质的两方面的属性。斯氏的说法虽与笛卡儿略异，但承认意识为先天的观念这一点，则两人大体相同。

合理主义对于意识本质的解释，自较宗教的观念论进步。笛卡儿注重理性，理性在思考中发挥出来，而思考则起于怀疑。我疑故我思，在思考中明晰而正确的便是合理的，模糊而不正确的便是不合理的。宗教的观念论以意识为灵魂的断片，但灵魂的本身便是漂渺不明晰的，所以在笛卡儿看来是不合理的。

（3）经验论的意识说。经验论一方与合理主义相对待，一方与法国唯物论相对待。经验论始于洛克，洛克以后的主要代表者是巴克来。巴克来以为意识乃感觉的联合。譬如说柏树，眼观其形其色，耳听其声，手触其硬度，等等感觉结合而为柏树的意识。物（柏树）是什么？物也就是这种意识，这种感觉的联合；物的存在，存在于感觉及意识之中，除感觉及意识，也就没有物了。既然说，无感觉即无物，那末无人类即无世界吗？巴克来说，感觉以外有无物的存在，那只有神知道，人是不能知道的——巴克来本是牧师，这样他便有意识的用观念论的哲学去拥护宗教了。于此更有人问，人既不能知感觉以外的物的存在，怎能知道有神的存在呢？巴克来说，这是由于信仰，信仰的本身便是一种最明确的感觉：普通的感觉如梦幻等很是模糊，而对于神的觉感是很明确的，所以神的存在，是可确信的。巴克来于是以感觉论始，而以信仰论终，而陷于自相矛盾了。

休谟 Hume 对此问题，大体与巴克来一样，以为意识乃是感觉之束，物质也是感觉之束。感觉以外有无物的存在，那是信仰的问题，而非知识的问题。

合理主义者笛卡儿，承认物质与意识并存，所以从自然科学的见地，承认有客观因果关系的存在。巴克来站在笛卡儿的反对面，以为一切科学法则只是一种象征 Simbol，只是主观的感觉的继续而已。休谟则以为因果关系由于习惯，由经验以推知将来，与巴克来略有出入。这便是经验论的意识本质说。

（4）法国唯物论者以为意识是感觉的联合，但感觉不是凭空来的，乃是外物在人类感觉机关的反映。意识与物质相对立，相关联；感觉是物质的反映，没有物质便没有感觉，便没有意识——这样，把意识依存于物质，以物质为主，所以是物质论。不过，十八世纪法国唯物论者的物质观是不变的，以为有了物质便有意识，所以意识也是固定不变的被给与的机械的意识——故名之为机械的唯物论，以别于十九世纪的辩证法唯物论。

由上面看来，合理主义把心物并列，而于其关联没有说明。经验论者根本否认外物的存在，以为外物与意识一样只是感觉的结合。法国唯物论者则以为物质独立于人类意识之外，意识由感觉的结合而成，感觉乃是外物的反映；所以法国唯物论者所谓物质不是杂乱不相关联的物质，乃有合法则性的物质。法国唯物论者，可说是合理主义的修正及扩大，来反对经验论的。

（5）康德主义及黑格尔主义的意识本质说。康德主张意识乃是感觉与先天的认识形式或认识能力的结合；譬如柏树，视觉只能觉其形色，触觉只能触其硬度，听觉只能听见树声……这种种感觉都是零杂的不相关的，必须与先天的认识形式相结合，才能有关于柏树的整个知识。这先天的认识形式，便是悟性；人类的认识，不只靠感觉，还要靠悟性。譬如关于时间空间及论理学上的范畴，康德都以为不是感觉所能获得，乃是悟性的认识。人的认识有时偏重感觉，有时偏重悟性；但感觉只能知道一部分，非与悟性结合，不能成为知识。

康德是观念论及唯物论的折衷派。他承认外物之客观存在，外物作用于人类感觉机关而生觉感——这是唯物论的见地。但他又把外物分为本体及现象二者，到达于人类认识中的只是现象而非本体。现象可知而本体不可知；本体既不可知，而又承认其存在，康德于此是不可知论者。再则康德把意识认为是感觉与先天认识形式的结合，是即把客观的因略法则，移入主观的心理作用之中，康德于此便成为观念论者了。

康德的悟性说，依辩证唯物论的见地来批判，是错误的。就时空的范畴说，时间空间若是先天的认识形式，何以关于时空的概念历史上常常变化而不相同呢？譬如 Democrite，认空间为上下二层，牛顿认空间为箱形，爱斯坦因认空间与时间不能脱离。种种关于时空的学说，证明时间空间自有其客观的存在，并非是人类的先天认识形式。

康德对于社会现象，与其自然观相矛盾。他认为因果法则在社会现象不能适用，社会的动力是神的无上命令。人依神的无上命令而行，社会就进步；否则社会便要糜乱。——这样，康德又归依神意说了。康德学说在理论上是调和其先行的唯物论及观念论两派；其社会的意义是在调和统治阶级及被统治阶级，终于帮助了当时普鲁士王国的君主。

黑格尔解决了康德哲学中本体与现象间的矛盾，而走入了彻底的观念论。他以为意识乃绝对精神的表现；绝对精神（或理念 Idea）是宇宙的本源，一切自然现象，社会现象，思维，都是绝对精神的疏外（Entäussern，译作疏外，即由中心向外渐渐疏远之义，与普通所谓表现不同）而成的。

但是黑格尔所谓绝对精神，与普通意义的上帝或神不相同。神或上帝是永久不变，而绝对精神则时时在变化或运动之中，时时刻刻在行着自我发展。何以会有发展或运动呢？黑格尔说，这是由于绝对精神之内在的矛盾的斗争。绝对精神内含着相对立的矛盾物，矛盾物的斗争而成运动；自然，社会，思维都是绝对精神的疏外，从而都含有内在的矛盾，从而都在不断的运动及发展中。依据黑格尔的说法，这种绝对精神的运动，终于在普鲁士王国自我实现出来了。

黑格尔是应用辩证法于认识论的第一人，他把意识认为是绝对精神的表现，从而意识本身也是时时刻刻在变动发展中——这是他与先行一切哲学家最大不同之点，而成了马克思辩证法的直接先驱者。

（6）辩证法唯物论的意识本质说。辩证法唯物论与十八世纪法国唯物论相同，认意识为感觉的联合，为物质在感官上的反映。人类通过其感觉，思维以及实践，而把外物对感官的刺激能力，转化为主观的意识内容。可是法国唯物论以为有了物质同时就有了意识，意识是被给与的不变的；而辩证法唯物论与之不同，认为意识是有发生史的，是在不断的发展或运动中。自然科学证明，地球先人类而存在，由无生物中发生了有生物，由不能思想的低等的生物，发生了能思想的生物。所以物质是原始的，意识是比较后起的现象。可是意识本身亦在不断的发展中，人类在对自然的观察及社会的实践中，时时刻刻发展其意识，变动其意识。这样辩证法唯物论扬弃了法国唯物论者之固定不变的被给与的机械的意识观，提供出一种发展的有积极性的辩证法的意识观了。

（7）经验批判论的意识说。经验批判论者马赫，以为意识是经验要素的结合。所谓经验的要素，一为心的要素，一为物的要素——所谓经验是经过心理批判后的经验，而非自然的素材。马赫虽然承认有物，而以为非经过心的组织，则不存在，结果便等于否认物质。经验批判论者把辩证法唯物论认为是拜物教，他在经验要素的外衣之内，表着一个主观念论的躯壳，代表十九世纪末叶帝国主义时代资产阶级的意识。波格达诺夫追逐马赫的后尘从而主张组织人类一般心理，曲解唯物史观，陷于空想社会主义者的覆辙中了。

（8）战斗唯物论。列宁关于意识本质说的主张，与马克思恩格斯完全相同，但特别着重于认识的积极性及实践性而已。

（9）新康德主义，新黑格尔主义及新机械论者意识本质说。新康德主义者及新黑格尔主义者，祖述康德及黑格尔，对此问题没有新的主张。新机械论则根本否认意识，把意识与物质间的区别完全打破，以为一切事象皆可还之为一种力学作用，陷于极端机械论的见地。

2. 物质的意义

在批判了意识本质说之后，各学派关于物质的意义的主张，便可以简略的说得明白了。

（1）宗教的观念论或教会的认识论，以为没有灵魂的东西就是物质；但是灵魂本身即不能说明，此种物质说当然是不对的。

（2）合理主义或唯理论，以为具有延长性的东西，就是物质。这样的说法，是物理学的解释，而非哲学上的物质。

（3）经验论。洛克承认有物质，以为物质具有两种性质：第一质为延长性，硬度，不可入性等等，是可以与感觉相照应的；第二质为颜色，香味，温度等等，是不能与感觉相照应的。巴克来及休谟比洛克更进一步，以为物质与意识一样，都是感觉的联合，根本否认物质的独立存在。

（4）法国唯物论者，主张物质是实在的东西，是我们感觉上所感觉，意识上所意识的对象。

（5）康德及黑格尔。康德以为物质即是现象所由发生的本体，到达于人类认识中的只是现象而非本体，本体虽在悟性上知有其存在，但是不可的。黑格尔以为物质和意识一样，都是绝对精神的疏外，是内含有矛盾的，是在发展中的；这样看来，黑格尔虽然承认物质的存在，但是带有精神性的。

（6）辩证法唯物论，在承认物质是实在的东西，及感觉与意识的对象一点上，与法国唯物论略同。但辩证法唯物论者更进一步，以为物质是发展的及运动的。即就人类关于物质的知识而言，最初只知其物理性，如延长性，硬度等等；其后，乃发现其化学性，如分子及原子之分解及结合等等；最后，乃发现其物理—化学（当作一个名词看）性，即关于电子性质的规定等等。

（7）经验批评论，以为物质的存在依存于人类经验的要素，等于否认物质，为极端的观念论者。

（8）战斗唯物论者，列宁关于物质的主张，完全继承着辩证法唯物论。

（9）新康德主义新黑格尔主义，对于物质的意义没有新的见解。新机械主义者承认有物质，并且也承认物质有运动；但是这种运动完全是机械力学的运动，而非辩证法的运动。新机械论以为一切物质只有量的不同，而没有质的差异，所谓质的差异，只不过是量的不同。这把物质的存在及其形态混为一谈；结果，所谓物质只是在观念上存在而已。

以上关于意识与物质的见解，以辩证法唯物论的物质观与意识观，最能与客观事实相符合。我们要把握了辩证法唯物论见地上的物质及意识，才能解决以后的各种问题。

第四节　存在对思维论

前一章阐述了意识的本质及物质的意义，现在进而研究意识对物质的关系如何。对此问题，最容易把意识看作心理学的名词，物质看成物理学的名词，故改称为存在对思维论。

本问题包括两个论点：（一）思维与存在二者发生先后的问题。（二）二者之中，何者具有最后的决定力的问题，或主从的问题。仍依近代各主要学派的学说，施行历史的批判。

（1）宗教的观念论，把物质及灵魂（意识出自灵魂，为灵魂的断片），认为都是上帝所创造，不先不后，同时发生。二者并存而不相关联，两者之间并非谁制取谁，谁规定谁，而是同受神的支配。

（2）合理主义，以物质及意识是宇宙中两种不同的本质，同时并存，同受第三者的支配。所谓第三者并不是宗教观念论所谓神，而另是一种超物质的超意识的东西，但可以用理性去理解的。

宗教观念论的见解是迷信的神学的，合理主义的见解是玄学的。

（3）经验论。经验论除洛克外，巴克来和休谟都完全否认外界的客观存在；既不承认有物质的独立存在，逻辑的推论下去，必然陷入主观的观念论。一切存在皆存在于感觉及表象之中，不发生先后的问题，亦无主从问题。

（4）法国唯物论，承认存在与思维并存，因为存在与思维都是固定不变的；但法国唯物论者对于两者的主从关系，则以为是存在决定思维。

（5）康德主义和黑格尔主义。康德以为人类只能认知现象，而现象出于本体；好像是主张先有物质。但是康德又主张本体不能被认识，到达于人类认识中的只能是现象；那末，康德便在意识与物质之间挖成了一道不可逾越的深沟，二者不相关联，则主从关系就无从决定了。——康德于此可说是折衷论者。

黑格尔是著名最伟大的一元观念论者，他以为宇宙是统一的，但其统一性不是物质性而是精神性。照黑格尔的说法，自然是精神在先而物质在后，不过此精神不是任何个人的精神，而是超个人的超自然的绝对精神。自然及人类（人类的思维当然包括在内），都是绝对精神在依其辩证法所规定的发展阶段上的疏外物，那末就主从关系说来，自然也是精神支配物质了。

黑格尔学说的神秘性，与宗教观念论及经验论同在同一的观念论的阵营中。但黑格尔是有意识的树立辩证法方法的第一人，他在万有万物的联结及发展中去观察对象；所以他虽是观念论者，而具有丰富活动的内容。——这一点，是不可把黑格尔和其他观念论等量齐观的。

（6）辩证法唯物论，主张物质是精神之父，物质发生在先，意识或精神都是物质发展全过程中比较后起的现象。——这是自然科学特别是地质学所完全证明了的。对于主从关系，则主张存在决定思维；但是二者都是在不断的发展及运动的，并不是固定不变的。——这是辩证法唯物论与十八世纪法国唯物论最大不同之点。

（7）经验批判论，无新见解。

（8）战斗的唯物论，与辩证法唯物论完全相同。

（9）新康德主义，新黑格尔主义，新机械主义，对此问题，也都无新说明。

这个问题虽然是纯哲学的问题，但视解答问题的结论之不同，可以发生极大的影响。一般都知道，马克思唯物史观的基本命题"不是人类的意识决定人类的存在，而是人类之社会的存在，决定人类的意识"，便是由费尔巴哈"不是思维决定存在，而是存在决定思维"一命题而来。如果承认存在决定思维！那末，在历史及社会的领域内，当然就必主张先要的改革制度——特别是被视为社会的真实基础的经济构造。反过来说，如果承认思维决定存在，那末在社会改造时，必然的会主张先要改良人心，特别是在上者（君主）的心理，而陷入空想主义的泥沟去了。

第五节　主体对客体论

前面已经说过，主体＝思维＝意识，客体＝存在＝物质。在明白了存在与思维发生的先后及其主从关系后，现在进而讨论二者间的关系如何发生的问题，特名之曰主体对客体论。

本问题包含三个论点：

（1）主体靠什么去认知客体？

（2）主体与客体发生关系的段落，即认识运动的阶段问题。

（3）主体对客体的认识是永远不变呢？还是带有历史性呢？

现在分开来作研究。

1. 主体靠什么去认识客体（即人类怎样去认识外物）

（1）宗教的观念论，以为是靠灵魂去认识客体。但灵魂可知乎？不可知乎？灵魂如可知，则为何物；宗教观念论除诉诸上帝外，别无解释。灵魂如不可知，则认识根本不可能了。本说的不合事实，自明。

（2）合理主义者，以为是靠理性去认识。合理论者笛卡儿以为感觉是纯主观的不明白的不确实的，感觉时常错误，人不能从感觉中获得真理，而必须依存于理性及思维。这样，合理主义，便把感觉与理性及思维间的关系割裂了，使理性脱离感觉而独立，并且以为观念是天赋的不是从感觉来的；人如要获得正确的知识，只要闭起耳目，脱离感觉而完全致力于论理的思维过程就够了。

另一合理论者莱卜尼兹 Leibniz 想补救笛卡儿的缺点，主张真理分为理性的真理及事实的真理，前者用理性去认识，后者用感觉去认识；但是感觉与理性间的隔绝，还是不能联系起来。

（3）经验论者，站在合理论的反面，否认任何先天的观念，以为人的精神最初只是一张白板，一切知识都是得自外部的感觉。外部的感觉即外的经验；除外的经验外，还有反省作用等等内的经验；一切观念都是感觉的综合。但是巴克来以为感觉是纯主观的，感觉的综合，即是观念，除此之外更无外在的物质，一切存在都存在于感觉之中，这样巴克莱便把感觉的对象由物质移到观念了。经验论者很勉强的把合理论所隔绝的感觉及思维联缀起来，但又把感觉及思维与存在间的联系遮断了。

（4）法国唯物论者，主张靠感觉去认识，并承认观念是感觉的联合之外，还有被感觉的客体之独立的存在。但是法国唯物论以为感觉只是客体刺激感官时的反映，而不知道在认识过程中，被客体影响的主体，反过来还能影响客体；即看漏了人类认识之实践的积极性。次则法国唯物论者对于感觉与理性间的联系，也仍不能说明。

（5）康德主义及黑格尔主义。康德以为认识一方要靠感觉，一方要赖先天的悟性即先天的认识形式：这种主张无疑的是合理论与经验论二者间的折衷主义。但是康德认为人只能认识现象而不能认识本体，则把存在与思维的关联遮断了；认识能力既是先天的，则康德所谓悟性，就是笛卡儿先天的观念的变形，又把感觉与理性间的联结隔断了。康德并没有解决先行各哲学系统中间的矛盾，只把这矛盾弄得更深刻了。

黑格尔把自然，社会及思维都统一于绝对精神之下，造成一个伟大的观念论的体系，这是他的特色。但他的绝对观念比普通所谓理性，更漂渺不可知；问题的内容在黑格尔的手中，弄得更丰富了，但是也没有解决。

（6）辩证法唯物论。在这里先要说马克思恩格斯唯物论之直接先驱者费尔巴哈的主张。费尔巴哈首先承认离我们思维而独立的事物的存在，以为只有在原则上承认思维是存在的一种属性，方能恢复它们中间的统一；但是这种统一，并不是黑格尔把思维与存在混同一样，因为统一并不排除二者间的区别。

据费尔巴哈的意见主体与客体是相对的，每个人在其自身看来是感觉与思维的主体，从别人看来，又是被感觉被思维的与其他一切事物一样，同是一种客体。认识不能单从"我"，从主体出发；而应该从我与你的统一，主体与客体的统一出发。换言之，人并不是拿主体的资格去认识，而是拿主体—客体（当作一个名词看）去认识；感觉与理性不单是主观的，而且是客观的。

主体与客体的统一，是费尔巴哈认识论的出发点。思维何以能认识存在，因为思维即是存在的一种属性。观念是人从外界所得来的感觉的配合。理性是综合感觉的一种能力，尽可能的避免错误，是与感觉密切相关联的。

费尔巴哈这样统一了思维与存在，联结了理性与感觉。这唯物论认识论的根本论纲，为马克思恩格斯所承受下来。但这还不够，而必须加上实践。人最初即有生活，即有行动；人不单用感觉及加工于感觉材料的思维作用去认识对象，而且在实践中去认识；人不仅是观察自然，而且还和自然斗争；改变自然，使自然适应于人的实际需要；所以不但客体影响主体，人也影响自然；在人与自然互相斗争时，人不是单独存在的，而是集团的存在的，即是处于社会之中的。所以，实践不但是真理的基准，而且是认识过程中的必要阶段，与感觉及理性关联起来。

把实践引入认识论中，是辩证法唯物论的一大特色。

实践是社会的集团的实践，完成了主体与客体的统一，感觉与理性的统一。

（7）经验批评论，认为只能靠感觉去认识，大体与经验论相同，其目的专在反对辩证法唯物论。

（8）战斗唯物论。列宁继承马克思恩格斯的主张，而特别着重于实践。

（9）新康德主义新黑格尔主义及新机械论，无新见解。

本节的结论是：人类认识的可能在于主体与客体的统一；人类靠感觉及理性及实践的统一，才能真正认识客体。

2. 认识运动的阶段

依据辩证法唯物论，认识是有阶段的。列宁主张，认识运动可分为三个阶段：（1）直观的阶段，（2）抽象思维的阶段，（3）实践的阶段，此三个阶段并不是绝对的区分，只是意味着在认识过程中，第一阶段以直观为主，第二阶段以抽象思维为主，第三阶段以实践为主。

认识运动的第一个阶段，注重感觉及知觉，只能认识直接被感觉的事象；其不能直接感觉到的即不能认识。直接感觉上的认识是断片的，部分的，表面的。

第二个阶段，即是把种种直观即在第一阶段所获得的一种感觉的经验或事实，整理起来，利用思维力而行推理作用，可以把不能直接感觉到的东西认识出来。例如，一秒钟三十万启罗米突①的光速，绝不是可以直接感知的，但抽象的思维力则能知之。又如商品的价值也不是可以直接被感觉的，乃是由抽象的思维而获得的。第二阶段的认识自然比第一阶段的认识，格外显得广大深刻。

第三，实践的阶段，即是用行动来完成认识。认识对象如为自然现象，则在物质的生产上去实践；认识对象如为社会现象，则在社会的行动上去实践。

就自然现象说，人类对于雷电的现象，只感觉雷电的闪光，声浪及其可以死人；这是直观的阶段。其后对于雷电现象，加以研究（自然，研究中也有实践如实验），关于雷电的认识才从迷信恐怖中解放出来，而有种种关于电气作用的学说；这是第二阶段。再后，应用电的知识，创制电灯电报电话等等，便进到实践的阶段了。

人类的意力在认识运动的第一阶段是很薄弱的，到第二阶段随着知识的进展而增大起来，到了第三阶段则意力强大而表现为实践了。例如，无产阶级对于资本主义社会，最初只是一种表面的直观，把机器看做敌人。渐渐的由对机器的痛恨转而对各个工场主及各个资本家。进一步，他们的阶级意识成熟了，他们知道敌人不是

---

① Kilometer（千米）音译。——编者

任何一个资本家，而是整个的资产阶级，而是资本主义这种经济构造。无产阶级对于其所处的社会认识越清楚，意力亦日加强大，终于付之革命的实践，推翻旧体制，建立新体制。——这便到达了实践的阶段，认识在实践中更加深刻正确了。又如最近苏联的工农阶级，为实行五年计划，成立所谓社会主义突击队，工作时间特别长，特别耐苦，这样的牺牲精神也就是认识与实践的统一，意力的热情的表现。

辩证唯物论所注重的实践与改良主义者所称实践不同；前者是依据正确的认识去实践，因实践而改正认识，因实践而证实认识；而改良主义者的实践是出卖革命，屈曲理论去迎合事实。

又，辩证法唯物论的实践，是与实用主义的实用不同。资本主义的哲学——实用主义，以为有用的就是好的真的；但有用与无用并无客观的基准，只是主观的评价。宗教为资本家阶级尽了愚民的麻醉作用，巩固了资本主义的基础，所以是有用的，也就是真的了。实用主义的实用，第一，把理论看成与实际完全不相关联，对理论的来源完全不管；第二，"实用"只有主观的标准，而没有与全人类（自然是大多数人的）的幸福相连结起来。实用主义不是哲学，只是美国金元资本主义社会的赚钱主义；实用主义所谓实用，与辩证唯物论意义上的实践，完全相反。

3. 认识的历史性

认识的主体与被认识的客体，都在不断的变动中，认识的内容也随着这种变动而变动，所以说认识是有历史性的。

以社会主义的发展史为例，最初因看见原始蓄积的剥削方式，觉得资本制度不好，而不知如何去建设社会主义：一部分人的独善思想表现为新村主义，一部分人只想唤起资本家阶级的慈悲心，以为只用教育的方法便可以实现新社会，这是空想社会主义者的认识。随着资本主义的发展，阶级对立的尖锐化，工人组织进步，社会运动勃兴，这种种客观事实反映于马克思恩格斯的头脑中，乃产生了科学社会主义。但马克思恩格斯仍为时代所限，只阐发了资本主义社会的运动的法则，及工人夺取政权树立社会主义的初步纲领，而没有详细的方案与规定。到了帝国主义时代，社会主义实现的两个条件即主观的人的条件与客观的物的条件，已完全成熟，真正到达了实践的阶段；在俄国 1905，1917 年两次革命中，列宁所领导的多数派，在革命的实践中把推翻资本主义及建立工人政权的形式及详细的步骤，都系统的订立出来了。从此社会主义的理论即认识，又在实践的教训中，得着了更进一步的发展。但此发展大体只限于革命的或破坏的段落。由 1920—1932 年即到现在，通过新经济政策，新新经济政策，五年计划及未来的第二个五年计划，社会主义的认识便真正的踏上建设的阶段了。

空想的社会主义时代，只有目标；到了第二阶段即马克思时代，已有理论；到了第三阶段，列宁的时代，便有了大规模的革命的实践；到了第四阶段即最近的苏俄，就已是初步的建设了。——自然这只是大体的看法。

由此可知，一切认识都带有历史性。真正的认识（由科学的某种发现到改造社会的理论）都是随着历史的前进而发展而完成的。所以对于理论的研究，要行历史的分析；对于历史的考察，要有理论的基础。马克思著《资本论》，便完全用的这种方法，一方是理论的展开，他方是资本主义史的研究。——即把理论与历史合而为一了。

在历史与理论的统一之上，才能有真正认识的形成。

第六节　认识的可信程度论

本问题包含三个论点：（1）真理的可能与否及有无客观的存在。（2）真理可信任的程度如何。（3）真理的种类。

1. 真理的存在及可能

真理是什么？概括的说来，真理就是关于存在——自然及社会——的真实形态及其变化法则之普遍的必然的因果关系的说明。关于真理的存在问题，观念论与唯物论的解答是截然不同的。

观念论者分解物的总体，为感觉的综合，从而把内属于物的法则，也移入主观的理性之中，以为真理只能是在观念上存在的。譬如休谟以为真理是由习惯而来的，只要许多人们主观的同意，便成为真理。

唯物论站在观念论的反面，因承认外物离人类意识而独立，意识是外物的反映，从而唯物论的真理观，第一带有客观性，不依存于个人或人类的主观，第二非主观的想象物，而是客观的自然法则的反映。人类只能从对自然的认识中，认取自然法则；而不能单凭主观的想像，替自然去制造法则，如康德所说"人乃自然的立法者"一样。所以观念论的真理观是主观的抽象的，唯物论的真理观是客观的具体的。

我们试再施行历史的分析，宗教观念论以为真理是存在的是可能的，人类可用灵魂去认识，但灵魂本身即漂渺无凭；所以这种真理观可说是独断的可能论。合理主义承认物质的独立存在，当然也就承认有客观的自然法则，以为只有在理性中明白的显着才是真理。但这种真理的标准，是主观性的，是不可靠的；上帝的存在在特定时代的人类意识中，异常明晰而显著，那末，上帝的存在也就是真理了。所以合理主义以理性中显现的明晰与否为真理的标准，结果适得其反；这种真理观十分含糊而不明晰。经验论只承认主观的真理，而否认客观的真理；结果洛克归入了二元论，巴克来归依了上帝，休谟归入了不可知论。法国唯物论承认真理是可能的客观的，但只承认反映说，而忘记了人类认识的积极性，是素朴的实在论或素朴的可能论。康德认为现象可知而本体不可知，是折衷的真理可能论。黑格尔承认真理存在着而且可知，靠绝对精神方能知之；但绝对精神本身不可凭，结果只是变相的不可知论者。辩证法唯物论，承认客观真理的存在，但是没有永久性的是变动的；人类在其感觉中思维中实践中与客体接触，而认识真理，不单是素朴的可能，而且是具有积极性的可能。

2. 真理的可信程度

对本问题有三种学说：第一说主张真理是绝对的，属于此说的学派为宗教观念论，合理主义，法国唯物论，黑格尔的观念论，新机械论。第二说主张真理相对说，属于此说的学派为经验论，经验批判论，各种形态的不可知论及二十年来特别流行的实用主义。第三说主张相对的绝对说，为辩证唯物论独有的主张。

绝对主义以为人类认识一下子即可汲取全部真理，许多绝对主义者由古代的柏拉图到黑格尔都企图建立永久真理的宇宙观或哲学体系。绝对主义者所谓绝对真理，是超时间空间的永久不变的真理，这根本否认认识的历史性，与客观事实不合。事实上人类的认识是常常变动的发展的，柏拉图到黑格尔之绝对主义的体系，都在历史上被否定了。人类认识的进步，把过去的真理有时改变了，有时缩小了，有时扩大了。

相对主义以为绝对真理根本上不能存在，真理总是相对的。从相对主义的真理观出发，结果等于否认真理，否认一切科学，而归入于不可知论及诡辩主义。相对论者否认任何细微的绝对真理；相对论者说："一切真理都是相对"，这条全称肯定的命题，它自身的性质已是绝对的了。

辩证法唯物论把人类认识的绝对性与相对性，辩证法的统一起来。人类对于现实世界之完全无遗漏的认识，原则上是永远可能的，但须受历史条件的制限。人类的认识力是相对的，又是绝对的：就现实说来，认识力虽是有限的相对的，就可能性说来，是无限的绝对的。相对真理是绝对真理的一部，绝对真理是相对真理的总和。

相对的绝对说，并不是折衷论。真理是一种发展过程，人类在其实践中认识真理，证实真理，改变真理。这样，实践成了真理的基准，所以不是折衷论，更不是空谈。

3. 真理的种类

（1）抽象的真理与具体的真理，前者只反映物的表面，后者则深入其内部的关联，表现其全体。这个区别是由认识过程来的。从认识的心理过程说，由感觉而知觉而表象而判断（即概念的形成）；感觉的阶段是具体的；知觉的阶段是抽象的；表象从个别说来是抽象的，但表象当中有联合作用，即在表象的过程中已非孤独的抽象，而是联合的抽象；判断及概念包括各方面的关联，虽是抽象的，而可名为具体的再现。人类的认识如只到知觉的阶段，则是抽象的真理；如由感觉起，通过知觉及表象，到达了判断及概念的阶段，便是具体的真理。

从辩证法看来，真理总是具体的，从而也就是客观的。研究方法要由抽象到具体，例如《资本论》从分析资本主义社会最简单的最根本的最大量的商品交换关系起，由商品而发生货币，由货币转形为资本，由资本的增殖或自己运动，而形成商业资本，工业资本，银行资本，金融资本，由民族资本而转形为帝国主义；结果，把整个的资本主义社会在理论上具体的再现出来。

（2）抽象的客观主义的真理与具体的客观主义的真理，大致与（1）相同，但注意点不同。单说真理是客观的还不完全，必须为具体的客观真理，而非抽象的客观真理。

本问题在俄国革命史，曾引起很大的论战，代表抽象的客观真理论者为 Struve，代表具体的客观真理论者为列宁。抽象的客观主义，只注重一切事象的必然性，具体的客观主义以为仅指出必然性是不够的，必须把必然性的内容详细施行分析。如说资本主义必然的走向社会主义，这是抽象的客观主义；具体的客观主义除指出这种必然性，还要把必然性的内容如经济构造，如阶级对立，以及各国的特殊性分析出来。

抽象的客观主义，因为只注重必然性，往往站在辩护必然性的地位；对实际问题，往往找出不可克服的历史倾向，带有丰富的宿命论的色调。具体的客观主义固然也承认有必然性，但站在阶级的立场，往往与必然性抗争，即以阶级的集团的力量，从斗争中改变必然性的内容，缩短必然性的过程，甚至于相当的改变其方向。

　　例如 1905 年的俄国革命，在革命前及革命中，关于革命的性质，曾引起很大的论争。少数派及多数派都认 1905 年的革命为资产阶级对封建阶级的革命，但两派的结论完全不同。少数派以为俄封建势力大，只能是资产阶级的革命，历史的必然性万不可抗，从而以社会主义者而站在拥护资产阶级的立场。多数派亦以为 1905 年的革命为资产阶级的革命，但以为俄国资产阶级有特殊性质，与英法不同。俄资产阶级是在封建势力下养育出来的，比英法资产阶级的力量小；但俄的无产阶级因其生活太苦，阶级意识浓厚，力量比英法的无产阶级为大。在革命的进行中，俄资产阶级必然会与封建势力结合；所以在 1905 年的革命虽然是民主革命，但应由无产阶级握住革命的领导权，推动资产阶级前进，并相机转变为社会革命；而不可屈服于历史的必然性之下，坐视资产阶级对封建势力让步，使工人阶级更受深刻的痛苦。后来在 1917 年的革命中，多数派最初推动资产阶级对封建势力彻底革命，推倒俄皇；复在革命的过程中把资产阶级的民主革命性质，转变为社会革命，终于胜利了。

　　从现在看来，少数派的主张是抽象的客观主义，多数派的主张是具体的客观主义。在中国也有相类似的例，陈独秀代表少数派的立场，瞿秋白则站住多数派的立场。

　　（3）辩证法的真理与诡辩论的真理。诡辩论表面上似带有真理性质，其实只是诡辩。诡辩论的特色（a）只拿空间的一方面或时间的一段落来说，（b）只依据表面的现象而不行本质的分析，（c）因此，诡辩论总是断片的表面的理由，从而也就是主观的抽象的，不是从事物内部的对立关系之分析而来的。

例如，第二国际曾有工人不参加帝国主义战争的决议，但无拘束力。1914 年大战勃发时，德法英比各国工党都无视决议，实行为资产阶级的工具而参战。当时俄社会民主党内部对此问题分为二派，一派主张参战，一派不主张参战。主战派首脑为著名的理论家普列哈诺夫，反对派首脑为列宁。普列哈诺夫说，参战固不应该，但德奥敌人已动，即应参战。如俄社会民主党不参战，则德武力主义必胜，俄民族将惨败不能出头。普列哈诺夫并引 1848 年马克思主张援助波兰抗俄，及 1870 年恩格斯主张援德抗法的先例，以为工人参加战事是应该的。列宁反驳普列哈诺夫的意见，以为犯了时代的错误，只是一种断章取义的诡辩。何以故？1848 年的俄波战争，是俄国侵略波兰的战争，是半殖民地对封建帝国的战争；所以应该援助波兰民族去反抗俄皇。1870 年的普法战争，拿破仑三世是代表旧的封建势力。而普鲁士则为民族的解放及统一而战；若拿破仑三世战胜，欧洲政治将向后倒退，所以应该援德抗拿破仑三世。但 1914 年的战争，是帝国主义者重分殖民地的战争，是以工农为牺牲品来为资本家阶级找求出路的战争，所以工人不应该出卖阶级，参加作战。欧洲大战的性质与 1848 年俄波战争及 1870 年普法战争的性质，截然不同，是不可混为一谈的。

又如最近各国的法西斯党，以为俄国独裁政治成功，便都主张独裁，这只看见独裁的个别现象，而没有分析独裁的内容，也是一种诡辩论的说法。以最近的世界政治而论，苏俄的独裁是无产阶级的独裁，意大利的独裁是金融资本主义的独裁，前几年西班牙的独裁是封建的独裁。独裁的本身不能决定好坏，要看其所包含的本质如何。

所以诡辩论的真理，是与辩证法的真理完全不同的。

第七节 结论

当作认识基础看的辩证法唯物论，我们已经大体讨论过了。现在根据前面所分析过的问题，简单的作一结论。

（1）在意识本质论上，辩证法唯物论克服了宗教观念论，合理主义，经验论，法国唯物论，新旧康德主义，新旧黑格尔主义，经验批判论，新机械论；把握了发展变动的物质及受物质所规定的发展变动的意识的本质。

（2）在存在对思维论上，辩证法唯物论克服了一切观念论，法国唯物论，新机械论；把握了思维后于存在，思维决于存在的真理。

（3）在主体对客体论上，辩证法唯物论克服了灵魂说，理性说，感觉说及折衷主义；把握了主体客体的统一及实践说，并把握了认识的历史性。

（4）在认识的可信程度论上，辩证法唯物论（a）克服了种种不可知论及独断的可知论，把握了由实践证明的可知论；（b）克服了绝对主义的真理观及相对主义的真理观，把握了相对的绝对说；（c）克服了抽象的真理，抽象的客观主义的真理及诡辩论的真理，把握了具体的真理，具体的客观主义的真理及辩证法的真理。

这里要加以解说的，就是"克服了……把握了"一语的真义。理论上所谓克服，不是把敌人完全消灭的意思，而是指摘出敌方理论的错误，在克服的一瞬即已树立了自己的主张，即在敌方理论的矛盾对立中，找出一条出路来；这找出出路的意义，就是把握。克服＋把握＝德文的 Aufheben；这个字日文译作止扬或扬弃，但都不能把原来的意义全面的表现出来。Aufheben 不是一种单纯的总计，也不是含有调停意义的综合及折衷。折衷主义不主义不能获得真理；Aufheben 一方是克服了敌方理论的矛盾，在矛盾的对立中找得了出路，即在被克服的旧理论之上，建立了较高级的真理。

第四章　当作认识的具体方法论看的辩证法唯物论

第一节　本问题的意义及内容

前一章中，已把认识论上的几个根本问题详细探究过，并作出辩证法唯物论对于解决各根本问题的结论了；现在，应进而研究实际认识的具体方法。对于本问题，一般资本主义的哲学家固然未尝介意；即各种辩证法唯物论的书籍，亦往往只说明辩证法的三大原则（即所谓（1）由量变质的原则，（2）对立物的统一的原则，（3）否定之否定的原则），而不能说明如何应用各原则于实际认识上的具体方法，这成为莫大的缺点。列宁很注重这个问题，亦只散见其各种著作中，没有写成专书。直至最近，苏俄才出版一二种书，依据列宁所提示的纲领，把由辩证法的原则所规定的认识具体方法，活动化而且具体化起来。

所谓活动化及具体化的意思，就是不仅要说明辩证法的原则是什么，而且要说明怎么样。详细的说，就是如何把辩证法的原则，应用到认识论的种种范畴上去。范畴 Categorie 即哲学上分类的概念，如说时间及空间，形式及内容，必然及自由等等。所以在本问题中，分开两段来说，即：（一）实际认识上的具体原则，（二）实际认识上的具体范畴。

第二节　实际认识上的具体原则

（1）质的认识

认识的目的，在于发现真理。认识的手段，在把客观的对象与主观相接触，分析客体内部的构成分子，客体如何发展，发展的原因何在，各现象间的必然的因果关系。从最初的主体怎样接触客体入手，发现其特色及认识客体与客体间的区别——这便是质的认识。

关于质的意义，有两种说法。普通的说法以为质是事物种种标识的总计，这即是培根的归纳法。但辩证法唯物论所指的质，却不单是各标识单纯的总计，乃是还要在种种标识中加以选择，即要把其中最简单最根本的标识找出来。任何一种事物都有其最简单最根本的标识，这种标识直接关联于事物本身的存在；只要事物还存在着，这标识总是存在的，反过来，这根本的标识若消灭了，则其所关联的事物也就变质了。

举例来说，资本主义社会有种种的标识，如私有财产，自由竞争，商品生产，买卖劳动力，大生产机关，银行，独占，议会政治……若只把这种种标识单纯的总计起来，则资本主义社会不免要与他种社会相混淆了。譬如私有财产，商品等标识在封建社会即已存在着；又如大生产机关，银行，独占等，社会主义社会也是要有的。要紧的是，要在这种种标识中找出资本主义社会最简单最根本的标识来。——即大多数人的劳动力当作商品出卖及主要生产手段与实行劳动的人分离一事。这一事如果没有，资本主义社会便要失其存在了。

由此可知，质就是特定事物最简单最根本的规定。对于某事物的质的认识，第一步要把它的种种（全部或几乎全部的标识找出来，第二步再就此种种标识中，找出它所特有的最简单最根本的标识——这便是它的质）。

更进一步说，事物都在不断的发展或运动中，有某种或几种质是贯彻全发展过程的，有某种或几种质是只在全发展过程中某一阶段才有的而在其他阶段则没有的。如果我们把全发展过程都具有的质叫做根本的质或第一次的质，则可把各阶段才具有的质叫做第二次的质。

原来事物变化有两种形式，第一种即把它所具有的根本的质完全变化了；第二种变化却是在根本的质范围之内规定着，即在不变化根本的质之规定下，行着各阶段的变化。我们对于事物如要有全面的认识，不仅要注重全过程的变化，还要注重各阶段的变化；不仅要把握其根本的质，还要能把握各阶段的质。譬如无产阶级的发生及其与资本家阶级的对立，是贯彻于资本主义社会全发展过程，在各阶段上都具有的根本的质，只要这种根本的质没有消灭，资本主义社会总还是存在的。然而随着资本主义社会的发展，随时还有新质发生，如：股份公司的组织，商业资本主义时代是很少的，却成了产业资本主义时代主要的特征；而在金融资本主义时代，同时经营商业，工业，银行业三者的资本家，是在商业的及工业的资本主义时代所没有的。

各阶段的物质，又可分为本质的特殊性及非本质的特殊性；前者与根本的质有必然的关联，为根本的质所规定，后者与根本的质没有必然的因果关系，而是从别的即非本质的原因产生出来的。例如产业资本主义时代，股份公司所以特别发达，是资本运动或资本增殖之必然的作用，其后金融资本的发生亦是由于此一作用更形发展所使然。——这是受根本的质所规定的各阶段的质。又如金融资本主义时代之独占的物质，是自由竞争之必然的结果，是与根本的质相关联的；而社会主义初期的独占，是公有财产一时的现象形态，是非本质的。

（2）量的认识

量是什么？量是就一切事象的构成要素或方面之增减或多寡而言。一切事象的质都离不开量的关系。何以故？因为一切事象都不能离开空间而存在，所谓空间三元长短，厚薄，宽狭，即都有量的意义。自然现象如此，社会现象亦如此。如言商品交换的次数是量；如言资本家阶级对劳动者榨取的多少，多少的关系亦是量；如言某国恐慌程度的深浅，深浅的关系亦是量。心理现象亦然，如说某人思想精深或浅薄，也就含有量的意义。质与量是分不开的，一切事象必然有质，同时必然有量——量的存在是必然的。

量的存在质的规定，随事象的质之不同，从而其量的表现方式也不同。如液体以一升一合计，布匹以一尺一寸计，寿命以一年一月计——这都意味着，如果质不相同，则量的规定也不同。质与量的关系，可简单的说，一切质都离不开量，而量受质的规定——辩证法把二者统一起来，名之为质量。

质的认识之后，即要进而有量的认识。仅仅有质的认识，而没有量的认识，那种认识是不完全的。如说此树大小而不及其具体的尺寸，如说此人老幼而不说明实际的年龄，那样的认识是模糊的不完全的。又如说日本是帝国主义的国家，而不把日本人口的多寡，土地的广狭，重要工业的产额，详细的说；更就人口说来，只笼统的指出是几千万，而不施行更进一步的量的分析，如农民是多少，无产阶级是多少……其对全人口的比例如何等等，详细的说明；那种关于日本帝国主义的认识是不完全的。量的认识是认识的具体方法的第二步。

事象的质时时刻刻在发展变化中，事象的量也时时刻刻在发展变化中。所以对于量的认识，不仅要认识现存的固定量，还要认识在发展当中的量。例如苏俄经济发展速度（量），自革命以来是常常变动的：在军事共产主义时代（1917－1920），是向后倒退的；在新经济政策时代（1920－1925），发展的速度已超过战前的帝俄时代；在新新经济政策时代（1925－1927）又转慢了。到了最近五年计划时代（1928—），则以惊人的速度向前迈进着。对于一国经济发展的量，多寡强弱，密切关联于国策。布哈林在苏俄政治上的失脚，固另有他因；而其对于苏俄联经济发展速度的估计，几乎完全错误，与上述的事实相反，也是一个主因。他不知道苏联的质常常改变了；他只研究了固定的量，而未研究量的发展。

（3）质量推移

质量有推移法则，就是认识质量在其发展过程中互相影响的意思。具体的说，即（a）量的增大可以引起质的变化，（b）新质的生成同时就是新量的发生。前者为由量到质的变化，后者为由质到量的变化。

例如水的温度增高或减低，到了一定的高温或低温，水就变质为蒸汽或固体的冰了。依据化学的周期律，各种不同质的原子，是由原子量的增减而发生的。在数学上，多角形量的增加，到了一定的程度，即变质而成为圆形了。就生物现象言，鸡的孵卵，即由增加温度的作用，胚胎孵化而变成小鸡了。社会现象也是如此，统治阶段剥削工农的程度加深，必定要发生革命。恩格斯在《反杜林论》举了一个有趣的例，把拿破仑统率的法兵与俄国哥萨克骑兵比较，两方对敌人数由一人到九人，法兵不及俄兵，十人以上法兵便占相当的优势，到了百名以上，法兵就处于绝对的优势了。以上是由量变质的例。

就由质到量的变化说，质如改变则量的尺度亦随之而改变。量水之量，量气之量，量冰之量；随着水，冰，气之质的不同，而量亦不同。就人的发育说，婴儿期，幼年期，壮年期，老年期，各期的质不同，其生长的速度也就或快或慢或停顿或后退了。所以说，新质的发生，同时就是新量的发生。

质量的推移有二种，一为质的全部变动的推移，一为在根本的质不变的范围内的推移即阶段上的变动。这两种区别，不可不分析清楚。例如由资本主义社会变为社会主义社会，是为质的全部变动。若在资本主义社会根本的质不变的范围内，资本家阶级改变其剥削方式，而有商业，产业，金融各资本主义的不同，是为段落上的变动。

由量到质的变化，最初是量的渐增；但新质的出现总是采取突变的方法，即带有飞跃性或连续的中断。譬如水的温度增高，在 99 摄氏度上水还是水（自然水的分子已在变动），到了 100 摄氏度，水就突变而成为气了。达尔文以后的生物学证明：生物的进化即新种的出现必然是突变。社会的改变，总是革命的爆发，也就是突变。不单是质的全变带有飞跃性，即各阶段上的变化也带有飞跃性，但其突变性不如全变时的突变性大。

一切突变及飞跃不是凭空掉下来，乃是渐变之必然的结果。没有渐变，突变不能发生；没有突变，渐变不能完成。变更的因子是渐渐蓄积下来的，即新质必是站在旧质之上的；新质不是把旧质完全消灭了，而是把旧质扬弃了。新质的成分已胚胎于旧质的内部，但对旧质不是主要的；同样，旧质的若干成分也在新质中间存在着，但不能站在主要地位。譬如，资本主义社会还残留有封建余孽（如英的君主），但是被资产阶级领导着；又，社会主义的若干成分，如劳动的社会化，已胚胎于资本主义的社会之内，但非它的主要本质。

一切质量的推移，不能都是一样的，要看质的如何或量的如何，才能决定其推移的方法及速度。譬如资本主义社会比较封建社会的组织为强，所以社会革命比较资产阶级的民主革命亦较难。

本节说的由质到量，由量到质的转变，非贯彻其全部的理解不可。在转变的过程中，我们特别要重视突变。如忽略此点，则对实际问题往往要成为和平主义或改良主义者而反对革命，而阻碍进行。

（4）要认识事象内部的根本矛盾

一切存在都是其所包含的矛盾的构成部分之对立的统一物；我

们的认识如要深入事象的内部，便应首先把种种统一物分解来看，找出其内含的种种对立部分。如就资本主义社会分解来看，其中有资产阶级对无产阶级的对立，有工人与农人的对立，有地主与小农的对立；更就资产阶级本身说，有商业资本家，工业资本家，银行资本家，金融资本家，农业资本家间的对立；更就无产阶级说，有体力劳动者，有智力劳动者，有技术劳动者，有精神劳动者间的对立……

在种种对立的构成分子当中，要认出主要矛盾，即与统一物的质有密切关联的矛盾，或名之为根本矛盾。就上面所举出的资本主义社会的种种对立物而言，其中资产阶级与无产阶级的对立，便是主要矛盾。

内部的根本矛盾之斗争，是一切事象自己运动或自己发展的原因。我们要明一切事象的变动，要预见事象的变动，就非认出其内部的根本矛盾不可。资本主义社会的发展，是因为其内部根本矛盾斗争的原故，这根本矛盾在人的方面为无产阶级与资产阶级的对立，在物的方面为生产力与生产关系的对立；其他的对立部分，都受这主要矛盾所规定。就自然现象说，物质可以会变化，乃是因为原子内含的电子的运动，电子为阳电绕着阴电核运动之对立的统一物。就生物现象，生物的发展都是由于新陈代谢之对立的作用，一方吸收，一方排泄，一方制造细胞，一方破坏细胞的原故。

所谓主要矛盾各有特质，并随时间的前进而变化着。譬如，资本主义发展到了帝国主义时代，除原有的主要矛盾外，又发生了若干新的矛盾，如不均等法则是。如列宁与托罗斯基争论一国社会主义的建设可能性论：托罗斯基否认帝国主义发展的不均等法则，以为帝国主义不倒，苏联单独建立社会主义必不可能；列宁则以为各帝国主义的发展是不均等的，因发展不均等则不能对苏联采取同一的步调，干涉难奏效，所以苏联可以单独建立社会主义。又如，资本主义社会的自由竞争，到了帝国主义时代，变形而为独占及资本联合——这种矛盾的变质并不是矛盾的解消。社会民主党不知这个道理，以为资本主义生产的无政府状态，因独占及资本联合而变成有统制了，以为不会再有恐慌；然而恐慌终于爆发了。

主要矛盾规定不主要的矛盾，但不主要的矛盾也有发展。我们于认识主要矛盾之发展外，还要认识不主要矛盾的发展。

（5）要认识各种对立的相互浸透性或同一性

这是黑格尔辩证法所论列的主要问题之一。黑格尔以为一切对立的差别都不是绝对的而是相对的。黑格尔是观念论者，他从概念说起，以为一切概念的对立都是不能分离的。概念的对立，即是正反的意思：如说白，其对立必有非白，如说善，其反面即为恶，如说生，其对面即为死。种种对立都不是绝对的，在发展当中可以互相浸透；如生物，一面在生，一面即步步接近死了。

列宁把黑格尔的意见，扩大而充实之。一切对立物，在一定条件之下，都可以浸透或同一。如阶级与国家都非社会主义社会的应有现象；但无产阶级专政，却是为消灭阶级而有阶级，为消灭国家而有国家；所以国家，阶级与社会主义的对立，在社会主义的初期，便相互浸透了或同一了。斯大林主张提倡苏俄内部六十几个民族的语言文字的文化政策，有人质问共产主义主张国际文化，何以又提倡民族文化呢？斯大林依拟列宁的辩证法去答复，说：民族文化与国际文化虽相互对立，但在一定条件之下，亦可互相浸透；要使苏俄的整个文化提高，非先提高苏俄内部民族文化不可，各民族文化发展到了一定的程度便可互相浸透而成为国际文化——先要提高各民族文化，才能克服各民族文化，才能达到更高级的国际文化。

所以只认识矛盾的对立是不够，还要认识对立物发展到了一定的程度 Limit，便可成为同一物了。如国家与社会主义是矛盾的，但苏联的国家却是与社会主义不相矛盾的。

黑格尔把对立分为（1）差别，（2）区别，（3）矛盾，（4）强度的矛盾。列宁把差别与区别合一，而分为三种对立：（1）非主要的矛盾，（2）主要的矛盾，（3）拮抗矛盾。所谓拮抗的对立即是带有剧烈性的非用破裂方法不能解决的强度矛盾。对于列宁这种分法，许多人不承认，从而发生了缺点。如左倾的托罗斯基以为一切矛盾都是拮抗，都非破裂不可；于是认为无产阶级与农民间的对立，也非用澈底的强力解决不可，而忘了农民与无产阶级都是资产阶级的被剥削者，是在农业社会化的条件下可以互相浸透：托罗斯基把观点弄错了，于是成功了他的无条件的不断革命论。右倾的布哈林则以为一切矛盾都可以解消，都无拮抗性，认为农民本身即可以建设社会主义，从而反对压迫豪农，不主张在社会主义的经济建设中，对大农去行阶级斗争。左倾右倾错误，都是很明显的。

（6）要找出根本矛盾之主导的方面

一切统一物所内含的主要矛盾之对立的两方面，总是有一方面比其他一方面，站在主导的地位。譬如炸弹，弹药站在主导的方面，而弹壳则站在非主导的一方面。譬如资本主义社会内部，资产阶级与无产阶级的对立，无产阶级是站在主导的方面；因为无产阶级所代表的生产力是发展的，而资产阶级所代表的生产关系，是向下的束缚生产力的发展的，生产力向前发展必然要冲破那种生产关系的藩篱而前进。又如辩证法，是理论与实践的对立，而实践站在主导的一方面，实践领导理论多，而理论领导实践少。

为甚么要找出内部对立当中的主导的方面呢？因为内部根本矛盾的斗争，是一切统一物自己运动的源泉；而根本矛盾中之主导的一方面，决定运动或发展的方向。我们要预见事象发展的趋向，所以除认出主要矛盾之外，还要找出主要矛盾之主导的一方面。举例说明，例如苏俄于1920年颁行新经济政策时，许多人都反对，以为是倒向资本主义投降。列宁说，新经济政策虽然容许自由买卖及消费资料私有，但主要工业如铁路矿山及对外贸易则皆国有。新经济政策包含两个对立的要素，一为社会主义的要素，一为资本主义的要素；但社会主义的要素比资本主义的要素力量大，是站在主导的方面。而且政权既在工人政党手中，所以要实行新经济政策，即谋在经济的发展中，使社会主义的要素克服资本主义的要素。——列宁的预见，现在已经证实了。

如果不能在对立的根本矛盾中，找出主导的一方面，我们便不能预见发展的方向；就将陷于左倾的永久斗争说，或右倾的调和及折衷论。如鲁波尔 Luppol 研究列宁哲学，不能找出主导的方面，而把理论与实践看成相等重要，那就错了。

（7）要把握全发展过程上自始至终全体的矛盾运动

发展是内部矛盾的斗争，发展的方向受矛盾中之主导的方面所规定，我们已经知道了。在前面质量推移的法则中，又经指出了事象的变动，有质的全变，有在根本的质不变的范围内，段落上的变动。发展是有段落的，除主要的矛盾外，在各段落上还可发生新的矛盾。正确的认识必须把全发展过程中各段落上的全部矛盾，都要找出来。马克思的《资本论》便完全用的这种方法。他解剖资本主义社会，从最简单最大量最根本的商品交换关系着手。他先研究商品内部的矛盾，即价值与使用价值的对立；次研究商品与商品间的矛盾，商品与当作特殊商品看的货币间的矛盾；次研究货币如何转形为资本，于是买卖劳动力出现了，或特殊商品（货币）与特殊商品（劳动力）之间的矛盾；次研究资本的自己运动即增殖过程上，大资本与小资本间所表现的矛盾，资本的生产各部门间的矛盾；次研究生产与消费间的矛盾，而恐慌出现了；次研究帝国主义与帝国主义间的矛盾。列宁的《帝国主义论》可说是《资本论》的续编，他指出资本主义到了帝国主义时代的新的特征，帝国主义与殖民地间之矛盾，帝国主义与社会主义之间的矛盾。马克思，列宁这种研究法，有如剥蕉一般，一层一层的直透入了问题的核心，把握了全发展过程自始至终的全体矛盾。

如果不能把握全过程中所发生的全体矛盾，那末就会像新黑格尔派一样，会把矛盾看成不贯彻于全发展过程都有的；于是矛盾时有时无，运动便不能不暂时中断，而要寻求外因来作解释了。这样下去的结果，就必然的会要否认斗争理论，极于夸张调和了。

（8）要时时刻刻预期并发现新的东西的发生

我们在前面一方指出了对立物的斗争，一方又指出了对立物之同一性或浸透性。现在要说明的是：对立物的斗争是绝对的长期的永久的，对立物的同一是相对的短期的暂时的。《资本论》已提示了这种法则，列宁曾加以详细解释。譬如资产阶级与无产阶级间的对立是绝对的，而其同一是相对的。当法国大革命时，资产阶级联合无产阶级对付封建势力，但这种联合是相对的，其后资产阶级得到政权，二者之间便又恢复绝对的对立了。1905 年俄革命时亦然，当时资产阶级与无产阶级联合进行民主革命；其后，资产阶级与变质的封建势力结合，又与无产阶级恢复了对立。1917 年革命，无产阶级最初领导资产阶级推翻俄皇；旋又恢复了对立，终于成功了二月革命。可见，凡根本矛盾的对立，除非甲方克服了乙方，或乙方克服了甲方，其对立总是绝对的；在这种意义上所以又是长期的永久的。对立物的一方克服了他方，便是新事象的出现，而新矛盾也就形成了。

进一步问，一切内部对立物的斗争，其速度与绝对性，是不是都相同呢？答，那是不均等的。例如小农与富农的对立，较之无产阶级与资产阶级的对立，前者的绝对性较弱，后者较强。又如资产阶级各阶级层间虽有对立，如农业资本家对工业资本家，工业资本家对金融资本家；但这种对立在应付社会革命时，即在整个资产阶级对无产阶级之斗争时，是可以同一的。由此可知，一切内部对立的绝对性及其同一的相对性，是随着事象的质之不同，而有变化的。

如果不知道上面的原则，便要变成对立的和解。战前俄国少数派及战后的德国考茨基，最近的布哈林都犯了这种错误。少数派不知道资产阶级与无产阶级之对立的绝对性是很强的，以为可以长期携手应付俄国封建势力，行动上陷入了严重的错误。考茨基在战后的主张，以为德国无产阶级与资产阶级的对立，在战后的对外关系上，可以解决之。换言之，即承认德国工人应忍受合理化中更甚的剥削，为资产阶级的国家偿付对外国赔款。——以为无产阶级如能帮助资产阶级取得并扩大国外市场，帮助政府渡过难关，则无产阶级本身的利益就也解决了。考茨基这种说法，不啻是德国金融资本家的代言人，把阶级斗争完全解消了。又布哈林亦因不知道对立物的斗争是绝对的，在苏联经济建设中，以为工农间的对立可以解消，主张对富农让步；又他看见资本主义的合理化，以为可由无政府状态的经济组织达到有组织的帝国主义，而把其内部的矛盾可以完全解消。布哈林的理论，随着苏俄五年计划的建设及世界经济恐慌的大浪，而完全证其与事实不合了。

（9）要找出各种相关的发展过程的相互浸透性（即要找出外因）

宇宙间任何一种事象都不是孤立的，都是与其他事象相关联的。某种事象的自己运动的源泉，固然是其内含的根本矛盾之斗争；但是，外面的原因也可以发生影响。所以我们于探讨了事象本身的矛盾及发展后，还要找出事象发展的外因，外因与内因的相互关系，即各种相关的发展过程的相互浸透性。

首先要知道的是，所谓内外都具有可动性，随着研究的范围扩大或缩小，原来的内可以变成外，原来的外可以变成内。譬如说，中国问题是世界问题的一部分，而中国问题又内含着各种问题。中国问题，譬如说中国革命问题的前途，固然先要分析内部的矛盾；而外来的帝国主义的侵略及对苏联的作用，也是重要的契机。内因当然最重要，而外力也不能忽视。

正确的说来，内因的重要性是大于外因的。外因固与事象的本身有关联，但此种关联必须通过内部的矛盾法则，方能发生作用。

换言之，外因固然存在，但须依存于内因。譬如地理环境对于人类社会固可发生影响；但此种影响推动力的大小，是依存于社会内部生产力发展的程度如何而决定的。英伦三岛丰富的煤铁，是久已存在了，在三四百年前，英伦还是很贫瘠的地方；直到新的生产力特别是机械的发明，煤铁才有被大量开采使用之必要，才使英国变成了资本主义的先进国。又如俄国，随着生产关系的改变，生产力一日千里的提高，从前帝俄时代广漠的荒原，无用的汹涌的河流，现在都变成广大的农场及电力的来源了。

所以对于外力，必须把它与内力关联起来观察。外来的原因固不可否认，但把它夸张过甚，以为外力可以支配发展过程的全部，那是错误的。就苏联与各帝国主义者的关系而论，各帝国主义者都想颠覆苏联，干涉苏联；但这种外力必须通过苏联的内部具体情形，才能决定其作用的大小。苏联的内部情形如不佳，则外来的干涉力强；反之，苏联今日五年计划成功，内力强固，不但不受帝国主义者干涉，在煤油市场上，苏联竟可以威胁英荷公司及美孚公司了。

外力通过内力而表现，或外因依存于内因，这是最正确的观点。与此观点相反的，即均衡论。均衡论来自力学，专从外力去说明运动，即力学上有名的法则，凡外体不加以外力，则动者恒动静者恒静；均衡就是不动，运动就是均衡的破裂及恢复。

把力学法则应用到社会现象上，第一人为英国的斯宾塞 Spencer，他是有广大研究的哲学家，树立了一个广大的哲学体系于均衡论之上，他在其名著《第一原理》（First Principle）中，以均衡论去解释天体，生物现象及社会现象。照斯宾塞的意见，社会所以有变动，都是由于各种力量失了均衡的原故。——他对于各种力量之分析，是比较注重经济变动力的。

波格达诺夫把均衡论运入社会主义的学说中。他说，辩证法也是一种均衡论，辩证法所谓矛盾的斗争，就是均衡的破裂，矛盾的解决，就是均衡的恢复。这种矛盾是内部的呢？还是外部的呢？波格达诺夫说，这是外部的。

布哈林继承了波格达诺夫的主张，进一步把均衡论扩张起来。布哈林在所著《转形期经济学及历史唯物论》中，都公然说：社会因为失了均衡，乃有变动。社会与自然间的矛盾，是社会变动的主因；社会内部即有矛盾如阶级矛盾等，亦须受此矛盾的支配。布哈林遂由均衡论走入地理环境说去了。

我们于此必须严正的指出均衡论的各种错误来。第一，均衡论以为一切运动，都由于外因；则外因又应该有外因，结果终必归入不可知论；再不然，就会推到上帝或某种超自然的绝对精神，而为信仰主义，大开门户了。辩证法则以为一切事象的变化，须要从其自己运动上或自发的发展上去理解，即从其内部矛盾物之斗争上去把握。所以辩证法的动运观，是带有积极性的；前面说过，辩证法决不否认外力的作用，但以为外力是要通过内力才能表现出来。

第二，照均衡论的说法，运动由于外力，外力不来，则运动将永久停止了。均衡论这样把运动不看成常态，而看成异态，这也是大错的。依辩证法的见地，一切事象都在不断的运动，运动是物质的存在方式，二者是分不开的——这，自然科学特别是最近的电子论，已给与正确的证明了。

第三，均衡论结果是有利于资产阶级的。何以故？社会的变动既然由于失却均衡，所以要紧的工作就是去恢复均衡；结果就要变成补救弱点，反对革新。譬如对于苏俄农民问题，均衡论者布哈林以为小农的成分多，无产阶级不应去对农民斗争，只宜慢慢改正过来；而辩证论者则以为应该把小资产阶级性质的农民，化为社会主义的农民，积极的把农民克服了。均衡论者往往因迁就事实，失掉机会；辩证论则要改正事实，抓住机会；这是最大不同之点。

（10）要在旧的种种矛盾当中，找出新事象的出发点

这个题目，与前面第三节论质量的推移及第四节论统一物内部的矛盾，自然是相关联的；但是问题的内容不同。第三节指出一切事象的变动，都是在质量的互变中实现；第四节说明变动的原因，是由于内部矛盾的斗争。本节所处理的问题内容是（a）要找出旧的种种矛盾（内的及外的，主要的及非主要的，全过程的及段落的种种矛盾）的解决方法，（b）由旧的矛盾解决而发生的新事象，其性质如何？科学之所以为科学，即在能预测将来；资产阶级的社会科学对此问题是无力的，但社会主义的社会科学则能达到此项目的。马克思说，社会上没有不能解决的问题，问题与其解决方法是同时产生的。

我们如要能正确的预测将来，先得要明白辩证法中否定之否定的原理。否定之否定的法则，古代希腊哲学家即已提出，但是断片的不完全的；直到黑格尔才把它系统化的叙述出来。所以我们要正确的把握这个法则，先要看黑格尔如何说法。

否定之否定法则，在黑格尔的著作中，有两种不同的意义。（a）黑格尔把否定之否定的法则，看作发展之内部的规定。一切事象因其内部矛盾斗争的制约，发展下去，终必变成它的反对物。这

种内部斗争的发展形态，是服从否定之否定法则的。如以人之生为肯定，则死为否定；死后复归于自然，为否定之否定。最初的当作起点看的肯定为正 These，第一个否定为反 Anti-these，而否定之否定则为合 Synthese；合既非正，也不是反，而是一种较高级的新质——是之谓三位法 Triada。（b）黑格尔在另一方面又把否定之否定看作发展的外面的形式。外面的形式与内部的规定是不同的。譬如以法律为正，则犯罪为反，而处罚为合。譬如鸟雀食昆虫，又被猛兽所食：则昆虫为肯定，鸟雀为否定，猛兽身上包含有昆虫与鸟雀的成分，就成了否定之否定。当作这样看的否定之否定，是与内部矛盾的斗争没有关联的。

因为黑格尔本人有上面两种不同的说法，所以关于否定之否定的法则，曾经历过剧烈的论争。马克思采用了黑格尔的第一种说法，引入社会科学中，成功了社会革命学说。如以封建阶级为肯定，则资产阶级为否定，而无产阶级为否定之否定。如以封建式的私有为肯定，则资本主义式的私有为否定，而社会主义的私有（消费的一瞬间的消费资料）为否定之否定。马克思由此预见资本主义社会受其内部矛盾斗争的制约，终必变成了它的反对物——社会主义的社会。

马克思的说法，为俄国国粹党密海洛夫斯基 Mihaloffsky 及德国的修正派考茨基所反对。密海洛夫斯基等依据黑格尔的第二说，把否定之否定当作发展的外面形式看，去反对马克思；并且以为这个法则不能适用于社会现象，即能适用也只能是外面的，而不能是内部的。考茨基于此更站在均衡论的观点，把运动只看成由相反的力量冲突而来，如说，甲力是肯定，加上乙力为否定，二力冲突所增加或减少的力为否定之否定。又如，人是肯定，自然对人的压迫为否定，由此而发生人与自然的斗争为否定之否定。这样把否定之否定只当作外面的关系，而不及内部矛盾之对立的斗争，是不能说明发展的，是不能预测将来的。

恩格斯在《反杜林论》中，把否定看作变动的连结；这自然也是根据黑格尔的第一说。列宁广恩格斯之意，以为否定乃是种种发展的网的结节，乃是发展的动因（moment 或译契机）。动因与要素不同，动因是动的，要素是静的，是总质中的一部分，譬如说土地人民主权为国家的要素，而非其动因。要素关联于全体与部分，动因关联于原因与结果，但又不是原因。譬如水降至温度零度即变成冰，但非有风不可。温度的减低为水变冰的原因，而风动即为动因。所谓否定即是这种意义上即发展的推动力意义上的种种动因。这样，否定又含有扬弃的意义；否定不是把旧的消灭了，而是把旧的克服了。旧的不被否定，不能发生新的；但新的中间仍包含有旧的成分，新的孕育于旧的中间而否定旧的——这才是最正确的理解。

否定的否定（即第二次的否定）与第一次的否定一样，也是发展的网节，是动因，是扬弃。譬如以麦种为肯定，把麦种种在适宜的土壤上而生麦苗为否定，麦苗又开花结实而形成新麦为否定之否定。否定之否定中，包含了否定与肯定，新麦包含了麦种及麦苗，但是出现在更高级的数量较多的新的基础之上了。

麦粒的例是恩格斯在《反杜林论》中爱引的例。反对者说，麦粒，麦苗，开花，结实，应该是四个阶段，而非三个阶段。这样的反对论是错误的，因为恩格斯只要说明否定是发展的动因，而并不讨论发展的固定的阶段。又有人说，如把麦粒吃了，捣碎了，或放在硬石上，那麦粒也是被否定了，其结果如何呢？这样的反对也是无意义的，第一因为不知道否定是与内部的矛盾相关联的；第二因为不知道否定并不是消灭肯定，而是扬弃否定，即否定之中还要含有肯定。

总之，否定之否定的法则着重在从内部的关联去说明发展，说明旧的矛盾如何解决，新的事象如何产生，新质与旧质的关系怎样——即使我们能正确的去预测将来。如果不知道此法则或误解此法则，那就要陷入下述四种错误的理论。

（a）还元论以为一切自然现象，生命现象，社会现象，心理现象，都可还元为物理化学的作用。一切事象所以不同，都由于原子的组合不同，只有量的增减，没有质的差异。照此说法，则一切事象的发展，都不过是既存原素之分合聚散；还元论者不知道量的增加可引以新质的出现，不知道否定之否定的道理；还元论的发展观是不能说明客观事实的。

（b）均衡论的主张，已在第九节批判过。均衡论以为一切发展都是由于外部矛盾力的对立；对立的矛盾力若有大小，就会运动，向弱的方向走；对立的矛盾力若相等，则就恢复了均衡。依均衡论，把运动看作均衡的破裂与恢复，则运动有时可以停止，而发展也就中断了。把均衡论应用到实际社会问题上，必然的会主张补救弱点，维持现状。这种发展观显然是反辩证法的。

（c）折衷论也认为由对立物之斗争而有发展，但斗争结果总是双方互相让步，不是专随哪方面走。折衷论者不知道克服，不知道否定之否定法则；总要在对立的方面中，找出调和的路来。德波林带有丰富的折衷论的色彩，他公然主张不了解否定之否定的法则，以为斗争之后是调和而不是克服。对于实际问题，抱折衷论的见解者很多。譬如说，英国的资产阶级与封建阶级斗争，互相让步，而成功了君主立宪；上院代表封建势力，下院代表新兴势力。又如说，法国的政情最为复杂，国会自保皇党至共产党都有议员，也是各种矛盾力量妥协的表现。折衷论者罗列事实，是其长处；但历史上有妥协的事实，也有克服的事实。折衷论者只知道妥协，而不知道妥协是怎样来的，妥协的结果怎么样。前第（8）节中，我们曾指出对立物的同一是相对的，对立物的斗争是绝对的；这样把妥协与克服二者辩证法的统一起来，是折衷论者所不知道的。英国表面上虽有君主，然而资产阶级已实质的克服封建阶级了。又如1917年的俄国革命，无产阶级克服了资产阶级，折衷论者对此就无从解释了。把折衷论应用到政治问题，结果必要变成改良主义，反对斗争，反对革命。

（d）机械的循环论的见解是很陈旧的。如耶稣教所说洪水时代与黄金时代的反复出现，如孟子的一治一乱说，都是循环论的见解。自达尔文进化论以后，循环论的发展观表面上是沉寂了，但事实上并没有消灭；还掩护在各色各样的科学形式之下而出现着。如说生物由原始的进化到高级的过程，每一个别的生物都要循环的复演一回；人在母胎内第一个月似鱼类，第二个月似狗，六七个月周身生黑毛似猿猴；不但人如此，其他动物亦如此。如说天体的发展，木星为半液体尚在幼年，地球现在壮年，月球已到老年；各天体老死后又互相冲突而生热，重新又活起来。就社会现象说，如说人类由原始共产社会，经过各种形式的私有财产社会，重新又回到共产主义社会。——这也是一种循环。如说希腊政治开始为少数人的统治，中间通过共和，为众愚政治，其后又回到少数人的统治形式。如说罗马政治，由三头专制而共和，又由共和而变成皇帝专制。这样的循环论，是到处都有的。其实历史——自然及社会——的发展，决不走回头路；每一发展的阶段，都自有其特色，即使表面上与先行的特定阶段，有若干类似之点，其实质决然是不同的。天体固有生长有死灭；但死灭的毕竟过去了，新生的毕竟不是旧的。由资本主义社会发展而成社会主义社会，尽管是一种共产体，但是站在新的机械生产力之上，是与原始共产体完全不同的。循环论者是不能说明发展的，他们结局要用神来说明。

以上四种说法，或是不知道否定之否定法则，或是误解了这个法则，而陷入了错误。他们这种种发展观，只是把发展当作增加及减少看，如还元论；把发展当作外力的冲突看，如均衡论；把发展当作矛盾的解消及互让看，如折衷论；把发展当作重复及反复看，如循环论。这种种发展观的错误，前面都已分别指出了。

辩证法的发展观则把发展当作质与量的互变看，当作对立物的斗争看，当作否定之否定看。它克服了还元论，指出量的发展通过渐变及突变，必然的会产生新质；反之新质的出现，同时就是新量的发生。它克服了均衡论，指出外因依存于内因，外力是要通过内力才能表现出作用来。它克服了折衷论，指出对立物斗争的结果，是一方克服了他方，而不是互让的调和。它克服了循环论指出事象的发展是不走回头路的。依辩证法的见地，发展不是直线的进行，而是曲线的进行。更正确的说来，是螺旋式的进式，螺旋愈旋愈大，或愈旋愈小，表面似循环，实在不是循环。——每一发展阶段的新事象，总是经过否定的，由旧的产生新的；新的虽是由旧的发展出来，然而已确立于另一基础之上了。

明白了上面十种实际认识上的具体法则后，下面就可以开始讨论实际认识的具体范畴。

第三节 实际认识上的具体范畴

范畴 Categorie 或译俦类，大体与概念相同；但是范围的大小不同，即概念可以包括范畴，范畴不能包括概念。通俗的说来，范畴是一种在认识种种客体的时候，用以说明客观的必要的工具。例如，时间空间是范畴。质与量，可能性与现实性，肯定与否定，都是一种范畴。前面说过，否定是发展的网的结节，是动因或契机，那末，则范畴也可以说是动因或契机。

范畴不是人类想像的产物，而有其客观的存在。时间与空间，不是如康德所说是先天的悟性的形式；乃是如列宁所说，是独立于人类意识之外的客观存在，更进一步说是一切存在的基本形式。人类关于时间空间的概念，是客观的时空的反映，不是主观的想像物。

范畴，因为它是客观的，从而也就是发展的，不是固定不变的。我们的认识是相对的绝对，所以各种范畴也只能近似的反映客观，客观有变动，范畴亦必随之而发展而变动。

所以从认识上说，范畴是一种必要的工具；从现实上说，范畴是客观事实的反映；从发展的作用上说，范畴是一种动因。

范畴可分为二类。第一类，一般的范畴，如时间及空间等，此处略而不谈。第二类，实际认识上的具体范畴，即本节研究的对象，共分为八对：本质及现象，内容及形式，相互作用与因果关系，根据及条件，可能性与现实性，偶然性与必然性，自由与必然，链与环。

（1）本质与现象

人类的认识目的，是要认识在运动中的一切存在物的运动法则，而能预测将来。但这样的目的不是一下子就可以达到的，事实上往往遇着障碍，因为人类直观所感觉到的往往是不正确的。譬如在直观上仿佛是地球不动而太阳动，事实恰好与此相反。譬如商品的价值，乍看起是由于商品被使用的效用来决定，用处大则价值大，用处小则价值小。其实不然，金刚钻的价值甚大，然而除划玻璃外，其用处并不及低价的米麦。稍为前进一步的解释，以为商品的价值是靠需要供给法则来决定，其实需要供给的法则也只能说明市场价格的高低，而不能说明价值的实体。——商品的价值的实体是凝结于商品中的一般的人类劳动，价值的大小是由劳动量的大小来决定的。我们所看见的现象，往往是与本质相差异的，甚至于完全相反。所以我们要真正认识客体，须先知道本质与现象这对范畴。

我们的认识固然要把握客体的本质，但是不能忽视现象。现象是与本质相关联的；没有现象，本质就无从表现出来。本质自己表现出来是现象，各种现象都带有本质的一种性质。所以，现象与本质之间尽管可以区别，但不是绝对的对立，其间并不存有绝对不可逾越的深沟。从理论上说，本质只能在各种现象中表现出来；所以我们要认识本质非先通过现象不可；但是如果不能从现象的环节中认出本质来，那种认识是迷乱的不完全的不正确的。

现象可以分为二种：（a）普通所谓现象，是能在较长时间表露本质的。（b）假象，有如水泡，昙花一现，是在很短期间表露本质的。譬如由 1924—1928 年产业合理化运动所呈现的资本主义的组织化及计划化，许多资产阶级的学者都抱有长期繁荣的乐观，然而终于证明只是一种假象，不久就过去了。又如资本主义的各时期，工业资本主义时代的对于殖民地的侵略，金融资本主义时代的独占，经过时期比较长久，也只是现象，而不是本质。

现象既是本质的自己表现，所以现象是离不开本质的。本质发展，现象自必随之而发展；反之，现象如已发展，则也就是本质有了发展了。譬如社会民主党的发展，可分三期：第一期，在欧战前反对参战，是一种现象；第二期，欧战时主张参战，是一种现象；第三期，在世界恐慌时代，主张对外抵抗对内压迫，与法西斯蒂者一鼻孔出气，成为社会法西斯蒂，又是一种现象。现象时时发展，而社会民主党的本质也由小资产阶级的心理变而为资本家阶级的走狗了。

由此义言，现象的发展是本质发展的指示器，要知道本质的发展，非从现象的发展中去找不可。但是，我们要知道，本质的发展是可以克服种种现象的。譬如，资本主义社会的本质，是生产手段归少数人所有。这本质所表露的现象时时变动，在商业资本主义时代，表现为市民阶级对教廷的革命；在产业资本主义时代，表现为代议制；在金融资本主义时代，表现为独裁制度。法西斯蒂政治的特色是以武力来代替普通的法律，渐渐与资本主义社会的本质（自由竞争）相违背。但是，法西斯蒂是否能把资本主义社会的本质改为超阶级的国家呢？那是不可能的。因为法西斯蒂运动只是资本主义的本质不变的范围之内的一种现象形态，是要被本质所克服的。试看莫索利尼虽宣言左手打倒共产主义，右手打倒资本主义，终于投入意大利金融资本家的怀中去了。

从辩证法的见地看来，认识客体的任务，就在从现象的环节中找出本质的矛盾的对立出来。知道了本质，才可以克服种种现象，不致为一时的现象所迷惑所混乱，不致变成短视者及片面的观察。但是本质与现象都是在不断的发展，我们说要从现象中认识本质，就是说要认识本质的发展法则的意思。从辩证法看来，一切法则都不是永久的；法则本身也是发展的与运动的，这是与一般科学之固定的法则之不同之点。

（2）内容及形式

关于内容及形式这一对范畴，在俄国及日本都曾发生过很大的论战，此处只能作极简单的说明。

内容和形式，是上面本质与现象那一对范畴的具体化。本质与现象是对客体的本身而言；内容和形式，则只就客体的发展过程所采的方式而言。二者是相关的，所以上面所说本质与现象的定理，大体对于内容及形式都可以应用。

照前面所述，本质不单是可以发现为种种现象，并且还是可以随着它自己的发展而推移为另一本质的；因此，所以在它的发展过程及推移过程当中，不能不有种种不同的现象形式（形态）。在这里，我们应该把这种现象形态和客体的内容的关系把握着。

我们先要知道，一般的内容和形式的区别和关联。原来一切客体都至少可以有素材，意义（或作用）和形状三方面的观察。如像水这种客体，它的素材是 H_2 和 O，它的意义是 H_2 和 O 的化合为一，它的形状或是液体或是气体或是固体。又如像价值这种客体，它的素材是劳动和劳动对象，它的意义是两种素材的凝结而成一使用价值，它的形态是交换价值，价格，剩余价值，利润，租税等。又如像文艺品，它的素材是语言和文字，它的意义是主张或思想或理论，它的形态是散文，诗，词，赋等。更如像过渡期的社会经济，它的素材是资本主义经济成分和社会主义经济成分，它的意义是使前者受后者领导，它的形态是新经济政策，新新经济政策，五年计划等。在普通哲学上把素材和意义合起来，叫做内容（也有单把素材叫做内容的），把形态叫做形式。在这种用法上，很明显的，内容和形式虽有区别，然而又是有甚大的关联，不能两离的：没有无形式的内容，也没有无内容的形式。形式和内容是不可分的统一——矛盾物的统一。

现在，回到我们的问题上来看，内容就等于本质，形式就等于现象吗？当然不是。第一，很明显的，现象的内涵大于内容，因为现象是兼有内容和形式的；第二，因此，形式的内涵也就小于现象；第三，当然，内容的内涵大于本质，因为本质原只是客体的核心现象，不是客体的现象的全体，所以客体的现象的种种内容，必定大于它的核心。因此，所以我们得研究内容和形式。

内容和形式的区别，当然不单限于物质，并且可以适用于一切运动，所以内容和形式的研究，不单是一某部分科学所必需的，并且是一切科学上所必需的。

同一内容可以有许多不同的形式，所以形式当中，还可以有根本的形式和非根本的形式之分，其情形恰好和矛盾有主要的矛盾和非主要的矛盾之分一样。如像资本社会的经济构造的形式是主要的形式，它的政治构造的形式却是非主要的形式。不消说，非主要的形式，到最后，是依存于主要的形式的。

关于内容和形式的区别与关联并形式的多种性，我们有深切认识的必要。我们如把内容和形式还元为同一物，就会陷于机械的唯物论，或机械的还元论。如果把内容和形式截然分而为二，我们就会过于夸张形式的功用，陷于形式论理学的空漠概念的谬误及先天的形式论的谬误。如果不知道主要形式和非主要形式的区别，我们就会不懂基础和上部构造的理论，而陷入俗流派。

客体本身是发展变动的，所以在发展过程上的内容和形式也是常常发展变动，互相影响的。总起来说，关于内容和形式的发展，可以约说如下：第一，种种的内容出现于种种的形式上；第二，同一的内容可以在种种发展阶段上，出现于和它本质的矛盾发展阶段相应的种种形式上；第三，种种的内容，可以出现于同一的形式上；第四，内容的发展可以克服形式上的限制性；第五，形式的发展，可以克服旧内容的诸成分。

因此，从我们研究认识的具体方法的人看来，最要紧的是：第一，要找出一切的内容和形式，旧内容，旧形式，新内容，新形式，半新旧的内容，及新旧混合形式；第二，不要轻视内容的锐进发展力和积极性，而要以新内容征服一切旧形式；第三，不要轻视形式的发展性对于过程的矛盾上的积极作用，而要抓住那种可以保证矛盾迅速发展的形式。

（3）相互作用与因果关系

宇宙间任何一种事象，都不是孤独的存在着，总要与他种事象互相连结着，从而发生相互作用。就社会现象说，社会本身即是广系的分工合作的人类活动的聚结体。生产的各部门间，工业与农业与矿业，重工业与轻工业……之间都存有相互关系。一个工厂之中，如极简单的制针的工厂，也是由八十多个不同种类的机器的相互作用所结成的。事象不能孤立的去认识，而要明白它内部外部的相互作用。

可是只知道相互作用，还不能预见事象的变化，还要进而探究因果关系。因果关系是发展的问题，譬如有了甲现象，就会发生乙现象，则甲现象是因，乙现象是果。因果关系是非常复杂的。依辩证法看来，因果关系是不断的锁链，只能适用于特定的场合；如果把这特殊场合消纳于宇宙总体的交互作用中，则原因与结果是常常可以调换的。如说社会不安是因为政治不安，但政治不安也许又是经济紊乱或他种原因的结果。辩证法的因果性与普通所谓因果性不同：前者从联结的观点去观察因果性，所以是具体的因果性，后者孤立的观点去观察因果性，所以是抽象的因果性。

因果关系是一般科学的基础，但有与此相反的范畴如目的论；也有误解因果关系的如主观的因果论及机械的因果论。

(a) 目的论与神意说相当，尽管二者的形式及内容都有差异。宗教以为世界是神按其自己的目的创造出来的，如《旧约》的《创世纪》所说。目的论者认为一切存在物的背后都有主持者，否则自然及社会都不会有今日。无论宗教的目的论或非宗教的目的论，既以为一切存在都有神或主持者；则若神或主持者随时变更其目的（神或主持者通常是被视为具有自由意志的），则因果关系就根本将不可能，人类也就无从预测将来了。

目的论虽不合理，但也有其来源：第一，欧美社会现在还有宗教存在，不能①受宗教意识的影响；第二，人类行为大部分都具有目的意识，从而推之于自然界以为一切有机物无机物也都是有目的的；第三，自然现象特别是生物现象，其机体构造都表现有一种合目的性，如飞鸟的短足羽翅，肉食兽的牙，人的身体都仿佛是合目的的。第一种宗教的理由，不必驳。第二种，人类的行为固有目的意识，但意识本身也是有原因的。第三种，生物现象的合目的性，进化论已证明为天然淘汰的结果了。事实上证明有许多古代生物，今已不存在：人的机构如盲肠即是无用的。

（b）主观的因果论，为 David Hume 等经验论者所主张，以为因果关系乃是人类长时间储蓄下来的一种习惯。休谟，这位彻底的主观观念论者，以为客体只能在感觉及意识中存在，感觉以外有无存在那是不可知的。休谟因否认客体的独立存在，因而否认客观的联系及客观的因果性。因果关系既只是由习惯来的，主观的，那当然也就不能预知了。然而人类的实践，以改换条件等等方法即实验，确证因果关系独立存在着，是不依存于主观的。

（c）机械的因果论者只用外因来说明因果关系，以为力学的原则可以普遍妥当的应用一切宇宙现象之上。事实上，若只有外因，则外因本身又必有外因，最后不能说明，则必归之于神。把机械的因果论应用在社会现象上，结果必成为地理环境说。地理环境的转变是比较迟缓的，希腊罗马所处的地理环境，今昔略同，何以前盛而今衰呢？于此，地理环境是不能说明的。

---

① 原文如此，疑为"不能不"。——编者

辩证法的因果关系把内因外因都包含在内，并且以为因果关系是客观的不是主观的，是相对的不是绝对的不变的。

（4）根据和条件

这一对范畴，与真正的因果关系相关联；要由因果关系去预见将来，非先明白根据与条件不可。

"根据"这个范畴，在黑格尔的辩证法中，被特殊处理着。黑格尔说，普通的因果性都是可以互相倒置的，如说国家组织的好坏，是由于国民道德的好坏的结果；但是也可以说，国民道德的好坏是由于国家组织的好坏的结果。要真正明白二者的关系，非在二者之外或二者之上找出第三者来决定。此第三者即是根据——而在黑格尔看来，就是绝对精神。

黑格尔所说的根据太抽象了，马克思把它具体化，以为对象当中所存在的主要矛盾，即是根据。除根据外，其他的内部的或外部的矛盾，则名之为条件。根据可以决定对象发展的前途；但这并不是说，一切发展绝对依存于根据。

马克思这样规定根据与条件，自然是依辩证法的见地，与一般资产阶级学者或形式论理学所谓根据与条件不相同。形式论理学以直接原因谓之根据，间接原因谓之条件。譬如，刀刺手出血，刺是直接原因即是根据；个人的健康及皮肤的厚薄等等可以影响于结果的，即名为条件。在辩证法所谓根据，是限于对象内的主要矛盾，就资本主义社会说，无产阶级对资产阶级的主要矛盾是根据；其他非主要的矛盾，如内部工农的对立，外部帝国主义间的对立，都是条件。

根据与条件并非固定不变的，而是随对象之发展而变动。在封建社会中，地主与农民的对立，是根据；但到了资本主义社会则变成条件了。封建社会中也有资产阶级与无产阶级的对立，但只是一种条件；这样的条件，到了资本主义社会，就变成了根据。

条件本身又可分为本质的条件与非本质的条件。本质的条件可以影响根据，而非本质的条件则与根据的关联较少。无产阶级对资产阶级的对立是资本主义社会的根据。农民与地主的对立是本质的条件。资产阶级中各阶级层的对立，是非本质的条件。何以故？因为无产阶级的前身大部分为没落的农民，而农民本身又是间接的被榨取者。至于资产阶级内部的对立，是可以随时妥协的是非本质的。

根据与条件合起来，可以决定对象的发展。在发展的过程中，除开根据与条件可因对象的质的全变而互变外；根据还可以随时克服旧的条件，产生新的条件。譬如，在苏联也有小农对富农的斗争，也可目为条件，但与资本主义社会中农民对地主的斗争，性质不同了。

如果不知道根据与条件这对范畴，就会发生两种错误：第一，把种种矛盾简单的综合来观察，不分开根据与条件，就会变成折衷主义者。第二，如只知有根据，而不知有条件，也必判断错误。如托罗斯基在 1905 年革命就主张建立工人专政，推翻俄皇。因为他不明白当时的根据是甚么？本质的条件是甚么？非本质的条件又是甚么？当时的根据是资产阶级对封建阶级，本质的条件是地主对农民，而无产阶级与资产阶级的对立是比较的非本质。又如在殖民地及半殖民地农民的性质问题，有人以为可以行农民革命，因为不明白它只是条件而非根据；又有人完全忽视农民，因为不明白农民是本质的条件。

（5）可能性与现实性

由被当作原因上的对象，与由此发生的在结果上的对象，其质与量都是不相同的。新质新量从何处来，如何出来，这个问题已在否定之否定法则中讨论过。通俗进化论承认有新质的发生，以为新质已在旧质中存在，但是不明显的，是一种在显微镜下的存在，随后就变成明显了。这样的看法，是把发展当作简单的扩大与缩小看，为辩证法所不取。依辩证法，新的固是从旧的出来，但要克服旧的，否定旧的，才能够形成新的。

要充分明了新旧的克服过程，须设置一对范畴，即可能性与现实性的范畴。所谓结果（新的）在原因（旧的）时代，是当作一种可能性存在着；到了经过克服的过程接近结果时，则是当作现实性而存在着；到了产生出结果，就是新的事象了。可能性不等于原因，但在原因中存在着；现实性不等于结果，但是结果的最近的前身。下面分开讨论。

可能性的种类有三：（a）抽象的可能性。（b）实在的可能性。（c）现实的可能性。从普通的道理去说，拿过去的经验去说，或从常理类推出来的可能性，乃是抽象的可能性。譬如说，如果我们用教育的方法，则可以使愚人读书写字。如说，如果改良统治者的心理或唤起资产阶级的慈悲心，就可以舍弃资本主义，而促成社会主义。——这在抽象的理论上自然是有道理，而实际上则不可能。如说，大家都赞成协作社，就可以实现社会主义，这也是抽象的可能性，因为协作社不能推翻资本经济主要的剥削形式。

实在的可能性不是用常理去类推，而是依据根据及种种条件，从事实的发展倾向中得出的可能性。譬如说苏联的五年计划着着①成功，各生产部门都达到预定的数字，所以苏联社会主义的建设，有成功的可能。这样根据实在的事实的可能性，便是实在的可能性。

从各种实在的可能性中，加以选择，找出与对象的根据有深切关联的可能性，就是现实的可能性。现实的可能性只能有两个，也必然有两个。因为它与根据即主要矛盾相关联，而主要的矛盾是由两个相对立的部分构成的。主要矛盾既有两方面，所以现实的可能性也有两个，一个是甲方克服了乙方的可能性，一个是乙方克服了甲方的可能性。举例说明，当1848年的德国革命，马克思预测革命的前途有二个现实的可能性：（a）如果新兴资产阶级彻底得到胜利，推翻了封建势力，则德国革命前途必转向社会革命的方向去；（b）如果资产阶级中途变节，与封建阶级妥协，则革命的形势会变成封建势力＋资产阶级与无产阶级的对抗。——后来是第一个现实的可能性实现了。又如1905年俄国革命，列宁也预言有二种现实的可能性：（a）资产阶级联合工农，彻底推翻封建统治；（b）资产阶级变节投降封建阶级，共同压制工农。——1905年革命的结果是实现了第二个可能性，但1917年二月革命资产阶级联合无产阶级共同推翻俄皇，遂急转直下变成社会革命，则是实现了第一个可能性。

抽象的可能性是无数的，实在的可能性比较少，而现实的可能性只有两个。但三种可能性之间并没有绝对的界限和区别，是可以随着对象的变动而变动的。

---

① 意为一步一步地、逐渐地。——编者

我们观察对象的变化，不能只注重现实的可能性而不及其他，即只注重根据，而过于忽视条件。1920 年的匈牙利革命，成立革命政府一星期而失败，1923 年德国革命的失败，就根据而言，无产阶级占有极大的优势，是有现实的可能性的。然而内部特别是外部的条件未成熟，即帝国主义者的压力过大，终于失败了。

现实的可能性一旦实现了时，就叫做现实性。社会发展的现实性，必须通过人类的实践的努力。自然现象的发展亦有现实性，但不须通过人的实践，因为物质运动从最原始的电子运动起，即是带有积极性的。

事象的发展，由原因而可能性而现实性而结果。我们必须正确的把握这对范畴，才能正确的预见将来。

（6）偶然性与必然性

偶然性与必然性的范畴，是辩证论者所爱用的。它有两种意义：第一，可以决定内因与外因的关联；第二，除内外之外，可以决定事象发展之具体的形态。

关于偶然性与必然性的论争，是很复杂的。第一种主张承认有偶然性，以为凡是不能包括在科学法则之内的发展现象，谓之偶然；可以包括的，即是必然。换句话说，即是事物发展的原因，如果是可知的，就是必然性；不可知的就是偶然性。这样以人的知与不知，作为必然与偶然的区分，是主观的非客观的。既然承认偶然为不可知，则不啻等于否认科学，而承认有超自然的原因即神的存在了。

第二种主张，根本否认有偶然性，一切都是必然的。此说为机械唯物论的主张：第一，与事实不合，因为客观上确有偶然性的存在；第二，此说因根本否认偶然而站在辩护必然性的地位，将通过决定论 Determism 而变成宿命论 Fatalism。

第三种主张，为德波林所支持，以为偶然是由外因而来，必然是由内因而来。譬如，拿特定社会之发展说，生产力之发展是其内因，而外来的侵略等等则是外因。此说比较圆满，但也有缺点，因为内外的界限是不定的，随我们观察范围的大小而有变动。

要正确的明白偶然性与必然性间之辩证法的关系，须从黑格尔说起。黑格尔说："偶然是有凭据的，因为它是偶然的；偶然又是无凭据的，因为它是偶然的。"又说："偶然是必然的，必然性把自己当作偶然性规定着"。又说："必然是抽象的偶然性"。黑格尔这些话的内容，可说明如次：（a）偶然性是种种发展过程相互作用的结果；（b）偶然可转为必然性；（c）一切对象之发展的必然性，由其根据的发展来决定；（d）必然性可积极的把偶然性克服；（e）必然性在偶然性的形态中具体的发现出来。下面举例说明。

试以现代社会革命运动为例，分成五层来说：（a）每个劳动者是否参加革命运动，须视其年龄如何，其劳动种类如何，其所处的工厂情形如何，其家庭状况如何，其所受教育程度如何，其左右朋友如何，等等条件来决定；所以每个劳动者的参加革命运动与否，完全是偶然的。（b）这样的偶然性可以转为必然性。革命运动是个人的革命行动所合成，个人参加革命与否虽是偶然，但革命运动本身却是必然的。个个的偶然性结合而成为必然性，即偶然性凝消于必然性之中。（c）何以说革命运动是必然的，因为它是受资本主义社会的根本矛盾（无产阶级与资产阶级的对立）所规定的原故。根据的发展，决定了对象的发展。（d）由根据而发展出来的革命运动的必然性，可以把各个劳动者不相同的状况解除，即把各个的偶然性克服。（e）但是革命运动还是要靠各个人去做，即是必然性仍要在偶然性当中表现出来。

更就生物现象说明：（a）各个人的死的具体形态，如某甲死于疾疫，某乙死于汽车，某丙死于暗杀……种种死都是偶然性。（b）拿全人类来说，死是必然的。（c）人类之死的必然性，是由其内含的主要矛盾——新陈代谢——而来。（d）人类死的必然性总要把各个个人死的偶然性克服。（e）但这种死的必然性，仍要通过各个个死的偶然性而表现出来。

偶然性与必然性的范畴，对于行科学的预见效力甚大。因为依据这个范畴，则种种偶然性均可归入必然性之中，而仍保留着它的特殊作用。马克思所以能发现社会革命的必然性，就是采用这个范畴，由工人运动的偶然性的转化当中发现出来的。马克思只因为明白了这对范畴的缘故，才预见了社会革命，他并未预见个个工人或个个资本家的行动——那是不可能的，只是机械论者的幻想。如果要知道一切偶然性，那简直是否认科学。

我们于偶然性中发现必然性，并使必然性克服偶然性，对于预见事象的发展诚可得到保证。但这种保证仍是相对的，我们必须找求对象的根据，它的种种条件，它的发展全过程的种种矛盾，才能作出正确的预测。列宁说："要真正认识对象，预测将来，非把所有的方面，所有的媒介，所有的关联，全部把握了不可。"——正是这个意思。

（7）自由及必然

人类的行为大部分都有目的意识，人类在其所能预料的将来之范围内，去支配环境。于此，发生了问题，即人的意志是否自由的问题。人的意志完全自由乎？完全不自由，须受必然规律的束缚乎？或一半自由；一半不自由乎？对此问题，是历来哲学上所聚讼不已的。所以我们特设置一对范畴，来处理它。

宗教观念论以为人有灵魂，人的意志是自由的，因为人的行为应该对神负责任。但事实上，如生死问题，贫富问题，人都不能依其自由的幻想实现。人如果是自由的，则人也变成神了。

合理主义者斯宾诺莎 Spinoza 认为人类一方有理性，一方有感觉，感觉情欲之支配灵魂（理性）是不自由的，必然的，但理性靠着自然的认识，可以由此支配解放出来，可以把握真理是自由的。此说并没有真正说明甚么是自由，但把自由与必然并提而关联起来，是比宗教的观念论进步了。

经验论不承认人类可以认识世界，其逻辑的结论当然说人类没有自由。

康德以为人可以认知现象而不能认知本体。在现象界，人类认知现象，不能逃出现象的规律，是不自由的。但在本体界，人神一致而可以自由了。康德这样替自由与必然划分出势力范围，各不相侵：在自由统治之域便无必然，在必然统治之域便无自由。——康德对此问题，与对其他问题一样，支持了他的折衷主义的见解。

法国唯物论者认为人类绝对受自然的支配，而没有自由。霍尔巴克 P'Holbach 说，立法是立法者脑中原子的运动而已。于此，新机械论者布哈林在另一形式之下，发挥了他机械论的主张。他列举了许多意志自由的例，来加以批驳，证其都受必然的支配，毫无自由可言。他对于自由与必然之辩证法的关系，是没有理解的。

黑格尔把自由与必然的问题，用辩证法的观点正确的解答了。

他以为自由是对于必然的认识，二者是分不开的。自由是历史的产物，对于必然的认识进一步，则自由也跟着进一步。人类只有在不了解必然的时候，才是盲目的；人类的发展愈向上，则自由亦益扩大。简单说来，自由就是认识了的必然性。黑格尔这样的见解，被马克思恩格斯扩张起来。自由，就是人类统驭其自身以及外界的自然；而此统驭则基于对自然之必然性的认识。譬如，人在其尚未认识雷电作用时，对于电气是盲目的；及后关于电的认识进步，即把握了电气之必然性的规律，电灯电话电报先后发明，人于此遂完成了对于电的统驭，因而人在这一方面遂自由了。

这样，自由与必然二者并不是极端对立的，排他的犹如偶然性和必然不相排斥一样。人类在其对自然的感觉，思维与实践中，一旦认识了自然规律的必然性时，必然就转化而成自由了。所以依辩证法的见地，人类是不自由的，又是自由的。自由和必然是互相转化的。但，何以自由还可以化为必然？因为在历史某瞬间得到的自由的知识的实际利用，可以变为历史的进步的更进一层的条件。因此，自由本身又变成了必然。如像，苏联无产阶级因认识了必然而自由的努力去建设社会主义，结果使他们的努力又变成到社会主义社会去的运动的必然的动因。

对于自由与必然的范畴，若不正确认识，就会发生错误，特别是在对于社会现象的解释时。如果不明白人类可以有自由，则将屈服于社会的自然生长性之下，而变成宿命论的经济主义者。如果过于夸张人类意志的自由，而轻视必然，那就会变成无政府主义者了。

（8）链与环

链和环的范畴，是战斗唯物论者所特别注重的。宇宙间种种现象互相联结着，有如一个个的环子所构成的链子——不是一条单一的链子，而是繁复的交错着构成的链子。

前面所说由第一对范畴到第七对范畴，都是我们在行科学的预测时所不可少的工具。这最后一对范畴，链和环的道理，却是我们实践的指针。——自然，这并不是说，前面七范畴即与实践无关系，因为认识和实践根本上是分不开的。

辩证法者在应付实际革命问题时，应该把对象的问题当作链子看，由繁复交错的种种大小强弱不等的环子中，找出一个具有决定力的主环来，作为最大努力的目标。这样意义上的主环，自然与对象的根据有关联，但非即根据本身。如 1905 年俄国革命失败后，社会民主党的干部诸人不能住在国内，此时的主环即在能沟通国内外的消息，故列宁以全力在日内瓦主办国外新闻。如 1918 年俄国革命后，当时的主环为停战休养，巩固新政权的基础，故列宁断然执行自己的对德路线，忍受德国苛刻的条件和德媾和。如最近俄国的五年计划，其主环为取得技术，故苏俄不惜以巨金聘请各国专家，到俄教给工人以熟练的技术。

把链和环的范畴，应用在对付敌人的时候，便是攻击弱点的道理。——弱的方面最具有决定力的一环，即普通所谓牵一发而动全身的动作。

第四节　结论

本章把辩证法的认识方法及范畴，尽可能的实用化，具体化和活动化，是列宁主义即战斗唯物论的精髓所在。兹就前面所述，作一简单的结论。

1. 从实际认识的具体方法上说来：（1）战斗唯物论克服了抽象的硬化了的所谓质量互变的原则，把握了真正的具体的，实际可以应用的，关于质的规定，量的规定及质和量的推移原则，即（1）到（3）的原则。（2）战斗唯物论克服了公式化了的笼统的所谓对立融合的原则，把握了详细的具体的关于内部矛盾及主导方面的即前述由（4）到（9）的种种原则。（3）战斗唯物论克服了公式化了的被误解了的所谓否定之否定的原则，把握了具体的关于新的发生的否定之否定的原则，即（10）的原则。

2. 在实际认识的具体范畴上说来，战斗唯物论克服了种种零乱无章的公式化的被误解了的范畴，把握了在实际认识上的必要的循序渐进的正确的八对范畴。

上述的原则和范畴是整个的一层一层互相关联的，并不是孤立的各不相关。我们不要以它表面上的繁复而倦怠，以为只是概念的游戏而已！这是人类知识数百千年的积累，是廿世纪最高阶段的科学方法，许多战斗唯物论者都行之而有效的成功了。

第五章　当作宇宙观点论看的辩证法唯物论

第一节　导言

前一章中，我们详尽的说明了辩证法唯物论在实际认识上的方法及范畴。我们如果能正确的把握那些方法及范畴，就可以认识事象的发展之因果性及必然性，可以接近客观真理，可以预测将来。何以能有这样大的效果呢？唯一可能的答复是，因为这些方法及范畴都不是凭空杜撰的，而是客观事实的反映。辩证法所以是最高级的认识方法，即因为自然及社会都是以辩证法的形态而存在而发展。这种形态反映于我们头脑中，一旦被我们正确的把握着，就形成了辩证法的思维。更进一步说，思维本身也是自然现象之一，所以思维本身的存在及发展，也是以辩证法的形态而呈现的。

所以依辩证法唯物论的见地，思维的法则是由物的法则而来的；所谓方法及范畴，一方是逻辑的规定，一方是客观世界之实在的存在及运动的规律。

那末，客观世界的内容到底是甚么？它是如何构成的？它的根源是甚么？它的存在及运动形态到底是如何？对于这种种问题的总的答复，就是哲学上所谓宇宙观。

随着种种不同的哲学流派，而有种种不同的宇宙观。在说明辩证法唯物论的宇宙观之前，我们须得把现代各种比较有力的宇宙观，就其一般的倾向，大体加以批判。

（1）耶稣教的宇宙观，简单言之，是一种神学的一元的宇宙观；认为宇宙虽有灵魂及物质，但二者都是在神的支配之下，神按着一定的目的而造出来的。如《旧约·创世纪》所载，上帝在七日七夜内构造天地万有，自天体，动植物至人类，各如其分。耶教的宇宙观只有观念上或迷信上的存在，非事实；因为灵魂及上帝都漂渺荒唐，不可究诘。

（2）目的论的宇宙观，约略相同于合理主义者的主张。但排除了耶教的灵魂说，而代之以感觉及理性，排除了耶教全知全能的上帝，而代之以造物主或第三本体。笛卡儿以为世界是从物质及精神两种独立的本体组成的，带有浓厚的二元论的色彩；他为这个矛盾所迫使，必然的要承认第三实体的存在。物质及物质不相关联，要靠第三实体才能连结起来；人类的观念是天赋的，并非来自感觉：感觉是不大可靠的，所谓第三实体并不能被感觉，只能为理性所发现。这种天赋观念说，从另一面看起来，就是所谓目的论。目的论以为一切存在都有一定的目的，如鸟兽人类的肢体组织都可证明是合于目的的。而所以会有这种合目的的组织及运动，则是出于造物主的支配。由此可见，目的论把动植物由天然淘汰的原因而表现的合法则性，认为是原有的目的，以此推理一切宇宙现象，而最后归之于造物主的目的。所以目的论的宇宙观根本上还没有脱离宗教的臭味，不过另外披上一件外衣而已。

(3) 不可知论的宇宙观，约略相同于经验论的主张。经验论者洛克，巴克来，休谟之间，虽存有若干差异，但大致上均以为人没有认识宇宙的能力。洛克把物性分为第一物性（空间，数目，形式，运动，不可入性）及第二物性（色，香，声，味，冷热感觉及触觉）。第一物性是可以在感觉上实在的表象出来，是可知的；第二物性完全是主观的，感觉在此不能与外物相适应，是不可知的。到了巴克来则以为第二物性与第一物性同样不可知，根本否认物质之客观的存在；以为感觉以外是否有物的存在，那只有神能知之，人是不能知的。到了休谟则索性把巴克来的神也排除了，也认为不可知；于是走入绝对主观的怀疑主义的观念论。不可知的怀疑精神，不强不知以为知，是比目的论进步。但事实上宇宙现象是可知的，科学给予了我们以丰富的证明。如果根本以为不可知，那就等于否认一切科学，阻碍人类知识的发展。

（4）机械唯物论的宇宙观，为十八世纪法国唯物论者所支持，是一种唯物的一元的宇宙观。法国唯物论者以为宇宙是物所构成的，存在不依存于思维，意识是外界的反映。而且感觉，思维，意识等等心理现象，是不能与人类的脑髓的机构相分离的，即一切心理现象，从其究极的意义言之，亦是一种物质现象。总之，宇宙的根源是物质，无所谓上帝，神或造物主。这样，法国唯物论就把宇宙由神的手中转入了人的手中，变成可以具体理解的宇宙观了。

但法国唯物论把物质及其所构成的宇宙，当作不变的孤立的去理解，而不知道运动及关联。即或认有运动，也只视为增减或重复；而不能把握运动之真实的意义。又，对于宇宙现象之一的社会现象的解释，法国唯物论尤其无力，而陷入了观念论的见地。

（5）康德主义的宇宙观，是一种二元论的折衷主义的宇宙观。康德的二元论一方面存于本体与现象之间，以为现象可知而本体不可知。于此，带有强烈的不可知论的色彩。康德的二元论又一方面存于自然与社会之间，他以为自然现象是有因果法则的，而社会现象则受神意所支配。康德的两重矛盾都被近代科学所扬弃了。近代自然科学的长足进步如关于电气的知识及技术，证明电气的本质是可知的，"物之本体"通过科学技术而变成为"我们的物"了；本体与现象之间，并不存有不可逾越的鸿沟。他方面，建立于辩证法唯物论之上的新社会科学，证明社会现象之合法则性，与自然现象统一起来。

（6）黑格尔主义的宇宙观，是一种彻底的一元的辩证法的观念论的宇宙观。黑格尔认为宇宙现象（自然，社会及思维）都是由绝对精神发现出来。他比耶稣教的宇宙观不同，因为是哲学的解释而非迷信。他非目的论者，因为他正确的理解了因果关系。他虽为观念论者，但不同于经验论的主观观念论；他所谓观念并不是任何个人之主观的观念，而是超个人乃至超人类的客观的观念。他比法国唯物论进步，克服了孤立的及不变的宇宙观，而提供了发展变动互相关联的宇宙观。他也比康德进步，因为他把自然与社会，在辩证法的观点下，统一了。黑格尔的主要缺点，即在把精神中作为宇宙的根源性，以为先有精神而后有物质。但他所谓绝对精神，到底是甚么，在甚么地方，那是不能知道的。黑格尔终于也陷入不可知论了。

（7）辩证法唯物论的宇宙观是辩证法的唯物的一元的宇宙观。——因为是唯物的，所以是可以理解的；因为是一元的，所以是统一的；因为是辩证法的，所以不是机械论的。这个宇宙观是人类从前一切科学知识最精炼的成果，是最高级最完成的宇宙观。它的本身是一个广大统一的哲学体系，简单说来，包括下面几个要点：

（a）宇宙的根源是物质；

（b）宇宙是统一的，其统一性即存于其物质性；

（c）一切宇宙现象互相关联着，可以互相转化；

（d）一切宇宙现象都在不断的发展或运动中，其发展或运动是以辩证法的形态而呈现的，即依着辩证法的三根本法则（质量互变，对立物之统一，否定之否定）而进行的。

宇宙现象大致可分成三大类：（1）自然现象，（2）社会现象，（3）心理现象或思维。现在要把这三种现象统一起来，形成一个不可分离的辩证法的唯物的一元的宇宙观。下面分开三节讨论，即

（1）由辩证法唯物论看来的自然界，即自然辩证法；（2）由辩证法唯物论看来的社会，即社会辩证法或史的唯物论；（3）由辩证法唯物论看来的思维，即思维辩证法。

第二节　由辩证法唯物论看来的自然界

（1）自然界现象的种类

我们要知道自然辩证法，先要把整个的自然现象按一定的标准分成几个种类或部门，然后再去研究各个种类中及其互相间之辩证法的关联及辩证法的发展形态。自然界的分类，随我们分类标准之不同而异。最合理的分类，是以自然的构成性或化学的性质为标准，而区别自然现象为五种：第一种自然现象为原素①，为最简单的未带化合性质的物质。第二种为由各原素化合而成的无机物或无生物。第三种为生命现象，即由各原素化合而成的行着新陈代谢的作用的有机物。第四种为由最高级的有机物即人类所构成的社会。第五种为人类的思维。前三种合成狭义的自然现象，再加上后二种则为广义的自然现象。普通把社会与自然相对立，或把思维与自然相对立。其实从广义言之，社会现象毕竟是一种特殊的自然现象，而意识或思维过程也毕竟是一种特殊的自然过程或物质过程。

上面把自然现象分成五种，只是为研究的便利，事实上是一个不可分区的统一体。再则这样的分类，并不是真正严密的区分，各种类之间，尚存有多多少少的中间物。如有机物与无机物之间，有

---

① 原文如此，同"元素"。下同。——编者

几种最原始的原形质，其性质究竟是有机的或无机的，是不能决定的。又如有机物与人类社会之间，小的蚂蚁或蜜蜂，大的猿类及猴类皆属群居生物。复次，分类只是假定的，分类之后的每一种现象还可以再分三分四分五分……如原素中可分为放射原素及非放射原素，或分为金属原素与非金属原素。有机物可分为动物及植物，植物又可分为草本及木本。总之，分类是不一定的，要紧的是，我们要知道分类只是为研究的便利，我们必须以承认对象之统一性为分类的前提。

（2）五种自然现象各个内部的关联及其发展法则

（a）原素。近代电子论证实，原子是由电子所构成，原子内阳电绕着阴电而旋转，即原子为阴电与阳电之对立的统一物。原子的运动即由其内部对立物之斗争而来。又按化学周期律的道理，原素之不同只由于原子量的不同；原子量的单纯的增加，可引起原素之质的变化。而放射原素之发现，证明特定的原素如镭，铇[1]，铀等，都可自己放射而变成其他原素。又如日德各国最近已成功的水银炼金术（但成本比掘金矿还高，所以实际经济上尚未风行），都足以证明各原素之间是互相关联的，是可以互相转化的。

（b）无机物。无机物的种类甚多，但总是由于原素的化合及分解这一矛盾的作用而来。依科学研究的结果，一切星体，都是由气体而液体而固体。最初在气体时代，无机物的种类甚少，渐渐增多起来。《反杜林论》中曾有一例，说明无机物中由量到质的转变如次。

---

① "铇"为化学元素"镭"的旧译，此处与"镭"重出。——编者

$C_1H_2O_2$——蚁酸——沸点 100℃——融解点 1℃

$C_2H_4O_2$——醋酸——沸点 118℃——融解点 17℃

$C_3H_6O_2$——Propionic——沸点 140℃——融解点——

$C_4H_8O_2$——牛酪酸——沸点 162℃——融解点——

$C_5H_{10}O_2$——Valerianie——沸点 175℃——融解点——

在上面的系列中，可以看出由 C_1H_2 之单纯的增加，即由分子式数量的变更，每次都可形成不同质的新物体。这个系列一直可到 $C_{30}H_{60}O_2$ 的 Melissic 酸，它到 80℃才融解，而且绝对没有沸点，因为它在气化的时候，便分解了。

至于无机物之间是否互相关联，可否互相转化，从发生史上说来，当然是可以的。例如物体三态之间可以互相转变；由物体运动所生的能力（光力，热力，水力，汽力，电力等）之间可以互相转变，足以证明无机物内部是有关联的，是可以互变的。

（c）有机物。有机物之间存在及运动，都采取最完全的辩证法的形态，那是很显明的事实。生命现象个体的运动是由于新陈代谢之矛盾的作用；种属的存续及进化，则是由于遗传及变异之矛盾的作用而来。达尔文的生物进化论证实生物是有发生史的，低级生物与高级生物之间是有关连。达尔文以后另一生物学家特佛列 Hugo de Vries 从 1875—1901 年以二十六年的长时期，实验 Oenothera Lamarckiana 草之结果，发现七种新种，比其原种的形质截然不同。而且每一新种的出现，都不是从逐渐变化而来，而是突然发生的。而且一次发生以后，其性质就固定了而能遗传于第二代。特佛列于是把生物的变异分为渐变与突变二种。生物的进化由于渐变的继续淘汰的作用，而新种的发生却是由于突变。特佛列从实践所得来的结论，把生物进化过程之辩证法的形态，作出了有力的证明。

（d）社会，另辟专节说明。

（e）思维，另辟专节说明。

（3）五种自然现象相互间的关联及其发展法则

（a）原素与无机物。一切无机物都由原素所构成，二者间的关联是不容置疑的。由现在已知的九十二种原素的化合及分解，而形成千百万种的无机物，其间发展的具体形态虽不能完全知道，但由上节所引由蚁酸到 Melissic 酸一系列的变质来看，可信质量互变的法则是可适用的。

（b）无机物及有机物。现在的自然科学还不能从无机物中造出有机物，但是地质学已证明地球上最初只有无机物，有机物是比较后起的现象，即有机物是由无机物转化而来的。有机物死后仍然是无机物，如煤层即是由古代的森林所变成的；所不同者即有机物生时营着新陈代谢的作用，细胞的构成与无机物的分子的构造的形式及作用不同而已。一切生物都是由几种原始原形质进化而来；至原始原形质如何由无机物中形成，现在虽不能知，然其必定曾经过突变，经过否定之否定，这是比较可信的。

（c）有机物与社会。一切的有机体都能消极的或被动的适应环境，以达生存的目的。譬如密林中的小树，向空处发展；沙漠中的植物，减缩自己的枝叶，使其所需的水分减少。动物及人也是一样，在其发生史中，当环境变动甚慢之时，一切有机体向环境作消极的适应，而变更自己解剖学生理学的特性。但动物及人不仅是消极的适应，还能积极的或主动的适应环境，这是由植物变成动物的主要标识。如蚁筑蚁巢，蜂作蜂窝，海獭筑堤，人穿衣住房等等，多多少少的改变周围的环境，使之适合本身的生存。到了若干高级动物，就能应用工具了。如猴子用石子投落果实或迎击敌人，原始人在斗争中应用石子和木棍，这些都表现他们除利用天然的官能外，还会利用天然工具。

消极的适应环境为一切有机体所共有；积极的适应环境，为最大部分的动物所共有；应用天然的工具，为若干高等动物所共有。人类所以为最高级的有机物，不在这些上面，而是因为具有一种特别的能力，即只有人能制造工具。若干动物只能利用天然物以为工具，而人类则进一步能改变天然物以为工具。蜂蚁猿猴也有劳动，但只是本能的或天然的劳动。而人类的劳动是有目的意识的，即有意识的制造工具并使用工具以达有意识的目的。蜘蛛的结网，蜜蜂的筑巢，其细巧或胜于某些工程师。可是最不好的建筑匠与最好的蜜蜂间的区别，是在于建筑匠在动手前，已把建筑计划事先放在脑中思索过了。有些学者曾作试测动物的劳动是否具有目的意识的试验，证明是没有目的意识的。如小海獭生出后，把其单独关于笼内，而投以树枝泥土等物，到了一定的长成时期这海獭就开始筑堤了，在笼中，这堤虽然对它毫无用处，可是它还是照样的做；证明獭的筑堤，只是本能的动作而非具有意识的劳动。蜂的筑巢也是一样，蜂巢将筑成时若把巢根破坏一块地方，蜂还是往上筑直到重心倾斜，全巢倒坏为止；如果蜂是具有目的意识的，那就应在完成顶盖之前，先去补茸被破坏了的墙根。所以动物只是本能的动作，而人则是有意识有计划有目的劳动。真正的严格之意义的劳动，是人类所特有的。

但如何由动物之本能的动作或天然的劳动，变成人类有意识的劳动呢？这是由于手的解放及脑的解放的结果。这种解放完成时，即人类由猿类的本能劳动转化而成有意识的劳动时，于是就由猿的群居生活进化而成人类社会了。

由上可见人类社会是有机物高度发展的结果，二者是有关联的。至其发展的顺序，上面已简单说过。若绳以辩证法的规律，积极的虽无证据，但消极的是可以说得过去的。

（d）社会与思维。低级的思维，是与人俱来的，即在由猿类进化到人类的过程中已经有了。至于比较高级的思维，则是随着社会的发展而前进的。因为手的解放，正在形成中的人在其劳动过程中，具有相互交换言语的必要。这种需要就造成官能，口及咽喉的构造进步了，随后头脑的构造也发展了。在这种意义上，言语可说是思维的测度器，而言语本身是在人的社会生活中发生的。近代语言学证明，言语是从极少的语根发展出来的，而这些语根，是与原始人在劳动过程中自然而然喊出的音节相连系的。言语之依赖社会条件的事实，更可由婴儿语言发展的过程去证明。思维是无声的言语，言语的音节及名词越多，则思维的内容也日扩大复杂。所以思维与社会的关联，是极明显的。

社会与思维所以有理由被看成为二种特殊的自然现象，即因二者的发展过程都离不开物质过程的原故。非物质的现象是不存在的，宇宙的真实的统一性，即存于其真实的物质性，而物质是变动的而且是依着辩证法的规律变动的；故曰，一元的唯物的辩证法的宇宙观云云。

（4）所谓还元论的错误

上述五种现象，都是有关联的，都是由低而高的发展来的。——这是辩证法唯物论的见地。还有一说与辩证法唯物论表面上若相类似而实在错误的主张，即为还元论。还元论为苏俄新机械唯物论之一流派，三四年前在苏俄论坛颇有势力，现在已经没落了。

还元论的主张可概括说明如次：（a）还元论以为一切宇宙现象都可归约而成物理化学的现象。所谓思维现象，社会现象，有机物及无机物都不过是原子的运动而已，都不过是原子的分量及构造之不同而已。（b）还元论以为有机物与无机物没有区别，如果主张有区别，即是非科学的活力论者。（c）还元论以为人的心理现象，完全为物理化学的现象。它引用反射派心理学研究低级动物的结果，来说明人的精神作用，以为现在所以不能证明者，乃是因为科学还没有发展到那种程度的原故。（d）还元论以为社会现象也是一种物理化学的现象，社会本身固非物质，但是由物质转变过来的能力，如人与人的关系即为能力的表现，可适用能力保持的法则。还元论者遂由此企图建立社会力学。（e）还元论由是遂以为科学只一个目标，即把一切宇宙现象，不问自然，社会或思维，都归入之于力学法则之中就够了。

还元论的说法，表面上非常之科学，与辩证法唯物相似，实则是似是而非的。（a）还元论既以为一切现象都不过是由于原子的分量及构造之不同，即只知道有量的变化而不知道由量变可以引起质变，即不承认有新质的发生。但事实上无机物及有机物在历史上常常有新质的发生，社会之变迁亦然。（b）还元论不知道特殊与普遍，一般及个别之辩证法的关系。宇宙一切现象固都普遍的以辩证法的形态而运动或发展，但在各个特殊部门，则其所表现的形态也就不同，是要于普遍的法则之上加上特别的法则的。如人类社会固由猿群发展而来，但一般动物群居的法则是不能说明人类社会的。即就人类社会而说，其发展的全过程固为辩证法的。但资本主义社会的运动法则，是与奴隶社会封建社会的运动法则不相同的。还元论乃欲以极小范围内的机械力学的法则，普遍的适用于一切宇宙现象，那是不可能的而且是错误的。(c) 还元论以为承认有机物与无机物之间有区别，就是活力论者，这完全是形式论理的偏见。辩证法唯物论则以为有机物与无机物各具有特殊的运动法则，所以是有区别的。但有机物本身又是由无机物进化而来，所以又是有关联的。活力论者只承认有机物与无机物间的区别，而否认其关联；还元论则根本否认其区别；辩证论者则以为二者是确有区别的，但又是互相关联的。(d) 把还元论的主张引申到实际的政治问题上，结果要变成反对革命。因为还元论照前章所述，第一是必然的变成均衡论，第二必然的反对突变即由量到质的变化，而只承认进化和改良，即自然变化论。(e) 对于科学之还元论的见解，等于否认科学。科学的任务在于发现一切现象的发展法则之因果性必然性；科学是为人而存在的，人应用科学去改变自然，征服自然，来达本身向上的目的。还元论只研究机械学意义上的力学运动，而不知道发展及变化。再则力学只从外部力量的冲突，去研究运动，而不知道从事象内部的矛盾斗争，去发现事象自己运动的源泉。——从上述各点看来，还元论的主张是错误的非辩证法的主张。

第三节 由辩证法唯物论看来的社会（即普通所谓唯物史观， 或史的唯物论， 又名社会辩证法）

（1）导言

社会现象为自然现象的一种，由有机物进化而来。但社会既经形成之后，即具有独特的性质，独特的运动法则，比有机物无机物的现象还要格外复杂。因此，社会可以离开自然而作为特殊研究的对象。

以社会作为研究对象的科学，普通叫做社会学。社会学有种种不同的学派：有特别注重社会心理的研究者，是为心理派社会学；有以社会的具体形式，如家族，国家，学校及学术产业种种团体，作为研究的对象者，是为社会形式学派；有专门注重社会发达史的研究者，是为历史派社会学。这都是资产阶级学者的主张。

社会主义者特别是战斗唯物论者，否认社会学的存在，从马克思恩格斯到列宁都没有提及社会学。布哈林曾主张唯物史观可视为无产阶级的社会学，这也是错误的不彻底的主张。社会主义者何以否认社会学的存在呢？唯一的理由即是因为社会学没有研究的内容。如前所述社会心理的研究，是社会心理学而非社会学。如为社会形式的研究，则经济现象应归入经济学，政治现象应归入政治学，教育现象应归入教育学……若只把各种社会现象集合来说明，则是社会科学概论或社会诸科学，而不是社会学。若研究社会发达史，从辩证法唯物论看来，应站在宇宙观点之中，把社会当作宇宙现象的一部分而行研究。——此即为唯物史观或史的唯物论，也不必更立社会学的名目。

这样把社会现象放在宇宙观点之中去研究，并不是轻视社会现象。因为在整个的自然体系中，社会的地位恰好是如此，所以关于社会之整体的研究，也只能如此排列。这样的排列并没有减轻社会现象的地位，而且还特别重要；不过在本文中，只能提纲挈领一说。

在这个提纲挈领的简单叙述中，分为两个主要问题，即（a）到底甚么因子决定社会，即社会发展的推动力到底是甚么？（b）发展的样式及各方面的互相关联如何？

（2）关于社会决定因子或推进力的种种学说及其批判

关于社会观与历史观的学说，派别纷歧，内容不同。这里只就近代史上比较有力的学说加以批判，而归着于辩证法唯物论。这里所说与上篇第四节所述，并不相冲突，因为述说的主旨不同。

（a）基督教的社会观。基督教的社会观在中世纪很盛行，但只靠《圣经》的记载，而没有自由发表的系统著作。中世纪末年，Augustin 及 Thomas D'ayuine 二人，始把基督教的社会观写了出来。依此二人的学说，以为社会及历史，表面上是由人构成的；但人何以只是如此做而不如彼做，社会大体上何以会向好的方面走呢？这是因为人的意识受着神的支配的原故；人向上走，社会向好的方面走，即是向着神的方向前进。人类社会的历史是依着神的意识，神的支配，神的预定计划而进行的。此说与前面认识基础论中的宗教观念论合看，格外明了。

基督教的社会观，是最抽象最漂渺的主张。人类有善行，也有恶行；人类有向上的，也有向下的已经消灭的——上帝何厚于此而薄于彼呢？

（b）合理主义的社会观。合理主义者拥护科学而反对偶像主义，其社会观极力反对神意说，以为要用理性去批判一切。合理主义者如笛卡儿等，大抵致力于自然科学，对于社会无大研究。所以虽用理性去批判宗教，而没有积极建立正确丰富的社会观。合理主义者以为自然有一种永久的自然法则，为造物主所造，但非神而是可以用理性去理解的。这个自然法则，包含关于社会的法则在内。合理主义者本身虽无丰富的社会学说，但其影响甚大：如法国卢梭的政治学，英国亚当·斯密司的经济学，都采用了自然法则说。

（c）经验论的社会观。经验论者否认外物能离主观而独立存在，以为一切皆不可知，所以关于社会的知识也是一种信仰而已。所谓"不可知"的另一方面，即不啻承认有万能的神之存在。经验论于是回头走上基督教的路了。

（d）法国唯物论的社会观。法国唯物论者，站在物的观点上去批判一切。第一，以为人的个体及人类社会与自然现象一样，只是一种机器，不过机器的组成更加复杂巧妙而已。社会是人构成的，人是小机器，社会是大机器，都完全依照物的法则而进行。如人的行为的原因，即是由于人的脑髓中原子的活动。照此说，人同社会表面上有规律，实则完全没有规律，变成了十足的偶然论；谁能完全知道人的脑髓活动的具体情形及与其行为间的关联呢？

第二，法国唯物论把人类及其社会看成绝对不变的，以为人类要求变动，只是他的脑筋中的原子的乱舞，只是疯狂的行为，一切社会变动都是偶然的发狂状态。但事实上，社会是在不断的发展中，运动是常态而非变态，原始人与现代人，原始社会与现代社会几乎完全不同了。

第三，法国唯物论者本身不一致，一方主张人类的行为由脑髓中的原子活动去决定，一方又承认人类是利己的，但不能证明利己心与脑髓活动间的关联。法国唯物论者把当时自然科学的结论，引申到社会现象上去，不能解释完满，因此加上了心理的因子，而带有浓厚的功利主义的色彩。即就功利主义说，人有爱憎，有喜怒，有忧乐，由此而形成种种行为，都以利己为标准。但进一步问，人何以有利己心呢？观念的功利主义，不知道人与人间的生活关系即基本的经济关系，只把握了抽象的感情的人，而没有把握着具体的人。

第四，法国唯物论者依据功利主义，也主张改革社会。法国唯物论者以为人是环境的产物，这一命题是唯物的。要改革人类，先要改造环境；但环境包含着地理，风俗，教育，政治经济各种方面，在改革过程应该从何处下手呢？法国唯物论者以为首先要靠舆论，要靠立法者的觉悟而行善政；结果变成唯心论者了。人类不好由于社会不好，但人类的行为是脑髓活动的结果，所以要改革社会先要革心——这一矛盾的循环，在法国唯物论者中，是没有找着出路的。法国唯物论者只看见人同环境之表面的关系，而没有从社会内部的关联去进行分析及说明，所以他们只能说明相互作用和外在的关联。

第五，法国唯物论者当中，也有注重经济关系的，但没有正确的观点。如 Marat 曾分析阶级，但他所谓阶级不是从生产地位的异同去区分，而把有钱无钱有势力无势力来作区分的标准。圣西门 S. Simmon 的经济方法论，也以精神是第一义，经济是第二义，结局是间接的经济方法。Raynal 以为政教制度随着工商业的变化而变化，但他所谓工商业，只是指普通的工商业状况，而没有把握真正的生产关系。

总之，法国唯物论企图以自然科学去说明社会，因受历史条件的制限，其社会观以人是环境的产物为出发点，而以改造环境须先要改革人心为终点，即通过机械论而走入唯心论及循环论的见地去了。

（e）德国的历史观。德国的历史观，专对法国唯物论而言。法国唯物论完成了对封建社会的革命作用后，就被法国的资产阶级抛弃了；德国的历史观继之而兴。德国资本主义发达较英法为后，新兴资产阶级为对外故，易与封建势力妥协；又见英法劳工阶级运动激烈，感着害怕，以为是唯物论思想传播的结果，而极力提倡观念论。复次，德国以霍亨佐伦皇室为中心的封建势力，自始即带有民族的性质，与明治维新时代的日本一样，上下层的相互间比较的温情为厚；而统治阶级为移转国民的目标计，特别奖励研究哲学。因此，德国当时研究哲学的风气盛极一时，对于一切问题都要求一种统一的观点，即特别注重体系。此种社会及思想的客观事实，结晶于康德及黑格尔的体系中，而形成了德国的历史观。

康德在自然科学上大体是唯物论者，但在社会及历史的领域中则是唯心论者。康德以为神通过人类的性格，而支配人类的行为及社会。人有二种天赋，本能及理性：本能是利己的反社会的，理性为利他的带有社会性的。二者对立而相成，要使社会进步非注重理性不可。人类如无本能，则不能有行为，但利己性的本能过于发挥，则将倾覆社会，故又须有理性以制约之。但人类何以具有本能及理性呢？康德不能作科学的解释，而归之于神。历史是由神或神的无上命令而决定的，人依神的无上命令而行，社会才能有进步。康德的哲学体系是很广大的，社会或历史观是其中的一部分。康德是二元论者，而唯心论的色彩较浓。

黑格尔是彻底的唯心论者，他解决了康德体系中二元的矛盾，而彻底的走向观念论的方向去。他以为历史与自然一样，都是绝对精神的自我外现（或疏外）。他用观念论的辩证法来充实他的历史观，而特别注重发展；并且以为社会的发展是依辩证法的规律而进行的。

黑格尔的历史观不但打击了法国唯物论，他比康德的体系还要伟大，而他的辩证法尤为一大特色。但其唯一的缺点即为观念论的，尽了拥护由资产阶级与封建势力妥协而成的德意志民族国家的任务。这当然为日益强大的直接从事生产的无产阶级所不满，遂由此发展了辩证法唯物论的历史观。

（f）辩证法唯物论的历史观。马克思扬弃了黑格尔的哲学，采用了其辩证法的发展说，而抛弃了其唯心论的体系。对于社会观，把握了社会的真实决定因子即物质的动力——生产力，生产关系，生产方法。马克思这种唯物的社会观或历史观，又与法国唯物论不同，因为前者是辩证法的唯物论，而后者为机械的唯物论。法国唯物论从人的脑筋中的原子活动，去说明人的行为及社会，结果是不可知论。辩证法唯物论则从社会的物质生产关系去解释，所以是可知的。辩证法唯物论在社会观上，也如同在认识论，方法论及自然观上，克服了一切先行的哲学体系，把握了最正确的理论，由客观反映过来的与客观相符合的理论。

（g）各种折衷论的社会观。辩证法唯物论是无产阶级的哲学，把辩证法唯物论应用在历史上而形成的唯物史观，主张从生产力与生产关系的冲突而来的阶级斗争的必然性，这是于资产阶级不利的。因此，唯物史观历受了资产阶级学者的反对，曲解，涂改或修正，而发生形形色色的折衷派的历史观。折衷派的历史观虽有各种不同的形式，而抛弃唯物史观中的革命思想的内容，则大致相同。折衷派约有四派，即地理环境说，人种说，武力说，均衡说。

地理环境说的近代倡始者虽为孟德斯鸠 Montesquier 及柏克尔 Bukle。现在欧美各大学的社会学教授，大体都采用之，以反对唯物史观。此说以为社会的决定因子为地理环境或自然，表面上也是一种唯物论。依辩证法唯物论的见地，地理环境诚然是社会发展的因子之一，但非决定的因子。英伦三岛的煤铁久已蕴藏于地下，但必要到产业革命之后，即生产力的发展到了一定的阶段后，才能发挥作用。地理环境对于社会是外力，外力必须通过内的矛盾斗争即内力才能表现出来。埃及，巴比伦，希腊，罗马的地理环境，三四千年来无大变化，何以昔盛而今衰呢？英，德，美，日何以昔衰而今盛呢？地理环境的变动比较迟缓，是不能说明人类社会急剧的变动的。

人种说，归根结底也要变成地理环境说，因为人种的不同大体是由气候，食料等与地理环境有关的原因造成的。人种说以为种族有天然的优劣，优种人的社会进步，劣种人的社会停滞或退步，所以优等民族对于劣等民族的统治，是天经地义的，是能使社会进步的。此说显然为帝国主义者侵略殖民地民族作辩护。但历史的事实证明，白种人昔劣于黄种入，拉丁民族昔优于条顿民族。种族的优劣即文化程度的高低，不是天生成的；只是社会发展的结果，并非社会发展之决定的原因。

武力说，代表者为奥本海玛 Oppenheimer，杜林 Dühring，二人皆德籍，所以又名新德国派。此说以为人类意识，地理环境，种族优劣，经济关系，都不能完全说明社会的发展，都不是社会的最后推动力；所有这些因子，都应该隶属于武力及政治一因子之下。武力才是社会真正的最后的具有决定力的因子。国家的起源，由于甲部落征服乙部落的结果，社会的发展完全依存于武力。譬如希腊，罗马的盛衰，随其武力之盛衰而转移，即其明证。此说一时曾盛受欢迎，因为它可迎合两方面的要求：被压迫阶级可以此造成对压迫阶级的武力革命论；而统治阶级也可利用之以为对内压迫工农对外侵略殖民地。——但其结果是只有利于统治阶级的，因为现代各国的武力及政治权力大抵都是在资产阶级的掌握中的原故。史的唯物论并不否认武力在社会发展过程中的作用，但武力本身还待解释。武力并不专指体力，如组织力，宣传力等皆是一种武力；而且现代的武力与科学技术有密切的关联。武力只是社会的因子之一，但非决定的因子。

均衡论，前面已经屡次提及过了。均衡论以社会与自然之间的矛盾，来解释社会的发展，即只承认外因，而否认内因；没有正确的把握着社会的自己运动的源泉，也没有正确的理解外因与内因之辩证法的关联。而且所谓自然，不外是指山川，气候，物产等等，所以归根结底，均衡论也是一种变相的地理环境说。

（h）战斗唯物论的社会观。完全继承辩证法唯物论的主张，站在二十世纪国际无产阶级的立场，以与上述种种折衷主义者作理论的斗争。战斗唯物论特别注重阶级斗争即革命的领导作用，以为历史的必然性是要靠人的积极的实践才能到来。

（3）辩证法唯物论的社会观（即唯物史观）

本节为辩证法唯物论的社会观即唯物史观本身的简略说明，分成四个要点，即（a）唯物的，（b）一元的，（c）发展的，（d）辩证法的，即社会的发展形态是循着辩证法的规律而进行的。

（a）唯物的

此处所谓"唯物的"，包含二义。第一，社会不是观念的，而是实在的；不是笼统的，而是在实际上由各阶级合成的，在客观上分工合作的人类的群体或聚积体——自然这只是指阶级社会而言，但即在无阶级的社会，分工合作的事实仍是存在的。"群体"或"聚积体"表示社会不是人工的作品，而是随着人自然生长的。第二，社会的决定因子即社会发展的主动力，是生产力，生产关系或生产方法。第一说明社会是甚么，第二说明社会如何会有发展。

生产力的意义　生产力的基本成分有三：①劳动力，②劳动工具，③劳动对象。劳动力即人类本身的力。劳动工具是物体或物体的结合，位于劳动者和劳动对象之间的，是劳动者对于对象的影响之传达者。劳动对象是在劳动过程中所能加工的一切对象。劳动对象或即名为自然，但非指自然的全部，而是指已被人类认识的且可供人类支配的自然的一部分。一切自然物，如几千年前即埋藏土中的煤苗铁苗，都是可能的劳动对象；但必待人类用工具去开采出来之时，才是实在的劳动对象。劳动力，劳动工具，劳动对象三者构成生产力；工具及对象之和，又叫做生产手段。

除上述三种基本成分外，有人把科学技术加入生产力中去的。

如这种科学技术已经是具体的形态，则可归入劳动工具之中；如果尚为抽象的，即只是实验室中的发明时，则应归入意识形态中，而不能看作生产力。复次，也有人把人类劳动的组织及阶级等，加入生产力之中的。人类的劳动组织固然可以加强生产力，但现在是考察社会的决定因子问题；如把阶级，组织等加上去，那就是原因结果不分，要变成循环论者。

此外，更有人就构成生产力的三个基本部分，再行分析的。一部分人以为三者之中，劳动力最重要，因为只有人是基本的，其他皆是外来的。一部分人以为对象最重要，譬如没有煤铁的国家就不能发展大规模的工业。更一部分人则以为工具或技术为重要，说劳动对象是死的，人类的体力不能有大变化，只有工具在生产力中占着支配的地位。

这样分开来看，是不应该的，是要引起误会的。——劳动力，工具，对象三者互相结合而成生产力，缺一不可，三者是不能够割裂的。如果分开来看，而有所轻重，则将变成折衷论者。如特别着重劳动对象，则将陷入地理环境说。如特别着重劳动力，则将陷入人种说。

不过本问题曾引起极大的论争，因为马克思曾说过："劳动手段是一切社会发展的指标"。又说："劳动手段不只是人类劳动力发展的尺量，同时是由劳动所完成的社会的指标。"许多人都把此话误解了。马克思只说社会发展的各时代，可以由人类所用的劳动工具来作区别，如说石器时代，铜器时代，铁器时代等等，而不是说，工具是生产力唯一的要素。工厂中的机器，若不利用到劳动过程中去，即与劳动力及对象结合起来，那是与旷野中的顽石无异，并不是生产力。所以说，生产力的三个基本部分，是不能分离的。

　　⬛生产关系的意义⬛　　上面我们已经说明了甚么是生产力。可是人不能是孤立的，人在利用生产力去进行生产时，即在生产过程中，人与人之间必然的要发生种种关系，这就是生产关系或生产诸关系。在历史上最初出现的生产关系，为在人的共同工作下把人连络起来的技术的生产关系。技术的生产关系，是与生产力同时出现的，是生产力存在所必要的自然形式。其后，随着生产力之发展，发生与生产手段私有制有关的财产关系，即生产的所有关系，生产的技术关系，二者构成所谓生产关系。

　　随着私有制度在历史上的出现及发展，社会上发生两种主要的人群，一群是据有生产手段的，一群是只有劳动力的。于此要使社会的生产能够进行，必须把相互的处于独立状态的劳动力及生产手段联合起来。决定这种联合的生产关系的制度，就是生产方法或生产样式。"关系"是从静的方面看；"方法"或"样式"是从动的方面去看。

　　生产力的发展，必有与之相适应的生产关系或生产方法。这种生产关系的总和，形成社会之经济构造，是社会的决定因子或推动力。何以故？人类社会要能存续，即人类要维持其生活，非有劳动不可；而劳动总是在一定的生产关系中进行着的。生产关系直接关联于人类的生活或存在，所以说是最具有决定力的。

　　特定的社会建立于特定的生产关系之上。原始共产社会只有生产的技术关系。奴隶社会建立于奴隶的生产关系之上。由半奴隶的生产关系，发生封建社会。由自由买卖劳动力的生产关系，发生资本主义社会。生产关系的总和是社会的真实基础，在此基础之上树立着一定的政治法律的制度，并发生着一定的意识形态。

于此，这得解释普通的三点疑问。第一点，有人问政治，宗教，思想之对于社会发展，便都没有决定力吗？这样的疑问是错误的。唯物史观只说政治，宗教，思想不是最后的决定力，因为生产关系是与人俱来的，所以是最后的决定力，至于政治，宗教，思想等都是复起的现象。

第二点，有人问生产关系或生产方法只是抽象的理解，而不是物质的，唯物史观不是自相矛盾么？这种疑问是由于不知道哲学范畴的物质与物理学范畴的物质，意义是有差异的。物理学的物质是所谓长短，宽狭，高低的空间三元说。而辩证法唯物论的物质范畴，是指离开主观而独立的一切存在。生产关系独立存在于我们意识之外，其为一种"哲学的物质"是无疑问的。

第三点，更有人问生产力，生产关系的发展决定社会的发展，何者决定生产力及生产关系呢？前面已经说过生产力及一定的生产关系，直接关联于人类的生活，如问生产力及一定的生产关系从何处来，就等于问人类本身从何处来一样。这样的问题，在此也是无意义的，而且在前面讨论五种自然现象相互的关联时，已经相当的说明了。

（b）一元的

社会现象的三个方面　由上面所说的生产诸关系而成的经济现象，只是社会现象的第一方面。这一方面包含着生产，消费，分配，交换四种现象。生产，狭义的说就是人类运用其劳动力，使用劳动工具，加工于自然之上，改变自然的形状，以达自己有意识的目的。消费也不是与生产绝对对立的。生产时，必需消费劳动力，工具，原料，所以可说生产是直接的消费。除生产的消费外，还有个人的消费。个人消费食物，而恢复并补充劳动力，所以可说消费是直接的生产。人类的生产使自己物体化，而消费则是使物品人体化，二者是相关联的，并非绝对的对立。但人不是孤立的人，而是社会的人。在社会中，生产者并非只消费自己的生产物，有时甚至是完全不可能的。全社会的生产者，都必须能得到社会的生产品之一部分，以供消费资料，因此遂发生分配的现象——其规律是随社会的形式而不同的。分配不只是生产品的分配，在生产品的分配之前，即在生产的进行中还得行着生产手段以及劳动力的分配，所以分配也是生产的一部分，没有分配，生产不能进行。交换，虽然是比较后起的现象，但在交换社会之中，也是生产过程中必要的一环。

生产，消费，分配，交换四者形成着一个整体的经济关系及由此关系所规定的阶级关系［关于阶级关系，等到后面（d）段再说］。就是社会现象的第一方面。前面所说"社会是由各阶级合成的，在客观上分工合作的群体或聚积体"，就是根据第一方面下的定义。

除了第一方面的经济现象之外，社会上还有政治法律的关系。政治与法律是分不开的；政治比较活动，法律比较固定；政治是内容，法律是形式。我们知道政治是一种强制的剥削形式，剥削阶级为要使由武力得来的剥削关系长时期的固定化，所以制订种种法律的条文。例如，民法规定财产所有权及继承权，宪法亦然，刑法禁止政治上的犯罪。这都是维护某一阶级既得的剥削权的用意的表现。

政治法律的关系，包括国家，政府组织，法庭，军队，警察，各种法令等等，构成社会现象的第二方面。第二方面与第一方面不同：第一方面直接关联于人的基础生活，第二方面则是一种权力关系；第一方面是与人类的出现俱来，第二方面则是社会发达到了一定的历史阶段才有的现象。第二方面从第一方面发展出来，是有关联的；但后来强大了独立了。因为政治法律的独立的强大的现象形态，人们就把它与经济关系间的关联忘记了。

除此以外，社会现象还有第三方面，即思想体系或意识形态，包括哲学，科学，艺术，宗教，伦理，风俗，习惯，社会心理等等。（在上篇已说，这里不赘述了）

基础与上部构造　笼统的，社会可以分成上述三个方面。依辩法唯物论的社会观，第一方面的经济关系或经济机构是社会之真实的基础，第二方面的政治法律关系及第三方面的意识形态是树立于此基础之上的上部构造，又名为上部构造之一及上部构造之二。上部构造直接间接的受着基础的规定，社会的变革是先由于经济基础的变动，而后上部构造也或缓或急的随之而变革起来。经济是基本的，如关于封建社会的存立，其顺序大体应为封建经济，封建政治，封建意识。

生产力的发展决定生产关系，生产关系之总和构成社会的经济结构即社会的基础，基础规定政治的及意识的上部构造——在这种意义上，辩证法唯物论的社会观所以是一元的。反之，多元的社会观则把社会的各方面互相独立起来，认为不相关联。

于此还要进一步设问，所谓"一元的"是否即只承认基础可以规定上部构造，而上部构造完全不能影响基础呢？这关于基础与上部构造之关系的理论，有四种不同的主张。

第一种主张是"一元的"，但是"唯心的"，认为社会的各方面具有最后的决定力即成为根本的，乃是第三方面的意识形态。这即是普通所谓唯心史观，与社会发展的客观事实相违背，前面已经屡次批驳过了。

第二种主张，以为基础与上部构造之间是并立的交互作用，基础可以规定上部构造，上部构造也可以规定基础。此说即普通所谓"因素说"，是一种二元论或多元论或循环论的主张，事实上没有把问题解决。

第三种主张为机械的一元论者，以为只有基础可以规定上部构造，上部构造完全不能决定基础。此说也与客观事实不符合，因为事实上在一定的范围之内，政治（譬如关税政策）及意识形态（譬如教育上的效果），是明显的能给予经济基础以某种改变的。

第四种即辩证法唯物论的主张，一方面承认基础对于上层建筑的最后决定力，同时又承认上部构造可以对基础发生反作用或逆影响。政治制度及法律，受经济基础的规定，所以说政治是经济之集中的表现；但政治上的设施也可对经济关系发生反影响，如保护关税政策可以促进国内民族资本的发展即其一例。意识形态通常是通过受生产关系规定的阶级关系而表现的；但特定的思想的提倡如军国民教育，是可以加强资本主义社会的经济基础的。

这样的说法乍看起来，仿佛与二元论相类似，其实不然。唯物史观所承认上部构造对于下层基础的反作用，限于下列二义：第一，反作用的本身发生的可能性及现实性，仍由基础而来。第二，反作用虽然可以发生，但其作用的范围是有限度的，即在不违背基础发展倾向的范围内，反作用才能发生，否则虽发生出来终必被基础的发展倾向所克服或消灭。譬如今日资产阶级的政府虽极力压迫工农，资产阶级的科学，哲学，宗教虽极力高唱阶级妥协，但只是能一时的防阻社会革命的成功及一时的麻醉国民的意识。这种种反作用，终必被经济基础向着社会主义的发展大势所克服，社会主义的实现只是迟早的问题而已。

　　上部构造之间的关联　政治法律的关系及意识形态，受着经济基础的规定；同时，政治法律与意识形态之间，也不是独立的，而是互相关联的。大体说之，政治法律与经济基础的关系最为密切，所以政治法律对于意识形态虽同为上部构造，而前者是站在主导的地位的。

　　于此还要附带说明的是，上面所谓意识形态，不是指任何个人的意识，而是指社会的意识。社会意识或社会心理，固然离不开个人意识或个人心理，但前者非后者的总和。在无阶级的社会中，社会意识比较是一致的。在阶级社会中，随着种种对立的阶级，而有种种对立的意识形态。种种意识形态对立而相斗争，斗争必有胜负，胜方即可代表社会意识。譬如在资本经济的初期，资本家阶级的种种意识形态如合理论，经济论，法国唯物论，康德主义，黑格尔主义等，把封建意识克服了。而现代，则为社会主义意识正在克服资本主义意识的过程中。

复次，各个人的意识对于社会意识的作用之分量如何呢？正确的认识社会发展的趋向，即站在时代前面而能有科学预见的伟人，他的意识的作用是很大的，但个人或伟人必须在社会的斗争中，使其意识成为社会意识，才能发挥积极的作用。

（c）发展的

唯物史观认为社会与其他一切宇宙现象一样，是在不断的发展或运动中。这是辩证法唯物论与法国唯物论之间最大不同之点。

社会的发展依其经济结构的区分，随其在历史上出现的先后顺序大体可以分成五种不同的社会，即原始共产社会，奴隶社会，封建社会，资本主义社会及社会主义社会。自然，各种社会之间，还存有种种中间物。再则，后一时代的社会必须残留有先一时代社会现象的遗物。社会的区分，只就在特定时代特定社会中，占着支配地位的生产关系言。因为纯粹某种经济结构的社会是不存在的。本节只大体说明各种社会的特征及其发展的经过而已。

原始共产社会 生产力为人类的本身及极简单的工具，其对象为渔猎及畜牧，到了后期，原始的耕稼才出现。社会中生产手段归公众所有，大众共同生产，共同消费，平等分配，交换还没有出现。此时的生产关系只有技术的生产关系，社会中只行着极简单的性别间及老幼间的分工合作。因为经济上没有剥削关系，所以政治还未有发生，而原始人群的意识形态也是简单的相当的统一。原始共产社会的共同生活的人群是极小的聚积体，是四五十人的小群或四五百人的公社。

奴隶社会 由原始共产社会到奴隶社会，是经过了若干中间阶段。原始共产社会最初为种族的共产主义，渐变为家族共产主义，再变为族长宗法社会。随着生产力的发展，剩余生产物出现了。剩余生产物被保存于社会中的家长或族长或酋长的手中，家长族长对内掌管祭祀，支配生产，对外指挥作战，权力日益膨胀。由此，精神劳动与肉体劳动渐渐分离，劳动力所有者与生产手段之间渐渐脱离，社会内部的阶级分化渐渐明显；又因为耕稼术的进步，对外战争的俘虏不杀了，而加以编制使其进行生产，由此遂发展了奴隶社会。

奴隶社会的生产力的发展，已经知道利用水力风力，发展了较完备的农业。城市手工业日益发展了。此时社会的主要的阶级对立为奴隶及自由民。一切生产手段都归自由民所有，奴隶本身亦然。奴隶从事直接的生产及苦役，自由民则从事手工业，商业，政治及宗教的活动，科学艺术的研究，而主要的尤为战争的活动，因为战争是奴隶之大量的来源。建立于奴隶生产关系之上的政治制度，即希腊罗马的城市国家。因为交换关系的频繁，奴隶的廉价劳动，战争的损失，使自由手工业者及自由农民日趋于破灭。随着自由民的没落，对外战事失利，奴隶的来源渐渐没有了；而内面的奴隶则因直接生产之故，反抗的力量日强，又加以外部蛮部的侵入，经过了约莫二三世纪，奴隶社会遂发展而成封建社会。

封建社会 由奴隶社会到封建社会，也有许多中间阶段。马克思的书中约有二十几处提到，亚细亚的生产方法，即是介在奴隶社会与封建社会的中间的。"亚细亚的生产方法"如古代的埃及，印度及中国，生产性质虽为小规模的手工业及农业，但水旱工程浩大，农民以国家为主人而作种种的共同服役，所以也带有半农奴的性质。

封建社会的生产力中的劳动工具，较之奴隶社会，没有很大的差异。但到了后期，则手工业特别发达，商业资本日形长大了。封建社会的主要阶级为地主及农奴。大地主掌握全部土地的所有权，变成了诸侯或君主，政权在其手中。此外还有僧侣，武士，小商业者，自由手工业者等；而奴隶也仍有残留。农奴所以异于奴隶，只在农奴可占有生产手段。但农民须耕种地主的土地，须缴纳贡税，并且每年须花很多的时间替地主去耕种。农奴除了可得着极少量的消费资料，仅够维持本身及妻子的生存外，长年劳苦的结果都被地主用种种方式拿了去。农奴虽说可以占有生产手段，但只是假的所有权，不是真的所有权。

资本主义社会　封建社会的末期，地主及大部分自由民已完全脱离生产，但因奢侈的享用及对外战争的征发，剥削农民日甚。农民因为是直接生产者，势力日大，阶级意识日强，因忍受不了压迫，在中世纪末期起了很多次的农民暴动。又因交换关系的发达，由不定期交换变成了定期交换，商业资本日益发展，由最初的收货商行，一变而为控制小生产者，再变遂集合小生产者在一块工作，于是手工业工厂遂随着商业资本主义而出现。封建社会的农民及小生产者日益没落为无产阶级，诸侯的征敛无所从出，不得不依赖于新兴的商人即所谓第三等级；封建社会破灭了，资本主义遂渐渐长成了。

资本主义社会生产关系的特色为：①劳动力与生产手段分离；

②自由买卖劳动力；③大量的机器生产，生产品之商品化；④自由竞争；⑤交换关系极度的扩大，由国内市场变成国外市场。由此种生产关系所规定的主要阶级关系，为资产阶级与无产阶级的对立：资产阶级占有一切生产手段，而无产阶级则只有劳动力，使劳动力与生产手段结合的方式为自由买卖。反映这种经济机构的政治制度，为所谓议会政治，即资产阶级的德谟克拉西。又意识形态通过了阶级关系，表现出两种意识形态，在哲学，自然科学，社会科学各部门中之尖锐的对立。

社会主义社会　资本主义社会史的发展，大体通过了四个时期：①原始聚积时代；②商业资本主义时代；③产业资本主义时代；④金融资本主义时代。金融资本主义之政治结构为帝国主义，其特征为独占。在独占的帝国主义时代，社会的劳动与私人占有矛盾日益尖锐化，金融资本家阶级进一步的剥削，无产阶级进一步的抵抗，阶级斗争日益强化。除了内部的阶级斗争之外，因为争夺市场之故使帝国主义者相互间的战争不能避免；因为帝国主义者的加倍的压迫及剥削，使殖民地半殖民地的革命运动日益勃兴。斗争的结果，无产阶级必然的能够克服资产阶级，建立社会主义的社会。

社会主义的社会与先行一切社会都不相同。生产手段归大家公有，私有制消灭了，经济上的剥削关系及随之而发生的政治上的统治关系也消灭了。又因生产力的发展，大规模的机械在各生产部门广大的应用，劳动生产性之极度的增高，使人类的劳动力在生产过程中仅站在指导的地位。于此，完成了产业与农业之统一，肉体劳动与精神劳动的统一，全人类组织在单一的经济关系中，各尽所能，各取所需，人类的文明发展到了极高的地步。

自然，这只是社会主义大体轮廓的描写。由资本主义社会到社会主义社会，事实上是要经过各种形态的过渡期的。

由上面人类社会史的发展之极简单的叙述，可知有了甚么样的生产关系或生产方法，就有甚么样的社会制度，社会的发展是被生产方法所决定的。每种社会的初期，生产关系是与其生产力的发达阶段相适应的，即是适宜于发展其生产力的。但生产力的发展，到了一定的阶段，则原先与之相适应了的生产关系就反过来变成了生产力的桎梏或束缚。于是代表生产力的阶级及代表生产关系的阶级就互相斗争，结果是要照着代表生产力的阶级的主张而前进或实现，于是形成了新的生产关系，造出了新的社会制度。

社会发展的事实大抵如此。但社会有发展的，也有停滞的，也有消灭的。社会的停滞或消灭不外两个原因：第一，社会的发展除了内因（生产力的发展）外，还有外因如天灾，地震，洪水，外患等，如这种外来的灾患过于强大，超过社会的或内力的抵抗力时，则社会往往会退化或被消灭。（古代人种及社会消灭于巨大的灾变及外患中者甚多）第二，上部构造的反作用过于强大，使生产力不能发展时，则社会往往会停滞起来。譬如就中国的历史看，秦国因改变生产方法而统一六国，秦始皇焚书坑儒，禁诸子百家，汉承秦后，未改统治方法，卑手工业而重农业，压迫生产技术的发展，历二千年的各朝代大抵遵守这种传统的统治政策。这是中国社会停滞，不能自发的出现产业革命的主因。

（d）辩证法的

所谓"辩证法的"的意义，是说社会不止是发展的，而且发展的样式或形态是依着辩证法的三原则（即对立物之斗争，质量的互变，否定之否定三原则）而进行的。

第一，社会的发展是要经过内部对立物的斗争。社会内部的对立物为生产力与生产关系的对立，在阶级社会中此种对立表现为阶级的对立。于此，先要明白"阶级"这一范畴的真实意义。

阶级的观念来源甚早，从前的人把阶级与等级相混淆。阶级的区分是由生产关系直接决定，等级虽与经济基础相关联，但已穿上政治的或法律的外衣，即是经济地位不同之政治的稳定了。阶级在经济学上有三种区分的主张：①法重农学派及俗流学派以消费力的大小即资产的大小去区分阶级，这样阶级就变成了贫富的意义了。②正统派经济学者主张以所得或收入的来源去区分阶级。收入为地租者为地主阶级。收入为利润利息者为资产阶级。收入为劳动所得者为小资产阶级。收入为工资者为无产阶级。③马克思主义经济学者主张以在生产过程中地位相同者，即以生产手段的有或无，去区别阶级。依此，则资本主义社会大别之只有两个阶级，即资产阶级与无产阶级。每一个阶级的内部又有若干阶级层，资产阶级内部可分金融资本家，地主资本家，产业资本家，商业资本家各层及小资产阶级。无产阶级内部可分为若干，工厂劳动者，农业劳动者，精神及技术劳动者各层。第①说不正确，因为社会不会有绝对没有消费资料的人。第②说分得很清楚，但不便说明社会的发展。第③说与社会发展的关联相适应，是最正确的阶级观。

原始共产社会之生产力的发展，使生产手段的私有制度必然的发生出来，即于技术的生产关系之外，又发生了财产的或所有关系。在私有财产的社会中，生产力与生产关系的冲突，就表现为代表生产力的阶级与代表生产关系的阶级间的斗争。自原始共产社会崩溃以后，一切社会发展，都必须通过阶级斗争。在奴隶社会，是奴隶与奴隶主；在封建社会，是农奴与地主；在资本主义社会是无产阶级与资产阶级。

有人说，资本经济以前只有个人斗争而无阶级斗争，因为奴隶及农奴虽对奴隶主及地主反对，但没有团结一致的阶级意识。这样的看法是错误的。奴隶及农奴主观上即使没有阶级意识，而客观上，阶级的对立仍是确实存在的。

第二，社会的发展是带有进化及革命两种性质的。进化是在根本的质不变之范围内的发展，革命则是变质的发展；前者渐变，后者为突变，渐变的积累必然要转为突变的。社会的发展正是按着这个法则而进行，从奴隶社会到封建社会，从封建社会到资本主义社会都是曾经过革命的。在资本主义社会内，可以实行种种改良政策，如提高劳工待遇等等。但资本主义社会到社会主义社会去的转形，是非经过突变即革命不可。

渐变与突变不是绝对的对立，而是相成的。从社会的全发展过程去看，往往觉得只是进化的变动；若从一部分一段落去看，往往觉得是革命的变动。

这里，我们还要附带对布哈林的革命四阶段说，加以批判。布哈林在所著《史的唯物论》中，主张社会革命通过四个阶段，即①理论革命阶段，②政治革命阶段，③经济革命阶段，④技术革命阶段。这样机械的区分，是不可以的。而且技术革命是对自然的斗争，那末是否到了第四阶段即没有阶级斗争了呢？所以布哈林认为五年计划是技术革命，而主张对富农及新经济政策后的新资产阶级不必行阶级斗争，陷于极端的错误中了。

复次，有人问社会主义社会是否还有阶级斗争呢？如果没有阶级，社会是否还能发展呢？答，在真正的社会主义时代，是没有阶级了的，因为即无生产手段私有的事实，当然就不会有阶级和阶级斗争。唯物史观或阶级斗争的学说，只适用于私有财产制的社会即人类的前史。至于社会主义社会的发展自然另有其特殊的法则。这种对于唯物史观的制限，并没有减轻它的价值；反而把它相对的真理性，愈益证实了。

第三，社会的发展，是经过否定之否定的。否定之否定法则有两个要点：①新的必须从旧的发生出来；②新的必须否定旧的才能发生出来。社会的发展正是如此。社会主义社会的若干因子已孕育于资本主义社会母胎之中，如大量生产及社会的劳动等；但社会主义社会之出现，是必须把资本主义社会加以否定的。

社会的发展因为要经过否定之否定，所以是螺旋式的，非直线的及循环的。从人类社会的全发展过程来看：若把原有共产社会的公有制作为肯定，则各种私有制社会（奴隶社会，封建社会，资本主义社会的全系列）是否定，而将来社会主义社会是否定之否定。社会主义社会在生产手段公有一点上，与原始共产社会相同；但前者是建筑于高度机械生产力之上，而后者只是数十百人的小生产的公社；二者的质与量，都是完全不同的。历史的车轮是向前进的，不会走循环的回头路。

第四节 由辩证法唯物论看来的思维 （即思维辩证法）

本节不是讨论怎样去思维，而是讨论思维中如何行着辩证法，即把思维当作一种自然现象看时，是否与其他自然现象一样，以辩证法的形态而存在着及运动着呢？

辩证法唯物论的思维观，与其社会观一样：（a）唯物的，（b）一元的，（c）发展的，（d）辩证法地发展的。下面只作极简单的说明。

（a）唯物的。思维何以是唯物的，有三种理由：第一，思维运动离不开活着的人类的脑髓运动，脑髓是物质的，所以思维是一种物质的机能。第二，思维是外物的反映，即思维不能不依存于对象，无对象的思维是没有的。第三，思维本身可以构成被思维的对象，你的思维离开我的思维而独立存在着，所以思维的本身也是一种存在，因而是唯物的。

（b）一元的。思维既是外物的反映，外物是互相关联的，一元的，所以思维也是互相关联的一元的。如像意识形态中各种小种别如哲学，科学，艺术，宗教，伦理等等，照上篇所述，都是有关联的。最明显的莫过于哲学和科学的关联性。此外各小种别在特定历史期间的特定社会或阶级的意识形态上，都是互相照应，而不是互相排挤的。

（c）发展的。思维是发展的，如关于国家的学说，由神权说而契约说，由目的说而工具说，由武力说而阶级分化说。自然，思维的发展是与社会的发展相适应的。

(d) 辩证法的。思维的发展是经过斗争的，是有渐变及突变的，是经过否定之否定的。如就思维规律的本身而言，在希腊古代就有辩证法论理与形式论理的斗争，亚里士多德的形式论理学否定了诡辩学派的辩证论理；培根的归纳法否定了亚里士多德的演绎法；黑格尔的辩证法克服了一切形式论理；马克思的辩证法又克服了黑格尔的辩证法。

第五节　结　论

本章的结论，分开几点来说。

(a) 辩证法唯物论在宇宙观方面，克服了种种不统一的并统一的观念论的宇宙及形而上学的机械的还元论的唯物论的宇宙观，把握了唯物的一元的依辩证法三原则而发展的宇宙观。

(b) 辩证法唯物论在当作宇宙观象之特殊部分看的社会观方面，克服了种种观念论的社会观及机械论的各种折衷论的社会观，把握了以生产力生产关系为决定因子的，唯物的，承认上部构造在特定限度内可以影响到基础上去的，依辩证法三原则而发展的社会观。

(c) 辩证法唯物论在当作宇宙现象之特殊部分看的思维观方面，克服了种种孤立的观念的及机械的唯物的思维观，把握了唯物的互相关联的依辩证法三原则而发展的思维观。

本章宇宙观点论，因为牵涉范围太大，说得十分简略。但我们必须知道宇宙观是最基本的问题，对于任何问题，若欲得着根本的解决，皆非从宇宙观说起不可。

第六章　当作思索方法论看的辩证法唯物论

第一节　导言

本问题与本文第四章的认识的具体方法论及第五章第四节思维辩证法，表面上很相类似，实则大有区别。——何以相类似，因为互相关联故；何以有区别，因为各有研究的范围故。前面第四章只处理实际认识上必要的原则与范畴，切探究认识上之辩证法的观点或方法；第五章第四节则是把思维当作自然现象看，与宇宙观社会观相并提，确定思维是否可隶于属自然现象，在大自然中思维究竟站在甚么地位，是否与自然现象（狭义的）社会现象一样，循着辩证法的规律而运动或发展。本章则是研究辩证论理学，研究思维构成的方法，即辩证法的认识上思索及推理的根本形式及其规律。

本问题处理的对象，可说是纯论理学的。问题太抽象，不易作具体的说明，必须与普通论理学对照起来看。因此，本章拟分下面三节讨论：（1）关于辩证论理及形式论理的论争及其关系的批判；（2）形式论理及辩证论理在思维根本原则上的差异及其关联；（3）形式论理及辩证论理在思索方法上的差异及其关联。

第二节　辩证论理及形式论理的论争及其关系的批判

（1）形式论理及辩证论理的意义。形式论理之论理学的资格，是不容置疑的了；至于辩证法是否也是论理学，是否于论理学之外，还有别的意义，那是很复杂的问题。形式论理学只处理思维构成的方法；而黑格尔以辩证法为基础所写成的论理学，则把认识论和宇宙论都包含在内。本节只把二者都当作论理学，为思维构成所遵守的根本原则而加以探究。

形式论理与辩证论理的区别，通俗的说法，以前者为常识论理，后者为矛盾论理。形式论理的命题，是直接明了的，为一般人的常识所承认的。而辩证论理的命题，在一般人看来，是足以破坏常识的，矛盾的说法。常识说，甲是甲，不能同时又是非甲。辩证论理说，甲是甲，同时又是非甲。这样的命题是与常识相矛盾的。矛盾论理所以能存在，因为事实上确有矛盾的原故。一切现象都是变动的关联的；就变动而言有不断的发过程，就关联而言具有无限的方面；若从关联上及过程上去观察对象，则甲是甲，同时又是非甲。譬如说社会主义的社会是没有国家的，同时又是有国家的——如现在的苏联。譬如说地球绕太阳而运行，现时正在轨道的某一点上，同时又是不在某一点上，因为地球已经前进了。

对于形式论理与辩证论理的区别，我们不能满足于通俗的说法，还应加以科学的分析。从科学上看来，形式论理是离开客观对象，只靠直接明了性（即不要证明）去设定的关于思维之永久的并一般的法则；并且还要根据此法则，制定种种思索方法如归纳法，演绎法等，使物质世界永久服从自己。但因形式论理本是离开客观对象的，所以根据形式论理而行推理及判断，结果就是使客观世界服从主观的抽象的想像而已。反之，辩证论理是由客观反映而来的，与客观世界相符合的，靠实践去证明的，关于思维本身的变化发展的，带有发展性及全面性的思维法则。辩证论理所以能成立，乃因客观世界的存在形式及发展，都是采取辩证法的形态而呈现的缘故。

（2）形式论理与辩证论理在历史上的论争。形式论理与辩证论理都有很长的历史。希腊的诡辩学者 Saphist 当中，早有了辩证法思想的萌芽。但当时的辩证论者目的不在研究一般的学问，而以之为论争的工具，去攻争当时带有不变的伦理性及永恒的宗教性的种种学说。其方法，先设问再就对方所答而反驳之，使论敌陷于自相矛盾。如问，撒谎好乎？如答不好，则更追问病人吃药时如询药之苦甘，而谎对以不苦，使病人吃药而病愈——此种扯谎——好不好呢？如问下雨的好坏，可随条条的不同而变更，天旱时下雨很好，而久雨则成水灾——随所答的一方面而举他方面以反驳之。这种带有辩证性的辩论术，在当是很盛行的。其后，亚里士多德 Aristotle 著《论理学》一书，为常识所欢迎，而古代辩证思想的萌芽就湮没了。

经过长时期的中古黑暗时代，直到封建社会开始崩溃，近代资本主义社会逐渐形成，科学哲学从宗教的奴婢地位解放出来，培根的归纳法的形式论理，才超过了亚里士多德的形式论理的阶段。近代自然科学把整个的连结着的自然分开来作部分的研究，把不断的运动变化着的自然截断来作静止的研究。各种分类的科学确乎是进步了。但是由此所形成的自然观及社会观是不变的孤立的，与客观不相符合的。譬如大科学家牛顿，把星体认为永久不变的。生物学家林纳以为生物的种类自古以来，即无所增减。十八世纪的法国唯物论，把自然及社会都看作静止的不相关联的去观察。即或承认运动，也只有把这个运动当作循环或增减的形式去理解，而不当作历史进化的意义去理解。

自然科学之长足的进展，冲破了形式论理的藩篱，人们要求更实际的更活动的与客观相契合的知识。黑格尔应时代的需要，首先以包括的系统的有意识的著作，树立了辩证论理。但是黑格尔的哲学从绝对精神出发，绝对精神是甚么，在甚么地位，是比上帝还要神秘。所以他的辩证法也是观念论的，为一般人所难了解。许多科学家都不自觉的使用了辩证法，但是却不懂得辩证法的基本原理，甚至于还来反对辩证法。

黑格尔以后，社会更有了剧烈的变动，产业资本主义过渡到金融资本主义了。马克思把黑格尔观念的辩证法，改成了唯物的辩证法；把黑格尔学院的辩证法，改成了社会的大众的辩证法。换言之，即把辩证法从绝对精神之神秘的云雾中，推上了光明的王座。马克思以前及其同时，如蒲鲁东 Proudhon 也研究辩证法，但是不正确。蒲著《贫困的哲学》，而马著《哲学的贫困》以驳之。可知马克思的辩证法，虽从黑格尔而来，是曾经过长时期的研究和论战，即经过批判而后成熟的。

马克思以后，关于辩证法的论争，还没有终结。许多资产阶级的学者，抱着阶级的成见，以为辩证法破坏科学；以为自然现象中纵有矛盾，但是属于哲学的问题，而非科学的问题。到了十九世纪末期，社会主义的阵营中发生了破裂，修正派伯伦斯泰 Bernstein 站在拥护形式论理的立场，反对并攻击辩证法甚烈。其后俄国的波格达诺夫等也反对辩证法，而崇信马赫主义。又机械唯物论者布哈林等则误解了辩证法。真正的辩证论者与这些反对论者论争，在论争中产生了列宁的辩证法。列宁的辩证法，自然是继承马克思的，而特别注重实践。关于形式论理与辩证论的关系，马克思，恩格斯，普列哈诺夫都没有详细的解答；列宁却能比较透彻的列举出来。不过二者的关系到底怎样，即在列宁派的学者当中，现在还是不能一致，是非尚未大明，论争依然存在。

（3）形式论理与辩证论理的关系的批判。许多形式论理学者根本不知道辩证法，或对于辩证法没有正确的理解，从而绝对否认辩证法，那是不足怪的。也有许多人站在辩证论理的立场，而根本否认形式论理。究竟二者的关系怎样，我们必须加以探究。关于本问题，近二十年中才发生。在辩证论者方面，有四种主张。

第一种为普列哈诺夫的主张。他认为形式论理不是绝对没有用处，在研究运动中的对象时用辩证论理，在研究静止中的对象时则用形式论理。二者各有其适用的范围，如果把它无论从哪方面夸张过甚，都是不可以的。

普列哈诺夫这种区分，现在看来是错误的。运动是物质存在的形式，根本上没有运动的物质。譬如说，一块钢铁表面上看起来是静止的，但钢铁所附丽的地球及铁的内部构成分子的原子及电子都在不断的运动中；其他一切物质无不如此。静止与运动既分不开，则对象也就分不开。所以这种主张只是替形式论理及辩证论划分势力范围（事实上，范围又划不开），只是调停或折衷，而不是克服，而没有把二者融合为一整个的思维法则，实际上也不能够应用。

第二种主张以为形式论理的用处是在实际上，辩证论理的用处是在理论上。因为宇宙（自然及社会）现象太复杂，我们要达到精确的认识，非应用全面性及发展性的辩证论理不可。但在实际的工作上，不能把对象的复杂变动的全体，同时把握着，只能把握一部分一阶段。换言之，即把发展的弄成固定化，把整体的弄成部分化，这是实际上不能避免的。在这种时候，则应用形式论理。

这一种主张为德波林派的学者所支持（德波林本人并未明白主张），也是划分势力范围的办法，而不能把二者真正统一起来。这种主张是不合理的，因为实践与理论是分不开的。事实证明，理论本身即是从实践中所造出，而理论又可引导实践。实践与理论既分不开，则以此为标准而去划开形式论理及辩证论理，也是无意义的。

第三种是哥列夫 Goleff 的主张，以为辩证论理与形式论理二者都是必要的，在粗浅的最初的思索阶段用形式论理，在比较高级的思维阶段用辩证论理。因为现象是关联的运动的，思维在最初把握不住，所以必须在观念上把关联的看成孤立的；把发展的看作静止的。在这一阶段适用形式论理。但是要进一步把孤立的各段落在时间的连续上合起来看，就非用辩证论理不可。此说比较前二说为进步，实际可以应用；但是对于二者的关系，到底是对立的呢，还是隶属的呢，依旧没有说明。

第四种说法，为最近苏俄自命为列宁主义的人所主张。此说以为辩证论理固然可以把握全面的动态的对象，但非从空间的某一方面，时间的某一段落开始不可。形式论理的用处，即在能把握在关联及变动中的对象之某一方面及某一时间之安定性——换言之，即把关联着的发展着的对象，在观念上当作一部分一段落去观察。此种观察在思维的进程上是必要的，因为不如此，则思维无从开始。不过，所谓某一时间某一方面的安定性，只有相对的意义，不能看成绝对的；必须把它隶属于带有全面性及发展性的较高级较完全的论理。所以形式论理不是与辩证论理相对立，它被辩证论理克服了，而构成辩证论理的一部分。

此一种主张不同于普列哈诺夫，因为没有把运动及静止从事实上去划分；也不同于德波林的门徒，因为没有把实践与理论割裂；从而把形式论理与辩证论理形成了有机的统一，而不是划分势力范围的办法。此说也与第三说不同，哥列夫以形式论理适用于初级思维，辩证论理适用于高级思维；此说则以形式论理是辩证论理的一部分，在思维运动的全过程的每一段落上，都可以用得着，而且都是必要的。所谓开始，所谓起点，并不是一始一终的意思。在思维运动的每一段落都有起点，即都需要形式论理。譬如思维运动的过程，抽象及概念，有判断及推理，有分析及综合……在每一段落形式论理与辩证论理都是必要的。

所以形式论理不是与辩证论理相对立，而是辩证论理的一部分，是被所扬弃了的一部分，是被否定之否定了的一部分。

以上四种主张，以第四种为最妥当而可以实际应用。不过关于形式论理与辩证论理的有关系，今日的论坛即社会主义的阵营中，亦尚聚讼纷纭，尚有待于我们的更精确的研究。

第三节 形式论理及辩证论理在思维根本原则上的差异及其关联

由上节的研究结果，可知普通意义上的形式论理，及被辩证论理所扬弃了而构成辩证论理之一部分的形式论理，是不相同的。在本节及下一节的批判中，我们研究的对象是普通意义上的形式论理，研究的结果是被扬弃了的形式论理。这点，必须首先认清。

（1）形式论理的三根本原则的批判

形式论理有三个思维的根本原则：（a）自同律 Law of Identity，（b）矛盾律 Law of Contraction，（c）排中律 Law of Excluded Middle。

（a）自同律的公式，为甲是甲，甲＝甲。这一根本原则是要在思维上先把对象的本身确立起来，要求无论甚么概念或对象，当作一种和它自己相同的概念及对象看待。换句话说，即要求在思维及推理时，对于一概念自始至终给它以同一不变的内容。

从表面上看来，自同律的要求是应该而且必要的，但是它有两种缺点。第一点，与实际上的事实不合。概念是对象的反映，但对象是在不变的运动中；若把概念看成不变的，则根据此种概念而下的判断必与事实不合。如说农民是农民，这一自同律的命题，可以有种种不同的内容。农民中有地主，富农，中农，小农，佃农，贫农等。就富农说，在封建末期的富农，是革命的；在资本主义社会中的富农，当金融资本剥削中小生产者时，他可以反对资产阶级，当社会革命运动激烈时，他又可以联合资产阶级来对抗工农；在社会主义建设期中的富农，则变成农业工业化的主要障碍物了。同是农民，随时代的不同，而其性质也大有变动。又如说，我是我这一命题，我有幼年壮年中年老年衰年，今日之我已非昔日之我，身体及知识都有了改变了。所以对于一个对象所反映的概念，要求永远同一的内容，那是不可能的。

第二点，依自同律，标识的总计就是概念。概念即要求永远同一的内容，就是要求标识的不变。如此，则根本否认了发展，否认新的事象的出现。但是事实上，新的事象是常常发生的。自同律只能认识外部的标识，不能深探内部的关联；只能认识表面的虚象，不能把握真正的本质。

(b) 矛盾律是自同律的反面表示，它的公式是甲非甲，或甲不能同是乙又是非乙。这个原则要求同一主辞不能有两个相矛盾的宾辞；反过来说，它要求同一的宾辞，对于同一的主辞，不能同时又被肯定又被否定。

矛盾律表面上很合理，仍是不合事实。譬如社会主义的苏联，一方反对帝国主义，进行世界革命，同时又与帝国主义各国相依存，如通商关系。这种事实上矛盾的存在，是形式论理所无力处理的。此外，如一般书上常常引用的秃头之例，堆砌之例，原子是物质又非物质之例，皆很证明此律的不充分。

(c) 排中律其公式为甲或是乙，或是非乙，二者必居其一。这个根本原则，只是矛盾律的另一说法，它要求同一概念，如有互相矛盾的判断，则必有一真一伪。如说，社会主义的社会，或是有国家，或是没有国家，二者必居其一。但是事实上，社会主义社会可以说有国家，也可说无国家。何以说有，因为社会主义社会也是有强固紧密的组织的，何以说无，因为社会主义社会的组织已经变了质与国家完全异趣。

由上面看来，形式论理的三根本原则，是经不住批判的；表面上仿佛是不待证明而自明的真理，但是不合事实。

（2）辩证论理的思维根本原则。形式论理的思维的三根本原则，虽然是在直观上直接明了的——可是与客观事实不相符合。辩证论理反其道而行之，先从事实出发。要明白辩证论理思维的根本原则，先要明白三种客观事实的存在。

第一种事实，是真理的相对性，这在认识基础论中业已说明过。真理是相对的，是可变的；虽不是相对的相对，而是相对的绝对；所谓超空间时间的真理是不存在的。拿空间说，如物往下落的真理，从南北极不同的地点来看，其下落的方向恰好是相反的。从时间上说，昔人所谓真理，即自牛顿以来所树立的物理化学的公律，前一时代的真理，或被后一时代的人推翻了，缩小了，或扩充了。

第二种事实是差别的相对性，这也是在前面已经说过的。差别的相对性指出宇宙间任何现象间的差别都是相对的。譬如生物现象，鱼类与兽类的主要区别之一，是鱼类以腮呼吸，而兽类以肺呼吸；但有肺的鱼终被发现了。又如哺乳类与非哺乳类的区别，在于哺乳类为胎生，而非哺乳类则为卵生；但鸭嘴兽则既哺乳而又是卵生。所以说，一切事象间的差别都是相对的，都是可以在一定的条件之下，互相浸透或统一起来。

第三种事实为二律相背性，Antinomy 是说一种对象可以同时有两种相矛盾的性质。譬如康德所举著名的例，宇宙是无限的又是有限的；想像上必从某一点起，故可以说是有限的，但想像上终不能设想宇宙有不有边，所以又是无限的。数学上的无限大与无限小亦同此理；无限大与无限小皆起于一，所以是有限的，但一往上加，可至于不能想像无限大，一往下分 $1/2$，$1/3$，$1/4$……可至于不能想像的无限小。无限大与无限小是存在的又是不存在的。

在明白了上面三种事实之后，我们才能进一步研究辩证论理的思维根本原则——即最基本的思维的推理律。

辩证论理的思维根本法则究竟是甚么？普通所说的三法则（由质到量及由量到质的互变，对立物之统一，否定之否定）只是认识上必要的观点，不是推理律。列宁特别重视对立物之统一，以为是辩证法的最主要的法则；然而这也是三根本法则之一，不能当作推理律。有人说，辩证法的内容是：（a）研究现象的关联；（b）研究现象的发展或运动；（c）把现象具体的去行研究；（d）与人类的实践关连起来去行研究——这也只能作为认识的具体方法看，不是基本律。

辩证法的思维的根本原则或基本的推理律，为"相对的同一，绝对的不同一"。在思维运动的每一阶段，开始时用同一原理，但这是相对的；其后，还要把割开了的关联，遮断了的发展，合起来看，这是绝对的。

这里必须引用列宁的说明。列宁在其《黑格尔论理学大纲》中说："在知识的原始蓄积，我们必须伤害对象之现实的关联，使它单纯化。我们如果不把连续的中断，不把活着的使它伤害，使它分割，使它死，我们即不能表象对象出来，不能计量，不能描写。思维上的运动的描写，必然的是从思维及感觉两方面而来的对于对象之一种麻痹和毁伤。不但运动是如此，即概念也是一样"。列宁这段话是很可以说明"相对的同一及绝对的不同一"的。

这个辩证论理思维的基本推律，许多书上都没有提出，我们必须把它抓住而应用之。由此可知，形式论理的推理律，是被克服被包含于辩证论理的推理律之中的。

第四节　形式论理及辩证论理在思索方法上的差异及其关联

普通论理学上，除思维的根本原则之外，还有种种思索方法。思索方法是对内的，研究思维运动的过程的本身。前第四章所说的认识方法，是对外的。本问题共分六类，下面分开说明。

（1）抽象和概念

对象在感觉上的反映，是散漫的不明了的笼统的。我们如果要抓住它去行思维，非先把感觉上所反映的对象之最初的写照，在知觉过程上洗炼一番不可。这种洗炼的工作，就是抽象及概念的作用。抽象与概念是连在一起的，要成概念，必须先有抽象的作用。

（a）形式论理之抽象和概念。形式论理把概念作为标识 Symbol 的总计。譬如说，人是能造工具能思维及言语的动物。这种关于人的概念是由抽象得来的，抽象的另一方面为舍象，即把人的种种标识为人所共有而为其他动物所无者抽象出来，而把人与其他动物相同的标识舍象了去，我们就得着关于人的形式论理之概念了。

这样获得的概念，是把现实的人毁伤了，是死的材料的堆积，与截去手足一样；并不能表象出现实的完全的人。

形式论理的概念造成上，还有个别的和一般的区别。一般和个别就是外延和内包的关系。内包是指概念所有的种种标识，外延则是能够适用内包的东西的全体。内包愈大则外延愈小，外延愈大则内包愈小。譬如说人是能造工具，能思维言语，具有两手两足的动物，这样的概念能适用于人类的全体，构成一般的人。若把内包加大，再加上白皮肤碧眼睛的标识，则这样人的概念，只能适用于高加索种，而外延缩小了。反之，若把能造工具能思维言语的标识舍去，只留下具有两手两足的动物，则这概念不仅适用于人，而且适用于猴类；内包小而外延增大了。可见外延与内包的关系是不固定的，可变的；是不能够说明内面的关联的：它至多只能表示外面的关联，而不能表示实在的相互关系。

（b）辩证论理的抽象和概念　辩证论理，先把复杂的现象抽象而得到最简单的现象的概念，然后又从简单到复杂，把从前所舍象去了的一层一层附加上去，在概念上把复杂的对象具体的再现出来。这样得来的概念，已不是最初反映在感觉上混沌的映像，而变成有条理的清晰的写照了。

最好的例示，就是马克思研究资本主义社会的方法。他先把资本经济对外的国际关系舍象了去，抽出了以民族国家为单位的资本经济；再把国内经济分析为公经济及私经济，把公经济舍象了，抽出了私经济；私经济有生产，消费，分配，交换各种现象，把别的舍象了，抽出了生产现象；生产现象中从人的方面说，有据有生产手段的，有出卖劳动力的；从物的方面说，有资本，货币，劳动力，商品等等。他先把人的方面舍了去，只抽出物的方面。更在物的方面，舍去特殊的资本，货币，劳动力，而抽出了一般的商品，这种最简，最基本的东西。更分析商品，得着使用价值与价值及和它们相对待的具体的劳动和抽象的劳动。这是由复杂到简单的过程。马克思于是由分析劳动，得着了劳动的二重性；使用价值与价值也创造价值，于是表现为商品的二重性；劳动创造使用价值在商品内部的对立，因交换的必然性，而转形为商品与货币之外部的对立；货币循其发展过程，必然的变成资本，而资本是和劳动力有必然的关联的，所以资本一出现就伴来了占有生产手段与占有劳动力者的对立，于是社会的劳动与私的占有这种资本主义社会的根本矛盾就被暴露出来了。马克思研究完了各个资本家与所雇佣劳动者的对立，扩大而成资本家全体与劳动者全体的对立，于是由私经济走入国民经济了。复次再加上国民经济与国民经济之对立，变成帝国主义之相互的对立，马克思终于发现了资本主义社会的运动法则，指证出其消灭的必然性，——这是由简单再回到复杂的过程。

所以辩证论理的概念是从最复杂的现象开始，由复杂到简单，再从简单回到复杂。我们还要特别注意，此处所谓简单的，仍是最具体的，与复杂的对象的本质相关联的。《资本论》的叙述（注意，叙述方法与研究方法不相同，研究方法必从复杂到简单，再由简单到复杂；但叙述时则把前半省略，只由简单定到复杂就够了）从商品开始，但这不是在历史上最初偶然出现的商品，而是在资本主义社会中出现的带有一切丰富内容的商品。我们只要能明白资本主义社会的商品的性质，则从前的一切规定还未完全具备的商品也就可以知道了。马克思说："对人的解剖是对猿的解剖的钥匙"——就是这个意思。

由此可知，一般与个别在辩证论理上的意义了。简单的就是一般，复杂的就是个别；把种种规定舍象了去的是一般，再把舍象了的规定加上去的是个别。如说资本主义是一般，则说英帝国主义是个别。个别与一般是不能分离的，离开一般则个别不能存在，离开个别，则一般也是空的。

（c）如上面所述，形式论理的抽象和概念是不完全的，辩证论理的抽象和概念是比较完全的。但二者并不相对立，要行辩证论的抽象和概念，先要从形式论理的抽象和概念开始；后者是前者的一部分，而被前者克服了。

（2）判断和推理

（a）形式论理的判断和辩证论理的判断。形式论理的判断，只是把两个没有关系的概念连结起来。如把人类与社会两个概念连结起来，而成人类构成社会的判断。如把牛与哺乳动物两概念连结起来，而成牛是哺乳动物的判断。这样的判断，只是标识的暴露，不能于旧的标识以外，发现新的。

辩证论理的判断，则进一步能够把两个概念内的矛盾具体的暴露出来。这自然是因为辩证论理获得概念的方法不同，概念的本身即已含有矛盾。如关于国家之形式论理的判断"国家是土地，人民及权力三要素集合而成的团体"，只是把国家的若干标识暴露出来而已。辩证论者的判断则能进一步暴露国家之矛盾构成部分，而说"国家是支配阶级手里的工具。"又如关于人类的判断，马克思说："人类的本质是社会关系的总体"，这是辩证论理的判断。若说："人类是能造工具能思维言语的动物"，这是形式论理的判断，因为只把人类之心理生理的标识找出若干重要部分出来而已。

但是辩论论理的判断并不绝对排斥形式论理的判断，而且把形式论理判断作为造成概念的工具。如上面关于国家的本质及人类的本质，辩证论理并不否认形式论理的判断，而且把它包含于辩证论理之判断。

（b）形式论理的推理和辩证论理的推理。形式论理的推理有种种形式，但总是把两个判断连结起来，如其中有两个相同的概念，则可据以推出第三个判断。如说"人皆有死"，"张三是人"，两判断中所含的四个概念，"人""死""张三""人"，其中有两个是"人"；那末就可作出第三个判断，张三必死了。这就是著名的所谓三段论式的推理，形式论理于此有详细的研究及种种不同的形式。但这种形式的正确性，往往是不合事理的。如说贵族忠于君主，某是贵族，故某忠于君主，这样的推理有时完全是错误的，如俄国的十月党，虚无党中，都有不少的贵族分子。又如说由封建社会到社会主义社会，必通过资本主义社会，这是为人所共认的。但由此推理出，蒙古是封建社会，所以蒙古要建设社会主义，非先经过资本主义的阶段不可——那就大错了。蒙古，第一因为是在二十世纪，第二因地理上与资本主义国隔绝，第三因与苏联为邻，竟在事实上跳过资本主义的阶段。蒙古政权现在就落到社会主义的政党手中了。

形式论理的推理，因为离开了实践，往往形式虽对，而与事实相违背。辩证论理的推理，原则上固然也是由既知以推知未知；但把推理与实践联结起来，即从历史上把对象的运动条理出来，然后作出结论，这样，就把形式论理的推理的缺陷填补了。恩格斯在《反杜林论》中，论二物摩擦生热，是由于人类在其劳动过程中发现出来。其后到了 1842 年，物理学的实验发现气体的收缩，机械运动的停止……一切与摩擦相类似的都可以生热。其后更在实验中发现任何运动形态都可以生热，而且可以互相转变，如热力，汽力，电力，化学力，光力等等都是可以由甲运动形态转成乙运动形态的。所以推理必须与实际连结起来，才能不背于事实，才能发现新的判断，新的推理。

由此可见辩证论理的推理是把形式论理的推理克服了。形式固然不能舍弃，但必须在实践中与事实对照起来，才能作出正确的推理。

（3）分析与综合

分析和综合，表面上与抽象及概念相类似，但是可以区别的；后者注重概念的形成的过程，前者则注重研究的过程，即研究的方法。

（a）形式论理的分析和综合。分析是把统一的对象分成种种独立部分，分而又分。综合则是把分过了的某些部分综合起来，与原来的经过不同。形式论理学把分析和综合孤立的去观察，有的重分析而不重综合，有的重综合而忽视分析。一部分机械论者以为只有分析才是真正的研究工具，分析就能发现真理，不必要综合。而理论物理学则只注重综合，而不注重分析。

黑格尔对于只重分析的自然科学者曾有严正的批判，以为如只把对象分成种种成分，而不研究部分间之总的关联，那就等于把对象杀死了一样。如猪肉是可由分析而知其构成分为轻养炭①三原素；

---

① 原文如此，今作"氢氧碳"。下同。——编者

但当作原素看的轻养炭，与三原素通过生命的发展而成的有机的综合"猪肉"，那是不相同的。人能在化学室中把轻养炭结合拢来，但决不能造出现实的猪肉。所以除分析外，非注重综合的特殊作用不可。反过来，若只综合而不分析，则只是一种假设而已。假设并不是绝对要不得，许多科学的公理都是先有假设而后得着实证的。但这样科学的假设，还是经过分析后的综合，并不是能够凭空作出的。综合如果离开分析，终必成为假想或幻想而已。

（b）辩证论理并不否认一般意义上的分析和综合，但有二点不同。第一点，辩证论理的分析和综合不是分离的，对立的，不是一定孰先孰后，而是两者之有机的统一。第二点，分析不是单纯的划分而已，而要在构成对象的种种部分中找出种矛盾的对立，在矛盾的对立部分中找出根本的矛盾，在根本的矛盾中找出主导的方面。这样，辩证论理的分析和综合是把形式论理的分析和综合克服了。

（4）归纳和演绎

（a）形式论理的归纳和演绎。在行了分析和综合后，要把得来的结果，拿来应用于推理上。在这种意义上，归纳和演绎都是推理的基本方式。归纳法是由分析而综合的办法，是由大量以推全体的办法。如说张三是人死了，李四是人死了，赵五年老死了，陈六年青死了，某人男的死了，某人女的死了……由此归纳而得着"人皆有死"的公理，把种种不同的事例而归纳之。演绎法则是就已知推未知，就全体推部分，就既定前提以解释其他。如说，三角形内角之和等于二直角，此为一直角三角形，故其内角和亦等于二直角，其正角外之二角之和等于一直角。这类的例示，在普通的形式论理教科书上，是很多的。

把归纳法及演绎法应用在社会科学，随注重的方面不同，曾有种种不同的流派。如经济学上有所谓归纳法学派，演绎法学派。这样的分立门户，即在形式论理的立场看来，也是极无意义的。因为归纳法与演绎法根本分不开，归纳法并不否认过去的真理，而演绎法所据以推理的既合前提，则是由归纳得来的。

（b）辩证论理克服了普通的归纳与演绎法，在实践中统一起来。如反刍类都有蹄，但不久发现有无蹄的反刍类了。资本主义社会成熟以来，以前的恐慌都是循着产业循环的各必要阶段而出现的。但1929年以来的世界恐慌，则恐慌前既无繁荣（美国除外），恐慌变成慢性的，与从前一切恐慌大异其趣。这因为对象是在不断的变动中，若不从实践中去行推理，去行新的归纳和演绎，那是往往要陷入错误的。

（5）经验和实验

实验是一切科学研究的利器，就是把对象之天然条件改变，而视察对象的变化如何。譬如把空气的条件改变，在真空中一切物体不问其重量如何，都是以同一的速度向地心下落；如不改变空气的条件以作实验，这样的道理是不容易被发现的。经验与实验不同，乃是在不能改变天然条件的对象时，观察其经过；如天体的运动，人类社会的发展，都只能行经验的观察，而不能行实验。

形式论理的阵营中有的注重经验及实验，如经验论者是；有的不注重经验及实验，而只注重推理，如合理论者是。两个都有所偏。辩证论理以为纯靠实践则失之于盲目，纯靠理论则失于空虚，应该把经验和实验，看成理论与实践之间的枢纽或动因，而统一起来，才是最好的办法。

（6）科学的预见

形式论理的预见是机械的因果性的预见，辩证论理的预见是克服了机械的因果性之后的客观的必然性的预见。所以我们应当先说明机械的因果性及客观的必然性的区别及其关联。不消说，这里所说的机械的因果性和第四章因果关系项下所说的机械的因果论的因果相当，这里所说的客观的必然性是和那里所说的辩证法的因果关系与必然性等之和相当的。读者须分清。

机械的因果性把一切现象看作孤立的固定的，所谓因果关系看作前后继起的关系，只从对象的外部去观察，而不从对象的内部去观察。客观的必然性则认为事象变动的基础是由于内部矛盾的斗争，即把内因看作主要的，把外因看作次要的。内因实现出来是原则，内因不能发挥出来受了顿挫是例外。

那末，社会科学是否只宜用客观的必然性，而不要机械的因果性呢？马克思处理种种问题。是二者并用的。譬如他对于俄国革命的观察，十九世纪中叶的俄国尚存有很多农村共产体，但与原始共产体不同，带有浓厚的封建色调。马克思以为此种共产体的发展不出二途：一为由于农村内部的原因即由生产力的发展打破了封建的束缚，自行分解为资本主义社会；一为如不走此路，而把种种条件变更后，可一直走到社会主义。——这里所谓条件，当然是外面的，即承认因果性的说法。恩格斯的书中亦常把因果性与必然性并提。列宁时代，在社会主义的学者中对此问题尝发生论争，但列宁本人并未鲜明的提出他的主张。布哈林把因果性与必然性同一视，反对布哈林的德波林，鲁波尔 Luppol，西尔芬 Silvin 等亦然。

把因果性与必然性同一视的主张是错误的。何以故？因为机械的因果性是从形式论理出来的。形式论理把关联着的对象分开，把发展中的对象截断，而形成概念，由概念而行判断及推理。由此所得着的因果性也是孤立的非发展的。这样，因果的联系将依存于主观的思维，即只是在思维中平面的把握，而不是发展之立体的把握。所以因果性是不完全的，不能作为人类实践的指针。反之，客观的必然性是由辩证论理的概念，判断及推理而来，从对象的内部去找出对象自己运动的源泉，即从发展及运动的洪流中去把握对象的合法则性，而发现其发展与运动的必然性。客观的必然性因此与实际情形相符合，而可作为人类实践的指南针。所以说，因果性与必然性之间，确乎存有区别，如把二者看成一样，那是错误的。

因果既然与必然不同，为何马克思，恩格斯，列宁都把二者并用呢？这层必须进一步说明。原来因果虽然与必然性有区别，但又是可以统一的。除了辩证论理可以克服形式论理之外，还可从二者的本身的关联去理解。客观的必然性，从内部从关联从发展去观察对象，诚能如实的把握对象。但发展与关联都是无限的，内外也是可动的，完全的必然性是找不出来，辩证法的思维也只能近似的接近客观真理而已。再从因果性说，尽管是孤立的和断片的，但是很细密的一部分一部分去把握，然后由分析的结果而行综合。把一切方面的因果性（一切方面是指最大多数方面的意思）都能得着，而行综合；依着由量到质的法则，因果性就变质而成必然性了。因此，二者虽然相反的，又是相成的。在辩证法的视线下机械的因果性的发展可以转为客观的必然性，而客观的必然性虽包含着机械性，却不会落到机械的因果性去。承认机械的因果性的存在并不就是像有种人所指摘，等于否认客观的必然性，同时也不同康德那样认因果性为有纯客观的性质性。

由上面的叙述，可见形式论理的预见虽不完全，但在辩证法的视线下，是可以由机械的因果性转化为必然性的。辩证论理之客观必然性的预见也只能近似的接近对象，必须包含机械的因果性在内而克服之。

总之，机械的因果性没有拘束我们实践的资格，它只可以充我们的科学的预见的一种辅助手段：它和实践隔绝，它不能和实践打通。在社会科学上如想获得预见，以为实践上的指针，必须克服机械的因果性，获得客观的必然性。

德国的考茨基虽然也谈辩证法，但只知道因果性而不知道必然性。他以为宇宙现象不能预测，社会现象更复杂，科学只能供参考之用而已。这样，人类对于社会只能行临时的应付，那根本与社会科学的本旨相违背了。

第五节　结　论

（1）辩证论理在思维的根本原则上，克服了形式论理的自同律，矛盾律，排中律，把握了"相对的同一，绝对的不同一"的原则。

（2）辩证论理在思索方法上：（a）克服了外面的抽象和概念，把握了内面的关联的抽象和概念；（b）克服了只暴露标识的判断及形式的推理，把握了暴露矛盾的判断及和实践相关联了的推理；（c）克服了孤立的分析和综合，把握了统一的辩证法的分析和综合；（d）克服了单纯的归纳法及演绎法，把握了统一的归纳法及演绎法；（e）克服了偏颇的实验及经验，把握了当作实践契机看的实验和经验；（f）克服了不能作为实践指针看的机械因果性的预见，把握了在辩证法视线下的科学的预见。

第七章　当作实践方法论看的辩证法唯物论

第一节　实践与人生观

在前面各章各节中，我们时时说到实践，究竟实践是甚么意义呢？简单的说来，实践就是人类把其所认识的理论，应用在实际生活上去。所以实践是对理论而言，理论是认识的内容，实践则是把这种认识的内容变成行为。

这样说来，理论是为实践而发生的，并不是科学家哲学家之概念的游戏。但是，人类最初就有变动，就有行为。理论虽是实践的指针，却又是从实践中形成了的证明了的改正了的扩大了的。辩证法唯物论的大特色，即在指明人类不仅在其感觉中思维中去行认识，而且在实践中去行认识；认识过程自始到终都离不开实践。

人类所以异于其他动物，即在动物只有动作，而人类则有行为。动作是本能的，行为则具有目的意识。人类在应用理论于行动之前，先要把理论与本身的关联考虑一下。这样的考虑，决定人类对于一切行为所持的态度，这就是所谓人生观。换句话说，人生观就是实践的方法，就是人生对于人类行为所抱的准则。人生观一面是离不开理论的，一面又是不能离开实践的。人生观就是实践的理论的统一。

那末，辩证法唯物论是不是可以构成人生观，作为人类行为的标准呢？我们的答复，当然是肯定的。辩证法唯物论，如我们所已详细论究，是一切科学的基础，是总的方法论。所以由辩证法唯物论所形成的人生观是比他种人生观，意义更为远大正确。

把辩证法唯物论作为人生行为的标准，这不是新奇的，乃是由前面各章理论在逻辑上引申出来的必然的结论，彼此互相关联而成为一个整体。这里，分开两节来讨论：（a）持己的准则，（b）对世（自我以外的一切）的准则。不过这样的问题从来没有专书，我们试为一种尝试的说明。

第二节　当作持己方针看的实践方法论

（1）要不断的努力从现实中去认识客观真理——真理是可以认识的，但非自明，而有待于人类的努力。不要以事象太复杂，方面太多为口实而怠惰，不要害怕现实，讳疾忌医。要想克服现实，认识现实，不要逃避现实而流于空想。

（2）要不断的努力从实践中求接近客观真理——客观真理是存在的，是可以近似的接近的。不要顽固自闭，不要以知易行难或知难行易等不科学的思想自欺。要即知即行，以知导行，以行正知。

（3）要不断的努力，抓住现在及将来。不要留恋过去而忽略了现在及将来——科学的目标在预见将来，因为现在及将来的原故，可以参考过去，但不可迷恋过去。

（4）要不断的努力，从支配世界改造世界的实践当中去改造自己。不要听天由命，也不要任性纵情。——历史的发展是必然的，自由是认识了的必然，人类不是完全被动的，但也不是可以随心所欲而行。

（5）要不断的努力做一个现实的理想主义者，不要做醉生梦死的物质主义者，也不要做空想的理想主义者。

物质主义一名享乐主义，得过且过，没有远大的人生目标，以追求衣食财色的物质享用为主，故又名物质主义。这样意义上的物质主义或唯物主义，与唯物论完全异趣：前者为一种伦理上的即成观念，后者乃是哲学上的一种认识论或宇宙论。二者是绝没有理论上的关联及事实上的牵连，而且毋宁是相反的。真正的唯物论者决不是变成享乐的物质主义者，而且其人生态度必然的是理想主义者；反之，许多观念论者或宗教论者在实际的人生上往往变成拜金主义者了。这种基于名词的影射而对唯物论的攻击，真是无的放矢，不值识者一笑。

理想主义者是对人生行为求一种远大的高尚的目标，但有二种不同：一为空想的理想主义者，如乌托邦的社会主义者，不顾事实，以为改造社会可从改造人心着手，只要人人性善而去恶，新社会就可成功了。一为现实的理想主义者，如科学的社会主义者，分析具体的资本主义社会，发现其由内部矛盾斗争而来的运动法则，指出其消灭的必然性，而以人的实践的力去促成新社会的早日到来。在这种意义上，辩证法唯物论可说是现实的理想主义者的宇宙观社会观及人生观之统一的表现。这点，我们必须特别认识清楚。

第三节　当作对世看的实践方法论

对世或作对事，人不是孤立的而是与外界互相关联的。对世是指自我以外的一切而言，即依辩证法唯物论的立场，我们对家族对阶级对国家对民族对世界，应持的人生态度怎样。

（1）要不断的努力从增进生产力的方向，向社会服务。不要昧于社会的发展原理，专做利己的行为，使社会退化。——社会是生产关系上分工合作的聚积体，循着生产力的发展而发展，所以必须向增进生产力的方向之努力，才是真正有益于社会的努力。

（2）要不断的努力替历史的阶级及其所支配的国家服务。不要害阶级，害国家，以至于害己，害社会。——社会的发展是通过阶级斗争而实现的，所谓历史的阶级即指在特定时代及社会代表生产力的发展之阶级。这样的阶级不一定就是无产阶级，须看时代如何及特定社会的客观情形如何而定。复次，负有历史使命的阶级也不一定是被压迫阶级，如现在的苏联的国家是在站在统治地位的无产阶级手中，故曰，替历史的阶级所支配的国家服务云云。反面的意义，自明。

（3）要不断的努力用牺牲精神从协力斗争当中，卫护自己协力的组织及同志，并克服斗争的对立者。不要积极或消极的危害组织同志，及扶助斗争的对立者。

（4）要不断的努力以情谊及真理领导家族及朋友，使他们走到社会主义的路上去。不要遗弃家族及朋友，使他们辜负为人一场。——社会主义是人类生活最高的目标，无论现实所处的阶段如何，要不可不悬此目标。至于对家族及朋友，并无强制力，故曰以情谊感之。

（5）要不断的努力使自己所属的民族及世界各民族，都早日脱离由不合理的制度而来的痛苦，同登自由的王国。勿因近而忽远，勿因亲而忽疏。

第四节　结论

以上是从辩证法唯物论应用于人生行为上，应有的结论。这里，只阐述了一个简略的大纲而已。

从上面看来，辩证法唯物论克服了种种不合理的，神秘的，无理想的，不奋斗的，利己的人生观；把握了合理的，科学的，有理想的，革命的，为自己及全体牺牲的人生观。

现代国际政治讲话

序

　　本书是作者在一九三三到一九三四年的学年间，关于"现代国际政治"的讲义的笔记，经作者细心修正而成的。目前所以使它出版，一来是因书店方面的要求，二来也因为作者自己觉得本书中所用的现代国际政治分析方法是作者一种创见的尝试，似于国际政治研究上的初学者不无益处的缘故。

　　因为本书原是一九三三到一九三四年度的讲义，所以所用材料的一部分难免与目前的国际实际情形不合，例如苏联加入国联，法意协定，海军预备会商的无结果，英法协定，世界经济恐慌已由恐慌走入长期的萧条，等等，都是讲义时尚未实现的事，所以关于这些，在本书中或只是一种预测，或全未虑到甚或有与事实全然相反的论断。关于这些地方，本应彻底修正，但因如上述，本书的主要目的在使初学者把握方法论，事实材料是否属于最近的一层，倒不十分重要，而且彻底修改时所需的时间上的花费，在目前也是作者一时做不到的，所以只好依旧。

　　本书第四章各节上有好几处都只有题目而无说明。关于这层，或者有人见怪。在这里，作者也不必多作辩解，而只诚恳的说：实在因为关于这几处，作者自己尚无充分的自信，所以不愿随便说明，以免贻误他人，并发生无谓的误会。

本书全体只是一种尝试，作者诚恳的希望大方指正。

本书的笔记大部分是友人宋端华君记的，顶小一部分是内人唐惟俶君记的，作者在这里，谨对二位道谢！

陈豹隐　于北平
于一九三五年旧历元夜爆竹声中

第一章　导言

一、现代国际政治的意义

首先有把本课题的意义解说清楚的必要。从研究国际政治的人看来，所谓现代国际政治研究，当然应该是现代国际政治之科学的分析，但是，所谓"现代国际政治之科学的研究"云云，究竟是什么意思？这一点可以分做三层来说明：（一）"现代"的意思如何？（二）"国际政治"的意思如何？（三）"科学的分析"的意思是什么？

（一）我们研究国际政治，必须注重现在的世代即现代。但现代二字的意义不但从哲学上说来，因过去现在未来三者的界限原是随时代之不同而变化的，不甚确定，并且从实际社会上一般用法看来，现代二字所指的意义也甚纷歧：有用以指近代的，有用以指帝国主义时代或帝国主义没落期或没落期的第三期的，也有单纯的用以指最近二十五年间的。到底该如何用它？我以为现代二字应以划期的现象为标准，去决定它，而不应从年数的多寡去决定它，故所谓现代也者应指最近的划期的一阶段而言，即一九二九年以后到现今的时期而言。又因时间这东西，从哲学上看来原是继续不断的难于分割，所以在冠现代二字于本课题之上时，自然同时含有预测未来之意。因为如果从否定之否定的观点说，所谓未来的情势的萌芽已经被包含于现在之内的原故。

（二）我们学政治学的人的研究固然注重于中国问题的解决，

并且最后的目的亦在于解决中国问题，但是，因为中国是国际的一部分，所以同时还要注意国际。因此，研究中国政治的人遂有研究国际政治的必要。但是，什么是国际政治呢？当然，所谓国际政治也者，是指全世界的总政治而言，不是单限于某一国家与某一国家的关系，但是，同时还要知道，也不是指一切国家间的关系而言——因为那不单是不可能的，而且是不必要的——而是指世界上占着支配地位的几个国家间的关系而言。故从我们的研究目的看来，最要紧的是要把握住那几个占着领导地位的几个国家间的政治关系，例如英美法苏之于欧洲及世界，德意之于欧洲及日本之于远东俱是占着领导地位的国家，故这些国家间的关系都在国际政治的研究范围之内。原来，世界上各国政治的发展，绝不能是保持平衡的均等发展，而必有几个主要的国家占着领导的地位，所以研究国际政治的人必须研究这几个主要国家间的关系，并且只要研究它就够了。这是唯物辩证法的适用。因为宇宙间一切的现象，都是变化的，对立的，不均等发展的；惟其如此，故能发展活动。否则只有静止寂灭了。国际政治的现象，也是这样，所以只须研究其间的主导关系就行。要而言之，国际政治也者是指占着领导地位的几个国家间的政治关系而言，既不是单指此国与彼国间的单纯关系，也不是指世界上一切国家间的政治关系的全体。

（三）其次要解释的，就是所谓的"科学的分析"的意义。科学的分析，不是单把一切的现象加以分类便完。真正的科学还要从动的方面来分析现象，把过去，现在，乃至未来皆包括在内。辩证法的科学分析法，就含有预测未来的意思。但所谓预测，并不是没有根据的胡猜，而是根据过去与现在的事实，依照正确的宇宙观，分析所得的结论。换句话说，就是依据辩证法的三根本法则，分析而得的较有正确性的预测。所谓辩证法的三根本法则应该是大家已经知道的，这里不必详说，只简单指示其内容如下：

（1）对立物的统一，统一物的分裂的法则。因为许许多多的现象，一方面是互相对立矛盾的，另一方面又是统一而成为一体的；反过来，许许多多的统一物，都是含着矛盾和分裂的要因在内的，所以有此法则。

（2）由量到质，由质到量的变化的法则。因为一切的现象都是不断变动的，都是由量的增加到相当的程度而突然起质的变化的；同时质的变化又是发生并促进新的量的变化发展的，所以有此法则。

（3）否定的否定的法则。因为一切现象，都是变动的发展的，并且是依据对立物的统一，统一物的分裂的法则及由量到质由质到量的变化的原则的，所以才有由正→负→正（或正→反→合）的发展过程的法则。但是最后之正，在本质上不能是最初之正。因此就成了肯定→否定→否定的否定的方式，即所谓否定的否定的法则。我们要注意这种变化并不是单纯的循环，而是螺旋式的循环。

宇宙间的一切现象，上自天体的现象下至人与人的关系，都是循着这三种原则而发展的。所以吾人可以应用它们来预测宇宙上所有一切现象的未来，这当然不是因为我们有前知或预言的神秘力的原故，而是因为一切现象的发展皆有一定的路线的原故。但是同时要知道，不但我们所能预测或前知的程度要因被预测的对象如何而有不同（例如对于所谓自然现象的预测程度较高，而对于所谓社会现象的预测程度较低之类），并且，我们可以预知的也只是全体的大概的变动倾向，而个个现象的变动所生的正确的具体的结果则不容易测知（例如我们可以预测春夏秋冬的大体的循环，而不能确知某一春或某一夏的每天的气候之类）；因为十二分正确而详尽的测知，在科学及哲学的理论上是不可能的，除非相信定命论或荒谬的仙佛之说，否则谁也不能主张它。所谓科学的分析，就是这样分析过去和现在并预测未来的一种分析法。至于其具体的详细的办法，等到后面第二章再说。

总而言之，所谓"现代国际政治之科学的分析"也者，就是把最近过去一阶段的现代当中（从一九二九年到现在）占有领导力量的几个国家的政治加以分析并预测未来的动向的一种工作。

二、现代国际政治之科学分析的存在理由或主在目的

我们为什么要研究现代国际政治？这个课题的存在理由何在？换句话说，我们对于这课题的研究目标在哪里？对于这些问题的详答在这里是不必要的，所以姑且最简单的从下列几点，加以说明。

（一）从人类求知识的本分说，我们必须研究现代国际政治。第一，因为政治在目前的历史阶段上较其他一切行动或现象都占着优越性，可以支配其他一切的行动或现象，所以必须研究政治。第二，在另一方面又因为在历史的现阶段上各国是联成一个体系的，所以单研究政治还不够，此外还要研究国际政治（如像中国就受到国际各帝国主义的经济的，政治的，乃至军事的支配或影响而不能自主，以及其他各国也皆不能逃出国际关联的圈外，而不能不受国际政治的支配或影响，就是显明的例子）。因此，可以说，凡是人类都必须研究政治，并必须研究国际政治，否则一切知识都无着落，无归结，将如古代希腊哲学家满腹知识，而因缺乏政治知识之

故，遂不能厕身奴隶之中一样。即是说，我们研究国际政治的第一目的，在造成我们一切知识所依以运用，依以发挥作用的基础，同时即在完成当作人类一分子看的我们的人格。

（二）当作中国一国民的我们，尤须研究现代的国际政治。因为中国是一个半殖民地的国家，并且在事实上是国际共同的半殖民地的国家，一切的行动皆受着国际的支配和影响，所以国际上各强国之间的关系的变化，会马上直接反映到中国来，使中国也起了变化（例如"九一八"事变是起因于世界大恐慌。又如"四一七"日本领导东亚的宣言，是起因于最近东方及西欧的新变化），所以中国国民尤须注重国际政治的分析。过去有许多革命者徒然牺牲了生命财产而无若何结果，其主要原因即在于不明了国际的情势：因为中国国民在理论上一方面应注意国内情势，另一方面尚须注重国外情势。即是说，我们研究现代国际政治的目的，在熟知一切足以左右中国政治及经济的国际情势，以应中国因特殊的国际地位而来的种种特别需要。

（三）从现阶段上的世界危机期中的一般青年的军事责任说，亦有研究本门课题的必要。乍看起来，这一层似乎有点牵强，然而如果仔细考虑一番，便知这层也非常合理。第一，谁也知道现阶段的历史是全世界的危机期，无论迟早，结果必会走到第二次世界大战去；并且，谁也知道，这个将来的大战必定是一个空前的，比第一次世界大战还大的大战，必定要把全世界的青年都卷入战争的旋涡之中，所以现代青年的军事责任非常重大（各国现今都注重全国青年的军事训练，便是铁证），中国的青年，当然也不能是例外。第二，现代的军事，在表面上虽似与政治无关，而事实则不然，因为不但"军事是政治的延长"的原则，已经成了一种真理而为一般人所承认。而且因军事技术的进步及战争规模的扩大并战线之全国化之故，军队的数量，教育及其他种种的军事设备，皆待决于政治上的路线。苏联首先承认这种政治在军事上的重要性，在军队内施行政治训练，现在各国也莫不多多少少相率仿效，在军事教育上注重政治教育。因此各国的青年将校皆深刻研究社会科学，尤其是政治学。例如日本在最近，许多青年军人的关于军事的著作，皆引用着恩格斯的唯物辩证法。对唯物辩证法尚且如此，对其他的社会科学部门更不消说了。日本尚且如此，其他的国家更不消说了。他们绝不像我们中国，凡谈唯物辩证法的，就被认为反动分子或反动党员，其实，辩证法只是一种理论的认识工具，而反动党员却是一种行动集团，绝对不能混为一谈。日本即利用这种工具，趁国际上的变化，来蚕食中国。我们中国青年处在这二次大战的前夕，必然免不了军事责任，所以必须研究国际政治。如一面必须尽军事责任，一面又不理解政治，则其结果，上焉者其一切行动必成为机械的而有误国的忧虑，下焉者或竟成为盲目的而陷于不自觉的卖国。即是说，我们研究现代国际政治的第三的目的，在完成现阶段上的中国青年的军事责任达成上的能力，以顺应在不久的将来必然爆发的世界危机的总决算。

三、现代国际政治研究的说明顺序和材料分配

为达上述三种目的，并为便于说明起见，特采用由浅入深，由抽象的到具体的，由一般的到特殊的办法，将本课题中应有的材料，按下列顺序，分作三个大段落来研究并说明：

（一）本课题之抽象的说明。这部分是从抽象的方法论的方面，

讨论如何分析国际政治问题始能带有比较确实的科学性及预测性。

（二）本课题之具体的说明。这部分是从现代国际政治上的具体事实方面讨论怎样具体的把抽象的方法论上的原则应用到国际政治的事实上去的问题，以便求得现阶段的国际政治的科学的分析结果及科学的预测。

（三）当作现代国际政治之一部分看的中国政治之科学的分析。这部分是从中国国民的立场，讨论如何应用同样的方法并适用现代国际政治的分析结果及预测，来分析现代中国政治的问题，以便对中国现代政治获得科学的分析结果及科学的预测。

我们在以下就把本课目分成上列三大段落，来推进我们的研究。

第二章　现代国际政治之科学的分析方法概说
（本课题之抽象的说明）

第一节　本课题研究上之错误的或不充分的方法

一般在研究国际政治时所用的错误的或不充分的方法，大别之可得下列几种，请逐加以说明并批判。

（一）无原则的选择并分析法

这种方法单把国际上几个大国间的问题提出来充当研究的对象，即在种种的国际政治现象当中，无原则的随便提出几个问题来充当主要的问题，例如随便以太平洋问题或日本问题，等等为主要的研究对象，并无原则的随便加以研究分析之类，就是明例。这种选择虽毫无根据或标准，但却被世人应用得最广，最普遍。一般的新闻记者及大学教授们，皆常常应用这种方法以分析国际政治。不消说，这种方法是错误的，并且是不充分的。因为选择研究对象若无原则，就难免舍弃最重要的材料而徒留不相干的无谓的材料；分析材料时若无原则，更难免凭空臆断，无从获得正确结论之弊。

（二）表面的择要列举的统计的方法

这是统计学家所应用的方法。其处理国际政治的材料或事实，有两种方式：数目字的方式与年书的方式。但是，无论采用何种方式，其属于表面的择要列举的方法，则皆一样。例如把某年某国的人口，领土面积……列出，或将某年发生某种问题，某月发生某种问题，某日发生某某问题，等等，罗列下去，就是这种方法的应用。这种方法是以统计学上的所谓大数法则为依据的，即以取大同弃小异的原则为依据的，所以比较无原则的选择并分析法，多带科学的根据。且从事实上看，择要列举的方法，比之无原则的选择并分析法的应用的结果，也较为正确，因为应用择要列举的统计方法时，在原则上可以归纳出一个大概的动向。例如应用这方法于人口的处理上，可以知道人口增减的动向，就是明例。但是，这种方法，因为只是一种表面的方法，而不能探索材料的内部联系，所以不能得到正确的预测。因为应用这种方法时只能作表面的观察，却不能分析内里的原因，它只能知其然，而不知其所以然。例如应用这种方法发处理人口问题，则只能统计人口过去的增减，而不能明了为什么会增减的原因，因而也不能正确的预测同一人口的将来的变化途径，至多只不过知其增减的大略的动向而已。这种方法应用于国际政治问题的处理上，也只能得同样不充分的结果。要获得充分而正确的结果，必须研究各种问题发生的原因及其关联性，而归纳出一个主导的东西来。但表面的择要列举法，却不能够得到这种结果，所以它虽不是完全错误而无用的，然而它终不能是充分的方法——它只能是国际政治分析上的一个补助方法。

（三）唯物史观的处理方法

这是认唯物史观为国际政治的分析法的一种方法。因此，应先解释唯物史观的大意——在此也只能解释其大意，其详细解释应属于另一个课目。所谓唯物史观者含有四个要点：

（1）人类社会或历史，是唯物的，不是人类意识造成的，而是人类的总生产关系决定的，是生产上的物质决定的。这里所谓物质含有三种要因：生产关系，生产样式及生产力。这三种要因不是人类意识可以随便改造的，而是一种离开人类意识而独立着的客观的存在——虽说多数人的集团斗争，可以增加主观的力量，而推进客观情势的发展。要言之，人类社会及历史是随着生产关系，生产样式及生产力三种要因的有机的结合发展而演进的。

（2）人类社会或人类历史是一元的。人类社会上虽有种种现象，例如经济现象，政治现象，乃至意识形态上之宗教，哲学，文艺，科学等等现象，互相关联着。然而结局从最终原因看，却是由经济现象支配着其他的各种现象。因为经济可以决定政治，而意识形态在阶级社会里却受政治的决定，因而经济可以决定意识形态——虽然在平常的作用上，在某种限度内意识形态对政治及经济，以及意识形态并政治对经济也可以发生反作用。要而言之，人类社会的各种现象，从终局的因果说来，是由一个根本原因即经济现象决定的，所以是一元的。

（3）人类社会或历史是发展的，变化的。许多人误认人类社会是固定的，一成不变的，故欲以一定的，既成的方式来维持种种现存的制度，例如私有财产制度，三纲五常，乃至某党某派的统治方式。然而事实并不如此，正与此相反，一切的制度都是经过变化的，一切现存的制度也要转变下去。

（4）人类社会或人类历史的发展，是辩证法的发展。所谓辩证法，如前章所述，含有三大原则：（a）对立物的统一统一物的分裂的原则，即是说，一切现象的发展都是主要的起因于其内部的矛盾。（b）由量到质由质到量的变化的原则，即是说，一切现象的发展都有时是渐变的，有时是突变的。（c）否定的否定的原则，一切现象的发展都是似循环而实非循环的发展，是一种螺旋式的循环的发展。辩证法的发展云云，即根据这三大原则的演变。把这三大原则应用到人类社会上来，则人类社会的发展，主要的是社会内部阶级斗争促成的。它有突然的变化，也有逐渐的变化，即革命式的变化和进化式变化；社会的发展是螺旋式的，逐渐走向高度去的发展：因为这种发展虽说在表面上是循环的发展，但前后社会的内容却有本质上的不同。例如人类社会由原始共产社会发展到奴隶社会，到封建的农奴社会，到资本主义社会，最近又显然要发展到社会主义社会即高度共产主义社会，在表面上似乎要循环到最初了，但是，实则后之高度共产社会已经不是前之原始共产社会，而是经过克服扬弃之后的，亦即含有大规模的机器共同生产及超过从前几百千万倍的广大的共同生活的人群的高度共产社会。

有许多所谓社会主义者把上述唯物史观的方法应用到国际政治

的处理上去自以为高，自以为夸。这固然是没有错误，但尚不充分，因为这只是一种社会观点，并不是具体的分析或解释方法。所以单依据这种方法还不够用，必定要站在这种基础观点上去找更进一步的分析方法才行，否则容易陷于公式主义的错误。

（四）辩证唯物论的处理方法

这是认辩证的唯物论为国际政治分析法的一种方法。所以要明白这种处理方法的意义和批判它的当否，应先解释辩证的唯物论的意义。何谓辩证的唯物论？它包括着辩证法的认识论，辩证法的论理学及唯物史观等，是哲学上的一个派别。要明白它的内容，又应先明白哲学的内容及其在历史上的发展经过。从历史上看来，所谓哲学不外乎下列六种内容：

（1）本体论的哲学，也称玄学。这是讨论宇宙是什么东西，讨论什么是时间和空间，讨论宇宙本身及宇宙上一切现象在时间和空间的关系上有无终始和境界，等等问题的。这是由宗教和科学独立之后的最初的哲学。

（2）认识论的哲学，亦称真理论。这是讨论人类所意识出来的是否正确的问题的，即讨论视觉，听觉，嗅觉，触觉等等觉察出来的是否正确，有无真伪，真的究竟真到什么程度等等问题的哲学。我们所看到是真的吗？是假的吗？我们的脑中所意识的是实的吗？是虚的吗？（例如佛教就认为宇宙间的一切都是空的）等等都是在人类知识进展到相当程度之后，必然会发生出来的问题。讨论这些问题的哲学，就是认识论的哲学，也是在哲学史上继本体论的哲学而来的哲学。

（3）宇宙观的哲学。这不仅仅讨论本体论和认识论的问题，而是更进一步，从静的方面讨论一切现象的相互关联相互作用的问题，从动的方面讨论宇宙是如何发展变化的问题等等的哲学。这是在哲学史上继认识论而来的哲学，当然也是因为认识论的哲学不能知道认识本身的发展变化性，因此也就不能把握认识的本质的原故，必然会继认识论的哲学而来的哲学。

（4）方法论的或论理学的哲学。所谓论理学原是一种关于思维方法的学问，其中有形式论理学和辩证的论理学的区别。方法论的哲学就是包括这两种论理方法的哲学。方法论与本体论认识论及宇宙观都有密切的关系，特别是对于宇宙观有密切的关系，直可以说宇宙观等决定方法论。因为一切的方法并不是任何人凭空想出的，而是从事实反映出来的，所以有什么本体论认识论及宇宙观即有什么方法论。这是方法论的哲学，在哲学史上，是因本体论及认识论的发展而发生，随宇宙观的哲学的成熟而长成的。

（5）人生观的哲学。人生观也者不外乎是关于人类的生命，人类的生活及人类在生活上对于周围环境乃至宇宙间各种现象的观点和态度。原来，人类关于个人的生命，生活，周围的环境及宇宙间各种现象的等等见解和态度，都是由每个人的经济的环境产生的——无论自己意识出来与否——所以每人都有某种的人生观。所谓人生观的哲学就是根据本体论，认识论，特别是宇宙观而来的哲学，其任务在研究人类行动及人生观应该如何才对的问题。人生观不但与本体论及认识论有极密切的关系（例如认为宇宙是空的，则成了佛家的人生观；若认为宇宙是人类主观构成，人类可以支配宇宙，则又成了极端乐观的人生观），并且特别与宇宙观更有极密切的关系（例如认为宇宙现象不断的相互关联相互转变时的人生观与认为宇宙现象一成不变时的人生观，全然相反），所以人生观的哲学必然是随宇宙观的哲学的成熟而长成的。在哲学史上的事实也是如此。

（6）当作认识方法看的哲学。在这一方面与上面所说认识论的哲学不同：前者检讨我们所意识出来的认识对不对的问题，而后者则讨论应用什么方法和顺序去认识客观现象的问题；另一方面它又和上述方法论的哲学不同：因为那是讨论思维本身应遵什么样的法则才免得发生错误的判断和推论的问题，这是讨论用什么样的方法和顺序去认识客观现象的问题。这种当作认识方法看的哲学，是在哲学史上较后发生的一个派别。

以上各种意义的哲学虽皆各有其发生的理由及其独得之处，然而严格说来，各种意义皆不充分（如各已充分足用，就不会发生其他意义的哲学了），只有综合的把这六种哲学看做哲学应有的内容的哲学，才是必要而且充分的哲学。这种在哲学史发生最迟的具有充分意义的哲学，就是唯物辩证法的哲学。根据这种哲学来分析国际政治，才是我这里所指的国际政治之唯物辩证论的处理方法。这种对于国际政治用包括着本体论，认识论，宇宙观，方法论，人生观及认识方法六者的哲学去考察处理的方法，自然比前面几种方法更有观点有基础，然而，单用这种方法去研究国际政治的现象却尚不够用（虽然没有错），因为那样也只能得一个观点和一些基础，而因没有对国际政治这种现象本身，找出一种它固有的具体的分析方法的原故，结局难免流于空论或陷于公式主义的谬误。

（五）抽象分析法

这种方法常被应用在经济现象的分析上，它是一种应用辩证法的特殊分析法，比较难于理解。现在为易于理解起见，分三项来说明。先从反面来说明什么不是抽象分析法，然后再说明抽象分析法本身。

（1）抽象分析法不是普通的抽象法。普通的抽象法只是从许多现象当中找出相同之点，即由异识同的方法。一切现象都有不同之点，正如人心之不同各如其面，异类不同是不消说的，即同类也有其异处。但在不同的东西当中可以归纳出相同之类。例如依个个人的种种特征，找出人类共同之点，而认出人类这个类，或依各种树木的特征，找出树木共同之点，而认出树木这个类，就是明例。这种舍去某种的不同之点而保存其相同之点的方法，就是普通的抽象法。抽象分析法却不是这种的抽象法。

（2）抽象分析法不是普通的分析法。普通的分析法只是"由同识异"的方法。它比之普通的抽象法更进一步，能够于类中分类，在详密的把许多东西分成种类之后，再就相同的种类，重分为数类。例如在依高尚性格，口能言语，两手活动，两脚立走等等特征找出的人类当中，又重依性别，年龄及职业等等，再分为男女老幼，工农商乃至资本家等等之类，就是明例。这种普通分析法也不是这里所谓抽象分析法。

（3）抽象分析法是有机的结合普通分析法及普通抽象法而造成的另外一种分析法。所谓有机的结合，并不是单纯的混合，而是先舍去一部分而保留另一部分，然后结合在一起的方法。抽象分析法就是依一定的标准，把一定的现象舍去一部分而留其另一部分，更依同种标准，把所留部分，分而又舍（或抽），舍（或抽）而又分，依同样的标准去继续的分析所留部分，继续的舍去（或抽去）所分结果的一部分，直到分无可分，也就是舍无可舍的时候为止的方法。这里所谓一定标准，就是一定的观点，即唯物辩证法的宇宙观点。更具体言之，就是认为一切现象皆含有矛盾，又一切矛盾皆有两方面，其中必有一方面占优越地位，绝不是力量平衡的，即一切东西当中必有主导与非主导的两方面的观点。因此，所以在进行抽象的时候，可以舍去非主导的方面而单留主导的方面。换句话说，所谓抽象分析法，就是依矛盾法则来分析，依主导方面与非主导方面的区别来抽象，直至分无可分，舍无可舍为止。到了分至最后舍至最后的时候，就可以拿所得的最后物为基础，把原来在分舍过程中舍去的部分，挨次倒加上去，就可恢复到没有分舍以前的状态。但在事实上这时候的情形，已经和从前两样：从前的状况只是一些混沌的状况，而此时已可以明了一切现象之间的内部相互关联了。

现在更具体的举例来说明，以期更容易明了这个抽象分析法。例如要分析一国经济的内容，就必须应用抽象分析法，才能得着明确的结果。在分析一国经济现象的时候，若只应用普通的抽象法，也可以得到种种不同的抽象概念，例如资本与非资本之区别，工厂生产与手工业生产的区别及货币与普通商品的区别，等等。所以这种普通抽象法当然不是在学问上绝对没有效力，但是，单单的抽象法却尚不够用，因为我们靠它只能知道各种现象的孤立的个别的概念，而不能知道各现象相互的关联（表面的和内部的关联）。其次，应用普通分析法于一国的经济现象的分析时，情形也是一样，虽然可以靠它去得到"由同识异"的结果，得到比用普通抽象法时更精密更具体的认识，但仍不能理解各种现象相互间的真正的内部关联。例如应用普通分析法于中国经济上，固然可以得到外国农产品的进口数量日益增加，农村日益破坏，都市人口日益增加，新式工厂日益增加四种具体的现象，但是，单靠普通分析法，却仍不能明了其内部的相互关系，即四种现象何以会同时发生，其间有无相关的关系，若有相关关系，究竟是正关系或逆关系，等等理由。如果应用抽象分析法，则可以补救这种缺点。

假如应用抽象分析法于中国经济的分析上，则第一步应先把中国经济看成世界经济的一部分而分为对外经济与对内经济。第二步，应就对外经济与对内经济二者鉴定何者为主导方面，何者为非主导方面，舍去非主导方面而留主导方面。按照普通的经济学理及唯物辩证论的看法，应该是对内经济占优越地位，所以应该舍去对外的部分而保留对内的部分。第三步，在对内经济上应该将它重分为公经济与私经济两部分。由国家强制进行的为公经济，一任人民自由平等进行的为私经济。此二种经济固然不容易分开，但不是完全没有界限。第四步，应辨认在公经济与私经济二者中是哪一个的重要性大些。从表面上看来，仿佛公经济的力量大于私经济的力量，但是，实质上，私经济比公经济重要，因为公经济本质上是以私经济为基础而产生的，若无私人经营则国家财源无由出，所以在经济分析上应该舍去公经济而保留私经济。第五步，应再就私经济分成资本主义生产与非资本主义生产。所谓资本主义生产，约有下列两种最主要的特征：第一是榨取式的雇佣劳动，第二是集中的大量生产及大规模的机器生产。非资本主义的生产，恰恰与此相反。苏联的社会主义生产，固然生产也集中，规模也不小，但因其没有榨取式的雇佣劳动，故仍为非资本主义的生产。这里若姑以苏联为例外而单就一般的资本主义国家而论，则资本主义生产就是新式工

业的经营及资本主义型的农业经营；而非资本主义生产，却是农民
经济及小手工业。第六步，应决定资本主义生产与非资本主义生产
之中何者占主导地位。不消说，在今日的资本主义社会内，是资本
主义生产占优越主导并支配的地位，因为资本主义生产的生产力大
而生产费小，故资本主义生产的商品可以以物美价廉的优越条件，
压倒非资本主义生产的商品：在资本主义制下之小工业经济及农民
经济之日益破产，不是偶然的事情。如此决定了主导性，就可以舍
去非资本主义的生产而保留资本主义的生产。第七步，应再把资本
主义生产分成许多生产部门，例如工业，矿业，商业，银行业，交
通运输业，资本主义的农业，等等。第八步，应决定各生产部门当
中何者占优越地位。在资本主义生产之下，当然的，是由工业部门
（或包含工业，矿业及交通运输业等在内之产业部门）占优越地位，
因银行业及商业等等，都是间接或直接分占工业的利润的（商业利
润及银行利息皆是由工业上的剩余价值而来的），所以从经济学的
理论说来，可以说一切活动皆决定于工业。既知工业占主导地位，
就应保留工业部门而舍去其他各生产部门。第九步，工业还应该分
作两方面，从物质上说，应分为资本与劳动力，从人的方面说，应
分为资本家与劳工。第十步，应先把人的方面舍去，再就劳资二者
决定哪一方面占优越性，占主导地位。很显明的，资本占主导地
位，因为资本可以支配劳动力——虽说没有劳动力，资本亦无从发
生作用。第十一步，如再就资本细加分析，则又可得资本的种种形
态，例如在货币，商品，原料及机器等形态下之种种资本。当然，
资本之为资本，不是由它的形态来决定，而是由它的目的来决定：
凡是被利用于获得剩余价值或利润的价值，都是资本。但是，如就

形态论形态，则资本当中又可分为货币及普通商品两种形态。第十二步，应决定这两种形态资本的优越性。比较这两种形态下资本的结果，在货币形态下的资本比在商品形态下的资本所占重要性小，而在商品形态下的资本占着主导的地位（因货币仍是一种商品，且是因商品流通上的原故而变成货币的），故舍去货币而独留商品。第十三步，应照经济学的理论，把商品再分为交换性与使用性，即交换价值与使用价值。第十四步，应比较这两种价值，何者占主导地位。在商品社会上一切商品的生产是以交换为主要目的或任务的，所以交换价值应占主导地位。到此时已无再加分析的可能——虽然从价值的构成实体上说，还可以追到劳动的分类上去，然而那已经不是经济现象了，所以不应再分了。

到无可再分析的时候，就可从最后分析所得的结果，重新还原回去，恢复原来的表面状况。第一步，应先把交换价值和使用价值合成商品；第二步，应在商品上加上货币及货币形态下的资本而成资本全体；第三步，应把劳动力加入资本之中而构成工业经济全体；第四步，应在工业上再加上资本主义的农业，商业，运输业，金融业等部门而成资本主义生产全体；第五步，应把资本主义生产加在非资本主义生产之上，合而成私经济全体；第六步，应在私经济上加以公经济而成中国对内经济全体；第七步，最后，应再于对内经济全体之上，加上中国的对外经济部分，则可构成整个的中国经济。

必须如此始可以明了中国经济与世界经济的关联性及中国经济内部的情形。经过这种分析之后，就不但能理解中国农村何以日益破产，新式工业何以日益发展（当然包括外资经营的工业），何以农村人口日益集中到都市来等等问题本身，并且还可以理解这种种现象何以会同时发生的理由，即此等现象间之内部的关联。所以，在这时，我们所得的结果显然比普通的抽象法及普通的分析法的结果都好些。

然而，这种适用于经济现象的分析是非常有效的抽象分析法，若应用于国际政治的分析上，就不够用。因为经济现象有两种特点：（1）经济活动比较固定，客观性比较大些；（2）经济上是以合同协力为原则而比较缺少斗争性（从理论上并从历史上看皆以斗争为例外而以合同协力为正则），故可以适用上述抽象分析法；而政治现象却不如经济现象所带客观性那样浓厚，也不如经济现象所带协力性的丰富而多带主观性及斗争性，故难适用同一的抽象分析法。原来，政治是带有很大主观性的：政治的本质是统治者或一部分统治者为保持或增强其统治权力而行的，是统治者为维持或增加他们的经济剥削而行的，哪怕是对外的政治争夺在事实上也都是出于同样的经济利益的目的。因此，所以可以说政治是出于统治者的主观的要求，它是人类历史到了某一时代之后才发生的，而不是常存的；从反面说，即是说，即令政治消灭，人类社会仍然可以存在。因此，所以政治带有两种特色：第一，政治上的统治阶级常常为争夺自己主观的经济利益而斗争，希图维持其政权，故富有主观性而少有客观性（当然不是绝对没有客观性，因为在客观上人类经济发展到某一阶段时，必然会发生政治）；第二，政治上必然分成两种阶级：统治阶级和被统治阶级，并且这两个阶级必然依种种方式而行斗争：统治阶级为维持或分配政权，保持或分配经济的利益而必然的进行斗争，被统治阶级也一样要进行斗争，因为人类原好自由和平等，厌恶束缚和压迫，故被统治者除开万不得已时外，必然要为谋解放，企图摆脱统治而进行斗争。这种事实，从各时代的历史上看，皆可证明，所以，可以确定的说，斗争是政治的本质，政治多带斗争性。这是无论从理论上抑从事实上说，皆可以得到的结论。政治这东西，固然有时也好像是和平的，但这只是例外，而从科学的原则说，我们只能注意一切现象的一般性而放弃其例外的事实，所以我们可以作上述结论。再从辩证法上看来，道理也是一样，我们对于一切现象的认识，只能留其本质部分而舍弃其非本质的部分。例如在认识人类之所以为人类的时候，亦只能提出人类的根本本质，而放弃其他与别种动物共通的成分，因为一切的事物皆相关联着，而有其共同之点，如不舍弃它，就不能认识一切事物的真相。所以研究政治时也只能拿它的本质来说明政治，不能拿非本质的和平之点来说明政治。因此，最后仍可得政治的本质是斗争的，是为经济利益而存在而斗争的结论。

政治与经济因有上述两种根本不同之点，所以抽象分析法虽可以应用在经济的分析上，而应用在政治的分析上就不够用。因为比较多带客观性和协和性的经济现象当然会比较多有普遍性和倾向性，所以可以把它当作准自然现象，只用上述抽象分析法去研究分析而已足够用；而多带主观性和斗争性的政治现象却与之相反，它当然会比较多有特殊性，比较少有倾向性，所以不能把它看做准自然现象而只适用抽象分析法，如果只应用抽象分析法去研究它，则因没有顾虑到政治现象上种种可能性及现实性之故，必定会得着不正确的机械的论断，纵然在表面也可以找出一些普遍性和倾向性，然而那只能是表面的虚伪的普遍性和倾向性，一点也不中用的。例如在讨论政治斗争特别是战争的时候，如果应用抽象分析法，就会认为物质力或机械的实力（如兵员人数及武器精粗多寡等）大者一定会得胜利。然而在事实上情形却往往相反，这就只因为带有主观性和斗争性的战争，根本上要受许多为经济现象及自然现象上所无的可能性及现实性的限制或控制的原故。所以我们说在政治的分析上，单应用抽象分析法尚不够用。许多人应用这种方法于政治的分析上，得不到正确而有用的结论，原因即在于此。总之，应用抽象法于政治的分析上，表面上似乎是合乎辩证法的原则的，但是，事实上却是错误的——这当然特别注意。

第二节　本课题研究上之正确的政治现象分析法（抽象分析实践法）

（一）概说

上节单从反面说明了错误的或不充分的政治现象分析方法，现在再从正面来说明正确的政治现象分析方法。这里所谓正确的方法表面上虽与抽象分析法类似，但实不同。正确的政治现象分析法的本身，可以分成两个步骤或段落：（1）由上到下，由整到零；（2）由下到上，由零到整。前一段落为分析，后一段落为预测。这种方法与抽象分析法不同之点，在于对研究对象的本质的认识之不同，因此也就是对于该对象如何进展之预测方法上之不同；更具体说，这种方法不像抽象分析法那么机械，它不但在分析的时候要针对政治之特质，应用唯物辩证法的原则，更精确的找出种种矛盾，并且在预测的时候，应用斗争性及主观性，去推求种种可能性及现实性。因为这些可能性及现实性是离不开政治现象中的当事人的实践的，所以这种方法可以称为"抽象分析实践法"。过去的列宁和现在的斯大林，在分析帝国主义的运命及世界大势等等时，皆常常应用这种方法，并且，事实已证明这种方法的正确性。不过，只因他们并没有公然发表过解释这种方法论的文章或讲话，所以，这种方法的决定的内容是什么，现在还是疑问。然而从研究政治学的人说来，却不能因为它是疑问而不说它，所以我自己根据我自己的见解，从他们的各种分析当中，找出如下的内容，以供讨论的资料。所以我很希望诸位能指出我的错误，以便好进一步得出这种方法真正的内容。

（二）抽象分析实践法在分析过程上的原则

抽象分析实践法的分析过程的说明，可以分做五个段落：

（1）在全体的现象当中抽出主要的对象，舍去非主要的对象。因为全体现象的全部认识不单是不必要的，并且是不可能的，所以我们可以根据一切现象俱有主因主力的原则，采用第一段落的手段。

（2）从主要对象当中找出主要的矛盾，舍去非主要的矛盾。因为照唯物辩证论的宇宙观说，一切现象的主因主力，都是现象内部的种种矛盾，并且种种矛盾之间也有主要的和不主要的之区别，而我们的目的却在认识这些主因及主要矛盾，所以必须采用第二段落上的手段。

（3）从主要矛盾当中找出主导的矛盾，舍去非主导的矛盾。因为照唯物辩证论的宇宙观说来，所谓主要矛盾，当然不止一个，并且在各个主要矛盾之间又必然有一个主导的矛盾（否则不会有矛盾的统一）存在着，所以在推求主因主力的人们看来，必须采用第三段落上的手段。

（4）从主导矛盾当中找出主导的方面，舍去非主导的方面。因为从唯物辩证论的宇宙观的原则来说，在一个主导矛盾当中，必有两个方面，并且其中必有一方面占在领导地位，而另一方面占在被领导的地位（两方面势均力敌之事虽亦有之，但是，照辩证法上所谓相对的同一和绝对的不同一之原则说来，那只是例外），这个占领导地位的方面，就是主导方面。所以我们如果要彻底探求主因主力，就得采用第四个段落上的手段。

（5）在主导方面找出它所认定的主环。因为照唯物辩证论的宇宙观看来，宇宙间的一切现象在时间及空间上都是相联的，成为联锁的，互有因果关系的。所以如果许多在时间和空间上互相关联的个个现象的全体看成一条锁链，那末，这个链子当然可以划分成为许多环子，并且在这些环子当中，按照时间和空间的关系，必然会有一个主要的环子（因为各个环子绝不会都有同样的重要性——这是唯物辩证法的发展观的当然结论），所以如果抓住这个主要的环子即可把整个的链子理得有条有理（在政治现象上占主环地位的现象，具有决定当时情势的力量）。所以研究主因主力的人们，还应该采用第五段落上的手段。

以上只是关于抽象分析实践法的分析过程之抽象的说明，现在举列宁应用过的例子，作为事实的举例。这虽非国际政治现象上例，然因在此地国际和国内的区别无大关系，故可引用。一九一七年的俄国二月革命，虽然已把俄皇赶跑了，但是俄国其他的情势则尚在更大的变化过程当中。其时，有人主张民主革命已经完成，可以不革命了，有人主张还须进一步而建设社会主义政府，还有人主张举国一致的向德作战——议论纷纷，主张不一。那时逃回俄国的列宁，暗中时常发表文章，以科学的方法分析当时的情势。（这些论文，后来集成专书，名为《在叛乱的途中》）列宁主张：俄国的政治现象虽极复杂，但非无头绪可寻，当时主要的现象在于经济问题上，即在农民没有土地耕种，人民没有面包吃，人民的经济活动没有自由这三种问题上。这三种问题遂成了主要的对象。其他的现象如立宪制好呢，抑或社会主义政制好呢，乃至宗教问题等等，都是次要的问题。其次列宁当时在主要对象当中认定的主要矛盾约有五种：（1）贵族兼地主与农奴式的农民对立。这不待说明，因为谁也知道那时的俄国还是农奴式的农业国。（2）九百万无产阶级（加上家族共有二三千万人）与新式工业资本家的对立，列宁所以重视人数不多的无产阶级的原因，在于他认定俄国当时的经济在大体上已经充分资本主义化了。（3）新式工业资本家与贵族地主的对立。因为新式工业发展的结果可以压倒农民，吸收农民而使贵族地主失去剥削的对象的原故。因为新式工业固然需要农产原料，但未必尽取自本国农业的产物，事实上其大部分倒来自外国及殖民地，结局是以本国工业品换外国农产品，而对于农民因而对于地主大大不利。当时对这矛盾所反映所表现的事实，就是资本家主张立宪政治，而贵族地主则加以反对。（4）重工业或洋奴式资本家工业与轻工业的对立。帝俄时代的俄国重工业，大部是外国的巨大资本经营的，所以又称为洋奴式的资本家工业。而当时的轻工业却因所需资本较小，易为本国资本家所经营，所以大抵是民族资本家的工业。原来从轻重工业的关系说，轻工业必受重工业的支配，从资本的大小说，轻工业也必受重工业的压迫。所以在任何资本主义国家里头，轻工业与重工业始终是对立的。再加上外国资本与民族资本的关系，其对立就更加尖锐化了。（5）非资本主义生产家与资本主义生产家的对立，在大体上也即是农业全体与工业全体的对立。这种对立当时表现于俄国农民党反对工业化的斗争上。在俄国资本主义萌芽的当时，西欧各国资本主义的缺点已经完全曝露出来了，所以支持农民党的主张的，大有人在。

列宁当时从土地问题，面包问题及自由问题当中找出了上述几种主要矛盾。但是，他还不以此自满，而要进一步在这些主要矛盾当中，找出主导矛盾。他认定无产阶级与新式资本家的矛盾是主导的矛盾。当时有人主张贵族地主与农民的矛盾是主导的矛盾，但是列宁则反对此说。其理由是：农民的本质是革命的又是不革命的，所以农民只能是革命的同盟者而不能是主导力，因此，也就不能认农民为主导矛盾之一方面。又有人主张民族资本家与外国资本家的矛盾，是主导的矛盾。列宁也加以反对，理由是：资本家的本质是不革命的，容易为资本的利益而投降外国。列宁之所以主张新式资本家与无产阶级的矛盾为主导矛盾的原因，一方面在认定资本主义生产在俄国已经可以压倒非资本主义生产而占着支配的地位，另一方面，在认定无产阶级本身一无所有，毫无牵挂，所以不怕失败，又常集中在一个地方，容易团结及训练，富有强力的斗争性，而其利害又常和新式工业资本家相反。因此认定他们间的矛盾应该是一个不易和解的，能够左右别种矛盾的主导矛盾。

其次，列宁更进一步，认为无产阶级在这个主导矛盾当中占着主导方面。当时俄国资本家的势力，表面上虽极膨胀，但却不能够解决当时的主要纠纷，如土地问题，战争问题，面包问题及自由问题等等，而无产阶级方面的政党在当时却有解决这些问题的可能。次从武力方面说，当时有人看到大部分军队皆在克伦斯基政府的手中，所以认为不容易推倒这个资本家阶级性的政府，以为主导方面应该是这个政府即新式资本家方面。但是列宁却认为克伦斯基政府的军队虽多，而没有战意，因此也就没有力量，而无产阶级虽然只有九百万人，在军队中者只有少数，而在事实上对于这个斗争却有很强大的力量，因为一则前者的军队大多数是农民，其客观的利害是和无产阶级一致的，所以在某种情形下面，可以和无产阶级方面联合；二则无产阶级因已受过训练，富有团结性，所以在比较上力量较大，所以可以占主导的方面。

更次，列宁还从主导方面着想，找出和平为它当时的主环。因为，从对外关系说，在当时俄国的无产阶级若主张对外停止战争，则一方面可以使当时的联合国的英法无力干涉俄国的革命（因为俄中止对德战争则英法对德要更加吃力），一方面可以使德国不愿干涉俄国革命，即令允许德国多少有利条件而讲和，也可因德国正在对付其他各国，无力要求俄国履行之故，而使俄国收以毒攻毒的效果，而集中全副精神于国内问题解决上。其次，从对内关系上看，和平在当时亦对它最重要：第一因为停止战争则农民得从事于生产，面包问题就得解决；第二，因为停止战争则可以使国内民众专心讨论国内问题，解决当前的土地问题及自由问题，而分与农民以土地，赋予农民以自由，则一方面可拉拢农民及由农民构成的军队为己助，另一方面，同时又可因为依和平而赋予人民以民族自由，则可使反动政府不能利用异民族的军队（如科萨克）来压迫革命势力。要而言之，从当时的俄国无产阶级着想，当时俄国若能停止战争，采用和平政策，则可以阻止反革命的外援，拉拢友方的势力，增加己方的力量，因此，所以列宁认为和平成了当时的主导方面的主环。

（三）抽象分析实践法在预测过程上的原则

（A）导言

以上把抽象分析实践法的分析过程说明白了，现在应更进一步，说明抽象分析实践法的预测过程上的顺序。抽象分析实践法的预测过程，在表面上颇与抽象分析法的综合过程类似，然实则截然不同。因在抽象分析法的综合过程上只是将分析过程上所分的结果从新合起来，亦即只是将分析过程上所舍的从新拾起来，并未顾虑什么发展的可能性和现实性；而抽象分析实践法的预测过程上，却除开合其所分，拾其所舍之外，还要顾虑这些被分合舍拾的对象的发展的可能性及现实性如何，亦即还须顾虑到这些对象在实践的作用结果如何（因此，所以才称为抽象分析实践法）。这里且先述这种预测过程上应有的程序，其次再说明可能性及现实性等等的意义。在预测过程中，第一步应先考察主环的发展的可能性及现实性如何，例如考察上引俄国革命当时的主环和平有没有发展的可能性和现实性。这是预测过程上开始的第一步，不如此不能实行任何带有确实性的预测，因为只有主环发展的可能性及现实性可以在大体上决定主导方面的发展的可能性及现实性——当然这是通常的原则，有时自然难免例外，关于这些例外，后面第三章还在细加研究。第二步，应从既知的主导方面的发展可能性及现实性如何，去考察主导矛盾的发展的可能性及现实性如何——虽然这里也只是在原则上前者的可能性及现实性可以决定后者的可能性及现实性。例如上述俄国革命时劳资两阶级的冲突的发展的可能性及现实性。第三步，既知主导矛盾的发展的可能性及现实性，就应依据"主导"二字的理由，由此去推定主要矛盾的发展的可能性及现实性如何——当然这也只是在原则上的说话。例如上述俄国革命时的五种主要矛盾的发展的可能性及现实性。第四步，既知主要矛盾发展的可能性及现实性，就应依主要的可以支配非主要的之理由，在原则上靠它去推知主要对象的发展的可能性及现实性。例如在俄国革命时的关于经济生活上的政治现象的发展的可能性及现实性。第五步，亦即在最后，应依主要对象在原则上可以指示全体一般现象的发展倾向的理由，从主要对象的发展的可能性及现实性，去推知全体的现象的将来发展的倾向如何。例如在俄国革命时的一般政治现象的发展的可能性及现实性。

（B）何谓可能性及现实性

——附偶然性及必然性的说明——

上段用了许多"发展的可能性及现实性"字样，尚未解释可能性及现实性的意义，现在应彻底的说明并解决它们的意义和种类——只有彻底明白了它们应有的意义之后，才能真正施行种种政治现象的预测。关于可能性的意义，各种著作上虽有各种不同的说明，但是，从政治现象的研究者看来，我以为可能性可以并且也应该分为三种：（1）抽象的可能性，（2）实在的可能性，（3）现实的可能性。凡是可能性皆指未来事象的发生而言，而未来事象的发生，照科学的宇宙观说来，不是偶然的，而是必有其发生原因和条件的，因此可以依这种原因和条件之性质如何，分为种种可能性。如这种条件是假定的，理论的，则由此而来的可能性是抽象的可能性；反之，如这种条件是实在的，事实的，则由此而来的可能性是实在的可能性。例如说今晚酷热故明日有降雨的可能性时，如果实际今晚甚热，则这种可能性为实在的可能性。若无今晚酷热的事实存在而只是凭空假定说，若天气酷热或浓云密集则有下雨的可能性时，则所说的可能性就是抽象的可能性了。其次，现实的可能性比较上述两种可能性更难了解，因为它是与宇宙观有密切的关系的。照唯物辩证论的宇宙观看来，宇宙间的一切现象皆互相关联着，因此一切的结果都有许多种的原因存在着，但其中必有一个主导原因，一个能支配其他原因的原因。如果以其主导原因为依据去推求可能性，则这种由主导原因而来的可能性就是现实的可能性。因为无论自然界，抑是社会现象，情形都是一样，每一种结果都有许多的原因。因此，在我们研究这些原因时，绝不能够每一个原因，皆逐一加以研究，而只能研究其中的若干原因，并且应推求若干原因中的主导原因，即那种占领导地位而可以支配其他事象的原因，亦即与主导矛盾有关的原因。例如下雨的原因很多，有空中水蒸气突然遇着冷气流的原因，有空中积滞着的云遮断了太阳光线的直射的原因，有气压力之高低上的原因，有水蒸气的湿度浓淡上的原因……但其中却以空中水蒸气上升突然遇着冷气流而下降的原因，为最重要的原因，占有领导的地位，故称为主导的原因。从这种原因推测而得的可能性，就是现实的可能性。

　　宇宙间一切的现象皆有上述三种可能性，所以在社会现象方面，当然也是一样。例如举抗日的结果为例来讲，也可以得到三种可能性。例如在说中国人能够上下一致以抗日，则中国可以打胜日本，因为中国人数多于日本人数好几倍时，这种对日战胜的可能性就是抽象的可能性；又如在说中国的一切实力派皆能联合一致抗日，则可以因中国常备兵多于日本军队的原故而打胜日本时，这种对日胜利的可能性也是抽象的可能性；再如在说中国所有的知识分子，若能停止享乐而集中精神于抗日的准备工作上，中国就有打胜日本的可能时，这种胜日的可能性也是抽象的可能性之一。为什么？因为这些可能性的前提条件都是理论上的假设，毫无事实作为根据。例如以现在情形说，中国全国一致抗日，或实力派联合抗日，及所有一切知识分子停止享乐而刻苦作抗日工作，就都是事实上没有的事情，所以由这种种前提条件而来的可能性是一种没有事实为根据的，架空的，抽象的可能性。当然，这种抽象的可能性的数是无限的，因为假定的前提条件原本是可以无限的。既然抽象的可能性又是架空的，又是无限的，所以在我们研究社会事象的未来的发展性时，当然用不着它，可以不必推求它。我们只能拿它作为学理研究上的一个预备工具。

实在的可能性是根据事实的，以实在的条件为前提，推论而得的可能性。所以和上述抽象的可能性恰恰相反，不但不是架空的，并且为数也是有限的。例如以同一的抗日的结果为例，则在说现今中国有许多热心爱国的人，如某某先生等，正在积极准备抗日，所以将来有打胜日本的可能性时，这种抗日胜利的可能性就是实在的可能性；又如在说现在中国民众的一部分已有充分的觉悟，正在准备抗日，所以将来有打胜日本的可能性时，这种胜日的可能性也是实在的可能性。这种可能性因为是以现有的事实为前提的，所以它的数目，比之抽象的可能性当然少些。因为是实际的，所以我们必须研究它；因为是为数有限，所以我们能够研究它。

我们固然应该多多注意实在的可能性，但因实在的可能性为数虽不能甚多，然而到底是多数性的，所以在我们推求事象的将来发展时，单靠它仍不够用（因为不能得着简洁明了的预测性），所以还应该进一步从实在的可能性中求出现实的可能性。在这个意义上现实的可能性的推求，比实在的可能性的推求尤为重要。现实的可能性如上述，是许多实在的可能性当中的一种主导的，占着支配地位的可能性。例如仍以抗日的结果为例，在推求抗日战争的胜利时，固然可以找出许多事实上的原因，而形成许多的实在的可能性，然而对外战争胜利的主导的动力却在于政府当局或统治阶级本身的努力，因为一切国家的权限及力量，如军备，政治及经济等等的力量，大都握在政府或统治阶级的手中，若统治阶级有抗日的决心和努力，则打胜日本的希望容易实现而有其现实性，否则胜日的希望不易实现而失其现实性。所以由这种主导原因而生的可能性就是现实的可能性。因为从唯物辩证论的宇宙观说来，主导的原因只能有一个，而这一个主导原因却有积极的和消极的两方面，所以根据主导原因而来的现实的可能性，数目极少，只有两个，也不能少于两个。例如就上述抗日的结果之事例来说，也只有并必须有两个现实的可能性：（1）中国的统治阶级现有抗日的决心和充分的准备，所以有打胜日本的可能性。（2）中国的统治阶级现在没有决心和准备，所以有不能打胜日本的可能性。这是因为所谓主导原因必是站在对立的统一之原则上的主导矛盾，而在主导矛盾当中却有两方面，所以随着这两方面的发展如何，现实的可能性就有一双，就有两个。

上面已说明了现实的可能性的意义，现在可以进一步说明现实性了。关于现实性的意义，从来有种种说法，有说现实性就是事实性的，也有说现实性就是某种现象在将来的实现如何的可能性的。但是，如照前一说，则等于所谓盖然性，未免太过于笼统空漠；如照后一说，则与我们所谓现实的可能性相等，虽是一种有意义的概念，然而不能专靠它去预测可能性的多寡，所以皆不可用。依我之见，以为现实性应该是现实的可能性的可能性或可能程度，即一种拿来测量现实的可能性本身的多寡大小之工具。不消说，在多带主观性及斗争性的政治现象（见前）的发展上，能够左右现实的可能性的，即能够测量现实的可能性的多寡大小的，应该是斗争主体主观的努力。所以由此种斗争两方面的主观努力如何而生的可能程度，就是现实性；此种程度的大小就是现实性的大小。所以现实的可能性虽然可以依斗争方面的主观努力如何而变为现实性，但是，现实的可能性与现实性二者的性质却不相同：第一，前者只是质的有无问题，而后者则兼包括量的大小问题，所以单是前者还不够，必须进一步求出后者才能达预测的全目的。第二，前者是多带客观性的，后者是多带主观性的（因此，所以许多辩证大家常说要改变可能性为现实性）。因为现实性本是因斗争方面的主观的力量增加而增加其可能性的成分，以成为现实性的。从一般说，所谓现实性不仅仅是客观的可能性，同时还包括着主观的力量，例如现在苏联统治阶级之所以能建设社会主义的社会，一方面固然因苏联的内外的物质基础上已有其可能性，已有其客观性的原故，但是，其他方面却又因为他们将许多的障碍，用主观的力量去铲除，即在客观的可能性之外，更增加主观的力量，去推动客观的可能性，使其实现之故。所以他们建设社会主义的现实的可能性，在用主观力量打倒敌人，铲除障碍之后，就成为现实性。

既说到主观力量，所以附带的必须说明必然性与偶然性的关系，因为如果后者不明，则前者就无根据。偶然性和必然性同是因果关系的研究上的一个概念（注意！决不可看偶然性为反因果性），但偶然性是指在全体过程当中因各种原因相合相杀之故，不必有同一的发现而可以独特发现的各个本身独有的情形而言；而必然性则指在全体过程当中，通过各种偶然性，而在各种原因相合相杀之后，必然发生的，有因果性的共同倾向的情形而言。所以，这两种东西不是相反的，而是同种类的东西的统一。例如人类必死这种不可避的情形的一种必然性，而致死的原因却各人不同，由这种各人致死的特有的原因而来的情形，就是偶然性。必然性是由各种偶然性构成的，是由各种偶然性之中发现出来的，而偶然性包括于必然性当中，是必然性中的偶然性，所以这两种东西在表面上虽是相反的，而事实上则又是统一的，不能两相分离的。不过，还要知道，关于必然性和偶然性的意义及关系，还有许多不同的说法。有人说：有一定原因的为必然性，原因不一定的为偶然性。这是错误的。因为，除非我们否认因果法的存在，否则宇宙上决不会有没有原因的现象或存在。又有人说：原因明显的现象为有必然性的现象，而原因不明的为有偶然性和现象。这也是错误的。因为，如果那样，则在人类没有发展到全知的时代以前，我们将永久得不着可信的必然性，其结果将等于否认科学。也有人说：原因内在的为必然性，原因外来的为偶然性。当然，这更是错误的。因为内因与外因虽是两方面的，实则在研究上应合为一个统一物，不应截然分开，并且内外的原因只是比较上的问题，绝对不能明确分别，如果以此而分偶然性与必然性，结果就会弄得没有分别。总之，依诸原因的相合相杀之故而发生的，各种现象的独有的情形为偶然性，而依诸原因相合相杀的结果，在全体过程上必然发生的全体现象的共同倾向的情形为必然性。必然性和偶然性同是客观的存在，但偶然性只是必然性的产生的基础，不能表示共同的倾向，故与必然性有异；而必然性虽是由偶然性当中发现出来的，然而只能表示共同倾向，不能显示个个具体事象，故亦与偶然性相异。故必然性与偶然性又是相反的，又是统一的，同时也就是不可离的。再以政治上的例来说，例如一九一四——一九一八年的世界大战，固然起因于奥国皇子的被暗杀，但并不能说无此暗杀事件发生，世界大战即可避免。因为当时德法及德俄之间的纠纷以及其他帝国主义之间的，因资本主义的必然冲突而来的激烈斗争，将必爆发为战争，已成了一种共同的倾向而带有必然性，即便没有这暗杀事件，将来也必因为别种偶然的原因，而爆发同样的结果。所以这种偶然的暗杀事件实只是必然的一部分，并且必然性不通过这种偶然时，也不能把自己表现出来。

明白了偶然性与必然性的关联，就可以再转回头来解说可能性与现实性的相互关系。刚才说过，增加主观的力量，即可以改变可能性为现实性。但这并不是说只要增加任何人为的主观力量即可以成功一切计划的意思。这样的说法是"唯心论"的主张，等于否认客观的法则，等于主张绝对自由的无轨道论。然而同时要知道，若只相信机械的必然论，以为人类不必增加主观的力量即可得同样的结果，用不着人为的努力，则又成了"宿命论"的主张，等于否认人类的理智，等于否认人类本身。"唯心论"和"宿命论"的主张，当然都是错误的。因为在事实上人类有理智，并且曾经利用理智，去发现了客观的合法则性（因果性）。这种问题的讨论，在辩证法的哲学上，占很重要的地位，是属于"人类有无自由意志"的问题之下的。这个问题的讨论牵涉的范围很宽，方面也非常复杂，现在无暇详说，姑从结论上正确的说来，则这个问题的正确答解是：在某一程度内，人类可以有自由意志，过了这个程度就没有自由意志。为什么？因为在一切的现象当中，皆有客观的合法则性存在，即在其相互之间亦有相关联的合法则性存在。因此，如果人类在这客观的合法则性之下努力，或顺着这个合法则性努力，就可以达到某种目的；否则，人类就不能达到同样目的。例如以电气的利用来说罢，若根据电气学上的诸法则去努力，则人类可以利用电气当动力，燃料乃至传信媒介；否则，滥用电气就会被电打死。又如最近最时行的计划经济政策，在社会主义的苏联内，人们运用它在社会主义经济建设上得到了很大的效果。而在其他的资本主义国家内，人们运用它去解决恐慌，尚且不能获得什么好结果，更说不上经济建设。这是什么原故？很简单，其原因即在苏联是在经济的合法则性之下实行计划经济的，而其他的资本主义国家则正相反，没有顺着经济的合法则性，即没有实施计划经济的条件，而欲努力实行计划经济，所以前者可以达到目的，而后者则不能。由此看来，所谓人类意志的自由，是与必然性合一的，而不是相反的；换句话说，逆着必然的合法则性而努力，虽十万分努力亦必无结果，只有随着必然性而努力，人类始有自由可言，才能因努力而达到某种目的。如以上所述的原则不谬，则在这种情形之下，人类能努力增加主观的力量，当然就可以改变可能性为现实性，因此，所以我们如要造成现实性，首先就要找出必然性，再顺着现实性去增加主观的力量，因此，所以我们研究可能性和现实性时，同时还须研究偶然性，必然性及意志自由等等问题。不懂得意志自由，就不会懂得必然性，但不懂得必然性，就不会懂得偶然性，而不懂得偶然性和必然性的关系，就不会懂得可能性和现实性的关系，因此也就不能作比较带正确性的关于将来的政治现象的预测。有名的辩证唯物论的大政治家，除开常说"转可能性为现实性"的话之外，又常常说"转现实性为必然性"，当然也是因为这些概念都互有关系的原故，这句话从表面上看来，和前述"转可能性为现实性"的话好像是相反的，又好像是循环的，但实则有其特有的意义。它是说：因为，照辩证唯物论的哲学说来，如果人类依照客观的合法则性去努力，就可以有达到其目的的自由，那末，只要人类依照客观的合法则性去努力，只要这个努力大于对手方的努力，人类就不但可以把现实的可能性转为现实性，并且可以把现实性转为必然性。

（C）抽象分析实践法在预测过程上的结果

用上述抽象分析实践法在预测过程上的方法，去行预测时，所得的结果可靠不可靠呢？这应分二层答复，如从应用这种方法的结果可以表示政治现象的将来的发展的大体倾向一层说，它是比较可凭信的，因为它由可能性，现实性乃至必然性等等的致密研究而得的，比起单纯的预言或臆测较有根据，所以较能与将来事实符合，然如从这种结果是否能与政治现象的将来的发现完全符合一层说，则它也是不完全可靠的，因为一则现今的人类知识，充其量也不过只能知道种种可能性的一小部分，只能知道合法则性的一大部分，所以我们根据这些可能性及合法则性而来的现实性及必然性的考察不必定能周到，因此，其所得结果也未必定能正确。二则人类的斗争行动本是主观的，相对的，随时候及环境而变的，所以关于斗争的结果的预测，从理论上说就不能是完全正确的，在事实上也可以证明过去无论何人也未曾行过完全正确的预测。三则因为往往我们所用的方法虽然不错，而材料及观察或许是错误的，例如我们所认定的合法则性如果错误，则哪怕方法本身虽对，而预测却不会比较正确。合法则性在这里占着很重大的重要性，所以要利用这方法，必须先对于经济学及政治学等基本科学，有正确的认识。四则因为如在方法本身不错，我们所认定的合法则性也不错误时，如果我们在实际上的观察过于粗疏，我们所认定的关于斗争的两方面的主观努力的认识如不确实，则所得结果也会和将来事实上的发展倾向相差甚远。由此，可知所谓应用此种方法时可以得到此较正确的结果这句话，还只是在所用材料及所行的实际观察没有错误时的说话。总之，如果我们能够十足正确的预测政治的将来，我们就变成神仙了——那就反而与政治现象的斗争性并主观性相背了。

但是，同时当然还要知道，我们虽然不能应用此法去完全正确的预测将来，然而却也不能因此而不应用此法，因为除此法外，更无比此法更好的方法，而吾人人类又有预测将来——哪怕只是大体倾向的预测——以行有计划的政治斗争的必要，所以还得应用此法。

以上所述，就是国际政治上的正确的科学的分析方法之抽象说明的全部。在各种原则的说明上，虽然只引国内政治的例，但，这于方法理论本身应该是无妨害的，而且，在下面一章里面，我们还要立刻具体的应用这种科学的分析方法于现实的国际政治现象的分析上去，所以这里也用不着必须举国际政治上的实例。

第三章　现代国际政治之具体的分析
（本课题之具体的说明）

本章的目的，在应用第二章从抽象的理论所说明的正确的国际政治分析法，去分析现代国际政治上的具体的实际问题，为便利起见，分为以下数节，加以详细的具体的说明。

第一节　现代国际政治上的主要对象

照第二章的方法论说来，在本课题之具体的说明里面，首先应在复杂的国际政治现象当中，找出主要的对象来，现代国际政治现象甚多：国家与国家之间的外交关系，固然是国际政治问题，就是国际间的贸易问题，战债问题，等等关于经济方面的问题，也未尝不是国际政治问题。换言之，世界上有无数的国家，因此，也可以有无数的问题。对于这些无数的问题，要一一加以分析，事实上不但是不可能的，并且也是不必要的，因为我们的最后目的，不在详知过去和现在，而在预测将来。所以在分析国际政治问题时，只须也只能分析那些无数的问题当中的主要的问题，即主要的对象。那末，什么现象才算是主要的对象呢？这个问题，不是随便可以决定的，而是必须根据唯物辩证法的宇宙观及唯物史观，才能决定的。照唯物辩证论的宇宙观说来，宇宙间的一切现象，固然彼此之间都有相互的关联。但是其中却有重要与不重要的区别：有基础性和优位性的现象是重要的即主要的，没有基础性和优位性的现象是不重要的即非主要的。在国际政治上也是一样，有占主要地位的现象，也有不占主要地位的现象。不消说，因为一切现象都常常在发展变化之中，所以这种主要性也是依空间与时间的不同而变化的，即时而在甲现象上，时而在乙现象上的。例如目前，在欧洲方面，英法苏联合对付德意集团，竭力维持和平一事，成了国际政治的主要对象，而在一九三〇年则主要对象却是关于金融恐慌的政治问题。又如在英国在过去几年在印度抗英最烈的时期，是以关于对付印度的问题为英国政治上的主要对象，而现在却又以关于联结整个大英帝国集团去抵制外来的经济侵略的种种政治现象为其主要对象。这都是明例。

我们依上述，已知一切现象当中都有主要的与非主要的之区别，国际政治现象当中也有同样的区别，并且知道这种区别还是变化而不一定的，现在要进一步问问：我们如何去认识或从许多现象中剔出这个区别？要解答这个问题，当然不能不有一个根本原则，并且当然这个原则还不能是唯物辩证论的抽象的一般原则，而只能是把它适用到社会现象去之后的特殊原则，即唯物辩证论的社会观或唯物史观的原则（理由见第二章）。故单依唯物辩证法的宇宙观来区别国际政治的主要对象与非主要对象，还不够用，即是说，单知道主要对象的存在，还不够用，必须更依据唯物史观的原则，去在实际上具体的进行选择或剔出工作才行。从唯物史观的原则说来，经济是社会的最下层基础，政治建筑在经济上头的，种种的意识形态又建立在经济和政治上头的。因此，所以说，经济是政治和意识形态的基础，它可以决定政治及意识形态，所以它就应该是主要现象，所以关于经济的国际政治问题就应该是国际政治上的主要对象。

但是，在事实上，问题却不这样简单，因为，从另一方面看来，不但政治对于经济可以发生反作用，并且就是意识形态也可以对政治及下层基础的经济发生反作用。这就是说，可以用政治力量来改变经济或用人类的意识力量来改变政治和经济，例如各国都运用经济政策来改变经济组织及经济情形，用理论宣传来推动政治和经济，就是例子。既然如此，似乎就不能决定的说经济决定一切，说关于经济的政治问题是主要对象了。原来，人类和其他的动物不同之处，就在一般动物的活动，只是一种出于本能或反射作用，事前毫无计划和打算，人类则除此本能的行动以外，还有出于目的意识的行动，并且这种行动又是占人类行动的大部分，唯物辩证论大家说过："最巧妙的蜘蛛，也不如最笨的织工"，因为后者在未开始工作以前，已有一个计划一个图案在其脑中，换言之，即先有一种目的意识；而前者则纯出于本能而已。例如海狸之善于筑堤，固然有时胜过人类，但也不过是纯出于本能，毫无目的意识，因为经过多次的试验已证明，如把小海狸置养于没有水的地方，小海狸长大之后，也依然造起堤防来。只因为人类有目的意识，所以世人才能常常想像出种种思想来，想使别人依照其思想而行动，例如在政治上，如果能使中国一般人相信三民主义政治如何合理，则大可以使一般人依照三民主义的救国方法作去；又如努力宣传社会主义经济怎样好，使人相信，也可以使多数人向社会主义的经济建设的路（方向）走去，就是明例。因为这种原故，所以人类社会才发生理论的斗争，同时才有教育，宣传，宗教等等的必要。这就是意识形态对于政治及经济的反作用。要而言之，照唯物史观看来，经济在根本上，在最后的推理上固然可以决定政治，乃至种种的意识形态，但是政治本身却可以对经济发生反作用，意识形态也可以对政治及经济发生反作用。

照这样解释起来，或许有人怀疑：即使依照唯物史观的原则，也不能找出主要的对象，因为如果依照上面的说法，经济可以决定政治及意识形态，而政治及意识形态也可以对经济发生作用，则似乎是一种循环论，似乎经济政治及意识形态三者究竟何者是主要的，何者的影响力量大，等等都无从决定，所以似乎仍难依此找出主要的对象。但是，上述解释的真正的意思却只是，意识形态及政治的上层构造，只能在某种限度内，即只能在经济的合法则性之下，在合乎原则的前提条件之下，才能对于下层基础的经济发生反作用。例如三民主义政治的宣传在十余年前曾经获得大多数中国民众的信仰，发生过很大的政治作用，但到了现在，则不但不能很有效的积极发生宣传的效力，即连极力阻止别的种种的主义的宣传一层上面，也无多大效果，而不能不采用依权力去阻止它们的办法；又如苏联，施行计划经济政策而获得极大的效力，而美意德等国虽施行同样计划经济政策则仍不能免于经济恐慌的袭击，两种事例或成或败的原因，即在于前者与经济的合法则性相关联着，而后者则与经济的合法则性无关，甚至违背经济的合法则性的缘故。因此，所以可以说经济依然可以在最后及从根本上决定一切社会现象，而政治及意识形态则只有在依照经济的合法则性的条件下才能影响经济，而发生良好的结果。但要注意：这不是说不合经济的合法则性的宣传及政治行动，绝对不能发生任何效力，而只是说其所发生的效力是一种恶劣的和它本来所期望者相反的影响罢了。例如德意二国的计划经济政策虽不能发生法西斯党的预期的好结果，然而倒反可以破坏经济，以及普通一般反革命的宣传虽不能积极的把国事弄好，然而可以使一般民众冷淡不管国事，就是明例。总之，只要意识形态及政治行动，能在经济的合法则性的条件之下推进，则政治现象及意识形态也就和经济同样成了主要的对象。

由此看来，可知所谓现代国际政治上的主要对象，结局就是与经济相关的政治现象以及与经济的合法则性相关的政治现象并与经济的合法则性的意识形态相关的政治现象了。但是，问题依然还没终结，一则到底什么是经济的问题还没有解决，二则到底什么是与经济相关的政治现象或什么是与经济的合法则性或其意识形态相关的政治现象，两个问题还没有解决。唯物史观上所谓经济可以决定一切的说法时的经济，并不是指经济的物质，并不是说经济的物质可以决定一切。因为那样说法与事实不符，例如中国土地广大，物产丰富，人口繁多，但是中国在现在并不是一个世界上最强的国家，中国并不能在世界上占主要的地位。我们之所谓经济在理论上，不是指静的经济的物质，而是指利用什么方式去从事于生产，在什么生产关系之下从事于生产，生产的成果是多是寡是如何处分等事象而言的。简言之，经济是指人类如何利用物质去行生产，以及能否推进生产力等等事象而言的。例如革命后的苏联，物质的条件虽然减少了，土地的面积缩小了，人口也减少了，但其经济的力量却增加了，全国的收入常超过支出（消费），在一九一七—— 一九二八年的十年间积蓄了 60 000 百万资本，利用它去进行五年计划的建设。约莫同样的物质在俄国帝制时代的不合经济的合法则性的生产关系之下，不能发挥很大的经济作用即不能增进生产力，而在苏联制时代的合乎经济的合法则性的生产关系之下则可发生很大的作用，大大的增加了生产力，由此，可知所谓经济，是指死的物质和活的生产关系合成的东西而言。试再举一个事例来证明。美国经济在一九二〇——一九二八年的期间，完成了美国资本经济的充分的发展，而自一九二九年以后，即一落千丈，恐慌日益深化。这是为什么？是因为经济的物质有变化吗？当然不是，因为经济的物质在事实上并无多大变化；如详细推求起来，其原因也即在于生产关系之合乎经济的合法则性与否。要而言之，只有生产关系与生产力是否适应的情形，才是真正的动的经济。这种意义的经济在它本身虽是经济，但因政治与经济是不可两离的，特别是这种意义的经济在理论上必然会反映为政治问题，所以上述充当国际政治主要对象的经济，就是指国际上生产关系与生产力是否适应的情形而言。事实上这种情形对于国际政治有极大的影响，例如某一国家的生产关系若与生产力不相适应，则发生恐慌，而有侵略外国以解消恐慌的必要，于是各国之间的贸易战争乃大作——这就是明例。其次所谓与经济相关的政治现象或与经济的合法则性的意识形态相关的政治现象，就是指各国在经济上所采用的各种手段而言的。因为政治对经济在作用上占着优越性，所以各国皆采用政治的手段去改变经济情形。因此，经济上的政治手段或意识形态，即经济政策或经济理论也应被列入国际政治的主要对象之中。总而言之，国际政治上的主要对象就是在国际政治上与生产力和生产关系的关联有关的事项以及对于与此种关联有关的事项的政治上的对策等等。

　　以上说明了什么是主要对象及如何去找出主要对象，现在且来考察最近国际政治的实际问题中的主要对象如何。

在现阶段上，国际政治的主要对象，究竟是什么？如果照刚才说的道理看来，则现今的主要对象，应该举出世界经济恐慌。现今世界一般的经济皆陷于恐慌当中——这是聪明的经济学者当中的无论谁人也不能否认的。依照景气循环说讲来，经济情况的转变是循环的，经过四个阶段而循环演进的，正如下图：

这四个阶段都是生产力和生产关系的关联的表现，所以关于此等阶段的事项及政治上的对策都可以是政治上的主要对象。现在若就此四个段落看来，各国经济恰在恐慌期中，而不是经济萧条期，或好况期或繁荣期。所以关于这个恐慌的本身的情势以及各国目前为解决这恐慌而采取各种的策略（例如集团经济政策及其理论，暴力的侵略，乃至会议式的策略及其理论，等等），二者遂成了现阶段国际政治的主要对象。要而言之，现阶段国际政治的主要对象，就是世界一般（当然苏联除外）的经济恐慌本身及为解决恐慌而采用的各种政策及其理论。

其次，为进一步的明了起见，我们应把世界恐慌本身及对于恐慌的政策及理论，更具体的加以说明。关于第一的恐慌本身应注意的问题就是世界一般恐慌的性质，及恐慌对象的实际情形如何的等等问题，质言之，即恐慌将继续下去呢？或将终止呢？慌恐发生了什么社会的影响？恐慌对于政治的影响又是如何？等等的问题。现在先检讨恐慌的性质。在恐慌发生的初期，对于这次经济恐慌性质的认识，有种种的说法：有根本否认恐慌，而谓为只是一种萧条的；也有认这次恐慌为普通的恐慌，以为经过一年半载之后，就自然会解消的；此外更有有认为金融资本经济时期的恐慌不会扩大，不会延长的，因为他们以为金融资本经济是比较有组织的经济，因此也就不会有巨大的生产过剩的恐慌的缘故。但是现在世界经济恐慌的事实的经过完全反证了这种种说法，因为这次的恐慌无论从长度，宽度，乃至深度等方面看来，都是空前的深刻。全世界工业生产的设备停顿了过半（当然随工业种类的不同，其间还有多寡，这只是大体的话），全世界国际贸易额最多减到了百分之七十，全世界的失业人口，已达五千多万人。同时，这次恐慌的发展，又是慢性的，先从农业部门开始而到工商业部门，最后竟攻陷金融部门，缓慢发展下来，所以不容易终止。所以这次的世界经济恐慌本质上，可以说是资本主义没落期，一般危机期的危期恐慌。

第二，我们要看，在目前，恐慌的情势究竟是向上走呢，抑是向下走呢。原来，经济的发展虽说和其他一般社会现象的发展一样，是曲线的，有时向上有时向下，但从全体一般看来，却可以得一定的动向。譬如以同一年间言之，虽然也因为季节性的关系，往往在春季较繁荣，夏季较坏，秋季又繁荣，到冬季更加冷落；但就全年看来，仍可得一全年间的，可与各年比较的升落的总结果。关于最近世界经济情势究竟往下走即越发向恐慌深化方向走，抑往上走即日渐向恐慌解消方向走的问题，在目前有种种不同的主张：有主张恐慌已转为萧条的，因为他们认为日英等国的产业已经正轨的复兴了；也有主张恐慌已到恶化的尽头但只是停滞着而尚未真正开始解消，因为他们认为各国所行的集团经济，自给经济乃至统制经济等等济政策至少在消极方面已奏了相当功效了；也有主张恐慌仍然向日益恶化方面走着的，因为他们认为各主要国的基础工业除开与军需有特殊关系者外仍然恶化，并且一般民众的购买力仍然日益减少。其实这些主张都不尽正确：第一种乃只看见一部分而不见全体，太过于乐观；第二种主张过于重视所谓资本经济的新经济政策，过于忽视经济学理及一切现象都常在变动过程中的宇宙观；第三种主张过于带机械论或公式论的色彩，所以其结论虽不大差，而其结论所根据的理由却不充分。依我看来，最近世界经济的发展（当然苏联经济除外），因各国适用集团经济，通货膨胀政策，扩大军备政策，等等的原故，的确在多数国家中已走上向上线；但是，只因这种向上是靠牺牲他国，牺牲一般消费人，加倍压迫直接生产劳动者，等等的方法而来的往上，所以万无共益互利，持久进展之理，换句话说，这种向上只是下向的大曲线中的小的向上，所以不久必会更往下落，而形成越更深化的恐慌经济曲线。关于这个问题的说明，论道理，本应该使用详明的统计数字，但因本课题的主要目的不在研究经济本身，而在研究因经济而来的政治倾向，所以略去统计材料。总之，从部分的，短期的情形看来，恐慌虽有部分解消的事实，但只因这种事实的性质是必然蓄积更大的恐慌危机的，所以就大的，长期的全体经济看来，现阶段的恐慌依然是向下走的，依然是在日益深化的恐慌过程当中。

恐慌对于社会及政治的影响如何，是应加检讨的第三点。我们如从各国最近数年的实际情形考察，我们可以看见，在恐慌的过程中，大部分人皆受其害，只有少数的独占金融资本家，利用了这时机去吞并中小资本。各国的社会也因此而呈现了极度的不安的现象，如像失业，饥饿，寒冻，自杀，抢劫等等到处皆是，特别以素来平安的美国为甚。其结果引起了各社会阶级间或阶级层间的斗争，例如农民与地主，劳工与资本家，中小资本家或小生产者与金融资本家或大资本家的斗争，等等。即平常最安分的中等阶级也因其经济地位的动摇甚至没落而不满意现状，而左右倾，不走入极左的政党，就走入极右的政党。社会现象既如是，所以政治的动乱也同样继续不断的发生发展，并且各政党本身也起了变化，越发左右两极端化，至于原有的中间政党则日益没落，一部分解体入于极左的政党，另一部分则解体入于极右政党。国际上的协调情势，也已破裂，国联现在已变成没有任何拘束力量连道德上的拘束力量也没有的机关，联盟规约在事实上已成具文，不能发生若何效力。因此各国都越向政治集团的构成迈进，以期扩大自己的势力。现在世界上已经分成五六个大政治集团，从事于更扩大的斗争的准备。国际间，强者对于弱者越发运用暴力加以侵略和压迫，例如日本之于中国，就是明例。国际政治的危机已日益迫近，这是无可讳言的事实。

关于第二的对于恐慌的政策及理论，应注意的问题，是各国对付这个危机的实际情形如何即各国对付恐慌的实际政策及理论如何的问题。各国对付经济恐慌的政策或理论大别之可得十二种，但各种对策之间却有一个共通性：它们在对内方面为一九二四到一九二八年间的合理化政策的继续或变相，在对外方面为一种足以破坏世界经济的形成的，损人利己的政策。因此，所以可以说，却是足以引起国内及国际政治上的纷纠的。明白了这种共通性之后，我们可以进一步对十二种政策，分别加以简单叙述和批判：

（一）放任政策

这是一种经济自然发展，对于生产过剩，不加人为管束的一种恐慌对策。固然，从一般说来，资本主义生产因受盲目的价值法则的支配，所以因生产过剩而产生的经济恐慌，任其自然演进，也可使恐慌自归消灭。但是，在采取这种政策以消灭恐慌时，一般经济界必受相当的损失。所以这种政策又称为"放血政策"。在这次恐慌的初期，美日等国皆采用过这种政策，而未得任何效果。何以放任政策固然在以前曾经被采用而发生过放血作用的效力，但在这次的危机性的恐慌中却不能发生任何效力？从科学的批判看来，日美等国采用的结果毫无效果，原因即在没有认清危机性一层上面。从唯物辩证法说来，恐慌之带上危机性，是必然的。自一八五一年以来，资本主义社会的经济恐慌即循着循环的轨道演进下来，但因它自有其由量到质的发展的原故，结果终于达到变了质的这次的大恐慌，所以不容易依放任政策而收效果。再从事实看来，最近十数年间，世界经济的范围日益扩大，各国相互的关联日益严密化，故恐慌一旦爆发时，势亦不能不立即蔓延全世界。这也是这次恐慌所以不容易依放任政策而告终了的原因。原来，世界经济自从欧战终熄以来，越发关联化，密切化，其事实及原因，一方面可以举欧战后各国的战债及赔款的关系来证明，另一方面又可见举大战过程中比较保持中立，乘机发展国际商品的生产的国家（例如美日两国）的国际商品生产及国际贸易，在当时的极大速度的发展为证明，因为这种发展的结果使美日的经济几乎可以支配全世界的经济，而使世界经济更加关联化，密切化。在这种充分关联化，密切化的世界经济的恐慌中，如果单用放任政策，那是不能够消灭恐慌的：最大的原因就是在举世皆病的时候，一国的放血只足增加自己的牺牲，不足以医好全世界，而普遍的放血作用的实施又必不可能，因为在各国皆希望牺牲他国以消灭本国的恐慌之时，所谓牺牲自己的放血作用是不能普遍化的。又如世界经济的一部分的苏联不但无恐慌，而且百业发展蒸蒸日上，故不需要放血作用，所以所谓放血作用更不能够普遍化。如资本主义国全体皆行放血作用而社会主义国的苏联独否，则不啻使资本主义国全体在经济的斗争上解除武装——那当然是资本主义国家所不可能的。所以这种政策不但无预期的良好效果，并且还是会惹起政治纷纠的。

（二）限制生产政策

其方法或是依照新地加，托拉斯，卡特尔等等种方式，按照资本的大小或其他的标准，由生产者自己方面，自动的限制生产者的生产量，或由国家权力按照实际的需要，勒令生产者限制生产量。这种政策因为是恰恰针对着生产过剩的，所以对于恐慌应有相当作用，且以前曾经各国采用过而获得相当的效果，但在这次危机性的恐慌中却不能有任何效果，并且在事实上虽经若干国采用过也未发生若何效果。主要的原因在于这次的恐慌普遍于全世界，各国皆企图牺牲他国以消灭本国的恐慌，所以国际共同的生产限制不能实行，而单独的生产限制又只足以牺牲自己的资本，而不能发生效力。其次的原因，就是各国的生产设备及生产情形亦各不相同，例如日本的纺织工业生产设备最新，其生产力远胜英国数倍，日本工人的生活程度又比英国廉贱得多。所以在日本既有这种优胜的条件时，当然不愿意加入国际的生产限制。其次，即以国内言，若自由的任各资本家自行限制生产，则因每个资本家所拥资本之大小，并支配势力之优劣，各不相同，而未必尽能加入生产限制的协定之故，使其正的生产限制不能实行；反过来，若由政府用国家权力勒令生产者施行限制，则因政府照例是代表有力有势的大资本家的利益的，所以结果往往缺欠公平，徒使大资本借此吞并小资本（例如美国的 H. R. A 之弊），而不能获解消恐慌之利益。所以这种方法也是既不能发生预期的好效果，又足以引起政治纷纠的。

（三）利用由政府收买过剩生产品的方法以抬高物价的政策

这是由政府大批的收买过剩商品以提高或维持物价的政策。此法在这次恐慌中日美各国皆已采用过。但其结果，除开只有日本收买米谷政策略收效果外，其他各国之各种生产品收买政策皆归于失败。这是因为只有米谷这种商品没有很大的国际性的原故。这种由政府收买过剩品的政策，在这次世界恐慌中，在理论上是不能发生效果的，在事实上也没有发生过什么效果，因为如想使这种政策生效，总得使所收买的商品的数量有限（否则将有买不胜买之虞，且在恐慌时期，财政上也会发生困难），而在事实上现代的主要商品，大都是所谓国际商品，即以推销到国外，和他国的同种商品相竞争的商品，因此，现今生产过剩的商品也大抵是国际商品，所以其数量是带无限性的，而理想上的，普遍于全世界的收买过剩品的政策，在事实上又不可能，例如美国曾与加拿大协同施行过这种政策，以抬高麦价，但其结果适足以引诱俄国的小麦乘机拥入美国和加拿大的市场，美加的收买政策遂全失其效用，就是例子。或许有人怀疑：美加两国不会运用保护关税政策，以阻止俄国小麦之进口？但是，要知道即令某一国家一方面施行收买政策，另一方面又施行关税政策以防止外国商品之侵入，那也不会生效的。因为如果那样，则其他各国也会以同样的对于同种商品或异种商品保护关税政策来相报复，结果终不得不互相妥协而取消保护关税政策（因为资本经济原是带有国际性的），而使收买政策仍因陷于上述的数量无限的困难中之故，而失其作用。由此可知此种政策也是不但无效，而且容易惹引政治纠纷的。

（四）利用开办公共事业的方法的政策

这是由政府兴办公共事业，增加劳工的收容力，减少失业工人，同时即增加一般购买力的方法。最近，美国之开凿运河，弃精良的机器而专用人工及原始工具，即是一个显例。此外，如各国兴办非急要的土木工事，等等，都是这种政策的表现。但是，各国施行这种救济失业的政策以后，在恐慌解消上，仍无多大效果。其无效的主要原因就是：因为这次的恐慌普遍于全部产业部门，影响政府的财政收入很大，例如美国最近财政的收入只能抵补其支出的三分之一，而缺少其三分之二，各国亦皆闹着所谓"赤字"恐慌，所以各国政府皆无巨大的资力用以维持或扩大许多大规模的公共事业，然而如不能维持或扩大，则于恐慌之解消上当然无大作用。第二原因在于这次的恐慌是普遍于全世界（当然苏联除外）的恐慌，所以某一国家单独利用这种方法去增加工人收容力，同时增加一般购买力而抬高物价时，别国的商品必蜂拥而来使本国的过剩商品依旧存在。所以这种政策若当作一种手段，用以在表面上施恩于工人以缓和其反抗或进攻则可有相当作用，若欲用以解决这次的大恐慌，那是绝不会发生预期的效力的。并且此种政策伴随着财政支出的扩大，所以必然增加民众实际负担（从结果上说），因此也就必然会引起政治上的纷扰。

（五）利用信用溶化法的政策

这是由国家银行支出巨额现金，或发行公债及钞票放出巨大的信用以溶化资本的凝结，而解消恐慌的方法。原来，自这次恐慌发生以来，一般的生产者即陷于无处借款无法还债的状态下，因而资本凝结，债务凝结，其结果更引起信用的凝结。而信用凝结当然引起金融恐慌，更加促进恐慌深化。因此，遂使一部分不深知恐慌理论的人认为信用凝结是恐慌的原因之一；因此，一部分经济学者遂主张设法溶化这种信用的凝结以谋解消恐慌。美国前年由胡佛总统创设的金融复兴公司，即其一例。但是这种方法事实上并没有发生过什么大的效力，从理论上说也不应该发生效力。因为从理论上说，第一，信用的凝结是恐慌的结果，而不是恐慌的原因。第二，因为这次的恐慌是全世界的，国际的，所以单单溶化一国的信用，仍不能收解消恐慌的效果。因为这原故，在去年的世界经济会议上才有人提议设立国际金融复兴公司，从国际上溶化信用凝结。但是，问题的关键只在于美法两国的过剩资本，或美法所拥有世界过半数的现金肯否无条件的放出一层上面。如美法不肯答应这办法，国际金融公司就无法发挥其作用。再者，各国的恐慌情形也各不相同：有的国家是资本过剩，有的国家是资本缺乏，有的国家是有资本而不敢轻易放出没有保障的信用；因此，不能够从信用关系上用一律的方法来谋解消恐慌。在另一方面，此种政策必然伴随通货的膨胀，必然增加民众的负担，所以必然引起政治纠纷。

（六）利用国内市场开拓法的政策

美国在一九二○年曾经用过这种方法，而获得良好效果。这种方法的种类很多，这里单举分期付款的买卖来说明罢。原来，一般工农及中产阶级，在普通的情形之下，要一时支出整笔大款以购得大件商品，已经实在不容易办到，在恐慌时更不消说。所以，在这时，如不须立时支出整笔大款，而采用分期付款的办法，则不能买或不愿买者变成可以买，因机会促成买卖的成立，所以采用这种方法时，就可以增加销路，倒是无疑义的。美国当时用这种方法时，特别注重三种商品：第一种是廉价的实用汽车，第二种是电话及无线电广播的器具，第三种是房屋的建筑。采用分期付款法推销这三种商品，不但可以发生量的方面的效力，并且可以发生质的方面的效力。因为这三种商品所用的材料都是钢铁，所以上述三种商品畅销的结果可以促进充当国民经济基础的重工业发展，而振兴一国的产业，以解消恐慌。美国虽在一九二〇——一九二一年的恐慌期间应用过这方法而获得相当的效果，但是，同样方法在这次的恐慌期中，却不能发生效力，其原因在于美国当时的情形与一九二九年以后的情形，有下列几点完全不同的地方：（1）美国当时的恐慌是趁大战时其他各国的经济疲惫而大事生产以后的恐慌，所以一般人尚有相当巨大的购买力，现在的恐慌则因是所谓一九二四到一九二八年的合理化以后的恐慌，中产阶级大都破产，农工更疲惫不堪，所以一般大众都没有潜在的能力购买上列三种商品；（2）在美国当时，这三种实用的商品适当初期的推行时期，所以尚可推销，现在这三种商品皆已普及于各阶级之间，已经没有再推销的余地了。分期付款的方法既在美国行不通，其他各国更不用说了，因为其他各国人民的生活上受过欧战的痛苦，更加合理化的压迫，所以皆比美国更困苦得多，自然更不需要这类大件而又带侈奢性的商品。分期付款的方法如是，其他类似的开拓国内市场的方法当然亦同样无效，所以这种开拓国内市场的方法，在这次恐慌的解消关系上，在事实上已经被证明是不中用的。不但不中用，并且这种方法显然是只顾本国经济，不管世界经济的办法，其实行时足以因拒绝外国同种商品的入国而引起政治纷纠，也是不待言的。

（七）丹并①政策

一名倾销政策。其方法是降低输出商品的在外国市场上的价格，至国内价格以下，甚至于生产原费以下，以增加国外的竞争力，以倾销本国商品于国外。原来，国内的价格可以应用种种方法，例如独占组织等，去提高或维持高价的，所以，从理论上说，如果利用从国内高价所得的高率利润以补偿对外倾销的低价格上所蒙受的损失，则损益相抵之后，还可望不蚀本而推销过剩商品，即使稍稍蚀本去推销，也很划算得过，因为可以借此打倒竞争者，至少，借商品的销售，使凝固的资本活动起来，因此，所以各国才用此法，极力降低国外的价格，以打败其他各国的同样商品的竞争，而扩大本国商品的销路，企图借此解本国的恐慌。这种方法原可以发生相当的效力的，特别是在特种商品的场合，效力尤其巨大。例如日本从前年以来利用最新式的纺织设备及廉价劳动力以倾销纺织品于世界各地的市场，夺去了英美旧有的地盘，即是著例。但是这种方法的效力，也只是一时的，等到各国提高关税或采用禁止输入及限制输入政策，或仿效新的生产设备时，其效力就会立即消灭，换言之，这种方法只在各国协力合作的场合之下，只在各国经济敌

---

① Dumping（倾销）音译。——编者

对的面孔未揭破以前，始有一时的效力。现在各国的经济协调已经破坏，世界经济的联系已经瓦解，而变集团经济的竞争，各国的经济斗争及通商战争，在事实上及理论上只有日益尖锐化。在这种情势之下，倾销政策自然不能发挥其效力了。如果勉强行之，当然会引起国内及国际的政治纠纷。

（八）通货膨胀政策

这是一个概括的名词，其具体的方法很多，例如禁止现金出口的方法，现金出口及国际汇兑须得政府许可的规定的方法即所谓管理汇兑的方法，或增发国内货币，而同时停止国内兑现的方法，乃至所谓定额分配政策，即规定各国的特定商品进口比例的方法（这种办法在表面上固然与通货膨胀政策无关，但常与本政策并行，同时又是提高物价的方法之一，所以算得是通货膨胀政策的反面），以及贬低本位货币的金银纯量的方法（例如美国最近减低美金元的纯金量约百分之四十，以降低货币的实际价值），等等，都是通货膨胀政策。要而言之，这种政策是利用货币的通用数量的增加或正币的纯金量的低贬，以降低货币的价值而提高物价，同时又以管理对外汇兑的方法降低本国货币对外汇价，因而降低本国商品的国际价格，提高外国商品的价格，以促进出口商品，阻止进口商品的方法。于此，从理论上说，可得两种的效果：第一是振兴国内的产业，第二是推进对外贸易。这两种效果不用说在理论上，的确可以解消恐慌至相当程度。

但是在事实上，最初施行这种政策的国家并不很多。到后来纵然有三数大国施行这种方法，也往往不敢尽量施行，因为第一，要施行这种政策，必须有几种条件，即货币制度的确立，中央银行

（国家银行）的存在，金融资本的发展，等等。第二，施行这种方法的结果，无论于资本如何有益，总会对于一般消费人有损，特别是于后的金利生活者及工资生活者的大众有损（因物价高的原故）。在一九一四——一九一八年的欧战期间，各交战国虽开始施行过这种政策，但也不过是一种变相的通货膨胀政策罢了，算不得真正的通货膨胀政策，例如欧战后俄德所施行的通货膨胀政策，就不能算是真正的通货膨胀政策，因为俄德当时的政策只出于财政上的理由，没有经济上的意义，专偏于对内的破坏，而没有对外的竞争性。真正的通货膨胀政策一直到欧战后法国的施行始开始实现。这是因为欧战后法国得到巨额的赔款，借以增加很多的货币数量，因而货币价值跌落，对外汇价降低；而从前以入超著名的法国的对外贸易均衡，遂得好转。这种情形继续了约略十年之久（一九一八——一九二八年），因此增加了法国的资本的蓄积及现金的集中。其次，实施具正通货澎胀政策的国家就是英国，是在一九三一年九月二十一日施行的。其方法就是在实际上放弃金本位，禁止金出口。再次，施行通货膨胀政策的国家就是日本，其方法也是禁止现金出口，在实际上放弃金本位。日本当时为英国施行通货膨胀政策的原故，而不得不出于同样政策。盖因若日本不采用同样政策，则日本商品不能在印度，澳洲等等英国殖民地和英国商品竞争。英日施行这种政策后，一般民众虽苦，而英日的资本主义的恐慌却有了相当的解消，因此，其后有少数小国也皆继续施行同样政策，但成效不著。最近，美国始开始更加大规模的施行通货膨胀政策。美国因受日英两国通货膨胀政策的打击，终不得不采用同样手段，以相抵抗。例如日本减价的电灯泡及橡皮鞋（须知此等商品在两三年前，还是由美入日，不是由日到美）之侵入美国市场，逼得美国不得不采取适当方法对付就是明例。现在大国中除法意外，只有德国因为种种障碍而未能自主的施行通货膨胀政策。例如德国的金融财政归国际共管，德国的国家银行没有支配对外金融的权限，故不能施行通货膨胀政策；又如德国每年须支付巨额赔款及战债，所以对外汇价若低落，则德国的负担更大，故在这个关系上也不能施行同样政策，等等，就是明例。只因为像这样，世界上主要的国家大都被逼而施行过通货膨胀政策。所以从对恐慌的解消关系上说，其对外的效力日益减低。再从其对内的影响方面来说，这种政策在事实上，对于国内一般民众的害处非常的大，它是增加一般消费大众的负担的，所以在施行这种政策的国内，一般民众没有不叫苦连天的。但是一般人民的负担力量却是有限的，一旦超此限度则害多于利，将无法施行；所以自对内方面看，此法的施行也要受到限制：一旦到人民因为负担过大而减少购买力时，这种政策，不但不能解消恐慌，倒反能够增大恐慌。所以这种政策之不但无效而且足以引起政治纷纠，是毫无可疑的。各国之所以不敢尽量施行这种政策，大致也是因为害怕政治纷纠的原故。

此外，在通货膨胀政策当中，还有一种，叫做军需通货膨胀政策，性质稍有不同。这虽同是增加通货的数量，但不以对外货币价值减低为目的，而只拿去多加军需品的生产量，以便一可以提高物价，二可以振兴重工业（因军需品必然与重工业有关），以图解消恐慌。不过，从大体上说，军需通货膨胀政策的利弊仍与一般通货膨胀政策相类似，不但难有解消恐慌的效果，而且还足以迅速的引起国际政治上之危机，因为军需品如不发挥其使用价值即拿去作战，则无从实现其价值，故必足促进战争。

（九）扩大专有关税区域的法的政策

从来扩大领土即等于扩大关税区域，例如最近日本帝国主义之以暴力侵占东四省而造成伪国家，即等于扩大了日本的关税区域。但是扩大关税区域，却不必限于扩大领土。例如最近意奥匈的经济同盟，就可以使三国之间的工业生产品及农产品互相调剂，可以应用互惠的关税办法，以收扩大关税区域的效果，因为关税同盟的存在，可以对抗不在同盟内之外国商品的侵入。这是扩大专有关税区域法的第一种方法。其次的扩大专有关税区域的方法，就是集团经济的方法，即那种由英国施行于大英帝国范围内的办法。原来，大英帝国的内容极其复杂，其构成部分的等级和关系各不相同，有本国，各种自治领，各种殖民地及保护国的区别，并且各种区域都有各自独立自主的关税政策，而英国本国从来的关税政策是采自由贸易主义的；因此，大英帝国领土内的关税区域并不为英所专有。但自英本国受经济恐慌的严重打击，尤其在通货膨胀政策的效力消减以后，英国终不得不改变自由贸易政策为保护贸易政策，同时更不得不进一步而扩大专有关税区域。前年大英帝国会议（一名沃大瓦会议），即为这目的而召集的。自从《沃大瓦协定》成立以来，大英帝国的关税区域已经联成一气。这是扩大专有关税区域法的第二种方法。这样，可知无论用以暴力侵占他国的方法，或由几个国家相互联结的方法，或于本国领土内加以整理的方法，去扩大关税区域，都可以解消恐慌至相当程度，尤其是以暴力达到目的的方法，其效力更大。因为这种方法，一来可以扩大专有市场，二来可以发展本国的重工业。上述扩大专有关税区域的政策，现在正在推进当中（例如集团经济政策之迈进，就是著例），其效力在事实上究竟如何，尚不能断言；但从理论上说，这种集团经济的办法，必不能根本解消恐慌，因为首先，这次恐慌的根本原因在于生产力与生产关系的矛盾上，而除苏联以外的任何国家或地方，皆有这种矛盾。所以，解消于某一集团者，必加重于另一集团；其次，因为若单为一国本身的利益而以他国为牺牲品，其他国家也必以同样方法或其他手段相报复，结果，世界经济的联系必定越发瓦解，而整个经济恐慌更无法解消。所以这种方法之无效而足以引起政治纷纠，是极其明显的。

（十）利用全世界的统制经济法的政策

这是一方面尊重各国的特殊情形，一方面使全世界联合统一起来，用和衷共济的统制的原则以解决生产问题，货币信用问题，等等，因而解决世界经济恐慌的政策。但是，这种政策在事实上却只是一种梦想，并未曾实现过，也不能实现，因为在一国内要统一的统制起来已就不容易，如想使互相对立的全世界各国统一的统制起来，当然更是困难。固然在去年的世界经济会议上各国在原则上虽同意于美国所提倡的这种办法，其实那种表面的原则上的同意之原因，只在于各国都想借此各谋本国恐慌的解决，即利用美国经济势力的雄厚，从全世界的统制当中得到莫大的利益，并非真心要为大家的利益而谋统一的统制；所以无怪乎后来一谈到实际办法，各国就互相冲突，以至于使世界经济会议作最后的停顿。此外，还有一种使这种政策行不通的原因：在世界资本主义国之外还有一个社会主义国的苏联，它根本上是不会参加这种世界的经济统制的，因为资本主义体制的经济组织与社会主义体制的经济组织，根本上就不能相容，决没有把根本不相容的全世界两种体制联合起来，去实行统制经济政策的道理。去年苏联之参加世界经济会议的用意并不在于赞成世界统制经济，而是在于趁这机会宣传苏联的经济建设。此外，还有主张，一方面使资本主义体制内各国统制起来，另一方面利用这种统制去分割社会主义体制的苏联，以解消恐慌的。然而其不可能及其对于恐慌解消之无效并其足以引起政治纷纠，当然与全世界的统制经济政策相同，不待多言。

（十一）利用一国自给自足的恐慌解消法的政策

这种方法是在美国罗斯福及德国希特勒登台之后始产生的方法。美国去年以来施行的所谓产业复兴计划，即其一例。美国产业复兴计划的原则在于先解决内部恐慌而后对外发展经济，其内容即在于联合全国的各阶级及各阶级层的势力，以均苦均乐的原则，行有机的经济统制，以解消恐慌。但是，在私有财产制度存在的情势之下，这种方法是不能有预期效果的，因为第一，生产手段如在私人手里，根本上所谓彻底的经济统制即无法施行。第二，因为在资本主义存在的时期，国家权力既在资本家手里，则一切的经济政策，必皆对于资本家阶级有利，例如罗斯福的产业复兴运动，现已经事实证明，不过帮助金融资本家阶级吞并其他的中小资本家阶级，并且加深劳工阶级之剥削，帮助地主压迫农民的一种政策而已。只看在这种政策实行已过一年的今日，美国的罢工风潮越闹越大，从前还大抵只是要求工会组织权的运动，到现在则美国的罢工风潮已经变成要求实质工资的增加的运动，就可明白该政策的内容及用意，其将来对于恐慌解消上之效力如何，亦可想而知了。

其次，德国的奥塔尔基（Auturhie）也是一种一国自给自足的恐慌解消政策。德国现在没有殖民地，故不能利用对殖民地的剥削去解决恐慌。德国财政在实际上又受到国际帝国主义的管理，故亦不能行通货膨胀政策以解消恐慌。其次，德国军备亦受着《凡尔赛和约》的限制，故亦不能以扩张武力的侵略方法来解消恐慌（现在的德政府虽暗中采用此法）。总之，其他各国所适用的主要的比较有效的方法皆不能适用于德国，德国遂不得不采用本国自给自足的恐慌解消政策，即国内统制经济政策，所以这是一种战败国不得已的办法。德国的统制经济与美国的统制经济，在只是想在表面上联合全国各阶级分子以谋自给自足一层上面是完全相同的。无论希特勒怎样提倡全国一致的经济统制，结局仍只是表面文章，事实上仍是拥护金融资本家的利益，帮助金融资本家去压倒其他的中小资本家并剥削劳工，帮助工业经济压迫农业经济。这点也和罗斯福的办法一样，因此，这种办法当然也不能解消恐慌。这种办法只不过是为适应德国眼下的客观情势而产生的，因为用这种办法时，德国希图一方面可以保持其与资本主义国的关联，另一方面又可以保持其独立国家的基础——虽然这种希图在结果上必不能有若何效力。此种政策在结果上足以引起国内及国际政治纷纠，是很显然的。美国的统制经济内的白银政策，苦了中国，这是谁也知道的。

（十二）利用资本主义社会大破裂的方法的政策

这是想民众革命的方法，由民众的力量，依照社会主义的方法，来推倒资本主义，以根本解消恐慌的政策。不消说，这种政策不能是资本主义国的统治阶级的政策，而只能是各资本主义国内的被压迫阶级的政策，所以这种政策在现在的资本主义世界，尚只是一种理想，而且在目前的情势之下，恐怕也无在最近将来实现的可能性。不过，从理论上说，这确是解消恐慌的最有效的方法，因为恐慌原是由资本主义的本质的生产关系而来的。同时其足引起政治纷纠，更不待言。

总而言之，世界经济恐慌，从全体大势说，还在继续着；各国虽然施行了上述各种政策以图解消恐慌，但因这些政策都是损人利已的辨法，除了第十二种以外，也都不是根本的办法；而第十二种方法在目前又无见诸实行的情势。所以在这种政策下面，决不能够解消全世界的恐慌，即令这些政策可以发生一时的，或局部的效力，但也绝对不会有整个的效力。因此，世界经济恐慌仍要继续下去，世界经济恐慌及关于恐慌的种种对策仍不失为现在国际政治的主要对象。

第二节　现代国际政治上的主要对象当中的主要矛盾

（一）主要矛盾与非主要矛盾之区别

从辩证唯物论的宇宙观看来一切东西的发展，虽然都是以矛盾为主因的，但一切矛盾却不是均等的发展的，而是有主要的矛盾与非主要的矛盾之区别。又，一切东西虽是绝对的不同一的，然而又是相对的同一的，即，一切现象有时同一，有时又不同一，以绝对的不同一为原则而以相对的同一为例外。因此，我们一方面应在主要对象当中找出主要矛盾，一方面找出主要矛盾与非主要矛盾的同一性即一致性或统一性，才能真正理解主要对象。

（二）主要矛盾

那末，在恐慌当中什么是主要矛盾？关于这个问题我们可以从两方面来考察：其一从理论方面，其二从事实方面。从两方面看起来，在目前主要对象中固然是无数的多的矛盾。但是，现在如只列举几种通常可注目的矛盾，则有：（1）大资本家与小资本家的矛盾（大资本在理论上可以压迫并吞并小资本，这是公认的真理，不待多说的）。（2）金融资本家与其他资本家间的矛盾（金融资本可以压倒非金融资本，这也是不待言的）。（3）重工业与轻工业间的矛盾〔金融资本所经营的产业往往部门很多，且大抵都以重工业为中心。故金融资本家往往就是重工业资本家，但经营重工业的资本家却未必就是金融资本家，例如美国的亨利·福特，坚不接受代表金融资本的罗斯福政府的劳资规约（Godes），就是一例，故（2）种矛盾之外尚应有重工业与轻工业间的矛盾〕。这种矛盾可从几方面来说：第一，重工业资本常雄厚，故能压倒照例资本较小的轻工业；第二，轻工业因机器及燃料关系，必须依赖重工业，即重工业常为轻工业的基础，而重工业却不必依赖轻工业；第三，重工业是资本的有机构成比较高的生产，而轻工业的资本构成却大抵比较低下，但有机构成高的产品，其价格在理论上会高于价值，而有机构成低的产品则与此相反；故依平均利润法则的支配而重工业可以压倒轻工业。轻重工业的矛盾表现于政府的保护政策上，例如日本和美国政府皆设法补助重工业，就是明例。（4）工业资本与农业间的矛盾。从资本经济的发展史说来，工业资本是以牺牲农业而存立的，在其成立后，工业对于农业也常常是剥削的。这种工农的冲突也往往表现在关税政策上：工业家希望外国农产，原料品和食料品免税进口，阻止工业品进口，而农业者则相反，并且欢迎外国的工业制品进口，而阻止外国农产品进口；故各国常有代表农业者的政党和代表工业者的政党关于关税政策的斗争。但，事实上，各国政府方面大都偏于工业的保护。（5）资本家阶级与无产阶级间的矛盾。资本家的利润在原则上是由无产者的劳工剥削而来的，劳工的生活又常依存于资本家，故二者虽是对立的，矛盾的，而同时又是相依的，即此二者一方面是统一的，而另一方面是对立的。近年来，各国常有所谓饥饿大行进的事实发生，这就是表现着在经济恐慌中的资本家阶级与无产阶级对立的锐化。（6）资本家阶级与小生产者及农民间的矛盾。这与上述资本工业与农业间的矛盾不同，前者所谓农业大都是指大农业，即指地主及资本主义的农业经营，后者是指一般的小农民生产，及小手工业者对资本家阶级的矛盾而言。各国政府在恐慌中，依前述，常用通货膨胀政策及倾销政策希图会来解消恐慌，实则恐慌依旧进行，而受其害者大多是农民和手工业者。近年来，农村的凋落已成世界普通的情形，这是大家知道的。农民及手工业者与资本家阶级的对立在恐慌中之越发尖锐化，由此可见。（7）先进国资本家与殖民地民众间的矛盾。这种关系正和（6）项资本家对于国内小生产者的手工业者及农民的关系一样，不过一在国内，一在国外，微有不同而已。殖民地被侵略的结果，往往会使其农业经营越发单一化，倾向于专为外国资本家生产工业原料，例如古巴之生产糖原料的甜菜，及印度之生产棉花，南洋群岛之生产橡树，就是显例。其结果，更会使殖民地的农民益发受到外国资本家的剥削而与帝国主义对立起来。最近恐慌中各殖民地运动之激烈化，可以证明此种事实。（8）工业国与农业国间的矛盾。如前述，在这次的恐慌的过程当中，各国皆采用种种对外政策，企图以他国为牺牲品来解消本国的恐慌；而自工农业的对立关系说，工业国又必然的以农业国为牺牲，故此种矛盾在恐慌中越发尖锐化。（9）大金融资本的国家与小金融资本的国家间的矛盾。现在世界上最大金融资本的国家有两国，即法美两国，其次有英国。其他如瑞典，比利时，荷兰，日本等等，只是小金融资本的国家。现在国际的金融支配权操纵于法美英三国的手中，其他各国皆须听命于这三国，结果遂成立三大金融资本国与小金融资本国家的对立。欧洲政治的纠纷未始不是由这种对立反映出来的，例如关于小协约国的纠纷等等，就是明例。当然，这种矛盾不必一定采用三大对垒小的形势，而往往会以三大中之一或二为矛盾的一方面，以其余之二或一为另一方面，而形成种种集团，例如所谓金本位集团之类。但，在此时，这种矛盾的本质却依然未变。（10）新兴的帝国主义国家与老大帝国主义国家间的矛盾，欧战后成立了几个新兴的帝国主义国。第一个就是法国。在战前，法国的资本主义虽已有相当的发展，但因其没有煤铁，故工业未充分或健全。其时法国只是以间接投资为中心的国家。但自欧战后法国因得德国巨额赔款及煤铁的区域，遂大发展起工业来，又首着先鞭的施行了通货膨胀政策，而确立了健全工业国家的基础。第二个新兴国家就是美国。美国在欧战前，从某种意义说，固已有充分发展的工业，然其时美国只算是被投资的国家。但在欧战期中及其后因美国经济有了充分发展的结果，遂使它由产业资本的国家，一变而成金元帝国主义，居然握了世界金融市场的牛耳，它的工业生产在一九二八年也占了世界生产的过半。第三个新兴帝国主义国家就是日本。日本资本主义的发展，只是中日战争以后的事，并且当时极其迟缓。日俄战争的前后虽也有过一度的发展，但并不算巨而且速。到了欧战后，日本始趁欧美各国无瑕顾及东方，而由日本独占了东方市场，尤其是中国市场，因此，日本资本主义的发展遂一日千里的登峰造极。现在，居然能以廉贱的商品倾销于世界各地，未始非欧战期中及此后急速发展之赐。因日本在欧战中获得资本的巨大积蓄，最近始得更换最新式的生产设备。（11）资本主义国家与社会主义国家间的矛盾。资本主义体制与社会主义体制是两不相容的。社会主义体制的存在本身从根本上威胁着资本主义世界。最近苏联经济建设之成功尤使资本主义各国感觉不安：第一，苏联经济的发展，益促资本主义的恐慌深化；第二，苏联经济的成功安定并巩固了社会主义的基础；第三，这些情形增进帝国主义国内无产阶级革命的信念。然而，其他方面，苏联广大的市场又引诱帝国主义。故这两体制的矛盾日益锐化。

在上列十一种对象当中，何者是主要的对象？若依经济学及政治学上的既知原理说，则第一是资本家阶级与无产阶级间的矛盾。因为现在的世界从大体上说来，都是资本主义社会，都是资本主义生产占着支配的地位，所以资本家阶级与无产阶级间的矛盾应占主要地位。第二是帝国主义国家与殖民地间的矛盾。帝国主义之所以能够延长寿命，因而资本主义能够延长寿命者，原因即在于剥削殖民地，所以帝国主义与殖民地及半殖民地的矛盾是应该是现今帝国主义的恐慌时代的主要矛盾之一。第三个主要矛盾是金融资本与非金融资本间的矛盾。金融资本家常在牺牲非金融资本家及小生产者以自肥，所以这种矛盾也是金融资本经济时代的主要矛盾，这种矛盾也可以国家形态反映着，因为在金融资本时代，国家的政权常常由金融资本代表着。第四个是老大帝国主义与新兴帝国主义间的矛盾。在这没落期上的帝国主义如前述，为谋自存起见，必须以他国为牺牲，并且新兴帝国主义是主张殖民地利均占的，而老大帝国主义则反对，所以在现阶段上它们之间的矛盾不能不是主要矛盾之一。第五种是帝国主义国家即资本主义体制与社会主义体制间的矛盾。这对矛盾的剧烈化，上面述过，无庸赘述，但其占主要的地位也可从那些叙述看出。

第三节　现代国际政治上的主要矛盾当中的主导矛盾

（一）前章述过，从唯物辩证论的宇宙观看来，在主要矛盾当中必有一个主导矛盾，否则，一切现象的发展就没有轨道。故我们必须于上述主要矛盾当中找出主导矛盾来。要找主导矛盾，第一须考察当时的事实。因为事实是常变的，故主导矛盾也是常变的。其次，求找出主导矛盾，当然更须依据经济学，政治学，唯物史观，唯物辩证法等的法则为推定的根据。现在分几层来研究现阶段的国际政治上的主导矛盾。

（二）先把现今国际政治论坛上的各种主张，介绍并批判一下。现今论坛上的主张约可分三种，都是在上列五种主要矛盾当中，各取一种主导的矛盾，并且都把金融资本阶级与其他非金融资本家阶级间的矛盾认为不能成为主导矛盾的，因为这对矛盾在资本主义生产之下是不能占领导地位的。在资本家阶级层之间固然也有矛盾存在，但也不过是自己营垒当中的矛盾，绝对不能因此就放弃阶级间的矛盾的立场。例如罗斯福的政策固然会引起资本家阶级内部各层间的对立，但一到工人农民起来罢工抗租暴动时，资本家阶级内部就会联结一气以对付农工。其次，现今国际政治论坛上三种主张都是否认帝国主义与殖民地间的矛盾之成为主导矛盾的。因为帝国主义并非绝对依存于殖民地，因为在未有殖民地以前，资本主义即有其发展的根据，不必待殖民地而始发展；故除开卢森堡的学说认定帝国主义专靠殖民地以存在的主张而外，绝没有认这种矛盾能成为主导矛盾的。并且，殖民地的力量从一般说，过于薄弱，要专靠它来推翻帝国主义，事实上是不可能的。例如印度之不能推翻英帝国主义，中国在欧战中发展起来的纺织业一经大战停止后的帝国主义商品卷土重来的进攻，立即崩坏下来，就是明例。总之，殖民地之与帝国主义的力量的比重，恰如小孩与大人的比例，故二者间的矛盾绝不能成为主导矛盾。但同时须知我们不是说殖民地在反帝运动上毫无用处，因为殖民地的反帝运动可以发生副次的作用，使整个帝国主义无法能在国内阶级斗争，对殖民地反抗的斗争及国际帝国主义者间的斗争三重夹击之下，维持其生命。现在且进一步具体的说明现今论坛上的三种主张。

第一种主张，是说资本家阶级与无产阶级间的矛盾为主导矛盾。这是根据经济学的法则而主张的。原来，从经济学理说来，在资本主义生产当中，资本家阶级与无产阶级是互相依存而又互相对立着的。事实上资本主义生产越发发展，则无产阶级被剥削的程度越高：或因小资产阶级越发没落而增加无产阶级的数量，或因资本有机构成之升高而对工人的需要减少。然而要知道，离开无产阶级则资本不成为资本，离开资本家则在资本主义制下无产阶级生活当越无办法，故资本家阶级与无产者阶级，是利害相反而又相成的，故二者间的矛盾在资本主义社会内不能不成为主导矛盾。这是第一理由。第二理由是我们可把帝国主义之间的矛盾及两体制间的矛盾包括在资本家阶级与无产阶级间的矛盾当中。更具体说，资本主义发展到相当程度时，国内利润必然减少，故必须向外发展，故可以说帝国主义间的矛盾仍是由资本家阶级与无产阶级的矛盾产生出来的。再从另一方面说，帝国主义战争绝对不能用来消灭国内资本家阶级与无产阶级间的矛盾（所以欧战时俄国的无产阶级才用对外的枪头向内作革命战争），故前者不能决定后者。可知资产阶级与无产阶级间的矛盾可以容纳诸帝国主义之间的矛盾，而诸帝国主义间的矛盾不能容纳资本家阶级与无产阶级间的矛盾。故可以说前者应该是主导的矛盾。其次，资本家阶级与无产阶级间的矛盾，还可以包括两个体制的矛盾于其中。例如在美俄复交时，苏俄承认俄国可不在美国宣传赤化，美也曾答应不作反苏联的宣传，这显然是说阶级间斗争不能让步，而体制间斗争则可让步。由此可知两体制的矛盾比资本家阶级与无产阶级间的矛盾轻些，即后者是主导的矛盾。

第二种主张，是以诸帝国主义国间的矛盾为主导矛盾，而把资本家阶级与无产阶级间的矛盾及两体制间的矛盾包括在内。其理由是说：在帝国主义的时代，各国必须向外发展，帝国主义间战争必不可免，并且可以由战争的胜利而得解决国内的资本家阶级与无产阶级间的矛盾。故资本家阶级与无产阶级间的矛盾可以包括于诸帝国主义的矛盾当中。又两体制间的矛盾，亦可包括于帝国主义的矛盾当中，因为从苏联本身说，因本身的经济建设尚未充分完成，故无进攻帝国主义的决心；从帝国主义间的情形看，诸帝国主义也不能联结一致进攻苏联，所以两体制间的矛盾尚未特别尖锐化，还占次要地位，而诸帝国主义间的矛盾，则已特别尖锐化，几至于短兵相接，故占最主要的地位。

第三种主张，以两体制间的矛盾为主导矛盾，把资本家阶级与无产阶级间的矛盾及诸帝国主义间的矛盾，置于其领导之下。其理由是说：在苏联社会主义业已成立的现阶段上，国际政治情形完全与以前两样。因为苏联的存在对于各国无产阶级的运动，有极大关系，无产阶级祖国的苏联能否存在及能否成功，可以决定各国国内的资本家阶级与无产阶级间的斗争的胜负。故后者可以被容纳包括于前者之中。其次从两体制的经济发展上看，又可以明了体制间的矛盾尚可包括诸帝国的矛盾于其中而领导之。因为苏联的经济越发发展，则诸帝国主义的经济就会日益衰落下去，在事实上已表现衰落，结果激成两体制矛盾之深化。故可以说，帝国主义间的斗争不能解决资本主义生产的矛盾，而两体制间斗争的结果使资本主义崩溃之后，资本经济生产的矛盾倒可因此而解决。

（三）对于上列三种主张的批判

先从理论上考察资本家阶级与无产阶级间的矛盾和两体制间的矛盾的关联，我们就会知道两体制间的斗争可以决定各国两大阶级间的斗争，而各国无产阶级运动的成败却不能给与苏联的建设以过大的影响，因为两体制间的矛盾是全体的，而各国内资本家与劳工两阶级间的矛盾是局部的。故两体制间的矛盾应该大于各帝国主义国内两大阶级间的矛盾。其次，即从事实上说，一般帝国主义亦皆重视两体制的斗争，例如在苏联成立的当时，各帝国主义非常害怕，比害怕国内无产运动还利害，即可证明。又，两体制间的矛盾从理论上说，亦可包括诸帝国主义间的矛盾，因为诸帝国主义对于苏联的斗争，如不能获得胜利，则诸帝国主义间的斗争将成为无意义的斗争。因为苏联之存在和发展，时时刻刻都在威胁任何帝国主义的生存，如更从经济的发展上看，则因苏联经济是向上的，诸帝国主义的经济是向下的，故两体制间的矛盾占第一位。即从战争关系上也可看出同样情形。"九一八"事变发生以来，甚至于在上海战争的时候，诸帝国主义国所以不能轻易从事远东战争，原因即在于两体制间的矛盾的牵制。又如积极进攻中国的日本帝国主义，在美俄复交的当时，改变焦土外交为协和外交，到美俄不侵犯条约（消极的攻守同盟）不成立的时候，复又急速进取华北的情形，也可证明。又，在最近欧洲局势紧张的期中，日本趁势再度急激进攻中国的时候，美国又有与苏联缔结不侵犯条约之议，也是证明。即在西方也有同样情形。最初苏联会向德国提议不侵犯条约之缔结而被拒，后来到苏联与小协约国缔结不侵犯条约之后，德国即刻害怕起来，立与波兰缔结德波条约。苏联最近外交的胜利，逼得各帝国主义国争先向苏联求欢，以及苏联常利用各种外交政策来离间帝国主义国，以获自己的稳定等等事实，都引到同一结论：两体制间的矛盾占第一位，而各帝国主义国间的矛盾却只占第二位。

从以上的分析，可得一结论：在经济恐慌的现阶段上，国际政治上占主导矛盾地位的是两体制间的矛盾。

上面的结论是依照辩证的宇宙观决定的，故它应常随事实的变化而变化。目前固然是由两体制间的矛盾占主导矛盾的地位，但若事实起了变化，例如此后德国爆发了社会革命而把各帝国主义的纠纷全部卷进漩涡中时，情势就要不同。又如苏联经济集团最近与法国经济集团（包括小协约国）的大结合，也会带来新的意义：法苏集团之接近，已证明两体制间的矛盾渐渐要不成为主导矛盾了。再者，照唯物辩证法看来，一切现象都是相关联的，所以主导矛盾也不是离开别个矛盾而完全独立的，有时它可以与其他的矛盾统一起来成另一个矛盾。例如假定明年的德国完成了无产阶级的革命时，则有一方面德国无产阶级与他们的祖国苏联联成一气，另一方面德国统治阶级与其他帝国主义联成一气的可能而使两体制间的矛盾和诸帝国主义国的矛盾联合成一个矛盾。又如将来的第二次世界大战当中，其性质可以有三种推测：（1）两体制间的战争。（2）苏联严守中立的帝国主义间战争。（3）一面是两体制间战争，另一面又是诸帝国主义间的战争。在三者当中，第三种的可能性最大，如果到那时，就是两体制间的矛盾与诸帝国主义间的矛盾联成一个矛盾。所以那种说只有单纯的两体制间的矛盾才是主导矛盾的人，也是错误的。

第四节　主导矛盾中的主导方面

（一）从唯物辩证论的宇宙观看来，宇宙间一切矛盾，必定一方强一方弱，绝不会在长期间势均力敌，如果在长期间势均力敌，则一切发展就会中止，故在一切矛盾的两方面中，必有一个主导方面，上自自然界，下至人类社会的种种现象，莫不皆如此。但如何去找主导方面呢？我们只能根据唯物辩证法，经济学及政治学的原则去决定，因为我们所检讨的，是社会现象，所以只能依这几种关于社会现象的根本科学去找。更具体说，在社会现象的矛盾中，决定主导方面的条件有二：（1）物质的条件，（2）人物的条件。当然单有物质条件是尚不够的，例如中国的物质条件很强而实弱，就是明例，所以必须加上合理的人事组织，始能发生作用而成主导方面，换言之，于客观的条件之外，还要有主观的条件。总之，我们须利用种种的基本科学上的原则来决定，须把唯物史观，经济学，政治学等等基本科学联成一片，拿它们的原则的联合来决定。

（二）现在试应用上述方法来决定两体制间的矛盾中的资本主义体制与社会主义体制二者中何方面占主导方面。先从纯粹理论上看，社会主义体制方面，无论从哪一种论点说，都占主导地位。这有几种理由：

第一，资本主义的黄金时代已经过去，现在是步着向下的时期，且是不能再向上走的时代了；因为金融资本时代的各种要求，已与资本主义经济原有的原则相反，例如独占之违反自由竞争，及扩大国营企业之违反私有财产制，更如小资产阶级一天比一天往下没落，遂引起极大的社会运动等等，都是明证。而社会主义体制方面恰恰相反，走着向上的路程，因为它是有政权的工农来从事于生产，生产手段又归公有，能行有比较合理化的有计划的经济政策和日益发展的经济建设。从前经济专靠外国的苏联现在可以不仰给于外国了。在政治上也然：世界各国皆向它要好，帝国主义国当中更有进一步要求和它联成一个集团的，如法国即其明例。于此可知社会主义体制占主导方面。

再者，资本主义体制是常常酝酿着问题的，而社会主义体制却是常常解决着问题的。辩证法大家虽说过问题的解决方法可在问题当中找出，似乎解决与问题是一个东西，但实则不然，因为他那句话只是说问题与解决方法的同时并存，并不是说一切问题的解决方法都可很容易的找出来。要想解决问题，我们须从合法则性入手，从合法则性当中来决定这问题，否则永远找不出方法。资本主义体制与社会主义体制当中，何者有充分的合法则性的条件？虽说资本家阶级及其学者们不能也不肯明言资本主义社会全体的现在的不合法则性的情形，但其事实已是不可否认的了，例如他们要以统制经济代替自由竞争。在国际政治上亦然，例如日本帝国主义之侵略中国东四省，在根本上就是因为它是资本主义国的原故。日本自从欧战后，步上金融资本主义的道路，要求着更高的利润，故终不得不侵略外国。日本以所谓人口过剩，资源缺乏，土地狭小等理由来充当侵略的口实，都是骗人的，至于说它的军阀跋扈，更是废话；实质上日本侵略中国的原因只在于其为资本主义的国家。故在日本存在为一个资本主义国家的时期中，这侵略的问题，永久没有消灭的可能。必然直到日本变成了社会主义的国家始能绝灭这种问题。以上是在资本主义体制中的话，若在社会主义体制当中，则因为社会科学可以尽量的自由讨论，研究，实践，故可以比较容易的发见合法则性的条件，故因此常常可以容易解决问题。

第三，两体制之间，何者可以容易打击另一个体制一层，当然亦可决定何者为主导方面。而在事实上，资本主义体制现在不但不能扰乱社会主义体制，且须依赖于它；而社会主义体制却正依它本身的存在和发展去扰乱资本主义体制的内部。在资本主义体制的内部，已经埋下响应社会主义体制的劳农群众，并且这种群众随着苏联经济的发展而越发膨胀。然而在社会主义体制的内部，却没有响应资本主义的力量的存在。固然，在苏联国内至今也尚有反社会主义的成份，但因他们未握住经济上的势力和政权的原故，没有多大的力量，从此种事实推论亦可知社会主义体制占优势。

　　第四，再从力量的比重来看看。单从死的物质上观察时，固然不消说全资本主义世界的合计要比苏联大得多，即单以几个主要的资本主义国家的物质的合计说也当然比苏联大。但自其内部的关系说，则资本主义体制的力量，未必大于社会主义体制。因为一则为争生存的斗争的力量要比为争利润而斗争的力量大；二则在资本主义国内，占大多数国民的劳农大众的生活，日益困苦，而苏联国内的劳农的生活，则日益增高；三则苏联又是为帮助各国劳农的解放而行动着，故资本主义国内的劳农若打苏联，则无异自打友军，因此，万一两体制间有战事，则苏联的力量必定大得多（例如1918年资本主义联军进攻苏联的失败，原因即在于这种政治的不同；以打胜强德的军队而不能打胜乍成立的苏联军队，已可证明而有余了）。

　　第五，再从统率及组织上说，亦只有苏联始能发挥由上而下更由下而上的民主原则，因为无论在政治上，经济上及军事上，都有合乎这原则的组织和活动。例如五年计划中的工场财政计划，就不是单由上面来决定办法，而是兼由劳动者本身去决定，那所谓劳动者的创意占很重要的地位。又如在军队上，也是一方面有严密的统率，一方面，关于政治问题则每一个军人都有平等讨论的权利。因为在这种方式下各人是依照自己的意见以从事于劳动或战争，故意志能坚决而力量能雄大。帝制时代的迟钝的苏联民众，到了社会主义苏联的时代，变成锐敏而雄勇的斗士，其主要原因即在制度的变更，即民主集中的组织实有以致之。

　　根据以上各点，我们在理论上当然可以决定的说，在两体制间的矛盾当中，社会主义体制的苏联占着主导方面。

其次，我们也可以再从事实上举出几种实例来证明上面的结论。从经济关系上看，社会主义体制经济日益发展巩固使现在帝国主义各国对苏联的恶感日益消失，而苏联则保持领导的态度，来者不拒，与多数国缔结商交。在经济恐慌过程中，事实上只有苏联能以经济的手段打击资本主义体制，而资本主义体制却绝不能够打击苏联。例如加拿大在它想收买小麦以解消恐慌时苏联即以廉价的小麦推销于加拿大使加拿大的计划难收预期结果。然而从反面看，资本主义体制各国却不能以倾销政策打击苏联。因为一则苏联的国际贸易是完全由政府经营的，可以议定种种方法绝对阻止外国商品进口。二则因苏联的生产没有追求利润的事实，故商品成本较贱，价格较廉，可与资本主义各国的商品行有利的竞争。苏联商品现在已在世界各部分畅销了。例如小麦木材等等畅销于欧洲，布匹及石油畅销于东方尤其是中国市场等等事实就是明例。这只因为苏联商品的成本较少的原故，资本主义各国的商品才会为所打倒。资本主义各国除用关税政策禁止苏联商品入口以外，没有别种方法。但是，这种禁止的关税政策却又因恐苏联的报复而不敢绝对的采用。故苏联之占着主导方面，从经济的事实看，是无疑义的。

从政治上看，在资本主义体制之间，年来的内讧越闹越利害，遂因此内讧而致各国单向苏联讨好。第一，日本在"九一八"事变以后，即欲与苏联修好——虽然未有结果；向苏联求好的第二个国家，就是美国。美国自罗斯福上台以后即与苏联复交，当中曾因日本向美国表示退让而使美苏的亲密关系略缓，但到最近，美苏不侵犯条约的消息却又再嚣尘上了，这并不是偶然的；第二，久与苏联为敌，久已握住欧洲支配权的法国，最近亦向苏联讨好，希图以法国经济集团与苏联经济集团联成一气，而形成包围德国的围墙。这种情势改变了世界政治情势不少；第三，老大的英帝国对法苏之提携亦思染指，而表示好感。德意之崛强，亦因法苏的提携及英国的对法苏赞同而稍退。同时法苏的提携又影响到东方来，使世界各国因欧洲的暂时安定而又注意到中国关系上的国际问题来。法苏关系之能牵动世界政局，这种事实足可证明苏联的行动可以决定世界政治的主张。反之，资本主义体制的行动却不一定能影响苏联的内部。例如现在即令苏联与资本主义各国断绝关系，不但在经济上，苏联已可以仍然独立（苏联现在已可以自己制造机器，尤其是生产机器的机器不必如以前那样，要依赖外国生产工具之供给），即政治上，也依然可以独立，更能独立，因为在现今苏联固然没有进攻或侵略外国的必要，即那些有进攻苏联的必要的资本主义各国也不能一致进攻苏联。因为资本主义各国，第一，谁亦不肯首先牺牲，第二，在攻下苏联之后如何瓜分脏品的问题，亦不能圆满解决，因此，从资本主义各国的一部分看来，与其进攻苏联倒不如侵略其他的弱小国家如中国之为愈。要言之，资本主义各国须要求苏联，而苏联无须要求资本主义各国。

总而言之，无论从理论上，从事实上，还是从政治上，经济上，组织上，统率上说，乃至无论从人事的努力上还是将来的动向方面看来，苏联始终是在两体制的主导矛盾当中，占着主导方面的地位，即占着一种和下棋的先手相类似的地位。

（三）然吾人同时要知道，因宇宙间乃至人事的一切都是不能完全全部均整一致的，故从局部看来，难免有有些国家倒反有常常向苏联进攻而苏联倒反只能招架的现象，例如日本和德国的事例，就是明例。我们不要机械的以为苏联无论在什么时候和什么地方都常常的能占主导的方面。同时，如再从宇宙的一切都是变化的观点看来，也不能绝对机械的说苏联之主导性是永久不变的：因为，如果苏联与帝国主义中的某一二国携手，例如最近的法苏的结合乃至英苏的谅解一旦成立，则如前节所述，则可形成另外一种复杂的新情形，使主导矛盾变化，使它由两体制间矛盾变而为两体制间矛盾与帝国主义国间矛盾之混合统一的矛盾，到那时，主导矛盾既变，主导方面当然也就不能不变化了。

第五节　现代国际政治上的主导方面所认定的主环

（一）从我们的研究方法说，现在应进一步研究的应该是主导方面所认定的主环了。前章说过，从唯物辩证论的宇宙观及政策学的理论说，在一切现象当中，在相互纵横关联的许多现象当中，必有一种主要的充当主环，所以在研究的方面若不找出这个主环，他就不能提纲挈领起来，理得清楚。如 1917 年二月革命当时，苏联的和平，就是主环。倘认识不清，则不能达到建设社会主义的目的，不但政权不能够维持，即经济建设也不可能；当然对外战争亦不能获得胜利。这只因为政治是经济的集中，军事又是政治的集中表现的原故。当时，克伦斯基政府并没抓住主环，故不赞成停止战争，以为只要有军械即可进行战争。其实那时候没有和平，则面包问题，土地问题皆不能解决，何况战争的胜利？故主环之寻觅，是解决一切问题的关键。能否寻出真正的主环，这件事是有能的政治家与无能的政治家的区别所在的要点。

　　（二）在目前的问题当中，何者为主环？即在占着主导地位的苏联方面，目前最切要的问题究竟是什么？不消说，因为所处理的国际问题，是主导方面的苏联与资本主义体制的外国相关联的问题，故我们的对象当然不是苏联国家对内对外全部现象上的主环，而只是国际政治上的苏联的主环。我们先以批判的态度列举国际政治上各种问题来讨论罢。苏联立国以来有一个一贯的主要问题，就是委曲求全的与帝国主义国家通商的问题。即如英俄的通商关系，虽因英国方面的种种原因，而断续不定，但苏俄却是始终是看重这个通商关系的，故结果它仍能始终维持着就是例子。这只因为苏联对外通商关系，对于苏联的经济建设有很重大的重要性，因为在它的经济建设上，倘无对外通商关系，则因物质不足之故，其建设就要迟缓多多。故急于经济建设成功的苏联，必须借用外国资本，机器，乃至工程师（据第一五年计划将告终时的统计，它曾用过三千人的德国职工，三百人的美国工程师）。然则，第一，这个对外通商关系是否为苏联的主环？不是的。因为社会主义的建设照今日已经决定的理论说来，不一定要仰给于外国，独立也可以完成建设，不过在独立建设时成功稍迟一点罢了，即令其成功迟缓一些也不至于不能完成。再从目前的现状看来，苏联对外通商关系更不能成为主环，因为苏联现在已经可以自己制造生产机器，制造机器的机器工业很发达，职工教育也已普遍化，一年可养成六十万人的职工，故现在苏联对外通商关系更是绝对的不成主环：即使苏联今日与一切外国断绝通商关系，它的社会主义的经济建设，断无因此就变为不可能之理——这是一切有常识的人们所公认的。

　　第二，我们试检讨检讨苏联对外的经济关系，如信用的设定，借款关系或经济同盟，等等，皆是经济关系之一面，并且其反面又有经济的斗争，也是经济关系的一面，苏联对外的经济关系，更不如通商关系之重要，故更不成为苏联的主环。在事实上，苏联曾经主动的及被动的与各国谈判过关于经济关系的问题，但是事实仍然在证明苏联即无对外的经济关系，例如没有外国借款，也可以继续它的经济建设。同时，因为它是一种彻底的计划经济，故苏联也用不着为推销商品之故而与外国作经济斗争。故对外的经济关系不能成为最主要的问题，不能是个主环。

第三，我们看看所谓世界革命是否为苏联方面的主环。关于这问题，在苏联，曾经发生过激烈的争论。在与德讲和的当时列宁曾演说谓诸帝国主义的崩溃于苏联社会主义的建设有莫大的关系，第三国际的设立，当然也与世界革命的企图有关，1922—1928 年间，托洛斯基等人极力主张世界革命，谓社会主义社会不能单独存在，即他们曾主张过站在永久革命论上的世界革命。但列宁派的人们则反对此种主张，认为社会主义社会可以单独建设成功，并且认清苏联红军不能离开本土侵入外国的领土，去发挥它的威力（证之 1924 年红军在西方战线的失败，可知这种认识不错，1925 年亦曾经帮助中国以进行革命，但未有巨大的成绩），故亦不能积极的发动并帮助世界革命。直到 1928 年五年计划开始施行并卓著成效以来，苏联对于世界革命的宣传和运动更不重视了，在今日几于不成问题了。由此可知世界革命不是也不能是苏联的主要方针，故亦不是苏联的主环。本来，全靠外国的力量而忽略国内的主力，那就根本是错的。从唯物辩证论的宇宙观说，应以内的本国为主力而以外的他国援助为副作用才对。

第四，外交上的纵横捭阖，是否为苏联的主环？显然的，苏联之所以能避免诸帝国主义联合的进攻，主要原因在于苏联之外交政策的善于运用。在事实上不但因苏联帮助印度革命而反对苏联的英国，早已与苏联接近，而且曾经领导小协约国去进攻苏联的法国，从1925年从后，也与苏联谋作更进一步的接近。在英法与苏联的接近过程中，德国在表面上也只得与苏联维持着良好的关系。从世界恐慌以后，情形又起大变。以前与苏联无好感的美国，也与苏联复交了。法国与苏联且将成为特殊的类似同盟的关系了。这是苏联几年来的外交略史，由此，亦可知苏联不轻视外交关系，并且常常运用着很巧妙的策略了。但我们却不能因此而认定外交关系是苏联的主环。因为苏联外交之所以能运用裕如，其主要原因倒在于苏联国内有一条正确的政治路线及合理的经济建设。倘若苏联没有内部的安定和五年计划的成功，因而没有军备的充实（五年计划完成后，苏联军用飞机将占世界第一位，超过法国，化学队占第四位，战车队胜过日本），则英美法等强国乃至各小国，就不会向苏联讨好——这是在唯力是视的国际外交场中最明显的事。

第五，军扩与军缩问题是否苏联的主环？苏联军备之充实固然胜过五年计划以前多多，但军备之能充实必须经济发展及国民教育的发达相伴。且苏联的军备，无论说怎样充实，总赶不上帝国主义全体的军备合计。再从反面看，军缩固然常为苏联所提倡过，但这不过是一种宣传作用，决不是真认军缩能保持国际和平。故军缩与军扩不能是苏联的主环。如认军扩为主环，它将因国力竭匮而崩溃；如认军缩为主环，它将因信空言而受实祸。

最后，有一件事项，与外交关系，军备关系，经济关系等等都有关联，而又可独成一个环子，对苏联有重大关系，值得我们检讨的——这不是别的，就是在现阶段上苏联对于资本主义诸国间的和平关系。因为我们应该认定这个关系为主环，所以另项论之。

（三）在现阶段上，充当主导方面的苏联的正确的主环，应该是那种利用它来与资本主义体制斗争的对外和平。这正和一九一七年二月革命至十月革命期中列宁所认定的对德和平一样。在事实上苏联曾利用这和平来和急激进攻它的各帝国主义相周旋，所以它虽经过日本和德国的侮辱和挑战，苏联仍欲维持其和平的态度。苏联所以欲维持和平，其第一目的在于完成五年计划。五年计划至少有两种大作用：（1）扩充军备，（2）消灭本身经济上的资本主义的成分。不但第一个五年计划如此，即第二个五年计划也还可以继续这种作用。不消说，这两种作用的完成，可以增加苏联对外的斗争力量。但是，要完成这两种作用，目前最主要的前提却是和平，因有和平始可按照步骤达到建设的目的。这是对外和平构成苏联的主环之第一种理由。

第二种理由，可从帝国主义体制方面看出。如果社会主义体制不主动的进攻帝国主义诸国，则帝国主义诸国因相互间矛盾极大的原故，就不能联合一致进攻苏联，因为哪一个国家都不能，也不肯单独进攻苏联而先做牺牲者。反之，倘若苏联积极进攻资本主义体制诸国，则帝国主义诸国势必有为谋整个体制的生存起见，暂弃自己相互间的冲突而联结一致，以谋抵御苏联的可能性。故苏联的对外和平可发生一种分化帝国主义阵容的作用。从这种意义上说，和平在目前也不能不是苏联的主环。

第三种理由，在苏联的和平政策可以增进帝国主义的经济恐慌，一事上面。如前述，各国现在皆一方面感受经济恐慌，一方面在极力扩充军备。这种军备扩张固然对于经济恐慌的解消有相当的好作用，然同时却又使人民负担加重，因而发生反抗或革命的危险，故必须假借国难或外国威胁，等等理由为掩护。倘若苏联向各帝国主义挑战，则正投诸帝国主义的所好，借口国难，将各国的军备更加扩大并解消恐慌至某种程度，而不受国内革命的危险。反之，如苏联采取和平政策，则国难之口实不存，资本主义体制内的恐慌就更要深化。

第四种理由，是苏联的和平可以增进社会主义建设的成绩，而增加资本主义体制内部农工对于社会主义建设的信念，使苏联在世界大多数民众心理上占住优势。反过来，若苏联放弃和平政策，则不但这种优势将不可保，并且依帝国主义的爱国的宣传之结果，或将变为劣势。

要而言之，和平对于资本主义体制有害，而于社会主义体制有利，故苏联的对外和平在现阶段上是苏联的主环。但同时还要注意：苏联之所谓和平是相对的，是在不受外国侵略的条件之下去维持的和平。因为如果帝国主义国家侵略到苏联疆域内而苏联犹主张对外和平，则上述种种理由皆将失其根据，而使对外和平失去主环的地位。故对外和平是苏联的主环这句话，只是在上述条件之下才有意义。

（四）然而依唯物辩证论的宇宙观说来，所谓主环却是变动的，而不是固定的。例如日美战争若一旦爆发，苏联必不能再维持对外和平，袖手旁观着。其次，因为主导方面原是变化的，故主导方面的主环也要随之而变更，例如两体制间的矛盾和诸帝国主义国间的矛盾如联成一气而成为主导矛盾时，则主导方面当然会起变化，而主环到那时也自不得不变化了。

第六节　主环发展的可能性及现实性

（一）导论

主环已经找出，应进一步研究它的发展的可能性及现实性，就是说要研究它的继续性如何的问题。因为，主环不是固定的，是可变的，故应发生这种预测的问题。预测未来固然不必完确且亦不易，但如上章所述若依：（1）上章所述方法，（2）经济政治及唯物史观上的法则，（3）过去现在各方面的事实，去进行预测时，其所得结果大致可不大差。

（二）和平维持的可能性如何

先说实在的可能性，再由其中找出现实的可能性。原来，一切可能性有正反两面，即前提失败则其可能消灭；前提成功则可能发展。故和平的维持的实在的可能性可分为五对：

（1）由日本对苏联的挑战的成败而来的不可能及可能。例如日本主使伪国飞机侵入俄国境界①，日鱼雷到海参崴事件等等。更如伪国关于中东路对苏联的压迫等等问题的曲直何在，虽因日本及苏联方面有许多虚伪宣传而不易明，然从全局观之，实则是因为日本自从德国希特勒上台以来以为欧洲有事东方可由它为所欲为，故极力挑战的原故，因为苏联如上所述，既以和平为主环，当然不会向

———————————

① 意为边界。——编者

日挑战。此种向俄挑战虽经美俄复交后而稍减退其急进，但最近又因欧洲多事而又出于更积极的挑战态度。虽说日本的挑战是若断若续的，但自现阶段全体看来，日本的确是在对苏挑战。在日本挑战的情势之下，苏联的和平政策只是相对的：苏联从种种国内国际的原因说来，都绝对不能任敌国侵入而不抵抗。故若日本继续作进一步的挑战甚至侵入苏联领土，则和平有被破坏的可能；反之，如日本挑战失败，则主环的和平当然可以发展维持下去。

（2）由德国对俄挑战的成败而来的不可能及可能。真正能与苏联对抗而又向它挑战的，在东方是日本，在西方就是德国，这两国都可以充当进攻苏联的先锋队。故德国对俄挑战的成败亦可以决定主环的维持问题。德国对苏俄的态度经过几次的变更：在德国共和国未成立以前，德是压迫者。从 1924 年前后苏俄放弃对西方的赤化宣传，而社民党亦采用 Stresemaun 的外交路线以来，德俄关系始稍好转。其后随法西斯主义的发展而德国对苏的态度渐变，迨至希特勒上台以来，两国关系更加恶化，如驱逐苏联驻德新闻记者，压迫犹太人（这包含排斥俄国的意义），压迫一切社会主义者等等事实，可证德国之进攻苏联。国社党的外交政策，根本上与 Stresemaun 路线不同：Stresemaun 主张，只要德国加入国联，什么问题都可以解决，并且也只有加入国联才能解决；而继 Stresemaun 而起，且在世界经济恐慌当中登台的国社党的外交路线却是以进攻苏联为口实，希图收回丹泽等地，向东方发展。德国之要向东方进展的目的一面在欺骗法国，一面在利用抗苏的事实去求法国的欢心，因为如果德国想扩张军备总须有一种口实，而借口于进攻法国所痛恶的苏联就是最好的口实。从另一方面说，德国要弥缝国社党的无能力解决的国内经济恐慌问题，也须移转国内人民的视线，而最好的方法就是在国内打倒马克思主义，在国际打倒苏联。这方法可收获两种效果：一可打倒连社民党在内的对敌政党，一可掩饰国内经济的危机。所以希特勒一面打倒国内的马克思主义，同时一面就得进攻苏联。这是希特勒最近的一条外交路线。德国的如此路线，终瞒不了聪明的法国，所以结果只促进了苏法的接近。德国希特勒的路线在当时为英国所赞同，而另一方面当时的意大利也与德国接近。这可证明德国如何想利用进攻社会主义的政策以获得各国的帮助或退让。故后来德国提出了军备平等的要求，希望借此得到局部的成功，那并非无因而至的。但结果德国那种要求倒反促成法苏的联结：法国最近不但对德国防备得格外坚固，并且同时还卖与苏联以新武器。法苏及小协约国之联成一气，已成确实的事实。这已证明德国政策之失败。英国在这种情势之下自不能旁观，而谋与法苏集团接近，因为否则它不但在西方不利，即在东方也会因日本趁势猖獗而受损失。希特勒对苏挑战在目前虽已暂告失败，但从一般情形说，在国社党当政的期内，德国此种外交方针必不能改变。因此，所以可以说，若德国继续对苏俄挑战以至于成功，则和平不能保。否则，和平尚有维持的可能。

（3）由日德联合对苏联挑战的成败而来的不可能及可能。德日现在虽尚无联结的事实，在经济上又无共同的利益，虽然自表面上看似乎德日的共同进攻苏联为无事实根据的设论，但更进一步从种种零碎事实乃至谣传推想，未必完全无日德联合的可能性。如果对于过去欧战中日德的密约，谁亦无法可证其必无，则近来宣传之以日取西伯利亚，德取乌克兰为内容之日德新密约，当然同样不能断言其必无。因为，只要两国之间有利害共同之点，即有联结可能。而事实上（1）德日的对俄外交方针相同；（2）德日皆想向外发展，而到处遇强敌，只有对俄方面似尚有发展余地，尚能侵略并瓜分了这个从表面上看似乎孤立而较脆弱的临近国苏联，则可希冀成为世界上的绝对强国；（3）日本陆军大体上是由德国学来的，德日在战争的技术及战略上有共同的类似性，难免依此点契合而共同对苏冒险作战。从此三点看来，德日颇有联结的可能性。这还是抽象的可能性。现在再从事实来观察。希特勒上台以来，虽曾因排斥东方民族而给日本一度的难堪，但不久即解决；其次自"九一八"事变以来，日本即常购买德国的军器；再次，最近德日的文化越发接近，德国军需品制造技师大批被日本雇用，也系事实。有这些事实为前提，更加上上述的共同利害，则德日的联结不是完全不可能，不是一种想像的可能，而是一种实在的可能，已不待论；如再加上意大利，则此集团之结成的可能性更大。意大利如要在欧洲占主要地位，必须在东方有一个能牵制英国的友邦才行，但在事实上除日本之外没有第二个。意之加入德日集团，在理论上已非不可能。如再看日意两国在文化上接近之事实（虽然意国有时为中国问题表示反日），则知此种抽象的可能性渐渐变成实在的可能性了。如果德日或德意日真正联结起来向苏联进攻，则和平不能保住；反过来，如果这个联结不能成功，则苏联所认的主环和平可以向前发展。

（4）由希特勒政权的变化而来的可能或不可能。如果没有特别的变化，希特勒的政权因经济无办法政治无出路的原故，到明春或有颠覆的可能，其后的德国的政权，必不是复辟派或社民党的政权，而必定是社会主义的政权。因为现今德国的经济恐慌越发深化，到不可维持时就必然爆发大变化，而复辟派只知开倒车，社民党又已在希特勒登台后，已被容纳到苏联去，故那时候，共产派的社会主义的力量必然更大而发生社会革命。其时，苏联当然不能不被卷入漩涡中。和平在那时自然不能保持。因为德国的社会革命事实上在酝酿着，所以这亦是实在的可能性之一。但，如果德国社会革命不爆发，则苏联认为主环的和平有维持下去的可能。

（5）由海军军缩会议的成败而来的可能及不可能。从欧洲局面的稳定看来，到明年必因海军比率问题，而有造成英美联结对付日本的新局面的可能。自从法苏联结以来，英国在事实上已失其在欧洲的声势，它如要维持其威权只有向东方发展，然而要向东方发展，却得扩张海军。如要向东方发展，而不欲加重财政上的负担去扩张海军，则英国必须与美国联结。因为英国在东方如与美俄为敌，则无异与日为友，结果于它自己保持东方利益无补。单有英美联合，在海军方面尚无绝对取胜的把握。因为从战术上说，如取攻势，非有五对一的优势不可，而现今英美兵力即令联合也还不达此数。所以在此时英美只能取用海军包围取胜的政策，然欲包围则第一非断日本后方不可，第二非有一个飞机根据地不可，但和日接近的国只有苏联和中国，而中国弱而不可靠，故只有和苏联联络之一途，所以英美如果进攻日本，就非联络苏联不可。到此时，苏联当然没有不愿意接受的，同时，苏联认定的主环和平亦就无维持可能了。日本方面现今坚持海军同等的主张，故这种可能性更大。反过来，如海军会议能依英美日三国之互让而成功，则日本当然可以加紧向苏联挑战，到那时，苏联当然只有让步（除非日本侵入苏联领土），则和平有维持的可能。

（三）现实的可能性如何

现在应照前章所述方法，在上列五种或五对实在的可能性当中，找出一个或一对现实的可能性来。前面说过，在许多现象当中必有一个主导的，与本质的矛盾有关的最根本的东西。这种在实在的可能性当中的主导的可能性就是现实的可能性。且先考察由日本单独的挑战而来的可能性是否现实的可能性。在目前的国际形势下面，纵然因日本执拗的挑战而使苏联不能不应战，以至于开战，那时候的战争也只限于日苏两国，其他各国是没有帮任何方的义务，也没有即刻加入的利益，故结果只有两败俱伤。因为日本单独作战时还没有胜利希望。故日本非有绝对的胜算，必不肯断然侵入苏联领土而引起战争。所以可以说，日本的挑战只是一种手段，还算不得是根本目的；并且，从苏联方面说，单独的对日战亦不是它的最大要务，故除万不得已之外，也不会应战。故由此种挑战的成败而来的可能性，不是根本的可能性即现实的可能性。

其次，由德国之单独挑战的可能性，也同样，不能是现实的可能性。因为在目前状况下，不但德国自己一国不能单独打败苏联，故没有胜俄为第一目的冒险孤注一掷的决心，并且法英等国也不肯放心让德国单独进攻苏联，而使德国坐大。故可以说，德国之对苏挑战也只是一种手段；在苏联方面也不会把它看成一个根本的大问题而用全力去对付。所以由德国挑战而来的可能性不能是现实的可能性。

再次，上列（4）的可能性也不能是现实的可能性。因为第一德国的社会革命，如上述，还没有必至之势，二则纵然此种革命爆发起来，苏联也未必肯积极加入，而必会想法规避，因为如果积极的加入德国的漩涡中，则一方面会因此破坏了最大武器——根本的经济建设，一方面又会因此把一些和苏联为友的帝国主义国家变为反苏联的国家而促成整个反苏联合战线。所以从德国方面说，社会革命固未有必至之势，从苏联方面说，也不会希望此种革命的必至。因此，所以由此种革命而来的可能性也算不得现实的可能性。

再如第五种可能性也同样不能是现实的可能性，因为英美苏联合以进攻日本的战争，在目前情势下，英美固未必认此为最要必须而下此决心，日本也尚可设法规避。英国现在尚无即刻以扩充军备的方法乃至借战争来解决恐慌的必要。美国虽已用此方法，然尚非专靠此方法。且即自日本方面说，它也还可以有拉拢英或美的余地。日英在国际贸易的协调之下确有暂时妥协的可能。又如美国之放弃菲律宾，也是可以证明日美有暂时妥协的可能的一件事。又日英美之划分太平洋区域之谣传，在某种意义上亦可证明三国妥协的实现并非毫无事实的根据。在海军比率上假如日本让步，那对于日本也并无大害，因为现在英美皆无财力以充分扩充海军，而日本则否。其次，从实力说，在现在海军的力量上，事实上，英为第一，日本第二，美国第三。但英不能以全力对日，而美国国内又有许多日本侨民，有为日本内应可能，美国恐慌又特别深刻，美不能单独与日本战，也不能以对日战胜为第一要务，故日美的妥协非无可能。美日如妥协，则英必加入，故英美苏联合以与日本打战，不是绝对的根本的可能性，即不是现实的可能性。

以上四种实在的可能性既然都不能是现实的可能性，那末，当然只有剩下的第三种实在的可能性，即由日德或日德意联结进攻苏联而来的可能性才是现实的可能性了。这种可能性在本质上是最重要，最根本的，因为攻击苏联，于日本最有利：它一方面可借此拉拢诸强国，一方面它可以借此收中国于其势力之下，故日本最赞成。但，依前段所述，日本单独行动却有独被牺牲的危险。德国亦以攻苏为利：它一方面可借此讨好于帝国主义列强，另一方面又因其邻近的别个国家皆系强国，或背后潜有强国背景，故不利于进攻，而只以进攻比较孤立而常为德军所击破的苏联（虽然在事实上苏联已非帝制时的旧阿蒙）为最有利；但若德国单独进攻苏联，如前所述，却未必得胜利，因为一则德军受《凡尔赛和约》的制限，二则苏联在五年计划后的实力并不十分脆弱。德日二国都有攻苏的必要而无单独进攻的把握，故如在互相提携从东西两方进攻的条件之下，尤其在意国的援助之下，则胜算可操，故两国必走此路；并且从对外方面说，日本受到英美的压迫日急，而攻苏却是一种避免此种压迫之道，德国国内恐慌亦日益深刻已到非靠向外侵略去解决不可的地步，亦即非向苏联冒险不可的地步，故日德联攻苏联的可能性乃不能不成为现实的可能性。但因现实的可能性具有两个，故在苏联对付得法之时，这种可能性亦可变为不可能的可能性。故于此，这一对可能性就成现实的可能性：如果日德或日德意真正联合以进攻苏联，则苏联所认为主环的和平可以破坏。否则，苏联所认为的主环的和平将仍能维持。

（四）现实性的分量如何

现在应更进一步考察现实性如何。这可从两方面的主观上的努力来考察，并分三层来判断：（1）看双方主观的努力的大小多寡，关于这层，显然日德意的主观力量是分裂的，而且不均等的，不但日德是分裂的，即德国希特勒党内部也是分裂的，而不均等的。而苏联方面的主观的努力，如前述，却是一致猛进的。故前者的主观努力小而后者的主观努力大。（2）看看在努力过程上有无障碍？日本要攻打苏联必须经过所谓满洲国，而满洲国不但军备未成，而且人心未齐，恐怕适足绊手绊脚，故满洲国对于日本之进攻苏联是个障碍。同样，波兰之于德国也和满洲国之于日本，断不可靠，又奥，匈，保加利亚等国能否为德所用，固是问题，能为所用而是否不如第一次世界大战之奥国一样，适增累赘，更是问题，故这些未必不是德国的障碍。但从苏联方面的努力看，则情形相反：因苏联举国皆愿和平，故其努力上无大的障碍。（3）看双方是否处于绝地即是否非破坏和平或维持和平不可。在苏联是绝对以和平为利益的，无和平则危险，故可谓处于绝境。德国方面或许有若干非向外特别是向苏联战争不可的情势，但在日本方面，则无此绝对的必要。故苏联应因处绝地而多有主观的努力，而日德则应较少。就以上三层看来，可知就现在的情势看，苏联方面的维持和平的现实性大于日德方面的破坏和平的努力的现实性，故苏联方面的主环仍有发展的现实性，即和平暂时仍当维持，主环的发展在目前尚有利于主导方面。至于这种现实性是否能转为必然性，则当视将来苏联方面的主观努力是否能成为压倒对方的努力而定，现在却无从预测。

第七节　主导方面发展的可能性及现实性

（一）概论

现在应更进一步研究主导方面的发展的可能性及现实性，即社会主义的苏联的主导方面在将来是否可以维持。论理，主环如向着主导方面有利的方面而发展，则主导方面在大势上当然也可维持其主导的地位。我们既在上节的研究上已说明了主环可以维持，则社会主义的苏联仍可维持其主导方面一层在此似不待多言。但事实并不如此简单。上面的研究只是大概的研究或主要的一方面的研究而已。其实因为一切现象是不断变化的，并且另一方面尚有帝国主义方面的主环，难免主导方面不在各种集合的原因之下而发生变化，故尚须加以研究。这也须根据前述方法，分为几层来说。

（二）实在的可能性

这约有七种或七对：

（1）各国国内的统制经济如果完成，则社会主义的主导方面就不能维持。上面说过社会主义体制是向上的，是能解决问题的，能在资本主义内部发生作用的，是内部的统治一致的。而资本主义体制方面则完全相反。又，前面说过，用统制经济方法自给自足的恐慌解消政策，现正被各国采用着，虽说这种政策据上面的分析，在大体上，无论美国抑在德国皆已失败，但因内容比较复杂，也不无部分的成功。例如美国的 Nira 虽有评定为失败者，而称赞者至今也不少。在德的 Autarkie 也然，它固然不能解决恐慌，但因除社会革命之外在德国尚无较好办法，故仍有它的多少寿命。若德美的这种统制经济政策能依政治的理由发生相当效力，则美德可暂安定；因为金融资本主义虽到了没落期，但是否再不会有所谓继第三期而起的第四期资本主义的发展，目前尚难断定。倘若各国的统制经济成功，则资本主义可得一个暂时的安定可以进攻苏联，且其力量当较今为大，因此社会主义体制当然就会不能维持其主导方面的地位。反过来，如统制经济彻底失败，则可能性恰恰相反。

（2）集团经济的成立及扩大如可以成功，则社会主义体制不能维持其主导方面的地位。因为集团经济若能成功，就同样可使资本主义体制暂时打开恐慌的难关，而得到暂时的安定增大其力量。同样可以一致进攻苏联。原来，集团经济政策固然不能解决资本主义的根本问题，不能永久阻止资本经济的崩溃，但其能一时维持资本经济的崩溃却是事实。现今在事实上，集团经济似乎是日益向前发展着的，其数日益加多。据一般人的表面观察，其数有五：第一个集团经济是苏联，第二是大英帝国集团经济，第三是所谓日满集团经济，第四是法国集团经济，第五是意国集团经济。但从原则上说，苏联不能算是一个所谓集团经济，另一方面，美国虽未标出集团经济的名称实际上则也已成一个集团经济，故集团经济仍有五个。集团经济之成立及发展固能更加促进资本主义各国间的冲突，但其可得一时的效果，却是无可讳言的。例如日本之能够在世界市场倾销其商品，固然主要原因在劳动力之低廉及对国内农民之榨取，但其宰制台湾朝鲜及其独占满洲市场为其国内市场，亦不失为一种主因。又如大英帝国的集团经济之成立能使英本国的商品得到独占市场而得更大的销路，而相当解消恐慌，也是一例。因此，集团经济政策那种牺牲他人利益来解决自己的问题的方法，是可以相当延长资本主义的寿命的。所以若果集团经济政策依种种原因而得着更大的成功，则社会主义体制的主导方面就有不能维持的可能。如集团经济政策失败，则其可能性恰恰相反。

（3）中欧各法西斯国家或小集团如果联成大集团以向外发展，则社会主义体制有不能维持的可能。法西斯主义国在本质上是民族的和排外的，似无联合在一起的可能，但是，这种本质并不能阻碍它们暂时妥协联合，在事实上意奥匈等国现已联结成功，德亦有屈从的倾向。从理论上说，如根据上述集团经济的见地去推理，它们之间确有联结的可能。同时，因为法西斯主义是真确主义的，暴力的，国民的，带有神秘性的，故有突然出乎常人意外的向外实行冒险的可能，即是说，它们即使没有取胜的把握，也难免为上述各种特质所驱使，而有向外冒险侥幸的可能。其对外冒险的对象当然就是苏联。若能如此，则其他资本主义国也许要改变态度而苏联就要受到非常大的打击使其主导方面的地位也就要起变化。这种可能性现在并不是抽象的，它已因德国法西斯党的暴狂而带上实在性了。当然，在这种大冒险不能实现时，其可能性恰恰相反。

（4）如果苏联的第二五年计划因内部的纠纷而不能成功，或因外部的破坏而不能成功，则苏联的主导方面的地位就会失掉。第二五年计划是增加苏联实力的，故其成败如何，足以影响主导方面的地位。第二五年计划虽有充分成功的可能，但并非绝对无被破坏的可能，例如从对外关系说，如在因日本的猛烈进攻而逼得苏联不得不改经济建设为军队的扩大时，又如从内的关系说，在第二五年计划开始的当时所宣布的那个口号——"获得技术"（这足表示苏联的建设上尚有缺点，及此技术能否获得当然成了苏联第二五年计划成败的关键，同时证明苏联仍须与外国发生联系），竟无结果时，第二五年计划就会被破坏不能完成。要言之，苏联第二五年计划第一需要无外患，第二需要大家极度增加主观的努力，刻苦勤俭的奋斗始能成功。但是外患是不能自主的，人类的力量也终是有限度的，过了最高程度则会松懈懒惰，即如外交的胜利亦会减退一般的紧张，再加内外各方面尚难免有许多敌人希图破坏第二五年计划，如第一五年计划时的实业党生产党以及外国技师等所行的破坏运动一样。所以第二五年计划这个东西，在这些破坏企图的情势之下，能否照原定计划成功，尚有讨论余地。因此，苏联能否维持其主导方面的地位，也成问题：第二五年计划如被破坏，则有不能维持的可能，否则其可能性恰恰相反。

（5）英美利用苏联以打日本的计划，如果成功，则社会主义体制的主导性就不能维持，至少不能维持全部。因为英美苏联成一气，则苏联就会失去其单独的主导性，而与英美共分主导的地位。如联合抗日计划不能成功，则苏联的主导地位或能维持或不能维持，当视别种客观情形而定。现今在事实上美已联苏。英亦通过法国而改变其对苏之态度，且在对日关系上英美常有共同行动之倾向，故此种可能性是实在的可能性。

（6）苏联如果加入国联则苏联的主导性也有起变化的可能，因为国联原为一方面压迫苏联而存在，所以在苏联加入必起质的变化，同时，因为苏联在国联绝不能取得领导地位，而只能与英法等国合流，故苏联原来的外交方针必起变化，因此从前外交的孤立性就必失去，因而苏联的主导性必然的丧失全部或一部分。而苏联的加入国联，并不是抽象的，而有实在性的动向，所以这种可能性是实在的。如苏联的加入国联不能实现，则可能性的转变自当另样。

（7）如果德国发生社会革命，则苏联的主导性也就会失掉。今日的德国社会革命如果爆发，则依地理的及历史的关系，苏联必不能旁观，而有不能不加入之势，其结果必将引起各帝国主义联合起来反对苏联并进攻苏联。据现今德国情形观察实有发生社会革命的情势，故由这种革命而来的可能性是带有实在性的可能性。但，如德国社会革命竟不爆发，则苏联的主导方面的地位，单就这层关系说，尚有维持并发展的可能。

（三）何者为现实的可能性

现在，且进一步找出现实的可能性，分别从反面和正面来说明。我们既已明了苏联占住主导性的原因，同时又理解照经济政治的原则说，一切的成败的主因在于内部。因此，上列七种可能性之中，第四种苏联第二五年计划之成败，就成了决定能否维持苏联主导性的主要原因，即成了现实的可能性，第二五年计划的建设的成功，不但可以促成经济的发展，并且可以增加政治上的力量，例如国内反对份子无从用其煽动伎俩，各帝国主义国家内的无产阶级的革命信念可以增强，等等。反之，如第二五年计划失败，则苏联将不能维持其主导性，所以这里可得一个现实可能性的两面。

其次，从反面来说明。上列第一个自给自足经济的成功与否，不能够影响苏联内部的力量，又其成功也只能是一时的，故不能成现实的可能性。第二种所谓集团经济的发展之可以打击苏联是比较可靠的，因为资本主义体制可以利用集团的力量以进攻苏联。但这种办法亦只能有一时的效用，久则必有内部分裂，且集团经济之成立，原是牺牲另一部分国的经济的办法，所以终是减少资本主义体制内的力量而增加苏联的力量。第三种中欧法西斯集团的冒险，只是国民的排外的，故不能在资本主义的全体制中占什么大作用，倒反会因此而成为资本主义体制内部的对立。第五种英美拉苏以攻打日本，只是英美利用苏联的计谋而已，苏联和日本皆不会上这个当，故于英美真正对日本的霸权感觉威胁，因此真正想用实力干一下以前，这种可能性不会成为主导的可能的。第七种苏联加入国联，是一种外部的或表面的问题，故很显然的不能有很大的作用，所以当然不能成为现实的可能性。最后，德国的社会革命一方面是在外的问题，另一方面苏联又极力避免，故亦不能发生大作用，也不能变成现实的可能性。于此更可证明只有第四种的可能性可以成为现实的可能性。

（四）现实性如何

即从主观努力的强弱，其过程上的障碍大小及处地之绝否等而来的可能分量程度如何？先从主观努力程度看，苏联对于第二五年计划的努力的强烈，第一，可从全国多数人认第二五年计划是历史上的未有的大发展，而省衣缩食以赴之的自信心看见。第二，可从国内反政府的团体的破坏行动的减少看见，因为，如果第二五年计划的成绩真正有急速的发展，则一部分反对者从其人类的本性说亦必不能破坏到底，所以破坏行动的减少，就是主观努力的强烈的表现。第三，从资本主义国家内也有不因为其本身的利害关系而赞成第二五年计划者的。事实上，可以看见（例如美国有三百技师，德国有三千职工参加五年计划），倘若不是苏联方面主观努力十分足以动人，何以能使楚材晋用呢?！

其次，从主观努力的过程上障害方面看，在政治及经济方面，对于第二五年计划最不赞同的，主要有德日两个国家。但这两个国家，依种种关系尚不敢单独冒险的去阻碍；而随着恐慌深化，集团的斗争及贸易斗争，变得愈激烈化等等事实，又使各帝国主义只谋就近解决恐慌，不敢有联合一致以进攻苏联的企图。故心中想障碍第二五年计划的日德也不能在实际上成为苏联的主导性的实现上的障碍。

再从处地之绝否即重视的程度如何观察，也可看见，苏联是举国一致的努力于第二五年计划的进行，因为它不如此就无别的办法，而在帝国主义方面则各有其特殊利益和特别计划，在现状下绝对不能有一致破坏第二五年计划的决心和企图。故可以说，在实现第二五年计划的关系上苏联处于绝地，而在破坏第二五年计划的关系上，帝国主义国却绝未处于绝地。

总之，根据以上三方面的分析，可知苏联维持其主导性的现实性大，而相反的方面即帝国主义者破坏苏联的主导性的现实性小。因而可以说，现存的主导方面的发展的现实性甚大。当然，如前面所述，我们说现实性时，论点只在现实性如何，至于这个现实性是否能变为必然性，宜否使它转为必然性，等等，却非纯粹的理论研究家所能答复，因为这些问题都是属于政策论或策略论的问题，应归实际政治家去解决的。

第八节　主导矛盾发展的可能性及现实性

（一）概论

主导方面发展的可能性及现实性既然决定，当然主导矛盾发展的可能性及现实性在相当程度内也可决定，因为在原则上事象是随着主导方面走的。但是一切事实都依无数因子时时刻刻在变化过程中，故主导矛盾也许不是依主导方面而变的，而是依其他因子在演变过程中发展什么对主导方面的障碍即起变化的。例如现在的主导矛盾固然是两体制间的矛盾并受主导方面的决定，但说不定不会因为德法的战争的爆发而引起帝国主义矛盾成为主导矛盾的事实。并且，日美的战争的爆发亦有同样的可能性，因为这种战争有终必发展成为一般帝国主义战争的可能。故要决定主导矛盾的发展可能性及现实性，不但要从主导方面去解决，并且还要从各方面的事情去分析。

（二）主导矛盾的发展的实在的可能性

把现在可使主导矛盾发生变化的事实，归纳起来约有七种：

（1）德国社会革命的爆发　德国在恐慌过程当中，形势最坏，目前已种下无数破局的种子，同时向着或顺国社党的主张而行国际的冒险（战争），或逆着国社党的主张而行社会革命的两条路上走，除此之外，似乎没有别路可走。除国社党及德共党外，其他无论何政党似乎皆无法解决德国问题。在目前国社党外交失败之时，似乎社会革命的可能性甚大。将来，在其过程中也许有第三种办法出现，但大体上是向这方面走的。如果竟实现出来，则不待言，其时主导矛盾又是另外一种了。

（2）英美联合压迫日本　自"九一八"以来，英美常常只以空言威胁日本，故日本亦不害怕，而竟欲实行东亚门罗主义。将来万一英美真以实力压迫日本，则日本在现有的潜水艇等海军军备不在英美下之状况中，难免不实行反抗。但，在一般原则上说，英美要打日本迟早必须拉进苏联，所以英美对日战争更有扩大的可能性。其时帝国主义国的矛盾成了主导的矛盾，而两体制的矛盾就失去主导性了。我们如不否认英美正在对日行军备竞争，则我们就不能否认这种可能性的存在。

（3）意德法西斯集团对苏的进攻　德希特勒不向外谋发展，其政权无法维持，意莫索里尼在实现其信念及解消恐慌的关系上情形亦约略相同。再加法西斯主义的本质的英雄色彩及神秘性，当然很有冒险一战的可能。试看希莫二氏历来的演说，便知此言不谬。目前德意虽因奥国问题反目，然德意法西斯集团联合起来与法苏集团作战一事，在全般事实的倾向上，却有可能。不过，德意要操胜算，必须英国加入，而在现在的情势下，英以维持现状为利，故英似有中立可能。然同时须知道，英国终必利用德以抗法，乃是英国对大陆政策上的一种传统观念，故不能谓绝对无强迫英国参加德意方面而冒险一战的可能性。其时，就会由两体制间的斗争变成帝国主义间的并参上苏联的斗争。因此，其时的主导矛盾必不是两体制间的矛盾，而是另外一种了。当然这种可能性，在目前英法携手的状况之下，或许只是可能性而未必能实现，然而终不失为一种可能性。

（4）维持金本位的国家与非金本位集团的对立　此种对立目前已经非常尖锐化，非金本位国家责备金本位国家拥有现金不肯放出以致信用停滞，而金本位国家则埋怨非金本位国家施行通货膨胀政策以压倒外来商品。金本位集团是以法国为主，但非法苏集团，据闻英美最近有一种秘密协定，共同对法把货币降低，是否事实虽不可得知，然大致总有此倾向。在这激烈斗争当中，颇有提议设立一个国际货币的人们，因此问题更加复杂化严重化，有追踪法西斯集团与法苏集团的斗争而起的可能。这个斗争发展起来就会变成诸帝国主义间的斗争，必需输出商品各国与无需向外大量输出国家之间的斗争。因此，当然有变为主导矛盾的可能。

（5）世界五大强共同割中国，则主导矛盾也有变化的可能　各帝国主义如果发觉在中国的互斗于他们有损时，或许会想到在某种形式下共同分割中国，这可证之过去的事实。又如果列强发觉宰割中国会于一方面使他们受到损失，而另一方面又觉得不能不榨取中国的时候，他们也有放弃瓜分而采用共管的方式，1927年以来，在中国方面所谓戴季陶路线也即所谓日内瓦路线即已有这种动向。只有日本一国一向反对共管，而企图独占。日本自有中日关系史以来，在原则上即维持这个方针，到最近尤其是猛进，如"九一八"事变，乃至"四一七"的声明，无异主张在中国全领土中皆有其特殊权益。但，在现阶段上，事实上无论如何日本尚不能独吞中国，故只好让步；结果将成为五大强国宰割的情势，而日本在另一方面获得一些特别利益如海军平等的利益，或更进一步拉英美以共同压迫苏联的利益之类。对日本此种办法英美不一定反对，法国是附带的更不用说了。只有苏联是否参加一层最成问题。但万一在组织银行团，以共管中国的财政，铁路，矿业等等时，在论理上苏联或不至绝对反对，因为此时若不加入则于它自己在东方的力量的维持有害，至少苏联也必消极的默认。在这种情形之下，东方问题可暂时告一段落，而政治中心又将移到欧洲，法西斯集团猛进等等问题又重来，英法斗争亦将尖锐化，而使主导矛盾起变化。观"九一八"事件以后，日本屡欲独吞中国而终不敢，日本以外列强屡欲抗日而不能，倒反欲以温和手段，达到利益均沾的目的，可知此种可能性是实在的可能性。

（6）苏法英美联合对付日本　苏法英美在某种情况下有联合对付日本的可能，这是前节说过的。如果这种战争实现，其内容将变成非常复杂的世界大混战，其结果，将因苏联利用这机会加入帝国主义战线的缘故，而有使其时的主导矛盾发生变化的可能。只因法苏英美共同对付日本在事实上是有相当的倾向的，故此种可能性是实在的可能性。

（7）诸帝国主义联合进攻苏联　这不与法苏联合的事实相悖，因为今日法苏联合只在压迫意德的条件之下，才能成立，若过度压迫意德则反于苏联力量的增大有利，故法国到那时必致变其态度，与法相亲的其他各国亦然，至于别国更不消说。故到某时候各帝国主义国家有联结一起进攻苏联的可能性。其时，苏联亦必用苦肉计，与某帝国主义国相结合，结局使主导矛盾发生变化。这种可能性与上述第六种性质大体相同，不过一为苏联友西以抗东，一为苏联友东以抗西，其方向略有差别而已。

（三）主导矛盾的发展的现实的可能性如何

依前面所述方法说，现在应检讨在上列七种实在的可能性当中，哪一个是本质的根本的即现实的可能性。这个现实的可能性必须是与苏联的根本有关的东西，因为，如果与苏联本身无关，苏联就可以置之不理，而专一去实现第二五计划。在这个意义上，（1）（2）（4）（5）是不成问题的，只有（3）（6）（7）的实在可能性才成了讨论的对象，而发生到底其中哪一个是具有本质的根本的意义即哪一个能成现实的可能性。（3）未包含全世界的大部分主力，故不能看成本质的矛盾。（7）因为各帝国主义国受恐慌的束缚，不敢轻于发动，故亦无变成根本矛盾的可能性。结果，剩下的就是（6）即苏法英美联合对日的可能性，因为除东欧法西斯集团外欧洲大陆各国与英美皆不愿在欧洲有事，同时苏联也除压倒了日本之外绝对须有安定东方国境，也就是巩固社会主义基础的可能。再从日本方面说，日本经济自"九一八"以后，在世界已成优势；日本已成了重工业国，即海军军备也有追及英美的实力；加以东四省的三千万带有东方性的，最能堪受剥削的民众供其极端的权力统制经济之剥削，故财力可以大增。总之，日本如想成世界最强的国家，必然想独占远东，其他各国必然发生恐慌（例如黄祸之说），在尽可能的范围内必然企图打倒日本。因此，远东问题渐渐变成了与世界各方皆有关系。从以上各方面上看，这个问题的可能性，必然变成本质的可能性，即现实的可能性，而渐渐在发展过程上代替了原有的主导矛盾；换句话说，两体制间的对立所占的主导矛盾地位，在发展过程上必然被新的以帝国主义间对立为主，以两体制间的对立为副的矛盾所代替。

（四）主导矛盾的发展的现实性如何

关于这一层，情形甚为复杂，若以前述主观努力如何，努力上的障碍大小及处地之绝否为标准，分别言之，则可以有四种不同的结果：

（1）苏联方面的主观努力应该最大，内部障碍应最小，同时处地最绝。

（2）英美的主观努力应较小，内部对日见解亦不一致，并且总希望和平解决对日问题。

（3）法国的主观努力应最小，因它比较不干痛痒，只存有利可图则图之心。

（4）日本方面的主观努力比英美法的主观努力大但比苏联小些，伪组织及中国终是它的障碍，且它处地不绝，常存不战而胜之心。

如把四种结果综而观之，我们应该可以说：新主导矛盾的两方面（英美法苏及日本）在现实性的关系上虽各有短长，但因当主导矛盾的主导方面的苏联，比较能大大努力，故现实性在目前仍应该在新主导矛盾的发展方面。

要而言之，在现在正是于苏联有利的现实性大，因此在目前恐还要在一面维持现状，一面加重新危机的过程当中，即是说，两体制之间的矛盾仍暂时保持，但在倾向上说两体制间的矛盾逐渐向下减少，而帝国主义间的矛盾却渐渐向上增高。

第九节　主要矛盾发展的可能性及现实性

（一）概论

这一段的分析虽甚困难而繁重，然而却极重要，我们不可忽视它。平常许多机械的公式主义的新政论家，常常犯了两种错误，第一不知主导矛盾的必然存在，第二不知主要矛盾与普通矛盾及主导矛盾的关联，所以他们常常提出所谓现世界的五大对立或矛盾为一切政治分析的准则，依样画葫芦，不能道着真切之处。我们现在一方面要找出主导矛盾，一方面还要把主导矛盾与主导矛盾的关联弄清楚，这样才希望可得一些深刻的理解和比较正确的预测。这是本节首先应注意之点。

（二）主导矛盾与主要矛盾的关联如何

主要矛盾的发展虽应该是随主导矛盾的发展而发展的，但因它们间及主要矛盾相互间关系极为复杂，互相影响，所以应特别说说。四个主要矛盾与主导矛盾的发展的关联在大体上可得三组：（1）相反的，例如主导矛盾即两体制的矛盾对帝国主义国间的矛盾及金融资本与非金融资本的矛盾就是例子。这是互为反比例的发展的：前者激化则后者缓和，前者缓和则后者紧张，试看两体制间的矛盾发展则后二种的矛盾在事实上会减少，便知此言不错。这是当然的，因为前者是关于全部之争，而后者只是局部之争。（2）相成的，如两体制间的矛盾对于殖民地与帝国主义的矛盾的关系，就是例子，因为，在理论上及事实上均不能不承认，在一方面两体制间的矛盾越发发展，则另一方面殖民地与帝国主义的矛盾也越发发展，而形成正比例（因为一则社会主义体制是以殖民地民众为友的，二则资本主义体制有日益加重殖民地剥削的必要）。（3）相成而又相反的，如资本家阶级与无产阶级的矛盾对两体制间的矛盾的关系，就是例子。前一矛盾为部分的而后者为全体的，但从唯物辩证论看来，二者是相成而又相反的，因为部分不比全体要紧，原则上应是部分随全体走，即资本家阶级与无产阶级的矛盾，随两体制的矛盾走，所以是相成的；然而在金融资本的没落期中，两体制的矛盾如强化起来，倒会使资本家与无产阶级矛盾缓和，如像所谓反苏联战线往往足以形成民族统一战线，就是明白证据。所以在这种意义上又是相反的。

以上三种不同的关系是基本的关系，假如照前节所述，主导矛盾渐渐走向一种混合的矛盾去，则各种主要矛盾间的关系当然也可以变成混合的。如像到主导矛盾变成两体制的矛盾和诸帝国主义矛盾的混合物时，则上列三组要生变化：第一组不变，第二组变成与第三组相同。

（三）各种主要矛盾本身发展的可能性及现实性

明白了上述主要矛盾间的相互关系之后，就可以从事主要矛盾发展的可能性及现实性的探讨。照前例，先找主要矛盾的可能性，后找出实现性。不过，在这里，却可略去各个个别的分析。因为一则此等问题过于细微，二则各国情形不一，甚难做概括的判断，所以现在只说其结论。原则上诸帝国主义国间的矛盾及金融资本与非金融资本间的矛盾应当越发厉害，因为恐慌的进行必然曾使非金融资本没落，而增大金融资本的独占性。然无论如何，金融资本与非金融资本间的矛盾的发展，终究在现阶段上不如两体制间的矛盾发展之快：两体制间的经济发展在目前显愈差愈远。故金融资本家阶级对之不能不有戒心，而抑制自己内部的矛盾。帝国主义间的矛盾对两体制间的矛盾的关系，在目前亦有上述倾向，故第一组的矛盾可暂减低。其次，诸帝国主义国如见社会体制的发展而觉有暂时放松对殖民地的压迫的必要，则第二组将变成第三组的性质，这在现阶段上甚有可能。第三组的性质本是相反而又相成的，在发展过程中本不应有变化，而且如上述，主导矛盾日变成混合的，则此种相反而又相成性也就越大。这是在原则上对于主要矛盾的发展的分析应该得着的大体的结论。

第十节　主要对象发展的可能性及现实性

（一）概论

从原则上说，主要矛盾是从主要对象中产生的，即是说，在原则上，主要矛盾是主要对象中的主要矛盾，故既知主要矛盾的发展的可能性及现实性，就可知道主要对象的发展的可能性及现实性。但如仅那样，未免过于抽象。应更从具体方面来考察，逐一把主要对象与主要矛盾的关联解说一下，才能真正明白主要对象的发展的方向。

（二）主要对象与主要矛盾的关联

前已说过，在现阶段上主要对象是恐慌。当然，我们不把苏联的经济建设看作主要对象。其理由：第一，苏联虽大，但在全世界上不过占六分之一，小部分；第二理由，苏联原来就是一个自给自足的集团经济，原则上是一种真正的自足的经济，换言之，即苏联在经济的原则上可以不与别的国家来往，可以不依赖别国，所以它与各国恐慌不发生密切关系。

主要矛盾对于恐慌的关系如何？先看它和两体制间的矛盾罢。此种矛盾越发展而尖锐化，则恐慌当愈发发展，因为在不尖锐化时，各国尚可推销一部分商品到苏联去，而暂消生产过剩品的一部。又两体制间矛盾愈发展，则各国愈当扩充军备，而人民负担当增重，因之，恐慌也愈深化。反过来说，情形也是一样。要之主要对象与现存主导矛盾是相成的，恐慌随两体制的矛盾的发展而深化，两体制间矛盾亦随恐慌深化而尖锐化。

其次，诸帝国主义的矛盾，如愈发展，也能使恐慌越深化，这是前面第一节上所详述过的。当然，反过来说，情形也是一样。

更次，金融资本家与非金融资本家的斗争也能使恐慌更加深化。强者吞并弱者虽有缓和恐慌的前例，但，那只是普通恐慌时的话，而政治恐慌却是异常的恐慌，不但限于国内的吞并，且常常有国际上的吞并，故简单的吞并无效力。反过来说，也是一样。

再次，帝国主义与殖民地的矛盾对于恐慌的影响如何？在从前，加倍剥削殖民地本是解决恐慌之一法，但目前却不能利用此法。因为一则殖民地已少，二则殖民地受剥削已过度，故用此法，不引起重分殖民地的战争，必然引起殖民地的反抗。而国际战争和殖民地的反抗却可见增加恐慌的程度，所以殖民地对帝国主义的矛盾，不能使恐慌有任何的解消。从另一方面说，这次恐慌是包括殖民地在内的，在1926—1928年的合理化期间殖民地已经过相当的剥削，更比帝国主义本国受不起恐慌打击，所以哪怕殖民地单独的力量单薄，仍必要冒死反抗，所以也可以说，恐慌足以促进殖民地对帝国主义国间矛盾。

最后，资本家阶级与无产阶级的矛盾对于恐慌的影响如何？表面上看，好像两阶级的斗争，决不会随恐慌深化而发展，如罗斯福政策下的美国①，希特勒所谓超阶级的统治下的德国，莫索里尼统治下的意大利，似乎就是证明。但实则此种统治继续到相当程度时则必起大乱，美国工潮的盛行就是例子。而无产阶级起来反抗，则资本家的对恐慌政策越少，也越不能生效，故恐慌就觉深化了。所以两阶级间的矛盾在根本上是不能解消恐慌的。反过来说，就恐慌越长化深化，则两阶级间的斗争就越会尖锐化。

总之各种主要矛盾，对于主要对象的发展，有增加其长度和深度的作用——虽然这种主要矛盾本是由恐慌的发生才深刻化才变为主要的矛盾的。

（三）主要对象本身发展的可能性如何

除开上述主要矛盾之外，有使恐慌解消或恶化的可能者，为前第二节所述各种恐慌对策。但，据刚所述，主要矛盾俱不足以使恐

---

① 原文为"英国"，据文意改。——编者

慌解消，而前面讲过的对付恐慌的十一（除第十二）种方法，也只是一些除了部分的缓和之外，不能根本解决恐慌，倒反增加恐慌的方法，故恐慌这种主要对象的发展的实在的可能性虽有多种，然大抵是使恐慌前进或延长的，而不是使它后退或彻底解消的。

（四）解决恐慌的根本方法和恐慌发展的现实的可能性

现在我们应进一步研究恐慌发展的现实的可能性。在五种主要矛盾及前例十二种对付恐慌的政策当中，何种为主导的？不消说，是对恐慌对策的一二种方法，此外无方法。因为只有这个才能除去恐慌的种子，因为这次的恐慌是生产关系与生产力的矛盾的深化所招致的，因为恐慌已变成危机的恐慌，不能随便解消它，故除改革生产关系之外无办法。因此，所以用民众的力量来改变生产关系，就成了现实的可能性。但，如前章所述，现实的可能性是有一对的，是一方面有积极的图谋解决的可能性，另一方面又有消极的反对这方法，阻止这方法的实行的可能性。前者是劳工无产阶级方面的可能性，后者是资本家阶级方面的可能性。不消说，如前述，在现状下，后者在事实上大于前者。

（五）恐慌发展的现实性如何

这当然应照前述从现实的可能性两方的主观的努力如何，有无阻碍，处地绝否，等等，去下判断。在积极的可能方面，能够负担责任，实行执行革命方法来解恐慌的主要力量为劳农。而在现阶段上虽多数劳农还在梦想别种方法解决恐慌，但主观的努力不大；且他们，又常常会为民族性的发展或光荣而无彻底觉悟，并且一般说来无产者是能吃苦的，所以纵然生活甚苦，亦不十分感觉其处地之绝。因此，可以说，这方面的现实性较小。而其反面的资本家方面，其主观上的努力因知识高些，能明白某种办法的对不对，故这方面的现实性①较大，且政权，军权乃至财权全在他们手中，故主观的努力上的障碍也比较小；加之他们知道现生产关系一有改变则他们的生活将失其根据，所以他们比较更处于绝地。因此，可以说，他们方面的现实性要比较大些。

总起来说，主要对象应该越发恶化，但同时又无马上靠革命的政策来解决它的可能，故恐慌只有在未解决的状态之下一起一伏的日益发展或延长，以至劳农有充分主观力量来执行革命的政策而爆发社会革命以根本解决资本主义的生产关系时候为止。在这个过程上纵然有局部的暂时的好况或萧条，它对于大体的倾向却不能发生改变倾向的作用。

第十一节 现代国际政治上全体现象的发展的预测

（一）概论

第一，在这里要说明的就是我们这里不用可能性及现实性字样。这只因为可能性及现实性的研究只是适用于局部的问题上的，在全体的现象的预测上可以不必要，因为照我们的方法说，全体现象的预测本是一种结论，因为再那样的可能性和现实性的讨论，就犯重复的毛病。因此，所以这里只把全体现象的预测作为结论，排列出来，并简单明了的说明其理由。

---

① "这方面的现实性"为编者据文意补。——编者

（二）全体现象的预测的排列方法

全体现象的预测的顺序，当然不能是各现象的毫无条理的任意排列，而应该有一定的轻重先后，因为，若不如此，则那种预测就不能体系化关联化，我们的认识也就因此而失去若干的精确度了。现在依据经济学，政治学及唯物史观上的原则，将全体国际政治现象，分为以下十项：（1）国际上与经济有关的政治事象；（2）与商战有关的国际政治事象；（3）与国际货币斗争有关的政治事象；（4）国际上与经济会议等有关的政治事象；（5）与外交有关的国际政治事象；（6）与军备有关的国际政治事象；（7）与国际联盟有关的政治事象；（8）与社会主义革命有关的国际政治事象；（9）与法西斯有关的国际政治事象；（10）与殖民地半殖民地革命有关的国际政治事象。以下对此十项，逐一加以预测。

（三）与经济有关的国际政治现象

这里所谓在国际上与经济有关的政治事象是指那些与世界经济即各国经济联系紧的矛盾或是与各国经济分裂，乃至与经济同盟或经济集团等有关的政治事象说的。我们在这里如说其结论：世界经济将采取划成集团经济的倾向，因此，集团经济政策必盛行，例如贸易额减少，而生产增加的事实，就表示各国在采用经济同盟及集团经济政策。大英帝国的最近的情况如此，其他各国也有此倾向，都向反世界经济的政策迈进。这不是无理由的，因为：（1）各国皆损人利己；（2）苏联现已无与别国来往的绝对必要，可算集团经济政策的成功的榜样，故各资本主义国家也模仿之。近半年来，各国对外贸易采取独裁制的设立，便是这种倾向的具体的表现。

（四）与商战有关的国际政治事象

国际通商是以国际经济为基础的，所以国际商战是国际经济倾向的表现。现在试看看国际商战事象，我们也可发见，在大体倾向上，差不多全数各国采用新保护政策，如像各国特别个别互惠制通商条约，约期极短的通商协定，采取流动的关税制办法，将关税任意减半或倍加（如罗斯福之关税独裁权），等等事象，都是表现着各国经济政策，愈向集团经济政策前进。又如所谓 Quota System（定额配分制）规定某商品应从各国进口的数量，既不禁止外货进口，又不提高关税，一面使他国不能依违反通商条约的理由而反对，一面又可以达保护本国货之实，这也是仿效苏联通商国营的方法而来的一种最普遍最简便的办法。总之，从全体看来，在现阶段上，商战是更要激化的。

（五）与国际货币斗争有关的政治事象

国际货币斗争虽然在原则上是国际商战的一个表现，但因它还有政治上乃至军事上的意义，所以可以看成一种独自的斗争。货币从欧战以来就成了世界的问题，其最初表现为现金争夺问题。欧战后，世界的现金大体集中于美国。后因法国最初实施通货膨胀政策之故，现金于美国之外更又集中于法国。到 1929 年恐慌发生后，货币问题更加复杂化，因为如第二节所述，各国对于货币的价值，不要提高而须降低，所以各国大抵都多多少少采用种种形态的通货膨胀政策，如禁止现金出口，贬低货币金纯量，管理汇兑，等等。这是除开提高国内物价外为要达到本国商品出口而阻止外国商品进口的目的。有些国家采用通货膨胀政策以后，其他未施行同样政策的国家就得吃亏，所以也不得不或行同样政策，或采另外方法以资对抗。于是形成了金本位集团与非金本位集团的斗争。到最近，国际商战上又发生一种形态，即物物交换，这种形态从 1932 年起，最初实行于南美各小国，如巴西与阿根廷间咖啡和大麦的直接交换，就是例子。这种办法当然是开倒车回到古代的交换方法，虽说是在目前为救济货币的毛病及解消恐慌而行的不得已的方法，所以才由国内发展至国际的范围，但其种种不便和开倒车之处，却是不可掩饰的。此外如像日本与荷兰间打算以商品的单位计算输出入的数量，而不以货币为价值的尺标，也是物物交换的一种实例。由此可知物物交换也是国际货币战的一个表现，是一种新货币问题。国际货币问题因已如此复杂化，故有人主张制定一种国际货币。货币斗争问题是上面所述经济问题及商战问题的必然结果，故此后更要激化无疑。它本为补助国际贸易而行的，但最后却仍归结到以政治力或武力谋现金的获得上来，故在前述种种主要矛盾及恐慌的必然激化的展望之下，它也必然的更要益发发展激化起来。

（六）与为经济现象而行的国际会议有关的政治事项

原来，所谓国际经济会议，无论是一般的或特殊的，都不能不是世界经济的表现。而依上述，世界经济已变为反世界经济的集团经济，而发生激烈的商战及货币斗争，故以后为经济而行的国际会议，必定益发无效力，甚至于无法召集。例如 1933 年的世界经济会议，一经流产之后，就变为僵局，虽尚有人主张重新召集，但情形很难，似乎遥遥无期，这就是明例。此外，又如赔款及战债会议，各国财政会议，国联召开的劳工会议等等，虽尚开会，然已无会议的意义，只是一种形式。这也无怪，因为这种会议是世界经济的反映，既然世界经济变为集团经济，所以它当然应天天减少，且无结果。此后的世界经济更要集团化自给自足的经济化，故应该更无国际经济协商的必要。如条约上及契约上的债务（例如德国 1934 年对长期债务之声明）尚且可以片面的声明而不履行，则国际经济协商又有何需要呢？当然这不是说以后便无国际经济会议，而是说其日益减少，特别是多数国都参加的一般会议当日益减少。

（七）与各国外交有关的政治事项

以经济及商战等为主要的实质内容的外交关系的政治事象，当然会因经济分化和商战激化而增加其内容。关于这个，我们可以分为两种预测：

（A）笼统的预测

各国越发放弃国联中心的外交政策，而采取多边外交政策（这与欧战前的两国协调，三国同盟不同）。现在世界上的势力集团繁多，有如苏联集团，大英集团，法国集团，意德集团，美国集团，等等。因为经济情形如此，加之上述各项经济及商战之故，所以外交自亦不得不向多边方针进展。此后世界外交上一部分外交日渐紧张，一部分外交日渐松懈。紧张的部分应为日美，日英，日苏，法意，英美等的外交关系；松懈的部分为英法，苏美，英苏，日法，日意，英意等关系，即令走曲线如今年二三月间虽有日美交欢的外交关系。当然这是就大体的一般倾向说的，所以将来在事实上当然还难免有极短期间的纵横捭阖的分合。德国与各国间的外交关系，此处从略，因为德国在目前不是纯独立的国家，够不上有真正的独立的外交。

（B）分别的预测

如将上述各种紧张松懈的关系，分而言其将来应有的发展，则外交关系恶化者，应为：

（1）日美外交关系　日美间关系纵会走曲线如所谓一时的日美交欢的提议，将来在趋势上亦必越发紧张，因为日美的经济利害在原则上，特别在太平洋是相反的，而政治外交又是经济的延长的原故。

（2）日英外交关系　日英的经济关系也是相反的，特别在殖民地市场的斗争更为明了，故日英会商之没有结果，日印会商，日澳会商之无圆满结果等等，都是当然的。日本的铁工业虽不如英国但有一种特殊商品，自行车居然可以进入英国并且输出很大数量，这可以推知日英贸易关系之如何矛盾。此外日本棉织物也侵入英及其殖民地各地。总之，在今日，在商战上日本是个攻者，英倒成了守者。英国为抵制日本商品起见，遂不得不在大英帝国集团的范围内施行限额制度，最近又采用 Social Dumping 的口号来抵制日货。近年日本常利用经济国难的口号，奖励和强制国民以廉价的工资来从事生产，因得以最廉贱的价格的商品侵入各国，尤其是侵入英国的市场。英国常然不能不谋防卫，故二者的外交必然越要恶劣。

（3）日苏外交关系　日本与苏联，从来虽持不即不离态度，但自经日美复交，就日益紧张，再经法苏的接近，更加恶化。日苏在经济上虽无很大的根本冲突，但因在政治上关系太密切：日本是东方能进攻苏联的唯一国家。苏联又想在东方弱小中找外援，所以两国外交关系始终不能不紧张。所以，最近法苏接近可使两方暂安而东方多事。

（4）法意外交关系　法意外交关系自凡尔赛和会以来，就是紧张的。最近意国因英不能与它密切联络，遂独自制造政治集团，最近所缔意奥匈经济同盟，还想拉入德国，以与法国对抗。这自然是以欧大陆霸权为目标的法国所不能不反对的，所以法意的外交遂日益紧张，而法苏的接近的结果当然会使意苏关系也要紧张，苏日的关系也有同样倾向。当然，法意外交关系的紧张，是就一般倾向说的，所以并不妨在暂时间为对德国之故，一时妥协。

（5）英美的外交关系　英美的外交关系的紧张化，也是一般大倾向上的必然，虽然二国此种紧张不易表面化，并且常常一时携手。原来，自欧战以来，英美外交关系始终是不美满的：美国素来即想利用其经济力量以控制欧洲各国，对于英法之争霸也直想以调人的态度，取得渔人之利。英国在欧洲方面虽有法德为敌人，在东方有日本，但从世界全体上说，则毋宁以美国为主要敌人。因此，在第一次世界大战以后，英国的外交方针始终采取在欧洲问题上时而联法制德，时而联德制法，在太平洋问题上时而偏袒日本，时而联络美国，但从全体上说，英国对于美的戒心及敌视实最深最大。因为美国与英在经济上冲突最厉害，南北美洲许多事实上的英殖民地之为美国的事实上的经济殖民地。在欧洲及亚洲的情形亦复类似——虽然在此二处有法及日的陪衬而不明显。英美的关系此后更要恶化。在1933年经济会议上，英国拉法国以制美的倾向，最可注意。虽说从局部的问题，或于期间看来，英美不是绝对无言好的可能，但从全体看来，英美关系只有日益对立。这和英国对日关系及对法关系一样，是老大帝国主义国对于三个新进帝国主义国的必然的关系——虽然英法关系因对美及对德之故而有在比较长时间维持好感的可能。

其次，外交关系将日益好转者，应为：

（1）英法关系　英法外交关系之应日益好转，自系在英为联法拒美，在法为欲联英制德及意之故。理由详见前段。

（2）苏美关系　苏美自大战后关系虽极薄，但在现阶段上，二国关系却有日益好转并密切化的倾向。这根本上虽因苏联五年计划成功之故，然眼前的理由则在政治上是美想利用苏联抵日，苏联想利用美国的政治声威以间接拥护第二五年计划，在经济上是美想推销机器于苏，苏想利用美国的信用以促进经济建设。

（3）英苏关系　英苏二国在东方虽然有巨大的利害冲突，但在现阶段上，在恐慌未能解消，日本急图远东霸权，而英国却需要和平的今日，英苏双方具有接近的必要。因为美国至少可以推销一部分商品于苏联，试看英实业团曾声明英苏通商关系绝断以来，受害者是英不是苏，及在东方，英已将攻赤的宣传暂时缓和，就是明证。至于苏联方面，向例是以和平谋政治及经济势力的发展的，当然更乐于和英接近。故英苏关系将来必日渐好转。

（4）日法关系　日法关系在近数年中虽常常变化，但此后大致将日益好转。原来，在"九一八"事变发生后，法曾积极帮助日本。这在法方面不无理由，因为自1926年以来，中国采用所谓日内瓦路线，欲战后德国工业复兴的例，依赖英美，金借款及银借款，以建设中国经济并巩固中国政治。但此种路线因为欲图独吞中国之日本所不喜，同时亦为不欲向外作长期投资之欧战后的法国所不悦，故于此时日本起来反对，当然于法国有利，因一则在国联内部可因日本之帮法抑德而法得其利，二则东方有事则法在西方的势力可以巩固。所以在"九一八"事变后法常与日本接近。后来在东三省事件提出国联以后，法国白里安的种种在国联方面的作为，却显然是反日的。这在表面上，似为中国以压日，在实际上当然是因为法国需要维持国联的立场，而日本却显然反国联并声明可以脱出国联的缘故。但法日无论在东方抑在欧洲皆无很大的直接利害冲突，故其外交关系将来必仍继续松懈的态度，保持不即不离的关联，不会有大大的变化。

（5）日意外交关系 日意外交关系在最近将来，在大体倾向上，应与日法关系略同。日意二国在政治，经济，乃至历史上都没密切关系，当然也就没有什么利害冲突，所以可以保持不即不离的形态的外交关系。除非到了中欧法西斯大集团大联结以攻苏时，日意关系是不会大变动的。但同时须知这种大联合，在现阶段上尚少可能性。

（6）英意外交关系 英意二国在第一次世界大战以后，对欧洲大陆即始终采取同一的步调：时而援德制法，时而助法压德。此种步调的相同，在最近的将来，当无变更的可能，所以英意二国外交关系，应是向着好转方面走的。

（八）与军备有关的国际政治现象

军备和战争原是政治和外交的延长，所以在说明了主要各国外交关系以后，这是很易说明，并且是应该立即继续说明的。这可分为军扩与军缩两项，分别加以预测。

（1）裁军的预测 酝酿几个月的 1934 年裁军会议，只成立了一个原则，毫无实际办法，因此，使许多人浩叹。其实从理论上说军扩原是必然的，本来无从说裁军。帝国主义是资本主义发展的结果，必须向外扩大生产销场，寻找投资地方或原料地方，换句话说，必须寻找殖民地。但殖民地有限，不能不争夺，并且殖民地又都在国外，若无武力防卫，就不安全，故从进侵或防卫方面看皆需要军备，故扩军才是帝国主义时代必然的结果。在此时而提议裁军是无聊的话。他们之所以说要裁军，只出于取利眼前的理由：（a）轻财政上的负担，（b）刺探敌人现有军备的内容，行施其政治上的纵横捭阖之道。不过，这两种理由在恐慌期已渐失其存在，因为，一则如前述，在恐慌期中扩军不但可解消恐慌至某程度，且可以移转国内无产阶级的视听于国外；二则现在政治上，各国的狰狞丑相皆已露出来，已无试探的必要，即从军事上说，最近主要的进步就是化学武器，故知一国化学进步的情形，即可知其军备进步的内容，故亦无刺探的必要了。所以裁军的话，在最近的将来，在一般倾向上是必然有减少的倾向。

（2）扩军的预测　扩军是裁军的反面，裁军会议既有减少的倾向，所以扩军当然应有增加的倾向。特别是在德国不服《凡尔赛和约》的规制，实行增加军备，日本因海空军实力在远东居第一位之故，实行以武力助伪组织的计划的今日，在军需通货膨胀政策可以相当消解恐慌程度的今日，扩军是一种必然的倾向，无从阻止的——只怕在世界舆论上也许还有人从事表面的国际和平运动和裁军宣传。

（九）与国联有关的政治事象

国联原是世界经济发展到某种程度时的反映，是因际政治上的一个工具，而不是无时代上的存在理由的。故国联中心主义一时曾深入人心，许多人民真想依赖国联来调和各国的经济及政治，使世界上协力的路轨，即如在中国一时亦曾有依赖国联的投资来开发中国，同时避免各国的单独侵略的企图。但自 1929 年世界恐慌发生以来，如前面所述各国不但企图损人利己，并且还把国家主义扩大成为集团联结，并且还把军备弄成各国独自进行，不受限制。日德已退出国联，因此，国联在事实上便减少其存在的作用了。本来，从理论上说，国联因第一次世界战后特殊的原因而产生存在的，它只是一种（1）图战后各国的暂时休息，（2）充公平分赃机关，（3）满足战后人道主义的要求，（4）对付国际社会主义运动的东西，故与帝国主义的理论是相违反的。在恐慌所达到的现阶段上，无论各国的经济上政治上已无可休息了，就连充当公平分赃机关一层，亦无意义，因为现在德奥等战败国已无赃可分。至于人道主义一层，如前述，也无可再假借了。进攻苏联以对付国际主义运动一层，固然尚为各资本主义之共同目的，但在各国竟欲拉拢苏联以解消己国恐慌的现在，亦当然不能充分发生作用。所以国联将来必越发徒存其名。但同时必然在同一名称之下，变其实质，因为在英法对付德意法西斯的意义之下，苏联有加入的可能，其时国联就要变更性质，第一变成一个反法西斯集团的机关，第二变成两种体制的暂时的统一的机关（前面说过，两体制的矛盾有加在帝国主义的矛盾当中而成为混合的主导矛盾的情形的可能，其时，国联就成了这种统一体的机关）来处分东方问题。在二者当中，当然前者占主要地位，后者只占次要的地位。总之，将来国联以何种形式，发现其名存而实亡的进展固然难于断定，但本来意义上的国联则必不能再继续下去，则是毫无可疑的。

（十）与社会主义革命有关的国际政治事象

社会主义革命带有国际性，本是社会主义革命的理论的必然，即从事实上看看第三国际的存在及其活动的历史及现状，也可以知道此理之真实。上述国联从前以对付国际主义运动为其存在理由之一一层，也可以反证同一理论之真实。现在我们应将这种社会革命运动与国际政治的关系事象，预测一下。从目前的各国恐慌驱使大多数民众日受更大的生活上的辛苦一层说，似乎在最近将来，与社会主义革命运动有关的国际政治事象应该加多。但，如从全体倾向看起来，则如前述及后述，第一，因充当国际社会革命运动的中坚者的苏联在现阶段上只重第二五年计划的完成，不重各国社会主义革命的急进，第二，因世界法西斯运动在恐慌过程中，吸收了一部分的劳苦农工大众，越发猛进，故民主主义的资本主义国有缓对社会主义，严对法西斯主义的必要，而社会主义国家也感同样需要，故二者之间有暂时妥协的倾向（苏联与法国接近，便是明证）。所以与国际社会主义革命运动有关的国际政治事象，在最近将来，有逐渐减少的倾向。这当然是说全体倾向，如就个个的国家看来，也许有社会革命因子愈益增加的可能，如像工潮农潮乃至武装暴动等频频发生的可能。

（十一）与法西斯有关的国际政治事象

从法西斯运动的起源上说，无论何种形态的法西斯运动，它都是一种国内政治运动，然而在国际经济集团化的今日，它显然有联成法西斯集团的可能，所以不能不发生与此运动有关的国际政治事象。例如随着恐慌的深化而意德奥匈等法西斯事实上的集团势力越有形成联络而作国际运动的可能，就是例子。此种运动无多大的前途，理由是：（1）法西斯本是民族的，只有在不得已时才有集团运动，故到集团发展到相当程度则起内部的破裂，如像意德关系，就是例子。（2）惟其是民族的故若国际化时就会引起内部的分化，或变成非法西斯主义，例如最近希特勒内部的破裂，就是因为党人反对希特勒追随意国主张的原故。这只因为法西斯主义原是供奉金融资本的本质，故可以国际化，然而一旦国际化之后就会放弃民族主义而变质。(3) 法西斯主义越国际化，则更有把法西斯的背面基础的金融资本性暴露出来的可能，其结果将使另一部分本来基础的小资产阶级的农民因其国际化而失望，因为国际化是金融资本的本色，与表面反对资本主义的法西斯主张相反，所以一旦国际化，它就会失掉国内小资产阶级的信用。

（十二）与殖民地半殖民地革命有关的国际政治事象

以上我们已经把在国际上应有的各种政治事象的预测，略说了一遍，但是，只此还是不充分，此外还得总括起上述几点求讨论的必要，因为从辩证论看来一切事象中必有一种集中点，且原则上固然只能有一个主要中心点，但因一切事象具有变化，故也可以在一定期间上，在同性质的事象范围内，构成一种流动的集中点。目前这个国际政治事象的集中点是什么？它是固定的？是流动的？如果从以上各节所述的分析，求一答复，我们当然应说，与殖民地半殖民地革命有关的国际政治事象就是集中点，特别是与中国及德国的民族革命有关的政治事象构成了两个流动的集中点。因为这两个地方在静的方面的物资及人力上已为列强所必争，并且从动的政治变动方面说，二国各在两体制的斗争之间，更为想制胜者所必须抓住之地。更详细说：

第一，从利害关系说，这两个地方，几乎把六大强国的关系都包括在内，德国方面除日本外，与英美法意苏皆有关涉，中国除意国外，与英美法苏日皆有关系。德国是所谓欧洲殖民地，欧洲各帝国主义强国若要利用殖民地以解决恐慌及其他问题，则德国为首一对象。工业已发达的德国之所以会被利用，只因为从生产技术高度发达的帝国主义国看来，与其利用产业不发达国家，不如利用产业已经发达的国家，更能增加其销场；又因现在是金融资本时代，其他帝国主义可以利用其大资本，来吞并德小资本，如 1922—1928 年的德国合理化运动，就是列强剥削德国，德再转而剥削未发展的国家，或半殖民地的证据（德货倾销于落后的各国）。中国的重要性，在某种意义上比德国更大。它地大物博，人口繁多，而生产落后，所以一般经济上说，世界上没有比中国更好的易于供人剥削的地方。第二，从政治上看，德国是各国的欧洲半殖民地，中国也是各国的半殖民地，而半殖民地在恐慌过程上，因是唯一易于进攻的对象之故，比殖民地还有作用。第三，从全体国际情势看来，中德皆与苏联有邻近的联系（虽然德苏不直接交界），中德是社会主义的路线与否，对于两体制的斗争有莫大的关系。在中国，近年来农民的被剥削很厉害，在德国也然，所以可以说富有社会革命的客观的要件，且中国方面虽不可知，然在德国从 1934 年最近国会选举的结果看来，倾向社会主义政党的选民尚有五百万人，所以社会革命的主观的要件也很有发生的可能。所以从两体制间的斗争说，也很重要。总而言之，无论从诸帝国主义间的斗争及两体制间的斗争说，无论从经济或政治上说，在现阶段上中德皆成为国际政治的集中的中心点——这是无从否认的。所以中德两国从此越发多事，乃是必然的倾向。

至于究竟在目前中德二者之中，何者为最主要，这却不易判定。从各国的关系的多寡及复杂看来，中国应该是最主要的。但从殖民地革命的斗争的可能性乃至社会革命的斗争的可能性说，中国都不如德国。中国对于外国的侵略，如对日本的侵略，缺少国民大众的反抗，所以中国远不如德国。故中德二者中谁为主要，一层，是很难断定的。要判断此点，必须依据各时期各方面的事实，但这却不易找寻。故在大体，可以说，中德二者为现阶段的流动的中心点，从各国关系的可能性看，中国问题占主导地位，但从革命乃至民族斗争的现实性看来，则德国问题又占主导地位；并且，中德问题在东西两方面是互为消长的，有中国问题发展则德国问题停顿，德国问题发展则中国问题停顿的倾向——固然二问题有时也可成正比例的发展。

（十三）总结

现在如总结以上十二段看看，则可以说现阶段上各国虽还未达短兵相接的时期，但已渐入于危机的途径，因为无论从上述哪一种国际政治事象看来，国际全体现象的大势都是趋向第二次世界大战的方向前进，都正在积蓄着危机的量以准备着将来的大爆发，而不是逐渐解消这种危机。

第十二节　方法论上应注意之点

我们在以上各节中，已经适用了抽象分析实践法，具体的分析了现代国际政治的事实并作了种种预测。最后我们在本节里，还得简略指出在方法论上很容易发生的几个可能的误会，作为本节的余论。这里所应指出的可能的误会，约有三个，所以我们应注意之点也约有三点：

（一）应注意，我们在本章所行的观测，只是客观的大体倾向上的观测，而不是预言家式的，带有政策意义的观测。详细说，第一，我们的观测原只是大体倾向上的观测，所以在事实上也许有部分的事实的发现，与我们所观测的恰恰相反，我们不能拿这种一部分的反证来证明我们观测的错误；如果那样，就等于看我们的观测为预言，而陷于机械的公式主义论的泥沼中去了。第二，我们的观测只是书斋里的纯客观的观测，并未含着任何主观的政策上的意义；如以为我们的观测已是经过某种政策——哪怕就是今日最盛行最无可非难的民族主义的政策——的渲染的东西，那就错误了。我们当然知道，一切科学的真理都免不了某种主观政策的浣洗，但据我想，我们应该把对于真理的主张和对于真理的研究分开，前者是街头的，所以必须带主观政策性，而后者是书斋里的未完成品，所以无从带主观的政策性；虽然后者加上主观的政策性就可以变成前者，然而在未变以前，依旧是后者，即依旧是两种东西，不可随便混而为一。所以，如果有人以我们的观测未带着主观的政策性见责，我们应该是不以为耻辱的。

（二）应注意，我们以上各节的观测，只是关于国际政治全体现象的观测，而不是局部的政治问题的观测，如利用前述观测方法于局部政治问题的观测上，那就错了。局部政治问题分析的方法（例如日美关系的研究方法）应如下：

（1）考察本问题的历史性。

（2）考察本问题的经济基础性，但经济基础包含（a）何种经济阶段的反映，例如在二十年的日本是产业资本经济，今日的美国是金融资本经济的反映。（b）考察阶级性，例如美国对日主战论是重工业资本家的意见。

（3）考察政治上的重要性，即从政策的国际及国内的意义上加以考察，普通的政策都含有内外两面，即在独立国家内的政策亦然，如美国之贬低金币纯分，即引起英法的反对，美国的白银国有即招中国的抗议之类。

（4）考察政治上斗争的大体的方向，决定其主导性。

（5）预测那种政治问题或现象在将来的可能性及现实性。

由此可知关于局部政治问题的观测方法，与我们在本章上所用的，关于全体政治现象的观测方法，大不相同，不可混为一谈——虽然在某种关系上局部政治问题的观测也得应用全体现象的观测所得的结果。

（三）应注意，我们在本章所用观测方法，只是全体国际政治现象的观测方法，对于其他全体的现象却不必一定可应用。例如经济现象虽与政治不能相离，但仍是可以独立的，所以关于经济现象的观测就不能同用一种方法。换言之，本章的观测方法不能应用到全体经济现象或部分的经济问题上去，因为如前述，政治带有主观性及斗争性，而经济偏于客观性及协力性。

至于经济现象的研究方法应该如何，我们在此虽不能多说，但附其要点于下：

（1）全体经济现象的分析。这应该用抽象分析法前已述过。如要预测将来，就还须加上政治关系，经济政策，政治政策的考察，因为从效力上说政治还是占优越地位，所以关于经济的发展如何的考察，必须参加政治方面的因子。在大体上我们可以说，政治现象的考察是以经济考察为第一步的基础的，而经济现象的考察是以政治考察为最后的预测的准据的，二者虽互相为用，其间却有前后轻重之分，从辩证法的观点看来，我们对它们应有真切的认识才对。

（2）部分经济问题的考察。这与全体经济现象的观测法固异，即与上述局部政治问题的观测法亦不相同，大略如下：（a）考察其历史性。（b）考察其物质的基础，即有无资源及完全的执行机关之类。（c）考察其阶级性。（d）考察本经济问题在政治上的关系如何，包含国内外两方的考察。（e）最后作预测，先从政治上看有无可能；次从阶级上察其可能性及现实性如何；最后从物质基础上察其有无可能。此外如法律问题（例如施行统制经济必侵私有财产神性的法律，而在民主国内，法律的改订不是随便的事项）的考察，在必要的范围内，亦当顾到。

第四章　当作现代国际政治之一部分看的现代中国政治之科学的分析

第一节　方法论的考察

（一）我们在前章已经把现代国际政治，具体的分析过了，但是问题还没有完，因为，照前面导言所述，我们在中国国民的资格上，还应注重现代国际政治与中国政治的关系，所以我们现在要进一步研究这个关系，要到明白了这个关系之后，我们对于现代国际政治的科学的分析的工作，才算完成。但是，在事实上，当作现代国际政治之一环看的现代中国政治的分析这个课题，却是难题，其中包含许多困难：第一，这个课题到底是一个整个的政治问题，还是一个局部的政治问题一层，就不易解决，因此，对于这个课题应该应用什么研究方法，应用抽象分析实践法吗，还是应用部分政治问题的研究方法一层，也就不易判断。

（二）据我个人私见，现代中国政治的分析乃是带有二重性的：它又是部分的政治问题，又是整个的政治问题。何以说现代中国政治的分析是部分的政治问题？因为事实上中国是在政治上经济上受帝国主义列强的压迫和剥削的次殖民地，所以在国际政治上不能有多大的自主的余地，而要深刻的受现代国际政治的影响。那末，何以又说现代中国政治的分析是整个的政治问题呢？这只因为中国本身还是一个整个的国家，至少从它内部看来，还是一个整个的政治现象。所以，可以说，从对外关系看，现代中国政治的分析是局部的政治问题，然而从对内关系看，却又是一个整个的问题。这种二重性，从某种意义说，各国都是一样，不但中国是如此，日本也是如此，不过中国因是次殖民地的缘故，特别显著罢了。全体和部分是比较的话，从小部分说起来是全体，从大部分说起来又是局部了。这是相对的，是不容易解决的问题。结果只能说中国现代的政治是有二重性，一是局部性的，一是全体性的。

（三）中国政治既有二重性，所以中国政治问题不能当局部的来看，又不能当全部的来看，而只能折衷以对立物的统一，统一物的分裂的原则来看。因此，我们讨论外部问题时就用个个的问题的方法来分析，讨论对内问题时，就用整个的抽象的分析实践法来分析，即是：（1）把中国政治当作国际政治一环的问题。（2）把中国政治当全体政治现象问题。（3）以这二个之中的主导的当作对立物的统一，再来预测它的可能性及现实性。过去的一些人都没有把这个问题弄清楚，有的把中国当作整个的内的问题来研究，有的如托拉司基派只把中国当国际政治是一环的问题来研究，还要折衷的把中国又算内的又算外的问题，而不知其如何统一的。这二种都是错误的见解，因为他们的方法既错误，当然其研究是没有正确结果的。所以我们只有依：（1）当国际政治一环的中国问题。（2）当全体政治现象的中国问题。（3）一二两个问题之统一物的中国问题的主导性和它的将来发展的可能性及现实性的原则，才可以得到真正的结果。

第二节　当作现代国际政治之一环看的中国现代政治

（一）史的考察

先看中国问题在历史上经过什么变迁。这是说走进国际政治以后的变迁，是说从约九十年前之中英鸦片战争起，国际帝国主义国对中国是怎样看法。这约可分四个时期。且说这四时期的关联和意义吧。从 1840—1885 年是中国问题的萌芽期，是帝国主义压迫中国五口通商，1856 年英法联军攻打广东北京，都是要增加通商口岸的问题。到 1885 年关于解决中国通商的问题，大体都解决了。中外通商条约是与帝国主义有特殊利益的，因为一旦被迫通商，则帝国主义国的廉价的大量生产品，便可如洪水一般，到中国来扩大市场，来压倒中国原有商品。并且治外法权的条约也成立了。这是中国问题的萌芽期，在科学上说起来，那是帝国主义的脱胎期，是帝国主义的在内独占已成它非向外发展侵略不可的时期。那时代就是帝国主义时代的开始，英国经济发展得最早，所以鸦战是英国领导的战争。英法联军的攻打北平，也是当然的事，因那时帝国主义还未到成熟期，只是当作帝国主义者去剥削弱小地方的萌芽期，所以那时期中只有一二国是帝国主义。到 1885 年，印度早已经在英国势力之下，变成英帝国主义的专有殖民地。另一方面俄帝国主义也形成了，德帝国主义也已变成了行使帝国主义政策的国家了，美国那时以前，还是落后国家要别人投资的国家，然而到 1880 年，它已禁止外人投资，禁止外国工人入口，所以也可以说它也到要形成帝国主义国的时代了。所以到 1885 年左右乃是帝国主义的对中国侵略的成熟期，即由商品销售到划分投资范围时期。由 1885 到 1900 年庚子联军是中国问题的第二个时期，各国想实行全部帝国主义政策的时代，要想分割中国的时代。中日战争后，中国失去朝鲜，台湾，后又发生三国干涉问题，因此又发生租借地方的问题。那时所谓德国强迫租借地的问题，在实际上是德国和中国事先商量好才实行的问题，那和现在日本对中国是一样的。因为德国的开始租借地，所以各国都援例要海口租借地，孱弱无能的中国没有办法，就把各紧要海口分给各国做租借地了。后来更因海口而牵到省统圈，所以几乎无论中国哪省都变成它们的特殊的势力围范了，它们对于这些范围不许中国租借给别人，如中国要开发经济，也要用他们的资本和材料，等于殖民地的变象。那是帝国主义对中国问题的第二时期。第三时期是 1900—1914 年的时期。那时各帝国主义已到成熟期，势力平衡，相互竞争，已是帝国主义向下崩溃开始期，也就是帝国主义的最上期。所以它们内部必然发生斗争，有重分殖民地的必要。尽管要重分殖民地，然而又怕它们自己失败，所以只好隐忍待时，在时机未到以前，还是大家联合着来共同对付弱小民族。在它们由向上期转为向下期的时代，各帝国主义当然要以同样方法共同来对付中国，结果等于大家共管中国，所以《辛丑条约》的结成就是大家共管中国的表现。我们如想到1889年第二国际开始活动，社会主义者对帝国主义的交涉已经正式开会谈判，就可以知道帝国主义国何以不能不联合对待中国。所谓庚子各国联军攻打中国及《辛丑条约》的形成，不是偶然的而是必然的，因为帝国主义的发展过程中必然的要走那条路的。那时中国已成各帝国主义斗争的目的地。所以四国银行团乃是同管中国的工具。后变为三国银行团，其性质却未变。在第三时期的过程中，因为它们内部的斗争的量蓄积过多而变质，才有1914年的世界大战。从1914年到现在止是第四个时期，是日本想把中国变为它的保护国的时期。日本对袁世凯的"二十一条"的要求就是它的最初表现，因为日本想独并中国的，1931年的"九一八"事件是日本这种希图在武力上的实际执行开始，1934年的"四一七"声明，更是日本这种希图在理论上的宣示。在这第四时期当中，日本以外的各帝国主义国最初因受大战的牵制和损失，后来因受1929年的世界经济恐慌压迫，已无与日本在远东用实力竞争的能力和志望，所以日本得利用其在远东的最优势的武力，几于对中国问题，为所欲为。但是，从全体倾向上说，日本并未能，将来也未必能，完全达其目的，因为在这第四期当中，与日本接境的国家本身发生了巨大的变化，一方面成立了社会主义国家的苏联，一方面形成了以民族主义为中心的三民主义的中国政权，都足以为日本对中国问题实行上的新妨碍。苏联的社会主义国的存在足以构成日本帝国主义的眼中钉，在理论及事实上，都甚明显，用不着多说。中国辛亥革命的结果虽不小，虽然赶走清帝，得到法治国的国家，然而从对帝国主义方面说并没有得到真正好的效果。一直到第四个时期，利用欧战的关系，中国经济发展，发生了新兴的产业资本家和无产阶级，才有双方的完成的理论和实力。新兴的资本家的理论是三民主义的国民革命的理论。在1920年无产阶级的理论也有了，因为国民党那时采用联共合作政策使无产阶级的理论容易发展。有了二方的理论才有真正人民的自觉，中国真正的民族革命才开始。所以在这个第四个时期中，当然不能不有反抗日本独占的力量发生。总之，从历史看起来所谓中国问题有五个意义：

（1）帝国主义想把中国变成公有的殖民地时的中国问题。

（2）帝国主义想把中国变作共管的殖民地时的中国问题。

（3）所谓最后期帝国主义的国家中最邻近，最知道中国的情形的日本想吞并中国作为它独占殖民地的中国问题。

（4）世界社会革命的大本营的国家苏联想把中国作世界革命的酝酿所时的中国问题。

（5）中国的民族主义者想把中国从帝国主义束缚中解放出来时的中国问题。

第五个意义的中国政治问题，也就可以说明中国问题，为什么放在国际政治里面去的理由。

（二）经济的基础上的考察

这可分二种，一为整个的笼统的考察，一为分别的阶级性的考察：

（1）笼统的考察　从五个意义看起来，中国问题在经济上都是带有必然性的。从第一和第二个意义说，帝国主义把中国当作公有的殖民地或为什么要瓜分中国呢？因为西伯利亚太冷；苏联是它们反对国国家，它已经有相当的成绩，帝国主义因此不敢去惹它；南美中美洲地方虽宽，但已经变成单一农业的地方，分来也没有什么好处，而且如没有大多数的海军，也不能去进攻和维持；印度及中小亚细亚已属英国势力，它们不能对英去进攻；非洲太热太野蛮，且已经分割。只有中国地土大，原料多，人口众，所以在经济上有用处，只有中国在政治上和经济上说起来，都合他们的意味。把中国当成公有的或共管殖民地，从经济上说起来，帝国主义经济可以更加发展，因为中国的经济是整个的，中国全国语言文字嗜好大致相同，所以很便于容纳大量生产的商品。从政治上说起来，中国人口虽多，但国民意识尚未完全发达，国家组织尚甚松懈，所以也比较易于进行经济上的剥削。从第三个意义来说，日本帝国主义认为如不赶快独占中国，将来帝国主义向它进攻，它就没有退步的余地。原来，在日本现实的成为帝国主义的时候，国际上可供殖民地之用的地方，已经不多，所以它非向先进帝国主义国已经染指的中国谋进展不可，并且因同文同种，地理接近的缘故，也能够特别有利的向中国进展；然而因此却触犯了先进帝国主义者的国家。并且，从人种上说它乃东方黄种人，颇为刺眼，将来难免总有人以此为理由向它进攻的时候。有人说将来会有种族的争斗，即白种人联合起来打黄种人的事，这话当然不通（因为阶级斗争及民族斗争已证明其错），可是帝国主义当然可以种族战作为一个手段来向日本进攻，日本也可以拿同样的话来对付敌人。所以日本只有抓住中国才是它的经济上的发展和政治上的防御，所以中国问题的第三意义，不是偶然的。从第四个意义来看，自从托拉司基的在西方进行社会革命的主张失败，列宁在东方殖民地半殖民地来进行社会革命的主张成了必然，而一般东方殖民地中只有中国人口最多，和各帝国主义相接近，它受的压迫最多，所以它多有社会革命的可能性。并且它的文化在一般殖民地中比较进步，这也是社会革命的可能更大的一种原因。所以中国是社会革命主张者必须抓住的地方，苏联在民十三四年对国民党的让步就是因这个原因。所以第四意义也有经济上的基础。于第五意义上说起来，因为中国人民受帝国主义压迫最厉害，一般经济生活最苦，而人民文化程度又较高，民族自觉日益大，当然有民族革命的可能，所以在第五个意义也是有经济基础的。

（2）阶级性的考察　这可简单分为下列几层：

（a）带有先进帝国主义和后进帝国主义的斗争性。因为日本是后进，它的生产设备比较新，所以它能有打倒老大帝国主义的野心。这虽非直接阶级性，总算是通过买办阶级金融资本而来的间接的阶级性。

（b）带有无产阶级对资本家阶级的斗争的性质，理自明。当然包含两体制斗争性。

（c）带有小资产阶级对资产阶级及帝国主义斗争的性质。

（d）带有中国的新兴资本家的阶级和无产阶级斗争的及它和帝国主义斗争的性质，新兴资本家和帝国主义的性质不同，它是要受帝国主义的压迫的，所以有时它可以和中国的无产阶级等，联合起来对付帝国主义，有时可为压中国的无产阶级运动起见又非与帝国主义为友不可。我认为这是最重要之点。

（三）中国问题在国际政治上的重要性

政治是经济的延长，所以可以说它离不开经济，然而因为政治可以改变经济，所以同时又可以说它又可以离开经济，所以也可以把它分成一项。现在照前面所说的各种意义我们可以把它分成以下数层：

（1）在两个体制间斗争上的重大意义　在这个斗争上，中国将来究竟往哪边走——这是可以决定它们的胜负的。为什么要看中国如何才能决定呢？因为中国的人口多，土地大，且最受压迫的人民又是比较有文化的，因为在这种种方面说起来，社会主义如抓住可以得到不少的利益，中国如把社会主义当友军看，社会主义就可以得到一个有力的好友。如果社会主义体制拿到中国，那就是社会革命的一个保障。从资本主义体制看起来，抓住中国就可以有许多的原料，物质，有许多人民做它的生力军或剥削对象。日本帝国主义常说，如果中国赤化，那末，帝国主义就没有发展的余地，会使帝国主义崩溃——这不是无理由的。

（2）在帝国主义间斗争上的政治重要性　我们已经说过，一个在东方的中国，一个在西方的德国，远东和西的两国是帝国主义间的斗争的集中点，它们对于中国和德国，都有一个如何分润的问题。本来，在欧战前的德奥意的同盟及日英同盟与日俄协商，即有此意义，它们对中国早已经有两派的对抗了，到欧战之后，德奥意的同盟虽然没有了，然而英美携手来对日了。这种两大势力对中国的斗争，一直到现在为止，始终是没有终止过。即如中立的法国，也常利用日本去对西方问题，当然日本也利用法国来对东方问题。在1924年中国的革命运动时，英国一对中国极力进攻，法美日几乎联在一起去了，但是，等到国共分家之后，日本却又对中国进攻，于是英美又联在一起去了。在"九一八"的时候，英国对日虽采取不干涉的态度，等上海战事发生之后，英美法又处于反对日本的地位了。到现在英美和日本还是站在相反的地位。可见得各帝国主义对于中国始终是各个分润的问题。如果日本独占中国，英国对印度就要发生影响。日印的会商棉纱棉花问题，正是英国的失败，因为印度到底是东方的被压迫者，日本在那里已经有很大的潜势力，所以日本能会商得胜。尤其是关于棉花问题，印度如果不卖棉花到日本去，它就没有推销的地方，因此英国对日本不得不让步，然而因此却越是对日本有戒心。因为如印度的领导权被日本拿去，则南洋群岛也有被拿去的可能。所以英国认为中国对日本的关系是最要注意的事。在这一层上，美国却不然，它的在华投资并不多，美国在中南美洲的利权，从今日的日本海军力说，也还不容易被日本拿去。除非是日本的海军已能控制全太平洋，那才成为问题，所以从实际利益方面说美国对中国并不要紧。然从另一方面说，情形却又两样：美国在 1914 到 1918 年战争之后，是世界称霸之国，如果中国被日本拿去，那日本就可以同样称霸了，在这种霸权问题方面，美与日本是难两立的。原来美国的产业都是最新式的，它可以间接的支配别的国家，如果没有 1929 年的世界恐慌，它在经济上几乎可以支配全欧洲了，那时美国正准备把它的剩余的资本移到亚洲来发展，不幸有世界大恐慌，使它受重大的打击，不能实现世界经济的霸权。但是，美国还不相信这个打击可以打破它的计划中的霸权，所以美国对于日本的独吞中国也是很不服的。它看这个问题的重要，虽不及英国的程度（因英是想保护既得权，美却只计希望中的东西），然而比别国要紧，所以英美又有联合起来一致对日的可能。日本在中国的最大障碍就是俄国和英美的联合对日。这是英美日看中国问题如何重要的事实的说明。

（3）在殖民地对帝国主义的斗争上的重要性　在殖民地对帝国主义的斗争上，中国也是最重要的地方。刚才已经说过，中国的社会革命如果成功，帝国主义固然就要崩溃，即使中国的国民革命不成功，帝国主义也要受很大打击，当然对于各殖民地更要加以压迫了，同时各殖民地就因越受压迫而起来革命了，所以中国问题是与全世界殖民地革命问题有重大关系的。

（4）中国问题在太平洋问题上的重要性　太平洋问题，就是分割太平洋的问题或独占太平洋的问题，也就是如何支配太平洋的问题，同时，从另一方面说，也就是解决太平洋的沿岸来延长资本主义运命的问题（因为太平洋的周围大抵都是殖民地或半殖民地的国家）。总而言之，太平洋问题是非常重要的，因为太平洋支配问题，就是世界支配的问题，无论日美苏哪一个国家拿去，哪一个就可有支配世界经济的可能。太平洋问题虽不能说就是中国问题，但中国问题总可以说是太平洋问题的大半，因为中国问题确是太平洋问题中的最大的问题。所以无论哪一国把中国问题向自己有利方面解决，太平洋问题就同时会向它有利方面解决的。由此可知中国问题意义的重大。

（5）在世界霸权上的重要性　依上述各层的研究，当然可以进一步说，中国问题就是世界霸权问题，无论哪一国，如果向自己有利方面，解决了中国问题，那国就可以领导全世界，可以支配世界了。日本如果独占了中国，它就有在世界上称雄的可能，美国如果不遇世界恐慌，把欧洲问题解决之后再来解决中国问题，当然它也有在世界称雄的充分可能（但是它的此梦恐怕要做不成了）。从苏联方面说，情形也略同。

（6）中国问题在全世界整个政治前途上重要性　中国如和苏联做同盟战友，就可以使全世界社会主义化。中国如被日本独占，就可以一方面使日本领导全世界，一方面使各国有人种间的战争。如中国被美国拿去，就可以使美国领导全世界，而使全世界美利坚化。所以中国问题是全世界政治前途，文明前途有关联的。

（四）当作现代国际政治之一环看的中国现代政治问题中之主导性

我们在上面已把中国问题在经济上及政治上之种种重要性说过，现在应更进一步，看一看在各种重要性之中哪一种有主导性，及在经济的主导性及政治的主导性之间哪一种有主导性，这样，才能彻底认识问题的真相。

从经济方面看起来，主导性的研究自应以阶级性的研究为主，因为经济的力量原就是一种带有阶级性的力量。在前述四种阶级性当中，无疑的应认第一种阶级关系为具有主导性的阶级关系。这可从反面即其他各种阶级关系如何不能具有主导性的方面及正面即第一种阶级关系如何能具有主导性的方面，加以说明。从反面说，第二种阶级关系在产业未发达的中国，客观的尚未能完全成熟，并且主观的在劳资两方面似乎都尚未具有成熟的斗争意识，即加上两个体制间的斗争方面的外援，也未见得就能在各种阶级关系上占主导性——这是过去事实所明白证明的，我们似乎不能不坦白承认它。第三种阶级关系以中国的农业的落后性及农业部门的小生产者占人口数中的绝对优越性说，虽似乎应有主导性，然而过去及现在事实却证明这种推理的不对，这大概由于农民意识的过于落后及封建成分之过重的缘故罢。农民及一般小资产阶级多数抱持"有奶便是娘"主义，不管革朝换代，外国本国，就是最明白的证据。第四种阶级关系如单就第二第三第四的三种阶级关系看，虽显然占有主导性（因为在事实上这种关系上的新兴资产阶级曾有巨大的发展并抓住一部分实际政权），然而如拿来和第一种阶级关系对照一看，显然就不能占有主导性，试看近年新兴资本家的事业也随百业凋敝而大受打击，亦不能得政治上的保护，而与外国资本有关的买办阶级的事业及金融事业乃至日本在中国所办的产业，却都蒸蒸日上，获得巨大利润，这不是明白的证据吗？以上说过反面，其次从正面说，事实上外国经济势力压倒中国资本，而日本的资本却也渐渐压倒其他外国资本（如英纱厂日少而日纱厂日增，英美货在中国的销路在大体倾向上渐为日本货所侵蚀，就是证据），连与日本资本有关的中国资本，在营业上的成绩都较好于只与日本以外的外国的资本有关的中国资本，这些当然都足以证明，在今日中国，具有主导性的阶级关系还是第一种阶级关系。这从中国国民的立场说，虽是很痛心的事，然而事实摆在面前，似乎无法否认！

其次，从政治的方面看起来，问题甚为简单：因为现在是讨论当作现代国际政治之一环看的中国问题在政治上之主导性，所以当然必须适用上章研究所得的主导矛盾的结论，而现代国际政治上主导矛盾的所在及其发展倾向是已决定的，所以这里不必多说，只须引用那个结论就够了。在那里的结论是：在目前在原则上虽是两个体制间矛盾占主导性，然已在倾向上渐变为一种混合两个体制间的矛盾及帝国主义间的矛盾而为一的矛盾，更具体说，已渐变而为英美苏法对日本间的矛盾。所以在这里，我们可以说：在目前虽然还是第一种重要性即中国问题在两个体制间斗争上的重要性占主导性，但从大体倾向上说，是混合第一种及第二种而成的另一种混合意义的重要性即中国问题在英美苏法对日斗争上的重要性（在大体上亦即第四种重要性即中国问题在太平洋问题上的重要性，因为太平洋问题的主角总不外这几国，其斗争方面在资本主义体制未灭以前，最后亦必变成英美苏法联合对日）占主导性。

最后，我们还得看，在经济的主导关系及政治的主导关系二者之中，哪一个关系占主导性。这个问题的答复是极简单的，只要我们不忘记"经济在最后决定关系上虽然是政治的基础，可以决定政治，然而在有政治存在的今日社会上，从二者的作用上说，因为政治伴随强制权力的缘故，还是政治对于经济，占有优越性"那句话（见第二章），我们就可以放胆的说，还是政治上的主导关系占着主导性。这不但在理论上应该如此判断，并且，我们试看在实际上，英美苏法对于日本，关于中国问题，在经济关系上只管让步（英美对于东三省的经济利权，苏联对于中东路的政策等），而在政治关系上只始终坚持不让，哪怕只是名义上的权利（例如国联对东三省问题的决议，美国对满洲问题的声明，英美日的海军的比率问题，苏联对于苏伪日蒙的国境问题的态度等），等等，也可以得着这种说明的不错的证据。

总之，在当作现代国际政治之一环看的中国问题的研究上，我们最应注意：第一，先进帝国主义和后进帝国主义的经济斗争性以及通过这种斗争而行的中国买办阶级并金融资本间的斗争性；第二，在中国的两个体制间的政治的斗争关系以及在大体倾向上正在发展过程中的英美苏法对日的政治的斗争性。特别应注意第二的斗争性。只有抓住这几个斗争性，我们才能理解当作现代国际政治之一环看的中国现代政治问题。

第三节　当作整个的全体现象看的现代中国政治

（一）概说

前节已把当作国际政治之一环看的中国问题分析过，但是，如想认识中国现代政治问题的全体并预测其将来的发展，那却还不够；因为照一般说，对外问题只是全体问题的一半，并且从原则上说还是不大重要的一半（因为在原则上内因比起外因是占主导地位的）——虽然在中国问题上这也许是一个例外（关于这一层的研究，我们且留到第四节再说）。因此我们应进一步讨论在对内关系上的中国问题，即当作整个的全体现象看的现代中国政治问题，即是说，应离开对外关系来研究被舍弃了一部分的中国问题。在这个问题的研究上，我们当得适用前述的抽象分析实践法。这个方法本身是前面已经详述过的，在这里我们当然用不着赘说。就是关于这个方法适用在内部的中国问题上以后的结果，我们也用不着多说，只简单提一提就够了，因为一则我们的课题是"现代国际政治讲话"，二则有许多中国内部问题，连我都还没有明白认识的自信，三则有许多问题是在明白了上述方法之后，不絮絮叨叨的说，读者自己也可以明白的。因此，本节所述，在大体上只是一个简单的节略，甚至于可以说只是一个备考的格式。

（二）中国政治现象上的主要对象

在未述说具体的状况如何以前，先笼统的说几句罢。中国是半殖民地国家，在事实上没有关税自主权，也没有巨大资本可以阻止各国世界恐慌向中国进攻的政策，而各帝国主义在恐慌中却又想以损人利己的方法来向殖民地半殖民地侵略，并加倍的压迫，所以中国必然的迟早也会陷入恐慌的地位。这次恐慌中世界国家除苏联外，都受恐慌的打击。原来，从来的恐慌都是生产过剩的恐慌，所以在恐慌过程中殖民地半殖民地不会发生饥荒，但这次的恐慌中可不同了，因为是经过世界大战后的恐慌，是世界经济关系非常密切化了之后的恐慌，是经过农业技术改良，主要国农业资本主义化了之后的恐慌，所以也是一种发生农产品的普遍过剩的恐慌，因此，所以照例是农业国的殖民地半殖民地国家也要发生恐慌，而发生一种又饥荒的现象。中国虽然从全体说没有农业过剩的事，是不应发生资本主义的恐慌的，但是因为资本主义的各国农产品过剩，对世界行了农产品的倾销，当然它们的农产品也会倾销到中国使中国的农产品的价格在竞争上受影响，因此，中国也发生一种类似资本主义农业的恐慌。加以中国在工业品方面又非农不可，而政治，经济事实上被操纵在世界金融资本手里，所以在买的方面更受损失，所以世界经济恐慌当然要使中国连带的受影响而发生饥荒。单是这种类推，当然不充分，我们且再进一步来研究具体的事实罢。

（1）农业的状况　谁都知道中国农村正在破产。指四川江西陕西甘肃等省农民的生活一天天的低落，不消说了，就是没有天灾水旱的地方，农民收入不足比支出也差得太远，所以他只能以最不好的东西来供给自己食用。农业生产品出国出省去的减少，所以他的收入也少了，而他的负担在事实上却有加无已。据说，农民情愿做流氓土匪，不情愿自己去做耕作的人，一天天的加多，如果不是他受苦到极点，他决不会也不肯离开土地的。特别是中国农民有此特色。又据日本报说，农民到所谓满洲国去做工的，在一九三四年有二十几万，虽然有许多人骂他们，他们也要去。照他们本身说起来，他们是为谋生活才去的，也难怪他们不知爱国，所以尽管政府禁止他们去，他们暗中还是要设法去的。其次农民生活愈商品化，就愈当受帝国主义的压迫，尤其在这恐慌的时代，愈当受它们的压迫，而事实上中国农民生活却越发商品化了，几于帽子袜子油酒杂用品都非买不可了，所以当然越发应受大的压迫。并且，除了外国倾销的过剩农产品能使农民破产之外，广西山西各省所办的统制经济也使农民收入减少，结果他的负担就愈加重了。此外虽无统制经济之名，而事实上禁止米粮出口不禁止入口的省份，也等于使农民走绝路。因为这种种理由，所以不得不使农民破产离村了。又对外输出品的减少，有人以为是东三省离开中国的原故，因为他们以为东三省原是出口最大的地方。其实这话不对，因为，详细研究起来，即使除开东三省不计，中国各省的输出也都少了。这几年来，中国的输入增加，而输出不但绝对减少，相对的也减少了。这种输出相对的减少，就是农村破产的一种证据。

（2）工业的状况　这是指手工业及新式工业的状况说的。关于手工业的状况，虽然没有确实的统计，然从大体上说起来，农村和手工业是相关联的，农村既然破产，可见得手工业也破产了。在事实上北平广州的手工业就是一天天的破产，这并不是想象的话。从经济学上说，农业破产和外国的工业商品多量入口，都是可以使手工业破产的。关于新式的大工业的状况，是有统计材料可参考的，因为新式工厂为数很少，一旦有破产或停工罢工的事发生，报纸上一定会登出来的。如天津制碱的永利公司，政府许它出公债，上海申新纱厂停工，政府出资补助，这都足证明它们的破产状况。这不是因他们工厂大所以政府肯帮忙，其余小的纺纱工厂，破产的真不少。新申纱厂的破产，据说是因为东家做标金蚀本的缘故，其实那是不可相信的话：实则是因东家亏了本才去做标金的。为何新式工业会破产呢？当然只是因为经济恐慌的各国特别是日本对外倾销货品的原故（否则工资甚廉的中国，决无竞争不过外国同种工业的道理，试看日本在华纱厂蒸蒸日上，就是明证）。它们用通货膨胀法在价格上打击中国工产品，所以中国新式大工业不得不破产。中国因为政治经济落后，所以不能用通货膨胀法来抵抗，而政治上又不能用别的强硬方法来对付，因此新式工业不得不破产。特别是中国纺纱业的破产，就是因为日本及英国用政治方法向外推销的缘故，不但是纺纱业如此，就是别的新式工业也如此。中国新工业的破产都是外国商品所使然，尤其是日本，它用种种手段来威吓中国，所以在纱布关税率上它也占有便易去了。现在尽管有爱国者提倡国货，而一般人却决不会长久拿钱去买又贵又不好的货的。所以那也不是有效的对付方法。有许多工厂因为蚀本，索性参加日本的资本去做，那当然更是等于自找绝路。

（3）商业交通业等的状况　因为交通业和商业有联带的关系，所以并在一起来说。中国这几年的商业状况如何，没有一定的确实统计，据报纸上说，去年太原关了一千多家的铺门，北平关了二百多家。上海为商业的中心，大马路一带的店门，向来除房价之外，还要出顶费的，现在却许多房子是空了，没有人有能力来租了。这就是表示商业的破产。上海的商业是中心的商业，所以上海商业的萧条就表示全国商业的萧条。新式交通业有轮船铁路二种，怡和太古招商各公司的船都很萧条了就表示海运业之往下沉。陆运业如何呢？因为铁路归公管的，损益实数无从得知。闻它的收入比从前好一点，这究竟是它改良的结果，还是因为车费加价的缘故，都不得而知。也许收入虽增，而损益计算上仍然是负号。新式交通业既无好况，旧式交通业可想而知，因为它照旧例是受新式交通业的支配的。

（4）金融业的状况　这包括银钱庄，储蓄公司，保险公司，银行等业在内。近年钱庄的衰落下去是大家都知道的，其余一般的金融业除中央中国几个特殊银行因特殊的关系日益发展外，大都是一天天的感受营业困难。至如金城银行之类，却是靠改变方法，向工业产业一方面开公司去想发展才能维持的。所以，近年的银行业，有集中资本及金融资本化的倾向，所以一方面有向上的，另一方面却有被牺牲者。这也是异常时的表现。保险业在中国的是很少的，连外国人办的总算起来的确营业状况都不行。从全体说起来金融事业也不成，它只是畸形的发展，金融业是依工商业的，工商业发展，金融业才能发展，中国工商业在现阶段上既不成，所以无怪金融业不行。中国的金融业过去全靠公债票赚钱的，现在政府停息减息它也不得不承认，这也是金融业不振之一因。外国的金融资本家在目前也困苦，所以为补偿计，尤其要利用资本力压迫中国金融业使中国的金融业不能发展，而中国金融资本本来是带有买办性的居多，所以也不能不受他们的支配，这也是金融业不振之另一因。

（5）中国失业的人数如何，倾向如何　中国的失业人数是无从稽考说明的。外国人的所谓失业只是指无产阶级的，中国无产阶级的人数总计大约有八九百万人，所以如照外国例说，其中失业者当甚少，比起外国的无产阶级的失业者数，应该相差很远。固然各处因工厂停工而失业的人几百几千的常常见于报纸，然而到底不会有几百万几千万的多数。但是，在另一方面，中国农民的破产却非常之多，只看河北一省就有二十万今年被日本招到满洲国去做工的，就是证据。这也是失业的一种，是落后地方的变相失业。其次还有准无产阶级的失业，也算失业（知识分子就是准无产阶级）。这几年来知识分子失业的当然不少，然而我们要知道因毕业而找不到事做，因而加入失业团的人当然更多，据说 1934 年度各大学新毕业的失业者就有一千多人。大学新毕业的人尚找不到事做，其他老朽的人——可想而知。所谓职业大同盟的发生，不是无故的。在中国找事做，是一天比一天的困难，这是从戚友知交各方面的情形看起来，无可怀疑的。这是失业的一个表现。

（6）国民对外收支状况 这是很难考察的事：（a）要看国际贸易如何，（b）要看汇兑率的高低如何，（c）要看外国资本货币移出移入的多寡如何及华侨的收支如何等等，才能决定的。如收比支好就是国民经济往上走，支比收多就是往下走。关于上述种种，我们虽无完全统计，但于已经知道来看，可以知道国民经济状况近年是一天天的不行了。华侨收入的减少及国际贸易入超的每年四五万万，就是明证。

（7）公的财政状况 关于这件事更难知道确定的数，因为中国的法律预算制未能实行，财政统计都是虚的，如公债收入的数目与政府及财政部所公布的数就差得很远，这是周知的事实。最近孔财长主张广除苛损杂税，论理是要财政状况好的时候，才能有这种主张，而我们的财政不好，据以上各层看来，疑端是不可避的，所以令人怀疑。也许政府将改变别的方法（例如盐税）来另辟新收入罢。

（8）中国国民生活一般状况　中国国民生活往上还是往下？在外国可以拿日常用品的价格高低和日常用品的销出多少为标准去测定的。中国因物价指数及统计不备，却不能拿这个为标准。现在据报纸上所载知识分子因不能维持生活而自杀的为数不少，还有许多学生因一个月四五元的报酬可以担任探听同学的消息，出卖友谊。由这种情形也可以知道国民生活困苦到如何程度了。因为中国知识分子是好生的，是有耻的，非万不得已，不会如此。还有许多汉奸，他们明知通敌不好而不得不去做，这也是因为生活困难的缘故。其次如买彩票奖券的人一天一天的加多，当然也足以表示国民生活的困难加甚，因为求中奖券本等于海底捞月，而竟有许多人去捞，可见他们被生活困苦压迫到如何程度了。又据外国统计学家的考察，每当生活困苦的时候，特别有多数的人们上娱乐场及饮食店，去图眼前一时的快活。如果这话可靠，则现今平津京沪各地之一般工商业萧条而娱乐场所及饭馆酒家特别繁盛，也就是中国国民生活日益困苦之一证了。有许多资本主义经济学家说，生活困难是不要紧的事，因为如果想要蓄积资本，就得相当在享受上搏节，并且，如果想要资本集中，当然一部分的生活就得因此感受困难。但是，这句话纵令是对的，也不可以适用于中国，因为在前述种种经济及政治的情况之中，无论中国一般国民生活如何困苦，资本也不会集中到中国人手，只不过增大了外国资本罢了。

（9）中国政府对于主要对象的对策　中国政府向来对于一切重要事件，都是没有一定的预定计划和政策，而只是临时头痛医头脚痛医脚的对付下去，就算完了的，甚至于只说几句空话就算完事的，所以根本上说不上有计划的对策。在另一方面，因为中国人一般缺乏现代经济学识，所以在一时应付的方法中，往往不知不觉的冒了饮鸩止渴的危险，等于自杀；例如在农村破产的时候，买进美国棉麦，在纺纱业困难万分的时候，倒在事实上减轻日本纱布的进口税率，就是一二著例。由这种无对策的情形或无真正的适当有效的对策的情形看起来，上述种种主要对象当然还有继续下去的可能。

（三）主要对象中的主要矛盾［由（三）到（六），说明从略］

（1）

（2）

（3）

（4）

（5）

（6）

（四）主要矛盾中的主导矛盾

（五）主导矛盾中的主导方面

（六）主导方面所认定的主环

第四节　当作个个问题及全体现象之统一物看的现代中国政治的发展的预测

（一）当作个个问题看的现代中国政治问题与当作全体现象看

的现代中国政治问题二者中之主导性如何

不消说，这种主导性的寻找，是现代中国政治的发展的预测之必然的前提，因为这种主导性不明，则关于发展的预测就会失掉其统一性。同时，这种主导性的寻找结果的差异，前面述过，也就是各政团乃至各个人对于中国问题的解决方针之差异所由生，所以这是相当重要而复杂的问题。我们为易于理解起见，先从方法论的见地，把关于这问题的各种见解，略加评述，然后根据所得的比较正确的方法论上的见地，去判断这种主导性之所属。主张当作全体现象看的现代中国政治问题有主导性者，可以叫做内因说（请参看本章第一节），主张当作个个问题看即当作国际政治之一环看的现代中国政治问题有主导性者，可以叫做外因说，此外，单纯的将内因说及外因说折衷而成的，有折衷说，将内因说及外因说的对立性，统一起来而成的，有对立统一说。分别评述如下：

（1）内因说　内因说认为中国问题的解决，到底应以中国人为主力，因为在一般唯物辩证的宇宙观上，一切事象的发展，主要的都靠自己的内部运动。所以，关于中国问题的将来，只要中国人能努力，前途是光明的，不要悲观，只须死干。这说虽含有一部分真理，可惜不充分。第一，过于概括，不合实际事理，因为在原则上固然一切事象的发展，主要的都靠自己内部运动，然而宇宙上因外部原因过于强大而阻碍其内部应有的发展者，岂在少数（例如草木之被践踏折伐而失其发展之机）！第二，即从政治现象的过去历史上说，亦不合事实，因为在事实上也有一个政治力量主要的因外力而发展的（如像第一次世界大战后新兴的东欧各国及溥仪的伪组织），也有内部运动非常努力合理而因外力过强，终于不能发展并失其存在的（例如 1901 年的杜兰斯哇）。

（2）外因说　外因说认为中国问题的解决的关键在外部环境的变更，只有到第二次世界大战发生时或到全世界帝国主义总崩溃时，中国政治才有向中国民族有利方面发展的可能，否则纵令在内部如何努力，也是白费的，其结果至多表示爱国英雄的热情，在伦理上有相当价值而已，在科学的评价上却是等于零的。此说在认定特定外因可以压倒内因一层上，亦有相当理由，然而除开在伦理的价值观点上带有宿命论的色彩，甚不合理外，还有三大缺点：第一，过于重视外因而忘却外因与内因的统一性，即过于重视特殊而忘却特殊与一般之统一性；果如其说，则结果将等于否认一般原则的存在，而只研究个个的具体事实，将与经济学上的历史派之否认经济法则，同其荒谬。第二，此说过于蔑视不均等发展的法则，过于不明事理之真相，因为，照不均等发展的法则说，第二次世界大战发生时不一定一切可以压迫中国的各帝国主义国家都必然参加的，帝国主义的一齐同时总崩溃，也不是有必然性的，所以纵然第二次世界大战发生，纵然一二帝国主义国开始崩溃，中国自己也未必得着解放。第三，此说与历史上的事实也不符合，因为在历史上各种政治势力也有毫无外因而能发展者（例如大革命时代的法国政治及第一次世界大战后之土耳其的复兴），也有外因非常有利而终于不能发展者（例如第一次世界大战中之非洲殖民地民族及印度民族，在当时与苏联有约莫同样的外因，而并不能独立）。

（3）折衷说　这是说，对于政治的发展，都有当主导原因的可能，同时也有俱不当主导原因的可能，要看实际情形如何去决定：内因大时则内因有主导性，外因大时则外因有主导性，内因外因力量相同时则具无主导性，所以事实上在发展的因子当中，不必定有主导的因子。此说显然是俗流化了的科学见解或带着科学面具的常识，其错误不待多言：第一，此种说法模棱两可，事实上等于不说。第二，它只注重个个的特殊性，而忘却一般的原则性，结果等于否认科学，与外因说之第一种错误相同。第三，此说否认主导性的必然存在，显然与宇宙现象上的一般原则不合，因为发展就是运动，而一切运动的形成必须有主导与被导的因子的存在。

（4）对立统一说　此说认为内因虽常常有主导性，然亦必然在有利的外因之下始能发挥其主导性，否则会依内因外因之相抵相杀而失其发展上的作用。外因虽有时亦具有主导性，然亦必然须通过有利的内因始能发挥其主导性，否则会依内因外因互相抵杀而失掉其发展上的作用。但因，内因和外因二者，在政治的实际上，利害相反是原则，利害相一致是例外，故抽象的内因说或外因说很不妥当，而只有在具体的比较内因外因之实现上的客观的并主观的力量及其趋势时，始能决定其指导性。总之，一切发展或内因或外因，必有主导的因子，但内因有主导性时并不蔑视外因，外因有主导性时亦不蔑弃内因，要紧的是：将内因和外因两种对立物，统于一而观之，以定其主导性。此说是有原则，有观点的，所以虽然在表面上有些和折衷说类似，其实大不相同。这说的比较正确合理，几乎无懈可击，可从刚才对于其他三说之批判及第一章所述方法论的原则上看出来，所以这里不赘说了。

以上四说在方法论上的评价既明，我们就可以知道，适用第一说于中国而说中国问题的解决关键在中国内部问题者，当然含有相当误谬；适用第二说而极力主张注重中国所处之国际环境者，误谬更多；至于采用第三说而单纯的主张内外都要紧者，更是无聊之言；只有适用第四说于中国，主张中国问题的主导性的决定，只有在将外因和内因统而一之之时，才有可能者，最合科学的原则，当然最能得比较正确的结论。

如依第四说的比较正确的说法，来决定当作个个问题看的现代中国政治问题和当作全体现象看的现代中国政治问题，二者之中哪一个有主导性，则依本章第一，第二，第三各节所述，我们应该断定前者即当作现代国际政治之一个问题看的一方面，有主导性。（说明略）

（二）当作个个问题看的现代中国政治上的主导势力的发展的可能性及现实性［（二）到（八）的说明全略］

Ａ在最近的将来

Ｂ在稍远的将来

（三）当作全体现象看的中国现代政治上的主环发展的可能性及现实性

（四）主导方面的发展的可能性及现实性

（五）主导矛盾的发展的可能性及现实性

（六）主要矛盾的发展的可能性及现实性

（七）主要对象的发展的可能性及现实性

（八）当作全体现象看的中国现代政治上之全体现象的将来的预测

Ａ一般倾向

（1）全体局面上

（2）政治方式上

（3）国际地位上

（4）政治条理上

（5）政治风习上

（6）政治评价上

B 政治问题的倾向

（1）注重方面

（2）各问题方面的具体倾向

C 政治集团势力的倾向

D 政治团体的发展的倾向

（九）方法论上应注意之点

在本章本文已讲完后，还有方法论上应该注意的几点也附带的说一说：

（1）本章所述，只是客观的说明，还未加上从中国国民的立场上看来的政策论，所以还不是完全的。这种政策论要待学者自己去研究，去决定（政策论的研究方法是另外一种，我将来在"政策通论讲话"上有展开的说明）。不过，我们决不能因我们的研究尚缺主观的政策而轻视它，因为客观事实是主观努力所借以发挥的基础，无基础的主观努力是毫不中用的。

（2）本章虽已说到当作国际政治之一环看的，对外的现代中国政治和当作全体现象看的内部的中国现代政治，但是，还有一种类的问题未曾说到。哪一种问题未说到？这当然是指中国内部的个个政治问题（例如统一问题）。这种问题虽亦重要，然因它已超出"国际政治讲话"的范围，所以我们不涉及它。学者如想研究它，当然得适用前述个个政治问题的研究方法。